KB211658

가톨릭
(Catholic, 그리스도교),
그 허구의
모래성에 대한 고찰

가톨릭(Catholic, 그리스도교), 그 허구의 모래성에 대한 고찰

초판 1쇄 인쇄일 2018년 8월 9일
초판 1쇄 발행일 2018년 8월 16일

지은이 주묵성
펴낸이 양옥매
디자인 표지혜
교 정 허우주

펴낸곳 도서출판 책과나무
출판등록 제2012-000376
주소 서울특별시 마포구 방울내로 79 이노빌딩 302호
대표전화 02.372.1537 **팩스** 02.372.1538
이메일 booknamu2007@naver.com
홈페이지 www.booknamu.com
ISBN 979-11-5776-599-7(03230)

이 도서의 국립중앙도서관 출판시도서목록(CIP)은 서지정보유통지원 시스템 홈페이지(http://seoji.nl.go.kr)와 국가자료공동목록시스템(http://www.nl.go.kr/kolisnet)에서 이용하실 수 있습니다.
(CIP제어번호 : CIP2018024721)

침팬지에게 인간 수준의 지능이 있다면,
그들도 신(神)을 위한 제단을 쌓았을 것이다.

가톨릭 (Catholic, 그리스도교), 그 허구의 모래성에 대한 고찰

주묵성 지음

책과나무

일러두기

1. 성서는 히브리어 원문과의 '내용 동등성'에 관점을 둔 번역본 『공동번역성서』(대한성서공회 발행)와 '형식일치'에 주안점을 두고 번역한 『성경』(한국천주교중앙협의회 발행)을 사용했다.
2. 가톨릭 교리에 관한 부분은 가톨릭대학 신학과 사제양성과정에서 수학한 내용과 사제생활 중 접한 가톨릭의 가르침 내용을 통합 · 정리하여 기술하는 형식을 취하였으므로 각 사항별로 별도의 주를 달지 않았다. 제시된 내용에 대해서는 참고도서를 참조 바란다.
3. 기타 내용 중 일반적으로 널리 알려진 부분에 대해서는 주를 생략하였고, 인용 도서의 문장을 그대로 옮긴 부분에 대해서만 주를 달았다.
4. 문장 중 필요하다고 판단되는 보충 내용은 별도의 목록을 찾아보는 번거로움을 피하도록 문장 안에 첨부하였다.
5. 한정된 주제에 대한 논리의 전개상 반복되는 문장이나 구절의 등장에 대해 독자의 양해를 구한다.
6. '종교'(Religion)라는 용어는 오늘날 일반적으로 체계화되고 조직화된 특정종교를 지칭하는 의미로 사용되는데, 고대 문화권에 등장했던 신 숭배현상은 특정종교로 규정되지도 않았고, 국가 구성원 전체가 문화전통 형태로 보유하고 간직해 온 전통의 계승이었다는 점에서, 고대 신앙체계에 대해서는 '종교'라는 용어 대신 '종교전통'이라는 용어를 사용하였다.
7. 인용도서나 참고도서 표기는 저자명을 먼저 표기하는 기존의 방식 대신 도서명을 먼저 표기하는 형식을 취하였다.
8. 본 저서는 특정 종교를 비방하거나 폄하할 목적으로 저술된 것이 아니며, 무신론적 입장에서 '가톨릭은 신 존재 가설의 토대 위에 구축된 허구의 모래성일 수 있다'는 점에 대해 고찰한 연구 결과물임을 밝혀둔다.

신은 없다.

그럼에도 사람들이 신을 믿는 것은

신이 존재한다고 믿도록 권고를 받았거나, 강요당했거나,

그것이 아니면 신이 존재하기를 희망하고

그것이 자신에게 유익할 것이라는 망상 때문이다.

들어가는 글

상상(想像) 그리고 착각(錯覺)

신은 몇 개의 눈을 가졌는가? 팔다리가 있는가? 손가락은 몇 개? 세 개? 네 개? 다섯 개? 그 형상은 사람의 모습인가? 곰이나 참새를 닮지는 않았는가?

신은 마음의 눈으로만 볼 수 있다고 말하는 사람들이 있다. 하지만 자신의 내면에서 신을 보려고 해도, 다양한 감각이나 여러 가지 생각 또는 느낌이 떠오르는 것을 알 수는 있겠지만 신은 보이지 않을 것이다. 그러다가 차츰 종교그림이나 영화에서 보았던 어떤 인물이나 자상한 얼굴에 하얀 수염을 기른 멋진 할아버지를 떠올리거나, 혹은 어떤 추상적인 이미지나 형상이 없는 어떤 대상을 생각 속에서 객관화시켜 신으로 의식할 것이다. 그 대상, 자신이 상상 속에서 신이라고 떠올린 이미지의 존재와 쌍방간 인격적이고 실제적인 통교는 이루어지는가? 신과의 통교나 교감이 이루어진다고 여기는 것은 종교적 환상이 빚어낸 망상인 것은 아닌가? 신은 존재하는가?

인류의 역사는 곧 종교와 신앙의 역사라고 해도 과언이 아닐 만큼, 인류 역사 초기부터 각기 다양한 민족의 역사와 문화 안에서 신을 숭배하는 신앙과 종교전통들이 생성과 소멸의 과정을 겪으면서 이어져 내려왔다. 그리고 각각의 확립된 신 숭배와 종교전통들은 인간의 의식과 사고, 가치관 정립에 영향을 미치며 각기 다른 삶의 형태를 표출케 하는 요소로 작용하고, 다양한 문화와 문명 형성의 동기 및 토대가 되었으며, 때로는 반목과 갈등의 요인이 되어 역사를 분쟁과 살육, 혼란과 상처로 물들이며 역사의 한 축을 담당해 왔다.

오늘날에도 수많은 신들이 지구 곳곳에서 다양한 형태로 숭상되며, 각각의 종교전통은 고유의 문화를 창출하고 사람들의 사고 및 가치 판단에 지대한 영향을 미치고 있는데, 과거에 존멸했거나 현존하는 각 종교전통은 저마다 자신들이 숭배하는 신만이 유일한 궁극적 실재라고 주장하고, 그 신이 우주 질서를 관장하며, 인간에게 불멸하는 영생(永生)을 부여한다고 주장하는 종교 사상적 측면에서의 공통점을 갖는다. 종교전통 중 하나인 가톨릭(그리스도교) 역시 타 종교전통과 크게 다를 바 없이 자신들이 신봉하는 신인 야훼(Yahweh)가 유일하게 존재하는 인격신이고, 그 신이 우주와 세상만물과 인간을 창조한 조물주이며, 인간에게 영생을 부여하기 위해 직접 인간의 몸으로 세상에 강림하여 구원사업을 완수하고 죽음에서 부활하는 역사(役事)를 이루어낸 주(主)라고 주장한다.

각 종교전통이 존재성을 주장하는 신은 실재하는가? 신은 인간의 삶에 관여하며, 인간 불멸의 욕망에 대한 답을 제공하는가?

지금까지 인류 역사 안에서 객관적으로 인정될 수 있는 형태로 자신의 존재성이나 정체성을 드러낸 신은 없으며, 신이 존재한다는 선언적인 주장과 신 존재에 대한 가정적 추론만 난무할 뿐 신이 존재한다는 납득 가능한 근거 또한 제시되지 못했다. 이것은 실체성을 지닌 궁극적 실재로서의 신은 존재하지 않으며, 신은 어떤 초월적인 존재가 있을 것이라고 추정하고 상상한 인간 상상의 산물, 관념에 불과한 것이라는 반증으로 볼 수 있다. 신은 존재하지 않으므로 스스로 자신의 존재성을 드러낼 수 없고, 더불어 신에 대한 인간의 직접적인 체험이 불가능하므로 신 존재의 근거도 제시될 수 없는 것이다.

우리는 궁극적 존재로서의 어떤 초월자를 '상상'할 수 있고, '육체 없이도 인간의 정신은 독립적으로 존재할 수 있다'(데카르트)거나, '죽은 육체를 떠나서도 생명은 자체적으로 존속한다'(플라톤)는 '생각'을 할 수 있다. 하지만 그런 상상이나 생각을 한다고 해서 그것이 진실이 되는 것은 아니며, 용(龍)을 상상한다고 해서 용이 실제로 존재하게 되는 것이 아니듯이, 인간이 상상하는 초월적 존재로서의 신은 인간 지능이 도출해 낸 '허구(虛構)의 존재', 실체가 없는 '가상(假想)의 실재(實在)'로 인간의 상상 속 관념으로만 존재한다. 또한 신은 실체가 없는 상상의 산물이므로 어떤 의식이나 생각도 가질 수 없고 어떤 작용이나 작동도 할 수 없다. 그래서 신은 인간과 상호 인격적인 통교나 교감을 나눌 수 없고, 개개인의 삶이나 인류 역사에 개입할 수 없다. 그럼에도 허상(虛像)의 신이 숭배의 대상으로 남아 있는 것은 신이 존재한다고 믿도록 권고를 받았거나, 강요당했거나, 그것이 아니면 신이 존재하기를 희망하고 그것이 자신에게 유익할 것이라는 망상(妄想)을 지닌 사람들이 존재하기 때문이다.

이 책에서 나는 인간이 신 관념을 갖게 된 과정과 신 숭배 종교전통들의 기원을 살펴봄으로써 초인적이며 초월적인 존재로서의 신은 '가상의 실재'임을 밝히고, 이를 바탕으로 종교전통의 한 형태로서의 가톨릭은 가상의 존재가 실재한다고 믿는 종교적 환상과 가정적 추론의 토대 위에 구축된 허구임을 살펴보고자 한다.

이를 위해 이 책에서는, i) 인간 지능의 발달과 신 관념의 생성과정을 살펴보고, ii) 야훼숭배는 신 존재를 전제한 상상 위에 세워진 신화(神話)라는 것, iii) 성서(聖書)는 신화를 통치 이데올로기로 활용하고자 의도한 정치공학적 목적에서 저술된 종교적 창작물이라는 것과 함께, iv) '신은 존재한다'는 가설 위에 세워진 가톨릭(그리스도교)은 어떠한 영생의 약속도 보장해 주지 못하는 허구의 모래성이라는 것을 살펴볼 것이다.

그리고 신 존재는 관념에 불과하므로 신이 기도를 들어 준다거나 무언가 초월적인 권능을 행사한다고 여기는 것은 종교적 환상에서 이루어지는 공상과 착각이며, 종교가 말하는 영생이나 구원은 미망(迷妄)에 불과하다는 것을 살펴봄으로써, 현세의 삶은 '내세와 영원의 삶을 준비하는 속죄와 수련의 장'이라는 종교적 망상에서 탈피하여 자연의 일부로서의 자신의 현 실존을 냉철하게 직시하고, 두 번 다시 주어지지 않을 현실의 삶에 충실을 기하는 것이 인생의 참 몫임을 진지하게 받아들이는 선택을 돕고자 한다.

많은 부분에서 부족하지만 모쪼록 이 책이 종교, 특히 가톨릭을 이해하고 개인 삶의 이정표를 올곧게 세우는 데 작으나마 도움이 되기를 희망한다. 다음 질문으로 글을 시작하자. '영생이 있기에 인생이 가치로운가? 죽음이 있기에 인생이 가치로운가?'

Ⅲ. 가톨릭의 창조론 · 구원론 • 116

Ⅳ. 종교권력으로서의 종교전통 • 168

V. 가톨릭 종교전통 • 207

VI. 가톨릭 사제, 신부(神父) • 291

신은 존재하는가?

아메리카 유카탄반도의 치첸이싸(Chichen-Itza)에 살고 있는 마루(이 이름을 기억해 두기 바란다)는 절기마다 신에게 제물을 바치는 의식에 참여해야 했다. 치첸이싸 사람들은 우주 만물의 창조주이며 우주의 주기를 관장하는 태양신 토나티우(Tonatiuh)를 숭배했고, 주식인 옥수수를 내려준 신 케살코아트와 비를 관장하는 신 착(Chaac)도 숭배했는데, 그들은 네 번의 태양 시대가 지났고 지금은 제5태양의 시대이며, 다섯 번째 태양의 시대가 끝나면 우주의 종말이 온다고 생각하여 태양의 종말을 조금이라도 늦추기 위해 토나티우에게 주기적으로 제사를 지냈다. 또 간혹 비가 내리지 않아 가뭄이 심할 때는 비의 신 착에게 제사를 지내기도 하였다.

마루는 어렸을 때부터 조상들이 대대로 섬겨온 신들을 충실히 섬겨야 하며, 제사에는 어떤 일이 있어도 참여해야 하고, 만에 하나 신을 위한 인신 제물로 자신이 선택된다면 그것을 인생 최고의 영광으로 여겨 기꺼이 자신의 목숨을 희생하여야 한다는 가르침을 받으며 성장했다. 그리고 "신은 진짜로 있는가?", "왜 신을 섬겨야 하는가?"라는 질문은 바보 같은 것이며 신의 저주를 부르므로 절대로 해서는 안 된다는 금기 규정을 지켜야 했다.

동네 어른들은 태양신 토나티우에게 바칠 제물로 쓰기 위해 멀리 떨어진 마을을 습격하여 사람을 포로로 잡아오곤 하였고, 정해진 때가 되면 사제들은 제물로 바칠 사람의 앞가슴을 칼로 가르고 아직 살아 있는 뜨거운 심장을 꺼내 신에게 바쳤다. 이것은 태양의 소멸을 늦추는, 국가 사회의 지탱과 생존의 보장을 위한 중요한 의식이었으므로 매우 경건하고 엄중하게 거행되었다.

마루의 소꿉친구인 자마(Zamma, '천국의 이슬')는 열한 살이 되자 제법 소녀티를 벗고 숙녀다워졌다. 마루는 자마가 친구이지만 왠지 자기보다 더 어른스럽다는 생각을 하곤 하였고, 내년 열두 살에 성인식을 마치면 꼭 자마에게 청혼하리라고 다짐했다. 그런데 그 해에는 유독 비가 내리지 않아 가뭄이 심해졌고, 옥수수가 제대로 성장하지 못해 어른들의 근심이 이만저만이 아니었다. 밤이 되면 어른들은 꾸꿀칸(Cuculkan) 신전 광장에 모여 과일이나 짐승의 피를 착 신에게 제물로 바치며 비를 내려주기를 기원하는 의식을 거행하였지만 좀처럼 비는 내리지 않았다. 가뭄을 더 이상 견디기 어렵다고 판단한 어른들은 최후의 수단인 기우제를 올리기로 결정하였고, 신성한 우물인 쎄노떼(Cenote)에 제물로 던져질 사람을 제비로 뽑았는데 마루의 친구 자마가 제물로 선택되었다. 제물은 성인식을 거치지 않은 소녀여야만 했다.

자마의 부모는 자신의 딸이 제물로 바쳐져야 한다는 현실에 망연자실하고 원통해 하면서도, 제물이 되어 죽어야 한다는 사실을 감당하지 못하는 딸에게는 "신에게 제물로 바쳐지는 것은 영광스러운 일이니 기쁜 마음으로 받아들여야 한다."라며 엄하게 타이르고 심신을 정결히 하도록 주의를 주었다. 청천벽력 같은 소식에 망연자실하기는 마루도 마찬가지였는데, 마루와 자마 사이를 잘 알고 있는 마루의 부모는, "동기 중의 하나가 신께 봉헌되는 것은 동기들 전체의 자랑이며 축복이니, 신께서 선물로 주신 기회를 감사히 여겨야 한다."라며 위로하고, 절대 신을 원망하거나 저주해서는 안 된다고 주의를 주었다. 그리고 정해진 날, 마을 사람들은 착 신의 자비를 구하는 노래를 부르며 자마를 산 채로 쎄노떼 우물에 던지는 의식을 거행하였고, 자마는 물 위로 몇 번 오르내리며 발버둥치다가 이내 물속으로 사라졌다. 기우제 의식은 종료되었다.

마루는 성인이 되어 가정을 꾸렸고, 아버지가 자기에게 그러셨듯이 자신의 아들에게도 똑같이 조상들이 섬겨온 신을 정성을 다해 섬겨야 하며, 종교의식에 참여하고, 신에 대해 그 어떤 것도 물어서는 안 된다는 신앙교육을 시켰다. 그러던 어느 날, 평화롭던 마을에 얼굴이 하얗고 노랑머리를 길게 늘어뜨린 사람들이 총칼을 들고 나타났다. 그들은 치첸이싸의 인신공양의식을 '악마의 저주'라고 비난하며 금지시켰고, 멕시코 전역에 걸쳐 산재한 모든 신전을 파괴하였으며, 원주민을 신의 뜻에 따라 가톨릭으로 개종시키는 데 총칼을 사용하는 것이 정당하다고 주장하였다. 이제 마루와 마을 사람들은 조상 대대로 섬겨왔고, 자신들도 태어나면서부터 숭배해 온 신들 대신 전혀 듣지도 못했고 알지도 못하는 낯선 신 야훼를 섬겨야 했고, 야훼신앙의 거부는 곧 죽음을 의미했으므로 하얀 얼굴들의 요구를 따르지 않을 수 없었다.

하얀 얼굴들은, 매 일요일에 거행되는 종교의식에 빠져서는 안 되고, 누구든지 신을 섬기겠다고 맹세하는 세례를 받아야 하며, 사제가 명하는 것은 그것이 무엇이든 충실히 지켜야 하고, 자녀들에게는 야훼만을 섬기도록 교육시켜야 한다고 강요했다. 신의 이름만 바뀌었을 뿐 그 내용은 마루가 익히 들어 왔던 말들이었다. 그런데 더 놀라운 일은, 수백 년간 조상 대대로 섬겨왔고 마루가 그토록 섬겼던 신들이 한순간에 흔적도 없이 사라졌는데도 아무런 일도 일어나지 않았다는 것이다. 매일 아침 태양은 어김없이 떠올랐고, 간혹 가물기는 했지만 그래도 때에 따라 풍족하게 비가 내려 옥수수를 제때 수확할 수 있었다. 그렇다고 그것이 야훼가 하는 일 같지는 않았다. 야훼는 신전이 서 있던 자리에 십자가를 높이 달고 새로 세워진 예배당 속에서 결코 밖으로 나오는 일이 없었기 때문이다. 마루는 비로소 세상만사가 그저 일정한 순리로 순행되는 자연 질서에 따라 이루어지는 일일 따름이라는 것을 깨닫게 되었다. 야훼에게 아무리 기도해 본들 몸에 박힌 가시가 저절로 빠지는 것도 아니고, 메마른 우물에 물이 가득 채워지는 것도 아니며, 머리 나쁜 자기 아들이 갑자기 영리해지지도 않는다는 것을 알게 되었을 뿐만 아니라, 마루네 민족의 시조와 조상들이 누구인지도 모르는 야훼가 죽은 사람의 영혼을 그 선조들에게 데려다준다는 것은 이치에 맞지 않는 헛소리라는 것을 알게 되었기 때문이다.[1]

• • •

1. 『마야문명의 신비－아즈테카』, 정지성 저, 도서출판 한백, 1999. 참조하여 창작.

인간의 상상력은 무한하며, 상상 속에서만 존재할 것 같은 것들을 구체화시키고 현실화하면서 문명과 역사의 틀을 바꾸어 왔다. 달에 사람을 보내면 어떻게 될까라는 상상은 우주 정거장을 만들고, 화성에 탐사선을 보내는 등 과학사를 새로 썼으며, 전화기를 손에 들고 다니면서 사진도 찍고 주식거래도 할 수 있다는 상상은 스마트폰을 개발하는 동기가 되었다. 지금은 자동차가 스스로 운전을 한다면 인간에게 유익하리라는 상상이 자율주행차를 현실화시키는 단계에 와 있다. 상상력의 가치는 상상 속 실체의 작용과 작동으로 판명된다. 아무리 훌륭하고 기발하고 탁월한 상상이라고 해도 그것의 실체가 구체적이며 현실적으로 작동하지 못하고 기대한 효과에 적합하게 작용하지 못한다면, 그런 상상은 쓸모없는 공상(空想)이나 망상(妄想)에 그치고 만다.

우리는 우주와 자연과 인간을 넘어서는 어떤 초인적 · 초월적인 존재가 있을 것이라고 추정하고 그가 무언가 초월적인 능력을 발휘할 것이라고 상상할 수 있다. 하지만 그 초월자가 아무런 작동도 하지 않고 이렇다 할 작용도 하지 않는 존재라면 그는 상상 속 관념으로만 존재하는 허상(虛像)에 지나지 않는다. 인류의 다양한 문명권에서 인간의 상상으로 추론되었던 수많은 신들이 역사 안에서 흔적도 없이 소멸된 것은 작동하지 않고 작용하지 않는 허상의 신은 존재의 현실성을 가질 수 없고, 존재 가치가 없기 때문이다.

치첸이싸의 신들은 어디로 사라진 것일까? 그리고 그러한 허상을 섬겼던 사람들의 믿음, 그 신앙은 무엇이었을까? 태양이 핵융합을 통해 수소가 헬륨으로 바뀌면서 켈빈 온도 1,000만도가 넘는 열을 내뿜는 뜨거운 수소 덩어리에 불과하다는 것을 알았다면 그들은 태양을 신으로 숭배하지 않았을 것이다. 치첸이싸의 신들이 허상이었기에 참으로 애석하고 안타깝게도 그 신들을 신봉했던 사람들의 삶과 열정은 허상을 좇는 우매한 일이었고, 거기에 바쳤던 인생의 소중한 시간들과 재물 역시 무의미한 낭비이며, 그 신들에게 목숨까지 바쳤던 사람들의 희생은 허망하기 그지없는 일이다. 그렇다면 '야훼(Yahweh)'를 유일신으로 믿고 '예수(Jesus)'를 그리스도로 섬기는 종교전통은 참되고, 의미있고, 가치 있는 일이며, 삶에 보람을 안겨주는 일이라고 말할 수 있을까?

21세기를 살아가는 오늘날에도 신 존재를 믿고, 그가 무언가 작동하기를 기대하고, 그를 초월자로 숭배하는 사람들이 있다. 가톨릭은 '야훼'만이 존재하는 유일한 신[唯一神]이라고 주장하지만 그것은 가톨릭의 주장일 뿐, 세상에는 믿는 이들의 주장에 따라 신으로 숭앙되는 존재들이 헤아릴 수 없이 많다. 이슬람은 알라(Allah)를 유일신으로 숭배하고, 불교는 붓다(Buddha)를 신으로 숭앙하며, 고대 아리아인들의 신앙과 접목된 힌두교를 신봉하는 인도에서는 그 수가 3만이 넘는 신들을 숭배한다. 신들이 산다는 다카마가하라(高天原)의 신인 아마테라스, 이즈모의 스사노오, 이나바 등이 일본(日本)이라는 나라를 세웠으며, 그 신들의 후손인 천황(天皇)이 현세의 나라를 통치한다는 신화에 따라 자국의 왕을 천자(天子)로 공경하고 예우를 갖추는 나라도 있고, 몽고인들은 지모신(地母神) 에헤와 수렵신 마니 한을 숭배하며, 타이완 사람들은 바다의 수호여신 마조(媽祖)를 숭배하는 신앙을 갖고 있다. 아프리카의 오루바족은 하늘의 주인인 오로룬을 신봉하고, 한국의 어떤 이들은 환인을 천신으로 숭배하며, 원불교는 박중빈이라는 인물이 천지개벽의 이치를 설파하여 부처의 길을 열었다는 믿음을 따른다.

유신론자들의 주장처럼 신이 존재한다면 그는 속성상 단 하나여야만 한다. 우주 만물이 신의 창조물이라면 그 창조주가 둘 이상일 수 없고, 우주의 질서와 인류의 역사는 만물을 창조한 전지전능한 유일신이 관장하는 것이어야 하기 때문이다. 그런데 인류 역사 안에 이처럼 많은 신들이 저마다 신이라는 명함을 내밀며 난립하는 촌극은 어떻게 이해되어야 하는가? 미신을 신으로 착각하는 인간의 우매함일 따름인가? 만일 전능한 최고신이 있다면 그 신은 모든 불능의 신들을 제압하고 신적인 절대권력으로 유일신 체제를 구축하였을 것이며, 자신이 창조한 인간이 미신을 쫓는 우매함에 빠지지 않도록 측은한 마음으로 보살폈을 것이다.

각기 다른 문화권에서 각기 다른 신을 숭배하는 현상은, 다수의 신이 존재할 수도 있다는 가능성이 아니라, 신은 없다는 반증으로 보는 것이 타당하다. 곧 신이 자신을 숭배하도록 인간을 이끎이 아니라, 신이라는 존재가 각각의 문화와 환경에서 인간의 상상으로 빚어낸 초월개념의 산물이라는 표지인 것이다. 그것이 아니라면 신이 존재한다고 해도 둘 이상 존립하는 것에 대한 설명이 불가능하다.

혹자는 신은 유일하지만 각기 다른 문화와 환경에서 신적 존재 현현의 차이를 드러내는 것이라고 말한다. 만일 각 문화권에서 숭배되는 신들이 유일신의 각기 다른 현현의 발현이라면, 인간이 갖는 윤리의식이나 보편 가치관은 동일할 것이며 신의 본질에 대해서도 동일한 신론(神論)을 가질 것이다. 하지만 현실은 전혀 그렇지 못하며 신들의 이름으로 자행된 종교분쟁, 예를 들어 가톨릭과 이슬람이 종교전쟁을 벌인 것은 각기 다른 형태로 발현된 유일신이 자기 자신과 싸운 전쟁이라는 모순에 갇히게 된다. 오늘날 각각의 문화권에서 숭앙되는 신들이 이토록 많은 상황에서 유일하게 존재하는 신은 야훼뿐이라고 강조하는 가톨릭의 주장은 타당한가? 그리고 야훼는 정말 실재하는 신인가?

가톨릭은 '신은 존재한다'는 전제 하에 여타 종교전통과 신화에 등장하는 신들은 허구이고, 성서에 등장하는 야훼만이 실재하는 신이라고 주장하며 숭배한다. 그리고 2,000여 년의 세월 동안 온갖 철학적 사변과 사유를 총동원하여 신 존재를 규정하려는 시도를 해 왔고, 그렇게 정립된 신의 본질과 속성에 대한 그들의 주장은 매우 설득력 있게 들린다. 하지만 아무리 화려한 미사여구와 형이상학적 개념들을 동원하여 신에 대한 논리를 전개한다고 해도, 그것은 결국 상상으로 추론한 신 가설(神假說)에 머물고 만다. 신이 존재한다는 명확한 근거를 제시하고 그 신의 속성을 탐구하는 것이 아니라, '신이 존재한다면?'이라는 상상으로부터 논리를 이끌어내기 때문이다.

그동안 가톨릭이 신의 본질이나 특성을 규정하려고 시도해 온 논리의 전개방식은 'A가 있다면, A는 B다. A가 B인 이유는 C이기 때문이다'라는 식이다. 하지만 논리의 B와 C가 정설이 되기 위해서는 A가 가정(假定)이 아닌 정언명제(定言命題)여야 한다. 곧 '신은 존재한다. 그래서 그 신의 속성은 이렇다'는 방식이 되어야 한다. 하지만 가톨릭이 신의 본질을 규정한 제1원칙은, '신은 과학이나 논리를 초월하는 존재이므로 인간의 논리 안에서 한정적으로 표현될 수 있는 존재가 아니다. 그리고 신은 인간의 이성적인 논리로는 증명될 수 없는 궁극적 실재이다'라고 말한다. 그래서 신은 신앙으로 믿는 대상이지 인간의 사고나 논리로 설명될 수 없다는 입장을 취한다.

정직한 표현이다. 가톨릭은 신이 존재한다는 구체적이고 객관적인 근거에 바탕해서 신의 속성에 대한 논의를 전개시키는 것이 아니라, '신이 존재한다는 가정'을 전제로 신론을 펴고 있다는 것을 보여준다. 가톨릭은 먼저 신이라는 존재가 있다면, 그는 과학이나 논리를 초월하는 존재일 것이라고 말한다. 나아가 신이라는 존재가 있다면 과학이나 인간의 이성적인 논리로 증명될 수 없는 존재이므로 신은 증명의 대상이 아니라, '신은 그런 존재라고 믿을 수밖에 없는' 또는 '신은 그런 존재라고 믿는' 믿음의 대상이라는 결론을 이끌어 낸다. 이 말은 곧, i) 인간이 상상할 수 있는 가상(假想)의 실재(實在)로서의 신이라는 것이 있다면, 그는 아마도 인간이 인간의 이성으로 추론할 수 있는 최고의 신성(神性)을 부여할 수 있는 궁극적 실재로서의 초월적 존재일 것이다. ii) 하지만 인간이 선언적으로 부여한 최고의 신성은 진위 여부를 판별할 수 있는 증명이 불가능한 신의 속성이 될 것이므로, 신은 인간의 한정적인 이성으로는 파악 불가능한 대상이 된다. iii) 따라서 그는 믿음의 대상으로 남을 수밖에 없을 것이라는 철학적 사유를 펼치고 있는 것이다. 예를 들어, 신을 가정하고 그 신에게 '신은 인간의 유한성에 내포된 모든 문제에 대한 대답으로서의 초월적 능력이며 의미이다. 곧 신은 인간이 궁극적인 것들에 관심을 가지도록 이끄는 능력과 의미의 실재이다'라는 신성을 부여한다면, 인간으로서는 신이 정말로 인간이 본질적이며 궁극적인 것들에 관심을 가지도록 이끌고 있는지, 나아가 신은 인간의 유한성에 내포된 문제에 대한 답을 가지고 있는지 증명하지 못한다. 그래서 그저 신은 답을 가진 존재이며, 궁극적 관심으로 인간을 이끄는 존재라고 믿을 수밖에 없게 된다. 하나 더 보자. '신은 모든 존재의 근원이다. 모든 피조물은 신에게서 존재를 받았고 지금도 신이 떠받치기에 존재한다'(한스 큉)는 신성을 부여했다면, 인간은 자신이 어떻게 신으로부터 존재를 받았고, 또 신이 어떻게 존재를 떠받치고 있는 것인지 증명하지 못한다. 그리고 이렇게 인간의 지적 사유에 의해 선언적으로 부여된 신성의 내용이 가톨릭 지도층의 판단에 따라 자신들이 숭배하는 신인 야훼에게 적용하기에 적합한 것으로 채택되어 믿어야 할 종교적 진리로 선포된다면, 신자들은 그저 그렇다고 믿을 수밖에 없게 된다.

가톨릭이 신의 본질과 속성에 대해 말하는 모든 내용은 이런 과정을 통해 구성되었다. 즉, 신이 자신의 존재와 속성을 알려주고 깨닫게 하여 신의 본질을 규정하도록 한 것이 아니라, 인간의 가정과 추정으로 도출해 낸 논리로 신론(神論)을 전개하고 있는 것이다. 따라서 가톨릭이 신 존재를 가정하고 신의 본질을 규정하는 신론은 인간 이성이 빚어낸 상상과 추론의 산물이라고 할 수 있다.

용(龍)은 실재하지 않는 상상의 동물이므로 용의 속성에 대한 모든 설명은 가설과 허구이며, 용에 대한 온갖 추론을 전개한다고 해서 용이 실제로 존재하게 되는 것도 아니다. 마찬가지로 역사 안에서 그 존재성을 드러내거나 존재성이 확인된 신은 없으므로, 실재성이 없는 비존재의 속성과 본질에 대한 탐구는 그 자체로 가설적인 추론이며 공상일 수밖에 없고, 신은 존재하며 오직 야훼만이 초월적이며 궁극적인 존재로서의 유일한 신이라고 말하는 가톨릭의 주장 역시 허구일 수밖에 없다. 더구나 실재하지도 않는 신이 사람의 몸을 취하여[肉化] 세상에 강림하였다고 주장하는 것은, 용이 사람이 되어 나타났다는 논리만큼이나 받아들여질 수 없는 허구이며 거짓이다. 실재성이 없는 상상의 존재가 실체성을 갖는 모습으로 나타난다는 논리 자체가 성립될 수 없기 때문이다.

신은 인간 사유의 산물이며 신의 본질과 속성에 대한 규정 역시 상상적 추론이라는 주장에 대해 가톨릭은, 신의 존재성과 본질에 관한 것들은 '성서'를 통해 드러난 신의 계시(啓示, 사람의 지혜로는 알 수 없는 진리를 신이 깨우쳐 알게 함을 의미)를 검토한 결과로 도출된 것이라고 말한다. 이 말은 표현만 달리했을 뿐, 계시란 실재하는 신에 의해 직접 전달되어서 얻게 된 지식이나 지혜가 아니라, 성서 내용을 검토하는 과정 속에 '성서를 기록한 사람들은 왜 이런 신 관념을 갖게 되었는가?'를 고찰하고, '아마도 그들은 신에 대해 이러저러한 사유와 사상을 가졌을 것'이라고 추정하여 얻게 된 결과라는 말과 크게 다르지 않다. 가톨릭이 말하는 신 관념은 성서에서 추론한 추측성 명제인 것이다. 그런데 더 큰 문제는, 가톨릭이 신에 대한 논리 전개의 토대로 삼는 성서가 신을 직접 체험한 이들이 신 존재를 증언한 증거 기록이거나, 신에 대한 경험을 바탕으로 신에 대해 사유(思惟)한 것을 표현한 기록물이 아니라는 데 있다.

성서는 '존재할 것으로 상상되는 가상의 실재'에 불과한 신을 마치 실존하는 초월적 존재처럼 생각한 고대 유대인들이, 신에 대한 확고한 신념을 구축할 목적으로 상상의 신 야훼를 모든 사고와 사유 판단의 정점이며 기준으로 설정하고, 그런 관점에서 시대를 넘어 기록해 온 허구의 종교적 창작물이다. 따라서 성서에 기록된 내용은 성서 저자들이 개인적으로 생각한 신 관념을 표현한 주관적 묘사이지 신의 감도(感導)를 받아 기록한 것으로 볼 수 없고, 그렇게 기록된 성서에서 신에 관한 어떤 본질이나 속성을 추론하는 것은, 결국 신을 상정하고 '신에 대한 사유를 펼쳤던 인간의 사유에 대한 확인'일 뿐, 그것이 신으로부터 전달되어 깨닫게 된 신의 계시라고 할 수 없다. 그러므로 가톨릭이 성서를 토대로 추론한 신론은 추측과 가설의 범주를 넘지 못하고, 신의 본질에 대해 가톨릭이 아무리 탄탄한 논리를 전개한다고 해도 그것은 '신이 존재한다'는 신 존재 증명의 근거나 확증적 자료가 될 수 없으며, 신의 속성과 본질에 대한 올바른 정의(定義)가 될 수 없다(자세한 내용은 '성서 저술 동기'부분에서 살펴보겠다).

이상으로 볼 때, 인간 상상의 실재인 가상의 존재를 신으로 설정하고, 마치 그가 초월적인 작동성을 갖는 신인 것처럼 묘사하고 기록한 히브리인들(유대인)의 종교 신화(神話)인 성서(聖書), 그 허구의 창작물에 기반하여 구축된 유대 종교전통과 가톨릭은 종교적 상상과 추론 위에 설립된 신기루라 할 수 있다.

가톨릭이 가정적 추론과 허구의 토대 위에 위태롭게 구축된 종교전통임에도 지금까지 살아 있는 종교전통으로 남아 있는 것은, 그들이 형이상학적인 논리로 신의 실재성을 강조하는 야훼 – YHWH(?), YHVH(?), JHWH(?), JHVH(?). 정확한 네 글자나 칭호의 발음은 아무도 모른다. 모음 정보가 없는 까닭이다. 가톨릭은 신의 이름을 '야훼'로 부르기로 합의했지만, 신의 이름을 직접 언급하는 것은 신에 대한 모독이라는 판단에서(탈출 20,7 참조. 2008. 10. 17. 한국천주교주교회의 결정) 한국에서는 'YHWH'로 적고 '하느님', '주님'으로 부른다. 그러다보니 번역본 성서 내용에 인칭이 불합치하는 문구가 등장하기도 한다. 예를 들면 "주님은, 주님은 자비하고 너그러운 하느님이다"(주교회의『성경』. 탈출 34,6). 야훼가 자신에 대해 이야기하면서 마치 제3자를 언급하는 듯한 인상을 풍긴다. 같은 구절을『공동번역성서』는 "나는 야훼다. 야훼다. 자비와 은총의 신이다"(출애 34,6)로 번역한다. 말하는 자와 주체가 명확하다. 이름은 부르라고 주어진 것이니(탈출 3,13~14 참조) 본서에서는 가톨릭의 신을 '야훼'라고 칭하겠다 – 가 허상이나 관념에만 머무는 존재가 아니라 실제로 존재하는 신이라는 보장을 받아서라거나, 예수가 부활했다는 이야기가 정설로 인정되어서가 아니다. 본문에서도 살펴보겠지만, 그것은 가톨릭이 정치권력을 등에 업고 여타 종교세력과의 투쟁에서 승리하여 살아남았으며, 정치권력과의 결탁 속에 천여 년이 넘는 세월동안 국가종교(國敎)의 형식을 통해 유럽사회 국민 대다수의 의식과 사고를 가톨릭 종교 사상으로 고착화하는 체제를 구축하며 존속해 올 수 있었기 때문이다. 유카탄반도에서 토나티우 종교권력이 하얀 얼굴의 종교권력에게 패하지 않았다면 지금도 마루의 후예들은 토나티우와 착 신에게 제사를 올리고 있을 것이다. 이제 가톨릭, 그 허구의 모래성에 대한 고찰을 시작해 보자.

사족이지만, 나는 마루가 그랬던 것처럼 실재하지 않는 허상의 신에 대한 헛된 믿음과 실체가 없는 종교적 망상의 상태에서 살아가는 가톨릭 신앙인들과 주교를 포함한 신부들에게 연민의 정을 느끼며, 그들이 현명한 사유와 결단으로 종교적 허상에서 벗어나 참된 자신의 인생을 찾을 수 있기를 기원한다. 가톨릭 성직자들은 본인들이 야훼와 교회를 위해서 일한다고 생각하고, 신자들의 영적인 성장을 돕고 구원의 은총을 누리도록 하는 일에 일생을 바쳐 헌신하는 것을 보람되고 의미있는 삶으로 여길 것이다. 하지만 무신론적 관점에서 보면 결과적으로 신이 존재할 것이라는 막연한 상상과 종교적 허구로 본인 스스로를 기만(欺瞞)하고, 나아가 순박한 사람들을 기망(欺罔)하는 대가로 연명하고 있다는 것조차 의식하지 못하는 우매함에 사로잡혀 있는 것으로 보여 큰 안타까움을 느낀다. 물론 그들은 한때 신 존재를 믿었던 내가 그

랬던 것처럼, 교회 울타리 안에서 아쉬움 없이 인생을 향유하며 사제 신분으로 행복한 삶을 살아왔다는 것으로 자기만족과 자기위안을 삼을 수도 있을 것이다. 하지만 동화 속 허상의 파랑새를 쫓아 헤매는 어리석은 삶의 행태나, 허구로 타인을 기망하거나 현혹하는 삶이 의미 있거나 가치 있는 인생일 수는 없다. 그들은 '신 같은 것은 없다. 신은 인간 지성이 도출해낸 가상의 초월 관념일 뿐이다. 그럼에도 사람들이 신을 믿는 것은 그것이 자신에게 유익할 것이라는 망상 때문이다'라는 사실을 인정하고 싶지 않을 것이다. 그것을 인정하는 것은 자신이 살아온 인생 전체가 무의미하고 무가치한 것이었음을 인정하는 뼈아픈 체험이 될 것이기 때문이다. 놓치는 것에 대한 두려움!

환갑에 이른 나이에 가톨릭 재단 학교에서 손주뻘 되는 아이들에게 '신은 존재하고, 그 신인 야훼가 너희들의 영혼을 구원할 것이다'라고 가르치며 살고 있는 동창 K신부에게 이렇게 말해 주고 싶다.

"K신부! 그대가 자기 자신에 대해 보다 깊이 사유한다면 가톨릭이 말하는 신이 실재하리라는 상상에 기대어 자신이 선택한 삶을 합리화해 왔거나, 그저 생계가 보장되는 현실에 안주하기 위해 신을 믿는 듯이 허세를 부렸거나, 나아가 다른 사람들을 되지도 않는 말로 현혹하여 미망에 빠지게 만드는 부질없는 일에 일조하다가 인생을 허비했다는 회한과 함께, 결국 허상을 쫓아온 자신의 삶에서 남는 것은 교회 안에서 체험한 어쭙잖은 추억 외에 아무것도 없다는 것을 깨닫게 될 것이라고 생각하네. 말도 안 되는 소리처럼 들리겠지만 아집을 부린다고 해서 없는 신이 갑자기 존재하게 되는 것은 아닐지니, 자기 내면의 진솔함과 만나는 깊은 사유의 시간을 더 늦기 전에 가질 수 있기를 바라네. 그리고 셸리 케이건의 저서 『죽음이란 무엇인가』를 꼭 한 번

읽어 보기를 권하네."

우리는 종교 문제에 관하여 '왜?'라고 물어야 한다. '왜?'라고 묻지 않는다면 마루의 선조들처럼 인생의 소중한 시간과 재화, 나아가 인생 자체를 헛되이 낭비하는 어리석음의 수렁에서 결코 빠져나오지 못할 것이며, 현실과 괴리된 비상식적인 가치관과 굴절되고 편협된 사고에 갇혀 스스로를 소외(疏外)시키는 결과를 빚기도 할 것이기 때문이다. 허구를 진리로 믿는 것은 우매한 일이며, 허구를 허구인 줄 알면서도 진리로 믿는 것은 어리석은 일이고, 허구를 진리로 호도하는 것은 비열한 일이다.

되돌릴 수 없고 반복될 수 없는 한 번뿐인 소중한 인생을 존재하지 않는 상상 속 허상의 신에게 스스로를 예속시켜 왜곡된 사고와 가치관으로 부자유 속에 종교 노예(니체)로 끌려다니는 의타와 굴종의 삶을 살 것인가, 아니면 자신이 삶의 주인이 되어 주체적이고 능동적인 자유인의 모습으로 살아갈 것인가 하는 것은 자기 선택의 문제다. 나는 사람들이 '인간은 신에게 종속된 노예적 객체'라는 자기비하적 의식에서 탈피하고, 허구적 망상과 종교권력에 자기 인생을 저당 잡히는 어리석음에서 벗어나기를 바라며, 자신이 상상하는 허상의 신에게 자기의 생각과 의지를 스스로 묶고 매이고 갇히는 우를 범하지 않기를 바란다(예를 들어, "신이 오늘은 비를 내리네요.", "신이 당신을 내게 보내주셨어요.", "신이 사고를 막아주셨어요.", "신이 원하시면 당신을 다시 만날 수 있을 거예요." 비를 내리거나, 두 사람이 다시 만나기를 바라고 그런 기회를 제공하는 신 같은 것은 없다. 이런 사고는 자신의 의식 속에 종교적 환상으로 신을 실재하는 존재로 각인시켜 놓은 상태에서, 자기가 상상한 신에게 자기 스스로를 예속시키는 망상이다.). 가톨릭이 말하는 신은 존재하는가? 영혼이라는 것과 사후의 영원한 생명은 있는가? 예수는 그리스도인가?

I

우주 · 인간의 기원과 神

우주의 탄생과 인류의 기원

고즈넉한 저녁, 풀밭에 누워 밤하늘에 보석처럼 박혀 영롱하게 빛나는 별들을 바라보면서 우주와 대자연의 경이로움을 느껴보지 않은 사람은 별로 없을 것이다. '우주의 끝은 어디일까?' '우주의 끝에는 뭐가 있을까?' '우리가 알고 있는 우주 밖에 또 다른 우주가 있는 것은 아닐까?'

과학자들은 우주에는 은하(銀河, galaxy: 항성 · 밀집성 · 성간물질 · 암흑물질 등이 중력에 의해 묶여 이루는 거대한 천체의 무리)가 1,700억 개 이상 있고, 각 개별 은하는 크기에 따라 작게는 1,000만 개에서 많게는 100조 개의 항성(恒星, star: 별. 스스로 빛을 발하는 고온의 가스체)을 가지고 있으며, 관측 가능한 우주 영역 내에 항성은 적어도 약 700해(垓, 1

해는 100억의 100억 배(10^{20}), 700해는 1000억의 7000억 배) 개가 존재한다고 추정한다. 그리고 각 항성은 몇 개씩의 행성(行星, planet: 항성과 달리 스스로 빛을 내지 못하며, 항성 주위를 공전하는 천체. 태양 항성은 8개의 행성을 거느린다)을 거느리고 있는데 그 숫자는 대략 2,000해 개 정도로 추정한다.

우주의 넓이는 얼마나 될까? 보통 은하 하나의 지름은 수만 광년(光年: 빛이 초속 약 30만km, 2억 9,979만 2,458㎧의 속도로 진공 상태에서 1년간 달리는 거리, 9.46×10^{12}km)으로 측정되며 은하 간의 거리는 평균 100만~200만 광년이므로 우주의 끝은 사실상 측정 불가능하다. 과학자들은 우주의 직경을 대략 130억 광년 정도로 추정하고 있으며, 우주는 지금도 팽창 중이라고 말한다. 우주 만물 중 가장 위대한 존재[萬物의 靈長]라고 자칭하는 우리 인간은 이 광활한 우주 속 700해 개 항성 중의 하나인 태양 항성과 8개의 행성으로 구성된 태양계 내의 지구라는 행성에 존재한다. 우주를 태평양에 비한다면 그 태평양에 뿌려진 2,000해(1000억의 2조 배)개의 먼지(dust) 중 지구라는 한 개의 먼지에 인간 70억 명이 살고 있는 셈이다.

우주의 기원에 대해서는 여러 가설이 있지만 과학계에서 정설로 받아들이는 이론은 빅뱅(big-bang, 대폭발)론이다. 과학자들에 따르면 우주는 200억 년을 주기로 빅뱅, 팽창, 평형, 수축, 재빅뱅의 과정을 몇 차례 되풀이해 왔으며, 지금의 우주는 137억 년(137억 9,800만±3,700만 년) 전에 있었던 빅뱅에서 시작되었다. 우리 은하의 태양 항성은 약 46억 년 전에 중력으로 뭉친 우주의 가스와 먼지구름의 소용돌이 속에서 오늘과 같은 중간 크기의 항성으로 성장하였으며, 내부에 축적된 가스에 의한 핵융합 과정을 거치면서 타오르고 있다. 태양은 앞으로 50억 년 정도 더 빛나다가 항성 진화의 후기 단계에 접어들면서 점점 팽창하여 적색거성이 된 후 소멸할 것으로 추정한다. 우리가 살고 있는 지구는 태양 항성에 속한 행성으로 약 45억 년 전에 생성되었고, 지구에 생명체가 출현한 것은 약 38억 년 전으로 추정한다. 그리고 약 600만 년 전에 영장류가 출현하였고 우리가 인간이라고 부르는 인류는 250만 년 전쯤 출현하였다.

생명체의 탄생은 신비처럼 여겨졌지만 과학자들의 연구에 의해 그것은 초월적 능력을 지닌 어떤 존재에 의해 창조된 것이 아니라 자연선택이 우연히 빚어낸 유기화합물의 복합체라는 것이 밝혀졌다. 약 45억 년 전에 생성된 지구라는 행성에서 모종의 유기물 분자들이 7억여 년의 기나긴 진화과정 중에 상호 결합하면서 생물이라는 특별히 크고 복잡한 구조를 만들어 낸 것이다. 이후 생명체는 다양한 분화와 진화를 통해 오늘날의 지구 생명체계를 구축하였고, 계속되는 진화의 이행을 통해 새로운 변이 생명체들을 출현시키고 있다.

지구에 생명체가 존재할 수 있는 것은 지구가 갖는 특성이 생명을 배양하기에 적합한 여건이기 때문이다. 크게 보면 첫째, 태양을 항성으로 공전하는 지구의 공전 궤도는 타원형이지만 골디락스 영역(Goldilocks zone. 높은 성장률을 기록하면서도 물가상승 압력이 거의 없는 이상적인 경제상황을 뜻하는 경제용어. 물리학에서는 물이 존재하기에 이상적일 정도로 뜨겁지도 차갑지도 않은 상태를 일컬음. 항성에서 멀어지면 물이 얼고 항성에 가까워지면 물이 끓어 증발하므로 물이 존재하지 않게 됨.)을 벗어나지 않는다. 너무 뜨겁지도 너무 차갑지도 않아 생명의 필수조건인 액체 상태의 물 존재가 가능하다. 액체 상태의 물에서는 분자들의 움직임이 고체 상태에서보다 훨씬 자유로우며, 물의 높은 용해력은 다양한 물질을 용해하고 운반할 수 있어 분자들의 융합에 효과적이다. 뿐만 아니라 풍부한 자연 에너지원인 태양 광선을 받아들이는 물은 생명 출현의 이상적인 여건을 제공한다.

다음으로는 지구 대기에 존재하는 산소다. 오늘날 우리의 대기는 질소가 공기의 78%를, 산소가 21%를 차지하고 있으며, 나머지 1%는 아르곤으로 구성되어 있다. 생화학자 아이작 아시모프는 지구 대기의 형성과정에 대해 이렇게 설명한다. "우주에는 12대 원자[수소(H), 헬륨(He), 산소(O), 네온(Ne), 질소(N), 탄소(C), 규소(Si), 마그네슘(Mg), 철(Fe), 황(S), 아르곤(Ar), 알루미늄(Al)]가 존재하는데, 수소 원자가 우주에 존재하는 모든 원자의 90%를 구성하며, 헬륨 원자가 9%, 나머지 10개 원자들이 전체의 1%를 구성한다. 최초 우주에서는 수소가 수소, 산소, 질소, 탄소, 황과 결합하여 새로운 분자들을 형성하였는데 [수소+수소=수소분자(H_2), 수소+산소=물분자(H_2O), 수소+질소=암모니아분자(NH_3), 수소+탄소=메탄분자(CH_4), 수소+황=황화수소분자(H_2S)], 태양과 비교적 가까워 따뜻한 행성인 지구는 수소분자를 제외한 나머지 4개 분자(물분자, 암모니아분자, 메탄분자, 황화수소분자)를 붙잡을 수 있었다(대기-1). 이후 지구에 붙잡힌 물분자는 태양의 자외선에 의해 수소와 산소로 분해되었고, 분해로 증폭된 산소는 암모니아분자(NH_3)와 메탄분자(CH_4), 황화수소분자(H_2S)에서 각각 수소 원자를 잡아떼고 결합하여 다시 물을 형성하였으며, 남겨진 탄소(C), 황(S) 원자와도 결합하여 이산화탄소분자(CO_2), 이산화황분자(SO_2)를 형성하였다(이산화황은 대기로부터 사라져 그 흔적만 남겼고, 더 흔한 이산화탄소는 상당량 대기에 남았다). 한편 암모니아분자(NH_3)에서 남겨진 질소(N)원자는 비활성적인 성질탓에 자기들끼리 모여 질소분자(N_2)를 형성하였다. 이런 과정을 거쳐 초기에 지구에 붙들린 분자들(물분자, 암모니아분자, 메탄분자, 황화수소분자)은 모두 사라졌고 지구 대기는 산소, 질소, 이산화탄소, 물(수증기)로 된 대기로 전환되었다(대기-2).

지구에서 생명이 탄생된 때는 지구가 대기-1 또는 대기-2 상태였을 것으로 추정된다. 약 38억 년 전쯤에 지구의 대양은 유기물 분자로 가득 찬 유기물 풀(pool)이 되었고 자연 발생적인 화학적 작용에 의해 유기화합물이 생성되면서 생명체가 출현하게 되었다. 그리고 모든 생명체는 산소를 필요로 했으므로 광분해보다 훨씬 더 빠르고 효율적으로 산소를 만드는 새로운 방식, 곧 이산화탄소를 사용하여 산소를 생산하는 '광합성' 방식이 발전되었고, 이리하여 지구는 태양계에서 유일한 질소-산소 대기를 갖게 되었다(대기-3)."[2]

과학계는 모든 생명체가 최초에 출현한 단순한 생명체를 동일한 기원으로 가지며, 첫 생명체의 분열과 분화, 수 억 년에 걸친 진화 과정을 통해 오늘날과 같은 수백만 종의 생명체가 출현하였다는 진화론을 정설로 받아들인다. 만일 각종 생물이 성서의 설명처럼 개별적으로 창조되었다면(창세기 1,1~27) 그들 사이의 상호 연관성을 찾을 수 없을 것이다. 하지만 지구상의 모든 생물은 상호 연관성을 갖고 있으며, 동물이 어떤 동물문(動物門)에 속해 있든 조직 세포들끼리 유사하다는 사실은 모든 동물문이 본래 공통의 조상에서 나왔다는 강력한 증거다. 그리고 세포들의 화학적 구성까지 고려한다면 그 유사성은 훨씬 더 커

2. 『시작』, 아이작 아시모프 저, 서광태 · 천희상 역, 세계인, 1995. pp. 228~232.

진다.

우리는 생물을 분류할 때 '계문강목과속종(界門綱目科屬種)' 체계를 사용한다. 계문강목과속종 체계란 비슷한 종(種, species)들을 속(屬, genus)으로, 비슷한 속들을 과(科, family)로, 비슷한 과들을 목(目, order)으로, 비슷한 목들을 강(綱, class)으로, 비슷한 강들을 문(門, phylum)으로, 비슷한 문들을 계(界, kingdom)로 분류하는 생물 분류법이다. 예를 들어 호랑이는 동물계, 척추동물문(포유강, 조강, 파충강, 양서강 등이 포함된), 포유강(영장목, 식육목, 참새목, 뱀목, 개구리목 등이 포함된), 식육목(고양잇과, 갯과 등이 포함된), 고양잇과(고양이속, 호랑이속 등이 포함된), 호랑이속, 호랑이종으로 분류되고, 사람은 동물계(Animalia), 척추동물문(Chordata), 포유강(Mammalia), 영장목(Primates), 사람과(Hominidae), 사람속(Homo), 사람종(Sapiens)으로 분류된다. 이러한 분류의 기준은, '진화하여 각기 분류되기 이전에 같은 조상을 공유했는가' 하는 점이다. 같은 문, 같은 강, 같은 목, 같은 과, 같은 속, 같은 종에 속하는 모든 동물은 동일한 선조의 후손이다.

진화론의 선구자는 영국의 박물학자 찰스 다윈(Charles Darwin)이다. 그는 수년간의 연구 끝에 1859년 『자연 선택에 의한 종의 기원에 대하여』(*On the Origin of Species by Means of Natural Selection*, 약칭 『종의 기원』)를 발표하였는데, 이 책에서 자연에 의해 존속 가능성이 더 높은 변이들이 선택되었을 것이라는 '자연선택론'을 제시했다. 즉 종의 번식 과정에서 새로운 세대에는 크기, 힘, 모양, 행태, 지능, 참을성 등 무수한 특질에서 미세한 변이들이 나타났을 것이며, 환경에 더 적합한 변이들은 그 존속 가능성이 더욱 높았을 것이므로 그들이 자연에 의해 선택되었다는 것이다.[3]

사람도 예외는 아니다. 사람(Homo)은 영장목(靈長目)에 속하는 유인원(類人猿)으로 분류된다. 영장류는 '물건을 잡을 수 있는 손과 발이 있는 포유류 척추동물'로 원원류(여우원숭이, 로리스, 갈라고, 안경원숭이 등이 포함 됨)와 진원류(원숭이와 유인원)로 나뉘며, 유인원은 영장류 사람상과(Hominoidea)에 포함된 긴팔원숭이과(Pongidae)와 사람과(Hominidae)에 속하는 '꼬리 없는 종'을 통칭한다. 여기에는 긴팔원숭이류, 볏긴팔원숭이, 사람, 고릴라, 침팬지, 오랑우탄 등이 포함된다.

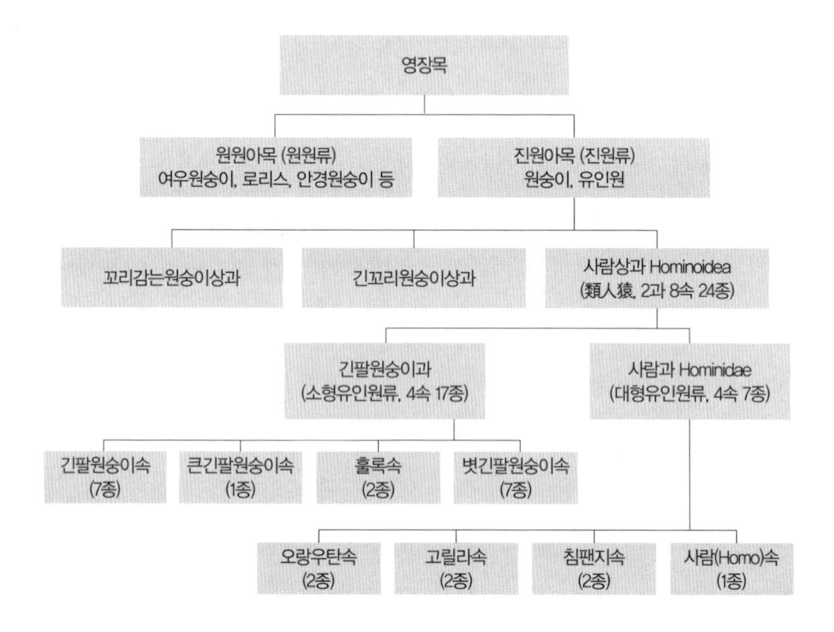

고대 인류 화석이 발견되면서 20세기까지는 인간이 오스트랄로피테쿠스에서 호모 하빌리스, 호모 에렉투스, 호모 사피엔스 등으로 점차

3. 『시작』, p. 58.

진화했다는 이론이 정설로 받아들여졌지만, 오늘날에는 인간종이 과거 단 한 종에서 진화해 온 것이 아닌, 최소 6개 이상의 인간종이 존재했으며, 여타의 인간종들은 멸종했고 현재 남아 있는 유일한 종은 '호모 사피엔스-사피엔스'라는 이론이 정설로 인정되고 있다.

영장류는 약 600만 년 전에 아프리카에서 출현하였고, 250만 년 전쯤 동부 아프리카에서 최초의 호미니드(Hominid, 사람科)라 할 수 있는 '오스트랄로피테쿠스'가 출현했다. 오스트랄로피테쿠스는 유인원은 아니며 사람속(Homo)과도 크게 달라 '오스트랄로피테쿠스속'이라는 자체 속명을 갖고 있다. 이 오스트랄로피테쿠스속 호미니드의 대중적 호칭이 오스트랄로피테신(Australopithecine)이다.[4]

약 200만 년 전 이들 오스트랄로피테신은 고향을 떠나 북아프리카, 유럽, 아시아 방향으로 진출하여 정착하면서 지역의 특성에 따라 각기 다른 방향으로 진화했다. 그 결과 여러 종들이 생겨났는데, 유럽과 서아시아 인류는 '호모 네안데르탈렌시스', 곧 네안데르탈인으로 진화했고, 아시아의 좀 더 동쪽 지역에는 '호모 에렉투스'가 살았으며, 인도네시아 자바섬에는 '호모 솔로엔시스'가, 인도네시아 플로레스섬에는 '호모 플로레시엔시스'가, 시베리아 데니소바에서는 '호모 데니소반스'가 살았다. 각 지역에 정착한 인간 종들이 진화의 길을 걷는 동안 동아프리카에서의 진화도 계속되어 새로운 인간 종들이 출현하였는데, '호모 루돌펜시스', '호모 에르가스터', '호모 사피엔스'가 그들이다.[5]

인간종들의 진화 과정 중에 출현한 현생 인류의 아종(亞種) 호모 사

---

4. 『시작』, p. 75.
5. 『사피엔스』, 유발 하라리 저, 조현욱 역, 김영사, 2015. p. 24~25.

피엔스는 약 30만 년 전에 등장하였는데 그들은 언어 구사 능력을 갖지 못했던 것으로 보인다. 이후 초기 사피엔스보다 진화한 현생 인류인 '호모 사피엔스-사피엔스'가 16만 년 전쯤 아프리카 사하라사막 남쪽에서 진화하여 7만 전쯤부터 세계 각지로 퍼져나갔는데 그들은 상호 의사 전달 및 정보를 교환하는 언어 구사 능력을 갖고 있었다.[6] 호모 사피엔스-사피엔스가 아라비아반도와 유라시아 지역으로 퍼져나갈 무렵, 그곳에는 이미 다른 종류의 인간들이 정착해 있었다. 특히 네안데르탈인은 사피엔스 계열의 인간보다 근육이 발달한 사냥꾼이었고, 뇌가 더 컸으며 도구와 불을 사용했고, 추운 기후에 잘 적응하는 인간종으로 무려 200만 년 동안 자신들의 정착지에서 존속해 오고 있었다. 그런데 사피엔스 계열 인간과의 접촉 이후 그들은 급작스럽게 멸종하였다. 뿐만 아니라 각 지역의 특성에 적응하며 진화한 여타 인간종들도 정확하게 밝혀지지 않은 사유로, 하지만 사피엔스 계열의 인간종과 접촉한 이후에 급격히 멸종의 길을 걸었다. 솔로엔시스는 5만 년 전쯤 멸종했으며, 네안데르탈인은 3만 년 전에 소멸하였고, 플로레스인은 12,000년 전에 사라졌다.[7]

사피엔스를 제외한 여타 인간종들의 급격한 멸종 사유에 대해 학자들은, 제한된 의사전달 수단만 갖고 있던 그들과 달리 정보전달의 수단인 '언어'를 사용하는 사피엔스에게 다른 인간종들이 먹이경쟁과 종족 간의 투쟁에서 밀려 멸종한 것으로 추정한다. 호모 사피엔스-사

---

6. 『쉽고 재미있는 인류 이야기』, 제임스 C. 데이비스 저, 이남규 역, 기파랑, 2009. p. 12.
7. 『사피엔스』, pp. 34~41.

피엔스는 언어를 통한 상호 정보 교환 및 소통 능력 덕분에 협동 사냥과 채취활동에 더 능숙했고 이를 발판으로 사냥터를 점령할 수 있었을 뿐만 아니라, 자신들과 전혀 다른 인간종과의 충돌에서도 우위를 점할 수 있었다는 것이다. 이후 지구는 호모 사피엔스-사피엔스에게 정복당하였고, 모든 다른 인간종은 멸종했다. 호모 사피엔스-사피엔스도 정착지의 기후나 환경적 요인에 따라 피부색, 체형, 얼굴형태 등이 조금씩 다르게 진화해 왔지만, 생물학적으로 현생 모든 인간은 호모 사피엔스-사피엔스 단일 종으로 분류된다. 우리는 모두 호모 사피엔스-사피엔스 종인 것이다. 하지만 사회 문화적 관점에서는 여러 범주로 인종을 분류하기도 한다. 피부색에 따라 백인, 흑인, 황인종으로 구분 짓기도 하고, 사는 나라에 따라 한국인, 미국인, 독일인으로 구분하기도 하며, 혈통 구분에 따라 셈족, 게르만족, 한족, 왜족 등으로 구분하기도 한다. 각 인종 혹은 민족은 자신들의 정착지에서 고유한 문화를 창출하고 종교전통을 창조하며 삶을 이어 왔다.

인간 지능의 진화와 신화 창조

생태계 모든 생명체의 일차적 주요 관심사는 생존과 번식이며, 각기 다른 동물들의 신체적 기능의 다양성은 생존과 번식에 최적화된 모습으로 진화해 왔다. 하지만 진화는 의지나 욕구로 성취되는 것이 아니다. 인간은 이백만 년이 넘게 존속해 왔지만 아직도 물갈퀴와 아가미를 갖지 못했다. 진화는 자연선택에 의해 수만 세대를 거치며 눈에 띄지 않게 진행된다. 다윈이 말했듯이 진화는 종의 번식 과정에서 나타나는 유전자의 미세한 돌연변이가 자연에 의해 선택됨으로써 이루어진다. 예를 들면, 사물을 더 잘 보는 눈을 가진 원숭이 개체는 생존경쟁에서 살아남을 확률이 높았을 것이며 시력이 좋은 유전자를 후손에게 전했을 것이지만, 시력이 나쁜 원숭이 개체는 도태되었을 것이다. 공작 수컷은 화려한 꼬리 깃털을 뽐내는데 그것은 포식자에게 자신을 노출시켜 생존을 위협받는 어리석은 행동처럼 보인다. 하지만 공작 수컷에게 화려한 꼬리 깃털은 암컷 공작에게 자기 유전자의 우수성을 증명하는 신용장 역할을 하는 것이고, 그로써 자신의 유전자를 후손에게 전달하는 기회를 더 많이 가질 수 있는 수단이 된다. 이렇게 하여 더 크고 화려한 빛깔을 지니는 꼬리 깃털 유전자를 지닌 공작은 살아남게 되고 그렇지 못한 공작은 도태된다. 이것이 자연선택이다.

인간이 먹이사슬의 최상위층을 점유하고, 지구의 주인 행세를 할 수 있는 원동력은 지능의 활용에 있다. 동물을 사냥하거나 과일을 찾아 배를 채우던 초기 인류는 다른 동물들에 비해 별반 뛰어난 능력이나 기능을 갖추지 못했다. 인간은 새처럼 날지도 못할 뿐만 아니라, 사자처럼 강력한 턱뼈를 지니지도 못했고, 치타처럼 빨리 달리지도 못한다. 거미처럼 끈끈한 실을 자아내지도 못하고, 물고기처럼 긴 시간 헤엄치거나 잠수를 하지도 못한다. 인간이 다른 동물들에 비해 유일하게 잘하는 기능이 있다면, 손으로 물건을 멀리까지 던질 수 있다는 것뿐이다.

약육강식의 세계에서 허약하기 짝이 없는 수렵채집 생활인이었던 인간은 생존을 위해 사냥에 사용할 수 있는 도구를 만드는 방법을 찾았을 것이며, 먹을 수 있는 과일이 어느 시기에 어느 장소에서 익어 가는지를 기억할 필요가 있었다. 또 혼자서 대형동물을 사냥하는 것은 위험한 일이므로 여럿이 협동하여 사냥에 나섰다. 이때 필요한 것이 상호 의사소통이므로 정보 교환을 위한 언어 구사 능력이 발달하였고, 상황을 판단하는 판단력과 지능이 향상되었다. 뇌 과학자들은 두뇌 용량과 지능 간의 연관성은 별로 없다고 말한다. 네안데르탈인의 두뇌 용량은 호모 사피엔스보다 컸지만 지능지수는 훨씬 낮았고, 고래의 두뇌는 인간의 것보다 훨씬 크다. 뇌의 인지능력과 지능지수는 두뇌의 크기가 아니라 뉴런과 시냅스의 활성화 정도에 영향을 받는다.[8] 인간의 지능은 각자가 살면서 체험한 것들과 스스로 습득한 정보를 기억하고, 나아가 다른 사람들과 협력하고 서로 정보를 교환하는 것을 통해 획득한 새로운 정보를 기억하는 일련의 과정을 거치면서 향상되었다. 약 30만 년 전부터 불을 사용하고 음식을 익혀먹을 수 있게 됨에 따라 소화에 필요한 에너지의 대부분을 뇌 활동 에너지로 활용할 수 있게 된 것도 지능을 급격히 향상시키는 데 영향을 미쳤다. 인간의 뇌는 신체가 휴식 상태일 때 전체 에너지의 25%를 소비하는 기관이다.[9] 인지능력의 향상으로 인간은 자연을 지배할 수 있게 되었다.

상기의 인류 진화 과정에서 우리가 주목해서 살펴봐야 할 부분은, 250만여 년이라는 긴 기간, 선뜻 이해가 되지 않고 막연(漠然)한 시간이라고 생각될 만큼 쉽게 다가서지지 않는 오랜 기간 동안에 인류가 어떤 경로를 통해서 오늘에까지 이르게 되었는가를 살펴보는 것도 중요하지만, 최초 인간종의 출현부터 250만여 년이라는 기나긴 시간이

---

8. 『1.4킬로그램의 우주, 뇌』, 정용 외, 사이언스북스, 2016. p. 21.
9. 『사피엔스』, p. 27.

흐르는 동안 신(神)은 그 어디에도 등장하지 않고 있다는 점, 그리고 설령 문자가 개발되지 못한 시기였다고 하더라도 초기 인류가 남긴 동굴 그림이나 문양, 그 어떠한 삶의 유적에서도 신과 관련되었다고 추정될 만한 것은 단 한 점도 발견되지 않았다는 점을 주목할 필요가 있다.

인간이 신을 숭배하는 종교전통을 갖기 시작한 것은 기원전 3,000년경이고, 성서의 설명에 의하면 신이 계시(啓示)를 통해 자신의 존재를 드러내 보인 것은 기원전 2,000년경이다. 물론 이것은 신뢰할 만한 근거를 찾을 수 없는 성서의 주장일 뿐이지만, 인류 역사 안에서 신 관념이 기원전 3,000년경 생겨났다는 것은 시사하는 바가 매우 크다. 바로 각 부족 또는 민족들의 도시국가나 왕국이 건설되던 시점과 일치하기 때문이다.[10]

고대 수렵채집인들은 어느 순간부터인가 모든 생물과 무생물, 자연현상에 정령(精靈)이 깃들어 있어 인간과 직접 소통할 수 있다는 애니미즘(animism) 신앙을 대체로 갖게 되었다. 아마 말 못하는 동물도 고통과 두려움을 느끼고 때로는 본능적인 행위이지만 사랑을 나누는 모습도 지켜보면서 동물을 관장하는 어떤 보이지 않는 영(靈)이 있다고 생각했을 것이다. 그래서 그들은 동물과 대화를 나눌 수 있고, 사냥을 할 때는 죽여서 미안하다는 감정을 보이고 용서를 청할 수 있다고 생각했다. 이런 의식은 인간을 자연의 일부로 여겼다는 것이며, 대자연과 아무런 차등을 두지 않았다는 뜻이기도 하다. 곧 인간이 가장 위대

---

10. 『알기 쉬운 문화인류학』, 아야베 쓰네오 · 구와야마 다카미 저, 황달기 역, 계명대학교출판부, 2012, p. 227 참조.

한 존재라는 의식도 가지지 않았고, 동물이나 식물을 인간보다 천한 것 또는 낮은 것으로도 여기지 않았다는 뜻이다.

그리고 고대 인류는 자연에서 동물들이 먹고 먹히는 광경과 태어나고 죽어가는 과정들을 목격하면서 살고 죽는 것을 지극히 자연스러운 현상으로 여겼다. 다만 다른 동물들과는 달리 동료 인간의 죽음을 슬퍼하며 장례를 치르는 문화를 발전시켰고, 자신도 언젠가는 죽을 것이라는 의식을 가졌다. 하지만 죽음 이후 하늘 저 멀리 어딘가에 내세(來世)가 있고 그곳에서 새로운 삶이 펼쳐질 것이라는 허황된 꿈같은 생각은 하지 않았다. 뿐만 아니라 번개가 치고 천둥이 울리는 일은 자연의 조화일 뿐, 그런 것들이 신들이 인간을 향해 불편한 감정을 드러내는 상징적인 행위라는 따위의 생각[자연현상의 신화화(神話化)]도 하지 않았다. 비나 내리거나 덥거나 춥거나 변화무상한 자연의 이치에 그저 순응하며 살았다.

인간이 자연현상을 신화화(神話化)하고, 우주와 세상 만물이 초월적인 능력을 가진 누군가에 의해서 의지적으로 창조되었을 것이라고 생각하게 된 것은 인간의 지능(知能)이 고도로 발달한 이후의 일이다. 고대 인류는 자연이 그저 있는 것, 주어진 것이라는 것을 의심하지 않고 있는 그대로 받아들였지만, 천문학과 물리학에 대한 지식이 없던 시대에 지능이 깨어난 인간은 우주와 자연 현상에 관심을 기울이기 시작했고, 인간 능력의 한계에 대한 인식과 더불어 인간 능력의 한계를 넘어서는 것들에 대한 사유(思惟)를 갖게 되었으며, 자기 존재의 기원과 세상의 기원 등 도대체 인간의 머리로는 이해할 수 없는 것들에 대해 의문을 갖기 시작했다. '우주는 어떻게 생겨났는가?', '인간은 어디서 왔는가?', '죽는다는 것은 무엇인가?', '때에 따라 비가 내리고 눈이 내리고, 해가 뜨고 달이 지고, 동물들이 번식을 하고 과일이 익는 규칙적이고 질서 있는 자연의 순환은 누가 관장하는가?', '가뭄이 들고 홍수가 지는 등 자연의 불규칙성은 왜 일어나는가?' '미움이나 사랑의 감정은 어디서 오는가?', '욕망과 욕정은 어떻게 생겨나는가?' 철학적 사유가 시작된 것이다.

최초의 철학적 사유는 세계 각지에 퍼져 있는 인간 문화권에서 거의 유사한 시기(BC 3,000~1,000년 사이)에 시작되었는데, 풀리지 않는 형이상학적 · 철학적 물음에 대한 답을 구할 수 없었던 초기의 사유자들은 인간을 넘어서는 어떤 초인적 · 초월적인 존재(神)를 상상하게 되었고, 존재하는 모든 것은 하늘 넘어 어딘가에 있을 그 누군가에 의해 비롯되었으며, 세상만사 모든 것 또한 그가 관장하는 것이라고 생각하자 제반 문제가 해결되는 놀라운 경험을 하게 되었다. 그래서 각 문화권에서는 자신들에게 친숙한 대상을 그 상상의 존재, 가상의 실재로 상정하여 그가 우주와 세상과 인간을 창조했고, 세상의 역사와 질서를 주관한다는 신화(神話)를 만들어냈다.[11] 이집트에서는 그를 아툼(Atum, Aten) 또는 레(Re)라고 칭했고, 바빌로니아인들은 마르둑(Marduk), 후리족은 샷다이(Shaddai), 북유럽의 게르만족과 켈트족은 오딘(Odin), 슬라브인들은 페룬(Perun), 가나안(팔레스티나)에서는 엘(El), 중국에서는 반고(盤古) 또는 제(帝, 天), 그리스에서는 제우스, 페르시아는 아후라마즈다, 아프리카 잠비아의 로지족은 니얀베, 남미의 마야문명에서는 꾸꿀칸(Cuculkan) 등으로 지칭했다.

---

11. 『세계의 신화 전설』, 요시다 아츠히코 저, 하선미 역, 혜원, 2010. p. 12, 69, 157 참조.

초기 사유자들은 그 누구도 지켜본 적이 없고 알지도 못하는 우주와 세상 만물의 생성 과정에 대해 최대한의 상상력을 발휘하여 신에 의한 세상과 인간 창조의 이야기를 지어냈고, 신은 인간의 눈에 보이지 않는 곳에서 우주와 자연의 질서를 관장하며, 세상의 질서 유지를 위해서 여러 기능을 가진 하부 신들과 왕과 같은 특별한 인간 그리고 자연을 도구로 이용한다고 설명했다. 그리고 신은 인간이 상상할 수 있는 최고 최상의 완전자, 가장 이상적인 절대적 존재라고 상상하여 그에 부합되는 신적 속성을 부여했다. 이렇게 만들어진 신화는 점차 실제적인 사실로 받아들여지면서 신화가 만들어낸 '상상의 산물', '가상의 실재'를 신으로 숭배하는 종교전통이 등장하게 되었다.

인간을 제외한 어떤 동물도 신을 찬미하거나 찬양하지 않는다. 만일 동물에게 자연을 관장하는 미지의 초월적 존재가 있을 것이라고 상상할 수 있는 지적 능력(知能)이 있다면 그들도 신을 위한 제단을 쌓았을 것이다. 신 존재를 추정하고 상상할 수 있는 지능을 가진 존재는 현재로서는 인간뿐이다.

인간의 철학적 사고가 발현된 시점은 도시 국가 또는 왕국이 건설된 시기와 일치한다. 성서가 신을 이야기하고, 고대 국가들이 신을 논하면서 신화를 정치적 통치 이데올로기로 활용하던 기원전 3,000년경이다. 그리고 인간이 눈에 보이는 실체와 직접 온 몸으로 체험되는 우주와 자연현상에 대한 사유를 통해 신화를 창조한 것은 기원전 3,000년경이지만, 눈에 보이지 않는 인간의 영혼에 대한 사유 및 죽음 이후의 내세와 부활에 대한 사유는 종말론과 함께 기원전 6세기경에야 시작되었다. 구약성서에서도 내세와 부활에 관한 관념은 기원전 170년경 기록된 것으로 추정되는 「다니엘서」에 처음으로 등장한다.

도시국가 건설과 신화의 통치 이데올로기화

자연에서 스스로 번식하고 성장한 동물을 사냥하거나 제철 과실과 작물을 채집하며 약 250만여 년간 생존을 유지해 왔던 인간은, 대략 기원전 1만 년경부터는 농사를 짓고 가축을 기르며 정착 생활을 하기 시작했다. 생활의 변화에는 여러 가지 원인이 있었겠지만 인구 증가가 주된 요인이었을 것이다. 씨족은 친족으로 확산되고, 친족은 부족 규모로 증대되면서 사냥감을 쫓아 대규모 단위로 이동하는 것은 점차 불가능한 일이 되었고, 부족 간의 경쟁에서 생존의 안전을 도모할 필요가 있었을 것이며, 오랜 채집 생활의 경험을 토대로 식물의 성장을 이해하게 되면서 작물을 직접 재배하는 기법을 개발했을 것이다.

정착 생활은 인간 사회 환경에 커다란 변화를 가져왔다. 잉여 농산물 생산으로 인구가 급격히 증가하였고, 그에 따라 집단 내의 분쟁이나 갈등, 범죄 등을 통제하고 조정하는 지배조직의 필요성이 대두되었으며, 사회 질서 유지와 외부의 침입으로부터 내집단 구성원들을 보호해 줄 무장 조직이 필요해졌다. 지배자와 엘리트가 출현하고 일정한 계급 구조가 형성된 것이다. 또한 잉여 농산물을 수단으로 필요 물품을 구하는 시장 경제가 활성화되었고, 농사나 목축업 이외의 다른 전문 직종의 직업군이 등장하게 되었다. 이후 점차 정착민의 수가 증가하고 도시의 규모가 커지면서 도시국가가 생겨나기 시작했고, 도시국가들을 병합하여 통일국가가 건립되는 방향으로 역사는 진행되었다.[12]

---

12. 『고대 문명의 이해』, 브라이언 페이건 · 크리스토퍼 스카레 저, 이청규 역, 사회평론, 2015. pp. 86~106 참조.

사회 규모가 점점 커지고 구성원들의 숫자가 증가함에 따라 사회질서를 유지하고 사회 구성원 전체의 안전과 안녕을 책임진 지배집단에게는 사회 구성원의 결속과 집단 통제를 위하여 보다 더 강력한 권위가 필요해졌다. 서로 잘 알지 못하는 수백 명 또는 수천 명의 사람들을 결속시키고 서로 협력할 수 있도록 하기 위해서, 나아가 그들을 보다 효율적으로 통제하기 위해서 취약한 사회질서 규범이나 위계에 초인적 · 초월적 정당성을 부여하는 존재가 요구된 것이다. 권위에 초월성을 부여하면 권위에 대한 도전을 차단할 수 있을 뿐만 아니라, 초인적 질서에 대한 믿음을 기반으로 절대성을 확보하는 규범과 가치체계를 구축할 수 있다. 그래서 활용된 것이 바로 신화(神話)다.[13]

지배자들은 신화를 근거로 지배의 정당성을 확보할 수 있었고, 신의 이름으로 절대적 권한을 행사할 수 있었으며, 가뭄이 드는 것은 사회 구성원들의 잘못에 신이 분노한 때문이므로 신을 달래기 위해 제의를 거행하여야 한다는 명령을 아무런 고민 없이 내릴 수 있었다. 또한 신이 내린 명령이라는 명분으로 법과 규정을 제정할 수 있었고, 자신을 신격화하여 신처럼 떠받들도록 요구할 수도 있었다. 곧 신화를 토대로 초월적 '가상의 실재'의 이름으로 '상상의 질서'를 구축할 수 있었으며, 상상의 질서를 구축하는 과정에서의 강요와 폭력도 정당화될 수 있었다. 예를 들어, 고대 바빌로니아인들은 마르둑(Marduk)이라는 신이 세상을 창조한 최고신이라는 신화를 믿었는데, 바빌로니아 역대 왕들은 자신이 마르둑의 현현(顯現) 또는 마르둑의 아들이라고 주장하며 권력의 정당성을 확보하였고, 이를 바탕으로 절대권한을 행사하며 구성원

13. 위의 책, pp. 82~83.

들을 결집시키고 통제할 수 있었으며, 폭력으로 신화를 신봉하도록 강요할 수 있었다.

자연과학과 천문학이 발전하지 못했던 시대의 사람들이 초월적 존재를 상상하여 그를 창조주로 신봉하고, 그가 자연의 조화와 우주의 질서를 관장한다고 생각했었다는 것은 쉬 이해할 수 있다. 그런 방법이 아니라면 살아가면서 체험되는 갖가지 의문점에 대한 답을 찾을 수 없었을 것이기 때문이다. 그래서 당시 사람들은 신화를 사실로 믿었고, 신화 속에 등장하는 신의 초월성에 복종하는 것이 유한하고 무력한 인간이 취해야 할 마땅한 자세라고 여겼을 것이다.

신화를 통해 인간이 신을 창조해 낸 고대 메소포타미아 지역의 종교 전통은 기원전 19세기에 바빌로니아에서 가나안으로 이주한 셈족 계열 히브리인들의 신 관념에 영향을 미쳤고, 기원전 6세기에 바빌로니아에 포로로 잡혀 있던 유대인들은 바빌로니아 신화를 자신들의 용도에 맞게 개작하여 창세기 신화를 창작했다.

종교전통의 뿌리 – 신화

상기에서 살펴보았듯이 인간은 철학적 사유가 가능할 정도로 지능이 향상된 시점에 이르러서야 비로소 인간의 힘으로는 통제가 불가능한 죽음과 자연 현상을 관장하는 초인적 · 초월적 능력자가 별도로 존재할 것이라는 상상을 하게 되었고, 그 상상의 존재는 자신의 의지대로 자연 질서와 인간의 삶을 통제하는 전지전능한 존재일 것이라는 생각에서 '신 관념(神觀念)'을 갖게 되었다. 나아가 이러한 신 관념을 토대로 인간은 자신의 인간적 상황[生老病死]에 대한 이해와 자연 환경을 신화화하면서 신화를 창출하였고, 절대적 존재로서의 신에 대한 숭배와 종교적 의례를 발전시켰다.

우주와 자연에 대한 몰이해에서 시작된 신 존재에 대한 상상과 상상의 신에 대한 숭배인 원시 신앙은 고대 인류가 형성한 각기 다양한 문화와 문명 형성의 중심축이 되었고, 이러한 인류 문화의 발전 과정에서 신 존재는 인류가 부정할 수 없는 사실적 진리처럼 받아들여졌다. 하지만 자연의 신화화가 극복된 오늘의 관점에서 보면, 신은 스스로 존재하는 궁극적 실재로서의 절대자가 결코 아니며, 한계성을 극복하지 못하는 인간의 불완전성에서 창출된 '상상의 산물'이라는 것이 쉽게 이해된다. 고대 인류가 오늘과 같은 우주와 자연에 대한 이해와 지식을 갖고 있었다면, 다시 말해서 자연에 대한 비신화화(非神話化)가 이루어졌다면 인간은 자신의 상황과 자연 환경을 신화화하거나 자연의 질서를 어떤 절대적 초월자가 주관한다는 식의 사고를 갖지 않았을 것이며, 신을 가정하지도 않았을 것이다.

역사학자들은 신은 순전히 인간 상상의 소산일 뿐만 아니라, 다양한 문명권에서 발견되는 신화와 전설 속에 등장하는 신의 현현(顯現)은 인간이 가진 종교 관념과 민중 통제를 위한 정치공학적 통치 이데올로기의 결합에서 가공된 것이라는 사실에 대체로 동의한다. 사실 인류 역사 안에서 그리고 그 어떤 문명권에서도 신은 직접 자신의 모습을 드러낸 적이 없고, 자신이 스스로 존재하는 인격적 절대자라는 것을 인간에게 고지한 사실도 없다. 신은 인간 공상의 부산물로서 인간의 상상과 종교적 믿음 속에 관념으로만 존재하는 대상이므로 역사 안에서의 신의 현현은 있을 수 없고, 일어날 수도 없는 일이다.[14] 성서는 신이 아브라함에게 발현하여 명령을 내리고(창세 12,1 참조), 모세에게도 나타나 자신의 존재를 계시했다고 기록하고 있지만(탈출 3,1~15 참조), 아브라함이나 모세는 종교설화에 등장하는 가공의 인물일 뿐 역사적으로 실재한 인물이 아니며, 또한 성서는 제3자가 이러한 사실들을 직접 목격하고 기록한 보도가 아니라 성서 저자의 종교적 상상으로 기록한 창작물이므로 그것을 사실로 받아들일 수는 없다.

고대의 다양한 문화권은 신 존재를 전제로 각기 나름의 신에 대한 신앙체계를 갖추어 나갔으며, 점차 민족 간 교류나 문명의 교류를 통해 상호 습합(習合)되고 변형되는 과정을 겪으면서 보다 체계적인 종교(宗教)의 틀을 갖추어 나갔다. 그리고 이런 일련의 흐름 속에 인류 역사 안에는 헤아릴 수 없을 만큼 많은 수의 신과 종교가 생성과 소멸의 과정을 겪게 되었는데, 대다수 고대 종교전통의 신과 종교는 숭배하는 신의 실존 유무와 상관없이 정치권력의 힘에 의해 흥망성쇠의 길을 걸었다. 바빌로니아나 페르시아가 그리스에 패망하지 않았다면 마르둑 신앙과 바알신앙은 존속했을 것이며, 서로마가 오스만투르크에 패망하였다면 가톨릭은 소멸했을 것이다. 만일 인류 역사와 종교 역사 안에서 각 민족들이 숭배하던 신들이 실제로 존재했다면, 또한 능력과 역량을 발휘하는 작동의 신이었다면 종교전통의 생멸이 정치권력에 의해 좌우되는 현상은 있을 수 없는 일이다.

우리 한(韓)민족은 하늘의 신 환인(桓因)이 세상에 내려 보낸 그의 아들 환웅과 사람이 된 곰(웅녀)과의 사이에서 태어난 단군에 의해 나라

---

14. 『신의 발명』, 나카자와 신이치 저, 김옥희 역, 동아시아, 2005. p. 44.

가 개국되고 민족의 역사가 시작되었다는 단군신화를 갖고 있다. 하지만 오늘날 – 극히 일부를 제외하고는 – 그 누구도 환인을 한민족의 시조신이나 초월적 인격신으로 숭앙하지 않는다. 마찬가지로 고대 바빌론은 절대신 바알과 마르둑을 우주의 주재자로 믿었고 이집트는 창조신 아툼과 태양신 레를 우주의 궁극적 실재로 믿어 왔지만, 지금은 그 어디에서도 그러한 신앙전통을 찾을 수 없고 그들이 믿었다는 바알이나 태양신을 절대신으로 생각하지도 않는다. 모두 사라진 신, 소멸한 종교가 되어 버린 것이다. 설령 오늘날까지 존속되었다 하더라도 자연과학의 발전으로 자연의 비신화화가 이루어진 오늘의 시점에서는 그들 종교전통 또한 헛된 망상의 결과임이 드러나 소멸되었을 것이다.

그렇다면 동일 선상에서 오늘날 유대교와 가톨릭이 말하는 신에 대해서는 어떻게 말할 수 있는가? 유대교의 신을 하느님, 하나님, 천주, 야훼, 여호와 등 무엇이라고 부르든 호칭은 중요하지 않다. 문제는 그들이 말하는 신은 참으로 궁극적 실재로서의 신이며, 그 신은 실제로 존재하는가 하는 점이다. 만일 그들의 주장처럼 유대교의 신 야훼가 자연 환경의 신화화에서 만들어진 인간 상상의 부산물이 아닌, 우주와 인간보다 먼저 존재한 인격적 실체로서의 신이라고 한다면 무엇을 증거로 그렇게 주장할 수 있는지에 대한 설명이 따라야 한다. 단지 성서에 그렇게 기록되어 있다는 설명만으로는 합당치 않다. 그리고 종교문명의 충돌에서 유대교와 가톨릭이 살아남았다는 것이 그 자체로 타문명의 다른 신들은 거짓이고 유대교의 신만이 참 신으로 존재한다는 것의 증명이라고 주장하는 것도 합리적인 설명이 되지 못한다. 인도에서는 무려 3만 3천의 신들이 신봉되고 있다.

유대교와 이를 승계한 가톨릭의 종교경전인 성서는 여타의 종교전통의 경전이나 신화들과 마찬가지로 어떤 부연설명도 없이 '신 존재를 부동의 사실로 전제'하고, 그것을 바탕으로 신과 인간에 관한 이야기를 펼쳐 나간다. 고대 원시 신앙처럼 합리적인 의심 없이 무비판적으로 신 존재를 수용하고 전제한 상태에서 인간의 삶과 인류의 역사는 신의 작용과 작동으로, 즉 그의 의지와 통제에 의해 진행된다는 식으로 사고를 전개시키고 있는 것이다. 성서가 그 존재를 전제하는 신은 실재하는가? 그리고 그는 초월적인 능력을 발휘하는가?

가톨릭은 여러 가지 사유와 논리로 신 존재 증명을 시도해 왔는데, 토마스 아퀴나스(1225~1274)의 신 존재 증명이 그 대표적인 예다. 아퀴나스는 자신의 저서 『신학대전』에서 성서가 말하는 신의 존재성을 규명하고, '신은 존재한다'는 가설명제를 정언명제로 확정짓기 위해 신 존재 방식과 신의 작용 방식에 대한 원리를 탐구하며 신 존재 증명을 시도한다. 하지만 그의 이론은 무한 순환논리와 자기오류에 빠지고 결과적으로는 자기모순에 침몰하고 만다. '신이 존재한다'는 명제는 신이 직접 자신의 실제적인 존재성을 드러내지 않는 한, 인간의 상상과 이성적 추론만으로는 정언성(定言性)을 확정지을 수 없는 가설이다. 따라서 아퀴나스의 방대한 논증 전개는 그것이 아무리 뛰어난 논리라 할지라도 결국 지성적 사고로 도출해 낸 또 다른 추론과 가설에 불과하며, 유대인의 종교경전인 성서도 인간의 상상과 초월 관념에서 도출된 가상의 신을 마치 실재하는 실체로 가정하고 또한 인간의 창의력과 상상력으로 신의 작용을 실제인 것처럼 기록한 것이므로 그 자체가 허구인 종교적 창작 작품에 불과하다고 할 수 있다. 신 자체가 상상의 관념이고, 상상 속 가상의 실재로서의 신이 어떤 실제적 작동을 일으킨다는 것은 있을 수 없는 일이기 때문이다.

아퀴나스가 주장한 신 존재 증명의 내용을 간략히 살펴보자.

아퀴나스는 "무엇인가가 움직이기 위해서는 그것을 움직이게 하는 선행 원동자(原動子)가 있어야 하며, 최초의 움직임을 일으킨 그 무언가를 신이라 부른다."고 말한다(제1원동자 이론. 움직임 받음 없이 움직이게 하는 원동자). 선행 원동자에 의한 움직임은 무한 회귀로 이어진다. 어떤 것을 움직이게 하려면 선행 동자가 있어야 하고, 또 그것을 움직이게 하는 또 다른 동자가 선행되어야 한다. 아퀴나스는 이런 움직임에 대한 무한 회귀로부터 벗어나 있는 최초의 원동자를 신이라 규정하고, 세상 만물의 가변성과 모든 물질과 본체의 움직임 및 생성소멸은 신의 작용에서 비롯된 것이라고 설명한다. 하지만 그는 신은 어떻게 존재하게 되었고, 신 자신은 어떻게 해서 회귀로부터 벗어나 있는가에 대해서는 설명하지 않으며, 또한 최초의 원동자는 어떻게 움직임을 받지 않고도 다른 것을 움직이게 할 수 있는가에 대한 설명 없이 그저 최초의 원동자는 신이라고 결론지음으로써 또 다른 무한 회귀 즉, "최초의 원동자를 움직이는 원인 원동자는 무엇인가? 신을 움직이는 또 다른 신 또는 원리는 무엇인가?"의 오류에 빠지게 된다.

다음으로 아퀴나스는 "모든 결과에는 그보다 앞선 원인(原因)이 있으며, 원인과 결과의 무한 회귀는 최초의 원인을 통해 종식되어야 하는데, 그 최초의 원인인 그 무언가를 신이라 부른다."고 말한다(제1원인 이론. 원인 없는 원인). 모든 결과에는 그보다 앞선 원인이 있어야 하므로, 그 최초의 원인은 신이라는 설명이다. 원인 없이 존재가 생성될 수 없고, 인류의 역사는 인간의 의지만으로 존속되는 것이 아니라 인간의 의지에 작용하여 그 의지를 일으키는 최종적인 원인, 곧 신에 의해 진행된다는 논리다. 하지만 아퀴나스는 원인과 결과라는 무한 회귀에서 벗어난 최초의 원인은 '원인 없는 원인인 신'이라고 말하면서도, 신이 원인 없는 원인이 되는 이유를 설명하지 않음으로써 또 다시 "원인 없는 원인이 되게 한 원인 또는 요인은 무엇인가?"라고 묻는 무한 회귀의 오류에 빠지게 된다. 따라서 아퀴나스는 결과적으로 신 존재를 증명하는 것이 아니라, 제1원동자와 제1원인이라고 이름을 붙인 신 존재를 가정한 상태에서 신 존재 증명 논리를 전개함을 스스로 드러내고 있을 뿐이라고 할 수 있다.

가톨릭은 아퀴나스의 신 존재 가설 논리를 수용하여, "신은 낳음 없는 존재이며, 원인 없는 원인이고, 스스로 존재한다."고 말한다. 하지만 가톨릭의 이런 주장은 증명 가능한 어떤 근거를 바탕으로 한 것이거나, 신의 계시에 기인함이 아니다. 그것은 '신이 존재한다면 아마도 이런 속성을 지닐 것이다'라는 상상의 추론을 참 명제처럼 인위적으로 선언한 것에 불과하다. 그리고 설령 가톨릭의 주장이 이치에 맞는다고 하더라도 가톨릭이 말하는 그런 속성을 지닌 신이 여러 문명권의 숱한 신들 중 오직 야훼라는 근거가 될 수도 없다.

아퀴나스의 신 존재 증명은 현대 천문학과 물리학이 등장하기 이전인 13세기, 신은 존재한다는 것을 절대 진리로 여겼던 풍토에서 나온 이론이니 그 당시에는 그것이 설득력 있는 주장처럼 받아들여졌을 것이다. 하지만 현대 과학은 인간의 의지나 사고의 정신작용은 외부의 조종이 아니라 뇌기능에 의해 발생한다는 것과 뇌의 작동원리를 규명하였고, 최초의 원자와 분자의 움직임, 더 나아가 원자와 분자들의 복합체인 물질의 움직임은 자연발생적이었다는 것을 명확히 밝혀냈으며, 회귀 중에는 신이 아닌 자연적인 종식자에 도달하는 것도 있다는 것을 알아냈다. 금(金)을 원자(原子)보다 더 작게 자른다면 그것은 금이 아니다. 원자는 회귀의 자연적인 종식자다.[15] 신 존재 증명에 대한 이런 과학적 반론에 대해 가톨릭은 모든 존재의 근원인 빅뱅이 과학적인 사실이라면 그것은 저절로 일어나지 않았고 대폭발을 발생시킨 원 동기가 있을 것인데, 그가 신이라고 말한다. 하지만 빅뱅을 일으킨 원인이 꼭 신이어야 할 필요는 없으며, 신이라는 증거도 없다. 빅뱅은 물리현상이 빚어낸 우연적 사건으로 보는 것이 타당하다.

유대교와 가톨릭의 종교경전인 성서는 인간보다 먼저 존재한 신이 인간과 세상을 창조했으며(창세 1장), 신은 직접 인간에게 자신의 모습을 드러내 보이면서 자신을 스스로 존재하는 절대자로 소개하였다고 기록하고 있다(창세 3장). 하지만 기원전 950년경부터 쓰여지기 시작한 유대교의 성서는 기원전 3,000년 이전부터 인류가 신 존재를 상상하고 숭앙해 온 각기 다양한 문화권의 원시 신화적 종교관을 유대인 자기 민족의 신앙으로 차용하고 습합하는 과정에서 야훼신앙의 정당성을 주장하기 위해 기록한 것일 뿐, 그 내용 그대로가 역사적 사실이라고는 볼 수 없다. 성서는 타 문명권을 향해 “너희들은 그렇게 믿지만, 우리들은 야훼라는 신을 믿는다.”라고 말하는 것, 그 이상도 이하도 아닌 것이다.

만일 신이 존재하고 우주 만물이 신의 창조물이라면, 고대 다양한 문화권의 수많은 종교 신화들 속에 등장하는 창조주 신들 중에 누가

15. 『만들어진 신』, 리처드 도킨스 저, 이한음 역, 김영사, 2007. p. 124.

참 창조주인지 우리로서는 알 수 없고, 야훼가 우주와 세상을 창조하는 것을 지켜본 사람도 없으므로 그가 우주의 참 창조주라고 말할 수도 없다. 야훼가 우주 만물의 창조주라는 말은 단지 유대 종교전통 안에서 자신들은 야훼를 창조주로 믿는다고 선언하는 것일 따름이다. 이에 대해 유대교와 가톨릭은, 성서는 인류 역사 내(內) 체험을 후대에 신앙의 관점으로 해석하는 과정에서 체득하게 된 야훼에 대한 인식을 기술한 것이므로 야훼가 창조주인 것은 분명하다고 강조하지만, 이런 설명은 신을 직접 체험한 경험자가 없다는 것을 드러내는 고백이고, 야훼와 관련된 이야기는 타 문화권에서와 마찬가지로 유대인들 중 종교적 심성에 심취한 어느 사람 혹은 어느 집단의 상상에 의해 창작된 것이라는 자기고백에 불과하므로(자세한 내용은 '성서 저술' 부분에서 살펴보겠다) 성서는 신의 실제적이고 실체적인 존재를 증언하거나 증명하는 객관적인 자료라고 볼 수 없다.

한편, 다양한 원시 문명에서 발생한 다채로운 신화와 종교전통들을 정복 전쟁을 통해 폐지하고 단 하나의 야훼신앙으로 대체한 가톨릭은, 타 문화의 종교전통들은 그 시대의 인간의 여건과 상황에서 나름의 방식으로 야훼를 찾아가는 과정을 보여주는 것이며, 그들의 소박한 종교심성은 최종적으로 가톨릭의 야훼신앙으로 귀속된다고 말한다.[16] 그러나 하얀 얼굴이 마루의 부족에게 패했어도 그렇게 말할 수 있었을까? 만일 마루 부족이 하얀 얼굴을 물리쳤다면 마루도 '하얀 얼굴이 자기들의 삶의 여건에서 야훼신앙을 가지고 있었던 것은 토나티우를 찾아가는 과정을 보여주는 것이며, 그들의 소박한 종교심성은 토나티우신앙

16. 『제2차 바티칸 공의회 문헌』, 한국천주교중앙협의회. 「비그리스도교에 관한 선언」 참조.

으로 귀속된다'고 말했을 것이다. 그런 식의 주장은 한마디로 종교권력을 장악한 자의 자기합리화일 뿐이다.

신은 세상과 인간의 범주를 넘어서는 초월적 존재를 추정할 수 있는 지적 능력을 지닌 인간 상상의 산물이며 가상의 존재이므로 실재성을 가질 수 없으며, 그 어떤 작동이나 작용성도 가질 수 없다. 신은 인간 상상 속 관념으로만 존재한다.

Ⅱ

이스라엘 역사와 유대 종교전통 · 성서

개괄적인 초기 이스라엘 역사

이스라엘 민족 형성 과정의 역사와 유대 종교전통(유대교)의 기원에 대해 살펴보자.

인류 문명의 발상지로 알려진 메소포타미아 지역(유프라테스강과 티그리스강 유역)은 최소 기원전 1만 년경부터 사람이 거주하기 시작했고, 식량과 정착지를 찾아 유랑하던 셈족 계열의 다양한 민족과 인도-유럽어 계열의 여러 민족이 영유권 분쟁을 벌이던 각축장이었다. 메소포타미아 지역으로 몰려든 각 민족은 우르크, 우르, 바빌론, 니네베 등 거점 도시를 중심으로 도시국가를 건설하였으며, 메소포타미아 전역의 지배권을 두고 민족 간 사활을 건 혈투를 반복하였다.

메소포타미아 최초의 주민은 수메르인이다. 그들은 중앙아시아에서 카스피해를 거쳐 티그리스강과 유프라테스강 하류 우르크 지역에 정착한 것으로 보이며, 우랄-알타이어 계열의 언어를 사용했다. 수메르인들은 메소포타미아 문명 형성에 결정적인 역할을 하였고, 쐐기 모양의 설형문자를 사용해 최초의 문자 체계를 만들어 냈다. 수메르인들은 천신

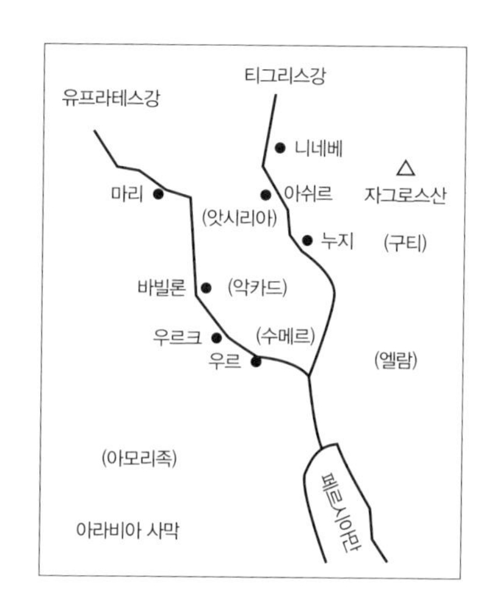

아누(Anu), 대기(大氣)의 신 엔릴(Enlil), 태양신 우투(Utu), 땅과 물의 신 엔키(Enki)를 신봉하는 종교전통을 갖고 있었고,[17] 애가와 잠언과 그 밖의 지혜문학을 엮어냈으며 – 이러한 저작들은 이집트 문화형성에 영향을 미쳤고, 성서의 코헬렛, 지혜서, 집회서 등의 저술은 이집트에서 편찬된 잠언과 지혜서 등의 영향을 받아 기술된 것이다 – 특히 그들의 창조이야기와 홍수이야기들은 고대 근동 지역 여기저기에 퍼져나가 다른 창조와 홍수 신화의 원형이 되었다.[18]

남쪽 우르크를 거점으로 메소포타미아 남부지역을 장악했던 수메르는 북부 바빌론을 거점으로 세력을 확장하던 셈족 계열의 악카드에게 패망하였고(BC 2360년경), 남북 통일제국을 이룬 악카드는 기원전 2180년경 자그로스산맥에서 밀고 내려온 구티족에게 멸망하였다. 구티족의 집권은 오래가지 못했다. 기원전 2100년경 예전 악카드에게

---

17. 『세계의 신화 전설』, p. 247.
18. 『구약성서의 이해』, 버나드 W. 앤더슨 저, 제석봉 역, 바오로딸, 1983. pp. 67~85. '이스라엘의 기원' 참조.

밀려났던 수메르인들이 우르를 거점으로 세를 규합하여 다시 구티족으로부터 메소포타미아에 대한 지배권을 환수하였다. 이 왕조의 창건자 우르남무(Ur-nammu)는 우르를 상업의 중심지로 만들고 거대한 지구랏(Ziggurat, 계단식으로 쌓아올린 탑)으로 도시를 꾸몄다. 이후 수메르는 기원전 1950년경 현재의 이란 산악지대에서 평원으로 쳐내려온 엘람족에게 패해 민족 자체가 역사의 무대에서 사라졌다.

수메르의 우르 왕조 몰락 후(BC 1950년) 후리족이 아르메니아 산악지대로부터 내려와 메소포타미아 북부 누지(Nuzi) 지역에 정착했는데, 최고신 샷다이(Shaddai)와 다양한 수호신을 신봉한 후리족의 종교관습에 의하면 수호신을 차지하는 자가 집안의 주도권을 잡고 상속권을 이어받았으며, 장자 상속권의 판매와 임종 시의 축복에 대한 관습도 있었다. 후리족의 도시 누지에서 발견된 법전에 의하면 자식을 낳지 못한 아내는 자손을 얻기 위해 자기 여종을 남편에게 바쳐야 했다. 후리족의 관습과 법령은 후대 히브리인들에게 커다란 영향을 미쳤다.

한편 수메르를 멸하고 메소포타미아 남부를 장악한 엘람은, 아라비아 사막으로부터 이주해 들어와 바빌론을 거점으로 바빌로니아를 건국한 아모리족에게 패망하였고(BC 1830), 이후 바빌로니아는 인도-유럽어 계통의 카시트족에게 패망하여 메소포타미아 지역은 카시트왕국(BC 1750~1300)이 지배하게 되었는데, 기원전 1300년경 다시 부흥한 엘람족이 카시트를 밀어내고 바빌로니아를 재건했다. 하지만 엘람족의 바빌로니아는 건국 이후 채 100년도 되지 않은 기원전 1200년에 아쉬르를 거점으로 하는 셈족 계열의 앗시리아에 패망하고 말았다(BC 1200~612지배). 이후 니네베를 거점으로 기원전 612년에 건국된 신(新)바빌로니아가 앗시리아를 멸하고 패권을 다시 장악하였지만(BC

612~539), 기원전 539년 페르시아에 멸망하였다.[19]

성서학자들과 역사학자들은 성서의 기록이 사실에 입각한 것이라면 메소포타미아 지역에 거주하던 최초 히브리인들이 가나안으로 이주한 시기는 기원전 1800년경이었을 것으로 추정한다. 메소포타미아 지역 영유권 분쟁의 혼란기에 훗날 '히브리인'이라고 불리고 '이스라엘'의 기원이 되는 일군의 소규모 셈족 계열 반유목민 일행이 새로운 정착지를 찾아 팔레스티나(가나안)지역으로의 이동을 단행하였다. 이 당시 가나안은 이집트에서 파견된 총독이 통치하고 관리하는 이집트의 식민지였으며, 히브리인들은 가나안에 정착해 살고 있던 선주민 가나안족 – '가나안족'은 여부스족, 아모리족, 기르갓족, 히위족, 아르키족, 신족, 아르왓족, 스말족, 하맛족 등 시리아와 팔레스티나에 산재하던 소왕국 및 근린 동맹국을 통칭하는 표현이다[20] – 에 밀려 가나안 본토에 정착하지 못하고 남부 헤브론 근처 산악지역에 머물게 되었다.

히브리인들의 정착이 시작될 즈음 이집트 왕권은 지방 토호세력들과의 패권다툼으로 쇠약해진 상태였고, 급기야 힉소스족의 지배(BC 1785~1560)를 받는 상황에 처하게 되었으며, 이러한 혼란기를 틈타 기원전 1600~1500년에는 시리아와 팔레스타인, 메소포타미아 전역에서 생필품을 찾아 이집트로 이동하는 반유목민의 수가 급증하였다. 이주자들은 아무런 제지를 받지 않고 이집트에 들어갈 수 있었다.[21] 가

---

19. 『이야기 세계사』, 김경묵 · 우종익 편저, 청아출판사, 1985. pp. 31~32, 66~69 참조.

20. 『영웅들의 세계사』, 폴 존슨 저, 왕수민 역, 웅진지식하우스, 2009. p. 22.

21. 『성경의 탄생』, 존 드레인 저, 서희연 역, 옥당, 2011. p. 114.

나안 남부 산악지대에 정착했던 초기 히브리인들도 간간이 식량을 찾아 이집트를 왕래하기도 했으며, 이집트의 파라오 세토스 1세(BC 1291~1278)가 델타지역에 대규모 토목공사 사업을 진행할 때에는 건축현장 일을 하면서 생계를 이어가기도 했고, 그들 중 일부는 이집트 나일강 삼각주 고센지역에 정착하기도 하였다.

히브리인들이 팔레스티나 남부 헤브론을 거점으로 소규모 부족으로 머물던 기원전 12세기는 지중해 동부에 격동의 물결이 몰아친 시기였다. '해양민족'이라 불리는 발원미상의 해상부족[필리스티아인(블레셋족) 외 몇몇 종족]이 바다를 통해 팔레스티나 연안으로 밀려들어와 가나안 해변 지역을 중심으로 이집트의 정복지들을 하나 둘 점령하면서 가자, 아스글론, 아슈도드, 가드, 에그론 등에 도시국가를 건설하였다.[22] 이런 상황에 생존의 위협을 느낀 히브리인들은 주변 산악지대의 소수 부족들과 연합하여 '이스라엘'이라는 이름으로 부족연합 동맹체를 결성하여 생존을 도모하게 되었다['이스라엘'은 히브리어 '이스라'(isra, sara의 3인칭. '주도하다, 다스리다, 다투어 이기다'라는 뜻)와 '엘'(El, 가나안 만신전의 최고 신)의 합성어로, 의역하자면 '엘이 주도하기를' 또는 '엘이 이기기를', '엘이 다스리기를'의 의미로 볼 수 있다. 부족연맹이 결성되고 300여 년 후에 기록된 성서는 야훼가 야곱과 씨름을 한 후 야곱에게 이스라엘이라는 이름을 주었다고 기술한다(창세 32,28)].

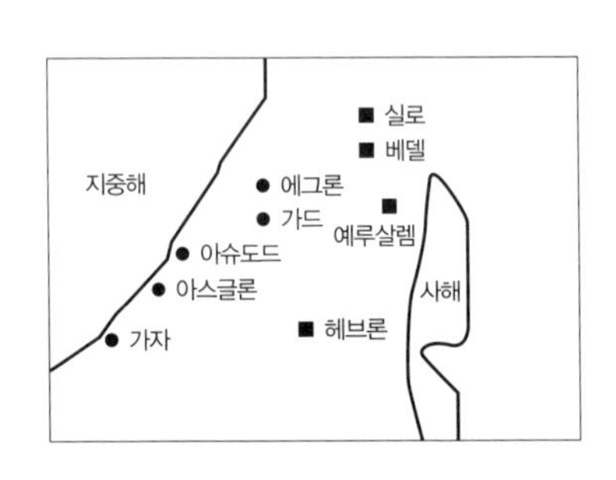

22. 위의 책, p. 153.

고고학자들에 의하면 동맹에 합류한 부족들은 지중해 해안도시에서 해양민족에 떠밀려 산악지대로 이주한 자들과 이집트 근처 해안 도시에서 이집트의 지배를 받다가 이주해 온 자들, 그리고 가나안 본토에서 생계의 위협을 받아 내려온 가나안 선주민들이었다. 부족동맹체인 이스라엘의 에토스(ethos, 기상, 기풍, 규율)는 동맹체에 속한 부족의 각기 다른 씨족 구성원을 자기 자신처럼 사랑(hesed, 친족관계의 의리)할 것을 요구했고, 친족과 부족의 부당한 죽음에는 부족동맹체가 연합하여 복수하는 것을 원칙으로 삼았으며, 혈연관계가 아닌 사람들도 혼인이나 계약으로 부족에 통합될 수 있었다. 그리고 부족의 일원이 된 이들은 같은 형제의 지위를 얻었다. 이스라엘의 경제는 곡물재배와 가축사육에 의존했으며 정착지의 번성으로 인구가 증가하면서 절정기에는 8만 명에 육박했다.[23] 이후 점차 인구가 증가하고 세력이 확대되자 산악지대에 머물던 그들은 기원전 1250년경 곡창지대인 가나안 본토에 대한 정복에 나섰고, 기원전 1200년경 가나안(팔레스티나) 전 지역을 점령했다.

가나안 정복 후 부족동맹체인 이스라엘은 부족별로 땅을 분배하여(성서는 12지파로 분할했다고 기술. 여호 12,1~19,51) 각 부족장이 자기 부족을 통치하는 지방자치 체제를 구축하였고(판관기 참조), 이스라엘 전체와 관련된 정치 · 군사 · 종교 등의 문제는 부족장들의 회의에서 선출된 판관이 관장하고 집행하게 하는 판관제도를 시행하였다. 판관제도는 이스라엘이 통일왕국을 이루어 왕정을 실시하기 전까지 200여 년간 시행되었는데, 판관제도 체제에서 각 부족장들은 판관이 전쟁을 결

---

23. 『축의 시대』, 카렌 암스트롱 저, 정영목 역, 교양인, 2010. p. 80.

정할 경우 그의 결정에 따라 자기 부족의 군대를 중앙에 파견하고, 판관이 제사장으로서 집전하는 종교의식에 부족민들을 참여시키는 등의 연대 의무를 졌다.

가나안 정복 이후 신 숭배와 관련, 새로운 정착지에서 어떤 신을 섬길 것인가에 대한 논의가 이스라엘 각 부족장들의 모임인 스켐회의에서 주 안건으로 다루어졌는데, 그 결과 가나안의 선주민이 숭배하던 바알 대신 야훼를 섬기기로 결정되었다(여호 24,15~25). 이 대목은 시사하는 무게가 가볍지 않다. 만일 스켐회의에서 이제 농업이 주류를 이루는 가나안에 정착하게 되었으니 농산물의 생산과 풍요를 관장하는 가나안 토속 신 바알을 이스라엘 최고신으로 섬기자는 방향으로 논의가 결정되었다면 야훼신앙은 소멸되었을 것이기 때문이다. 야훼가 실제로 존재하는 유일신이며 절대적 권한을 가진 신이라면 인간들이 회의를 통해 어떤 신을 섬길 것인가에 대해 논의하는 자체를 용인하지 않았을 것이며, 인간들의 논의를 통해 숭배할 신을 결정한다는 것 자체가 있을 수 없는 일이다. 하지만 부족회의의 결과로 야훼신앙은 존속될 수 있었다. 이러한 상황 전개에 대해 가톨릭은 그 모든 것은 신의 섭리에 의한 것이었다고 말하고 싶어 할지 모르겠다.

여담이지만, 가톨릭은 종종 답을 찾을 수 없는 어떤 사안에 대해 주로 신비(神秘)라거나 신의 섭리, 또는 인간은 알 수 없는 신의 뜻, 또는 신의 영역에 해당하는 문제라는 말로 답을 대신하고 이 마법적 주술로 모든 것을 정당화하는 경향이 있다. 예를 들어 가톨릭의 주장대로라면 미사(Missa, Mass)를 거행할 때 제대 위에 마련된 제병과 포도주는 사제의 성찬 축성 기도로 예수의 몸인 성체와 성혈로 변화되는데 어째서 같은 공간에 있는 다른 제병과 포도주는 성체와 성혈로 변화되지 않는가라는 물음에 '그것은 인간은 알 수 없는 신의 영역'이라고 답하는 식이다(물론 성체 변화가 실제로 발생하게 된다는 객관적인 타당성을 담보하는 근거는 없다. 단지 사제 서품 의식을 통해 신권을 위임받은 – 이 또한 실제성과 사실성에 대한 근거가 없는 선언적 주장일 뿐이지만 – 사제가 축성하면 그런 변화가 일어난다는 가톨릭의 입증 불가능한 주장을 신자들은 사실로 믿는다). 성체와 성혈은 어떻게 영혼의 양식이 되며(가톨릭의 주장에 따르면 영혼은 영적 존재인데 그 영적인 존재에게도 성장을 위한 양분이 필요할까? 만일 영적인 존재가 성장과 완숙의 변화를 갖는다면 그것은 영혼이 비물질적인 존재라는 논리와 합치될 수 없다), 사제가 두 손을 머리에 얹어 안수하면 신의 축복이 내린다고 말하는데 그런 것의 실제성은 어떻게 설명되는가라는 물음에도 그것은 신의 영역에 해당하는 문제로 인간은 알 수 없다고 답하고, 인간 개개인에게 영혼이 언제 부여되느냐는 물음에도 그것은 신의 영역이므로 알 수 없다고 말한다. 가톨릭이 그렇게 믿는 것이야 뭐라 할 바는 아니지만 그들의 궁색한 답변이 무책임하고 편리한 논리라는 생각이 든다. 나아가 가톨릭이 '그런 것들은 신의 영역에 속하는 것이다'라고 말할 때, 참으로 그런 것들이 신의 영역에 속하는 것인지 또는 그렇지 않은 것인지를 어떻게 알아서 그토록 자신감 있게 '신의 영역에 속하는 것'이라고 단정지어 말할 수 있는 것인가도 궁금하다. 그래서 그저 설명하기 애매하거나 이해 불가능한 것들에 대해서는 무작정 신의 영역에 속한다고 말하는 것으로 질문에 대한 답변을 회피하는 것은 아닐까라는 의구심이 들기도 한다.

판관제도는 외부의 적이 침략해 왔을 때에만 일시적으로 한 지도자

밑에서 부족장들이 동맹을 맺어 함께 전투를 치르고, 전쟁이 끝나면 각 부족으로 흩어지는 시스템이다. 이렇게 미흡한 동맹체제로는 강력한 왕의 지휘 아래 일사불란하게 전쟁을 치르는 주변 강대국들을 대적해 나가기에 역부족이었다. 그래서 점차 1인 지배 통합체제의 항구적인 통치력의 필요성이 부각되었고, 이러한 시대적 요구에 따라 탁월한 장수였던 사울이 왕으로 추대되면서 왕정이 시작되었다(1사무 8,20; 13,1; 18,17~24). 하지만 사울 왕정은 계속되는 필리스티아인(블레셋인)들과의 전쟁으로 왕정 틀을 제대로 갖추지 못하였을 뿐만 아니라, 권좌를 노리는 다윗과의 갈등으로 진정한 의미에서 임금의 권한을 행사하지 못했다. 결국 사울은 필리스티아인들과의 전투에서 아들 요나탄과 함께 전사했고(1사무 31,1~4), 사울 가문과의 권력투쟁에서 승리한 다윗이 후임 왕권을 차지하면서 다윗 왕정이 들어서게 되었다(2사무 2,8~3,1; 5,1~5). 다윗은 '유대왕국'을 건설하여 40년간(BC 1010~970 재위) 집권하면서 강력한 왕권을 확립하였고, 이때부터의 이스라엘인들을 '유대인', 그들이 간직한 종교전통을 '유대교'라고 부른다.

유대 토착 종교전통

고대 메소포타미아와 근동 지역 사람들은 우주 전체의 질서를 관장하는 최고 · 최상의 신[父神, 主神]이 있으며, 최상신의 아들 신이나 신하격인 신들이 각 나라나 도시의 수호신으로 파견되어 세상의 질서를 관장한다고 생각했다. 그들은 최고신은 천상의 왕궁에 거처하면서(이사 6,1~3 참조) 우주의 질서만 관장할 뿐 인간의 역사에는 개입하지 않는다고 보았는데, 그것은 넓은 측면에서 보면 전투에서 어느 나라가 승리를 하건 인류 역사 전체의 흐름에는 별반 상관이 없는 일이라고 여겼기 때문이다. 또 세상과 자연의 질서가 최상의 신으로부터 파견된 하부의 신들에 의해 다스려지는 것은 하부의 신들에게는 자신을 신으로 신봉하는 자들을 돌봐야 하는 책무가 주어져 있기 때문이며, 그래서 하부의 신들은 때로는 전쟁의 신으로, 때로는 풍요와 번성의 신으로 인간의 삶에 개입한다고 생각했다. 그리고 신은 인간의 형상과 유사한 형태를 갖고 있고, 인간처럼 감정을 지닌다고 여겼으며(그리스-로마신화, 성서 「창세기」 참조), 신들이 인간 세계에 나타날 때는 전차를 탄 모습이거나 천사들을 거느린 모습으로 오는데 그 모습을 인간은 비록 눈으로 확인할 수는 없지만 느끼고 그려볼 수 있다고 생각했다(탈출 19,16~18 참조).

고대 바빌로니아에 거주하던 초기 히브리인들의 원시 신앙 안에서 최고 최상위의 신은 메소포타미아 지역의 토속 신이며 후리족의 주신인 '샷다이'(Shaddai, 山神: 생산축복의 신. 아모리족과 후리족에 기원을 둠)였으며, 팔레스티나로의 이주 전까지는 가나안의 주신인 '엘'도, 엘의 아들신인 '야훼'나 '바알'도 알지 못했으므로 야훼신앙은 갖고 있지 않았다. 따라서 그들이 고향을 떠나 팔레스티나로 이주한 것은 성서의 기록처럼(창세 12,1~5) 야훼의 인도로 이루어진 일이 아니며, 성서 기록은 가나안 정복 이후 야훼를 주신으로 숭배하기로 선언한 다윗 왕조에서 히브리인들을 인도한 신이 결국은 야훼였다는 식으로 소급 적용한 것으로 볼 수 있다.

히브리인들은 팔레스티나 남부 산악지대로 이주하여 정착한 후에도 자신들이 믿는 샷다이신앙과 기존의 자기네 종교적 믿음이나 관습을 그대로 보존하고 지켰다. 창세기에 기록된 '가축을 잡아 둘로 쪼개고 그 쪼갠 것을 짝을 맞추어 마주 놓았는데, 해가 져서 주위가 캄캄해지자 연기 뿜는 가마와 활활 타는 횃불(신의 현존을 상징)이 쪼개 놓은 가축 사이를 지나갔다'(창세 15,7~21)는 이야기는 고대 메소포타미아의 계약 체결 의식을 반영한 것이고, 야곱의 처 라헬이 자기 아버지 집안의 수호신들을 훔쳐 도망쳤다는 이야기(창세 31,19)도 수호신상을 집에 모심으로써 장자권과 집안 주도권을 갖는다는 후리족 종교전통을 반영한 것이다.[24] 이후 히브리인들은 팔레스티나 지역의 토속신앙('엘' 신앙)을 수용하면서 점차 전혀 새로운 형태의 종교전통을 수립해 나갔다. 그들은 팔레스티나 지역의 토속신앙을 접하면서 자신들의 신 샷다이는 산(山)이신 분, 우주적인 가장 높은 산에 거주하는 최상의 신을 의미하였으므로 가나안 만신전 최고의 부신(父神, father-God)인 '엘'을 샷다이와 동일한 신으로 생각했고, 그러면서 점차 샷다이를 '엘-샷다이'로 칭송하게 되었다['엘'은 아카드어 '엘루'(청결 · 찬란 · 광채의 의미), 히브리어 '엘로힘'과 연결된다].

한편, 야훼는 가나안의 최고신 엘과 여타 신들의 모임에 속한 '신성한 자들' 또는 '엘의 70명의 아들들' 가운데 하나로, 엘에 의해 팔레스티나 남쪽 산악지대의 수호신으로 임명된 신이었으므로,[25] 헤브론을 거점으로 한 남부 고지대로 이주한 히브리인들은 엘-샷다이와 함께 야훼를 섬기기도 하였다. 전승에 의하면 야훼는 후에 엘에 의해 '이

24. 『구약성서의 이해』, p. 126.
25. 『축의 시대』, p. 88.

스라엘의 신성한 자'와 '이스라엘의 전사(戰士)의 신'으로 임명된다(신명 32,8~9; 탈출 15,3 참조). 이후 이스라엘의 '엘(엘-샷다이) 신앙'은 시간의 흐름 속에 점차 '야훼신앙'과 혼합되어 합쳐졌고(창세 14,19; 탈출 6,3 참조. 엘-엘룐, '지극히 높으신 주', '전능하신 주'), 가나안 정복 후(BC 1200년경)에는 지배권력에 의해 이스라엘이 숭배해야 할 주신으로 야훼가 선포되었으며(여호 24,15.22), 바빌로니아와 페르시아 종교전통의 영향을 받아 야훼신앙은 차츰 '야훼 최고신 신앙'으로 발전하게 되었다. 그리고 기원전 6세기 말경(바빌로니아 유배에서 귀환한 이후)에는 '야훼만이 유일신'으로 숭배되었다.

고대 바빌로니아의 다신교(多神敎) 전통을 갖고 있던 초기 히브리인들은 초월적 존재가 여럿이고 야훼도 그중 하나라고 생각했으며, 기존부터 신봉하던 '샷다이' 외에 '엘'이나 '야훼' 신 하나 정도 더 추가하여 숭배하는 것은 그들에게 그리 대단한 일이 아니었다. 당시 종교전통의 중요한 관심사는 신의 궁극적 실재성이나 초월성 또는 거룩한 신성 같은 것들이 아니었으며, 인간의 능력을 넘어서는 범주에 속하는 현실적인 문제들을 해결할 능력을 가지고 있다고 여겨지는 기능신(技能神)을 필요로 했기 때문이다. 그래서 그들은 내일도 변함없이 태양을 떠오르게 하고, 때에 맞춰 비를 내리고, 풍랑을 가라앉히고, 전투에서 승리를 안겨주고, 가축의 출산을 도와주는 정도의 능력을 발휘하는 신으로 만족했다. 그리고 인간의 능력 범주를 넘어서는 일들을 관장하는 것이 신의 역할이며 활동이라고 생각했다.

참고로 '샷다이'를 신봉하던 히브리인들의 종교전통 변화와 새로운 신앙전통 구축과정에 지대한 영향을 미쳤던 가나안 토속의 최고신 '엘'과 '엘 신앙'은 바빌로니아의 '바알' 신앙으로 대치되고 통합되면서 기원전 14세기에 소멸되었다. 바알(풍요와 다산의 신, 황소로 상징됨)은 기후와 농사를 관장하는 신으로 바빌로니아와 시리아 일대에서 최고신으로 숭배되었는데, 가나안 토속신앙은 그를 자신들 만신전의 최고신인 엘의 아들로 여겼다. 바알은 전차를 타고 하늘의 구름 위를 돌아다녔으며 다른 신들과 싸움을 하고, 생명을 주는 비를 내렸고, 가뭄과 죽음 · 불임의 신인 '모트'와도 싸운다고 여겨지는 신이었다. 히브리인들이 기원전 1200년경 가나안에 정착했을 초기에 이스라엘의 야훼숭배는 바알숭배와 매우 흡사했으며, 바알 찬가 중 일부가 예루살렘의 야훼 성전에서 개작되어 쓰이기도 하였고, 야훼가 바알처럼 신성한 전사로 묘사되기도 하였다(탈출 15,3 참조).[26] 야훼신앙으로 통합된 유대종교전통은 기원전 1,000년경 가나안에 유대왕국(다윗 왕조)을 건설하면서 바알을 신봉하는 선주민의 종교전통을 해체하고 그 자리에 자신들의 종교인 유대교를 이식시켜 종교전통을 야훼신앙으로 단일화하였다.

유대교와 유대 종교전통을 승계한 가톨릭이 유일신으로 선포하는 야훼는 고대 근동지방에 널리 퍼져 있던 샤머니즘적 신화와 전설 속에 등장하는 여러 신들, 곧 고대 여타 민족들이 자연 재앙에 대한 두려움과 인간의 나약성 및 한계성을 극복하고자 의지했던 원시종교의 상상의 신들 중의 하나에 지나지 않으며, 만일 고대 히브리인들이 그를 자신들이 숭배할 신으로 선택하지 않았다면 그의 이름은 역사에 남겨지지 못했을 것이다. 그리고 고대 유대인들이 신 관념의 형성 동기나 신

26. 『축의 시대』, p 82.

존재 출현의 기원에 대한 어떠한 반성도 없이 야훼를 자신들의 신으로 선택하여 섬기는 야훼숭배 종교전통을 확립해 왔다는 점에서 유대 종교전통은 원시 신앙행태의 모방 및 답습에 지나지 않는다고 할 수 있다.

가톨릭은 문자가 없던 시대에 히브리인들이 간직하고 구전한 야훼에 관한 신화적 전승을 후대의 사람들이 문헌으로 기록한 것이 성서이므로, 야훼가 실재하는 신인 것은 분명하고 그 야훼가 이스라엘 민족의 역사를 이끌어 온 것도 역사적 사실이라고 말한다. 하지만 그런 방식의 설명이라면 가톨릭은 자기모순에 빠지게 된다. 가톨릭의 주장을 그대로 받아들인다면, 야훼 신화보다 훨씬 이전부터 존재했으며 야훼 신화에 토대를 제공한 수메르의 샷다이 숭배나 바빌로니아의 마르둑 신앙과 페르시아의 조로아스터교도 구전으로 전승된 신화가 종교전통으로 자리 잡은 것이므로 그들도 실재하는 신이어야 하고, 이집트의 파라오에 관한 역사적 사료들도 태양신 아몬-레나 아텐, 호루스나 오시리스 등과 관련된 신화를 바탕으로 하므로, 이집트 신화에 등장하는 신들도 실제 존재하는 신이어야 하며, 아리아인들의 경전인 『리그베다』에 등장하는 바루나나 미트라, 인드라, 아그니 같은 신들도 실재하는 신이라는 결론이 된다. 결국 야훼만이 유일하게 실재하는 신이 아니게 되는 것이다. 가톨릭이 신화 속 주인공인 야훼가 신이고 더구나 그가 유일한 신이라고 주장한다면 어떤 이유에서 아후라마즈다나 아텐은 신이 아니라고 할 것이며, 이집트나 바빌로니아의 종교전통은 종교적 관념에서 만들어진 신화일 뿐이라고 말할 수 있는가에 대한 합리적인 설명이 있어야 한다.

야훼신앙이 이스라엘 역사 안에서 유지될 수 있었던 것은 첫째, 이스라엘이 가나안 선주민과의 전투에서 승리하였기 때문이다. 만일 이스라엘이 가나안을 점령하지 못하고 민족 자체가 소멸하였다면 야훼신앙은 역사에서 흔적도 없이 사라졌을 것이다. 야훼는 히브리인들만이 숭배하던 신이었기 때문이다. 다음으로 다윗 왕권이 유대 토속 종교전통에서 믿어 오던 야훼신화를 기록 문서화(성서 저술)하고, 야훼신화와 성서를 정치 이데올로기로 활용함으로써 야훼신앙은 존속될 수 있었다. 타 문화권에서는 신화가 사실성이 없는 상상의 산물로 여겨져 오래전에 소멸하였지만, 유대 정치권력은 통치의 정당성을 신의 소명으로 포장하여 합리화하고 절대 권력 행사의 근거로 삼기 위해 야훼신화를 통치 이데올로기로 활용하였으며, 야훼에 대한 숭배와 야훼신화를 진리로 믿어야 될 진실로 강요하고 통제함으로써 야훼신앙이 긴 세월 동안 민족 집단의식 속에 각인되고 존속할 수 있었다.

성서 저술

이제 다윗 왕조의 정치권력이 주변 문화권의 신화들을 차용 · 모방하고 히브리인들의 토속 신화를 변조 · 각색하여 새롭게 창작한 야훼신화, 곧 성서의 저술 동기와 그 내용, 그리고 야훼 유일신 숭배사상의 구축과정에 대해 살펴보자.

성서 창세기를 처음 접하는 사람들은 세상과 인간의 창조, 인간의 범죄, 인간의 분열, 고통과 죽음의 의미 등 인간의 가장 기본적이고 본질적인 물음에 대해 창세기가 본문에 수록된 이야기들을 통해 그 답을 제시하고 있는 것 같은 인상을 받게 된다. 그리고 인간에 대한 야훼의 구원역사가 태초부터 펼쳐져 왔으며, 이스라엘 민족과 야훼와의 관계는 아브라함에서부터 시작되었다고 이해하게 된다. 실제로 가톨릭은 창세기의 내용에 따라, '인간은 창조주 야훼에 의해 죽지 않는 불멸의 존재로 창조되었지만, 아담의 오만함으로 죽을 운명에 처해 졌다. 그렇지만 인간의 죽음과 파멸을 원하지 않는 야훼의 뜻에 따라 구원자로 강림한 예수에 의해서 인간은 부활을 통해 최초의 아담과 같은 완전함을 되찾아 영생을 얻게 된다'는 구원 논리를 전개한다(이 부분은 '인간 구원론'에서 다시 살펴보겠다).

하지만 창세기에 언급된 야훼는 앞에서 살펴본 바와 같이 고대 신화적 신 관념 인식의 토대 위에 가나안 토속신앙이 도출해낸 가상의 존재일 뿐이므로, 그가 실제로 존재하는 신이거나 우주 만물을 창조한 창조주일 수 없다. 그리고 창세기에 수록된 인간 창조나 인간의 범죄, 홍수 이야기 등은 메소포타미아 지역에 산재한 설화들을 모방하고 참조하여 기술된 것이며, 창조설화를 기록하던 당시(BC 950년경)의 사람들은 영혼에 대한 관념이 없었고, 죽음은 신을 믿는 신앙을 통해서 극복될 수 있다는 사상이나 내세에 대한 관념 같은 것은 갖고 있지 않았으므로[27] 가톨릭의 주장은 타당성을 가질 수 없다.

창세기는 단지 이스라엘 민족의 가나안 정복이 야훼라고 명명된 신의 역사(役事)로 이루어진 것처럼 강조하기 위한 의도에 따라, 그런 역사(歷史)를 주도한 야훼가 어떤 신인가를 소개하고, 그 신이 이스라엘

---

27. 『죽음이란 무엇인가』, 한국종교학회 편, 창, 2009. p. 206.

민족의 기원부터 이스라엘과 특별한 관계를 맺고 있었다는 점을 강조하기 위해 기록된 종교적 창작품이다. 다시 말해서 다윗 왕조에서 기록한 역사서(창세기, 탈출기)는 인간 본질이나 구원에 대한 탐구가 아니라, 이스라엘 민족 역사에 역동성을 부여함과 함께 이스라엘 민족과 야훼와의 연관성을 강조하기 위한 목적에서 창작한 종교소설, 창작신화다.

성서 저술 이전의 상황

다신교 종교전통을 갖고 있던 고대 히브리인들에게 야훼는 숱한 기능신들 중의 하나로 섬기거나 섬기지 않아도 그만인 존재에 불과했다. 그러던 야훼가 이스라엘의 주신으로 부상하게 된 것은 가나안 정복 사업이 성공리에 마무리된 것에 기인한다.

고대 사람들은 신은 인간 상상 속 관념으로만 머무는 존재가 아니라 인간의 삶과 역사에 개입하고 작용한다는 인식을 갖고 있었고, 왕국이나 국가는 그 민족과 나라를 수호하는 신에 의해 건립되고 존속된다는 신화적 믿음을 갖고 있었다. 이스라엘도 이런 이해 속에 자신들의 가나안 정복은 전사(戰士)의 신(탈출 15,3; 신명 32,8~9 참조)인 야훼의 뜻과 이끎에 의해 이루어진 일로 정당화하고, 가나안 정복 후에는 야훼 신앙을 민족 규합의 수단으로 활용하였다.

기원전 1200년경 가나안을 정복한 이스라엘은, 가나안 정복 전쟁 중에 가나안 선주민은 물론 가나안 주변국 주민들을 무참히 학살하였으며(민수 21,1~9.21~24; 31,1~24; 신명 2,26~3,11; 여호 8,1~29), 가나안 정복 후에는 이방인 신분으로 타민족의 땅을 침범하고 정복한 것에 대한 정당성을 확보할 필요가 있었다. 이에 자신들의 선조 중 일부가 이집트에서 살다가 귀환하였다는 전승(傳承)을 신의 인도에 따른 종교적 탈출사건(출애굽)으로 각색하고, 이스라엘이 가나안 땅을 정복하게 된 것은 일찍이 야훼가 약속한 일의 성취라는 자기합리화 논리를 개발하였다. 즉 '태초부터 야훼는 가나안 땅을 떠돌이 민족인 히브리인들에게 주기로 약속하였고, 때가 되자 히브리인들을 이집트에서 해방시켜 가나안 땅을 차지하도록 섭리하였다'고 강조함으로써 자신들의 가나안 정복을 정당화하였다. 그리고 이를 통해 부족연합동맹체인 이스라엘의 결속과 우월의식을 함양하고자 하였다. 그들은 가나안 땅에 건립한 야훼 신전에서 첫 수확물을 바칠 때 다음과 같은 신앙고백을 했다.

> 저희 조상은 떠돌아다니는 아람인이었습니다. 그는 몇 안 되는 사람들과 이집트로 내려가 이방인으로 살다가, 거기에서 크고 강하고 수가 많은 민족이 되었습니다. 그러자 이집트인들이 저희를 학대하고 괴롭히며 저희에게 심한 노역을 시켰습니다. 그래서 저희가 주 저희 조상들의 하느님께 부르짖자, 주님께서는 저희의 소리를 들으시고, 저희의 고통과 불행, 그리고 저희가 억압당하는 것을 보셨습니다. 주님께서는 강한 손과 뻗은 팔로, 큰 공포와 표징과 기적으로 저희를 이집트에서 이끌어 내셨습니다. 그리고 저희를 이곳으로 데리고 오시어 저희에게 이 땅, 곧 젖과 꿀이 흐르는 땅을 주셨습니다. 주님, 그래서 이제 저희가 주님께서 저희에게 주신 땅에서 거둔 수확의 맏물을 가져왔습니다. (신명 26,5~10)

이 신앙고백이 나온 시기는 모세의 후계자인 여호수아 시대(BC

1250~1200)와 다윗왕조(BC 1010~970)의 중간기인 판관시대(BC 1200~1000)로 추정된다.[28] 판관시대에 이스라엘은 중앙 성소(聖所) 실로(shiloh. 여호 18,1)를 중심으로 부족연합 공동의 신앙고백과 공동의 의무로 결속된 신앙공동체를 형성하고 있었다. 그들이 해마다 추수 후에 거행하는 감사의식에서 이집트의 종살이에서 구출해 준 야훼의 업적을 기렸다는 사실은 괄목할 만한 일이다. 이런 논리가 아니라면 연합부족의 통합과 이스라엘 민족 기원의 정당성을 확보할 수 없었을 것이기 때문이다. 판관시대의 이런 논리와 전승을 토대로, 이스라엘 초기 역사를 '야훼와의 연관성 관점'으로 해석하여 문헌으로 기록한 것은 다윗 왕조 시기다.

성서 저술 동기

유대 첫째 왕 사울의 전사 후 권력투쟁에서 승리하여 왕위에 오른 다윗(BC 1010~970재위) 왕조에서 성서를 기록하게 된 동기는 신이 존재한다는 객관적인 사실을 증명한다거나, 야훼신앙의 진리를 문서기록으로 남기고자 하는 의도가 아니었다. 다윗 왕조 당시 메소포타미아 지역의 정치상황적 조류는 신정체제(神政體制)의 기반 위에서 지배세력이 토착민들의 종교전통 신화를 통치의 정당성 확보와 절대 권력 행사를 위한 정치 이데올로기로 활용하는 상황이었다. 이런 분위기에서 왕위에 오른 다윗은 히브리인들의 신화에 등장하는 야훼를 이스라엘의 주신(主神)으로 부상시켜 '야훼신앙'을 구축하고, 야훼신앙과 종교사상을 통치 이데올로기로 활용하여 왕권을 강화하고 동맹 부족의 통합을

---

28. 『구약성서의 이해』, pp. 70~102. '모세오경의 중심사상' 참조.

도모하고자 하였다.

이에 다윗은 먼저 자신의 왕권탈취의 정당성을 확보하고 권력의 절대성을 강화하기 위한 목적에서 자신이 야훼로부터 성소(聖召)를 받아 뽑혀서 권좌에 올랐다는 것을 주 내용으로 하는 '왕조실록'(2사무 9~20장; 1열왕 1~2장에 나오는 '왕위계승 설화' 혹은 '조정실록')을 저술하였고, 이스라엘은 태초부터 창조주 야훼의 선택을 받아 기원을 이룬 위대한 민족이며, 야훼의 선민(選民)인 이스라엘의 역사는 야훼의 이끎에 따라 펼쳐져 왔다는 민족적 자부심과 역사의식을 기록 문헌을 통해 정식화하려는 정치적 의도에서 궁중 사가들과 학자들을 동원하여 이스라엘 역사서(창세기, 탈출기)를 저술하게 하였다. 이렇게 해서 기록된 초기 성서가 야휘스트 사료다(J전승. BC 950년경).

다윗 왕조에서 성서를 기록한 저자들이 역사서의 토대로 삼은 것은 구전되어 내려오던 '출애굽 전승'이다. 저자들은 출애굽 전승을 가공의 인물인 모세의 영도로 이루어진 히브리 민족 대탈출 사건이라는 종교적 서사시로 각색하고 변조하여[예를 들어, BC 1250년경 가나안 정복 당시 이스라엘의 인구는 성서의 보도(603,550명, 민수 1,46 참조)와는 달리 8만여 명이었다],[29] 이집트에서의 탈출과 가나안 정복을 야훼의 인도에 따라 이루어진 신앙의 역사로 묘사하여 문헌화하고, 여기에 당시 메소포타미아 문화권에 산재한 신화들을 차용하여 야훼에 의한 세상창조 이야기(창세 2,4~25), 카인과 아벨, 노아의 홍수, 바벨탑 이야기, 이스라엘 민족 시조로 제시하는 아브라함 · 이사악 · 야곱 · 요셉 이야기와 발

29. 『축의 시대』, p. 80.

람의 말하는 당나귀 이야기(민수 22,22~34) 등을 엮어[30] 세상의 창조주는 오직 야훼이며, 야훼에게 선택받은 이스라엘은 민족의 정체성이 유지되는 한 야훼를 유일신으로 섬겨야 함을 강조하였다. 나아가 다윗 왕권은 야훼의 뜻에 따라 설립된 왕권임을 강조하고 이스라엘이 하나의 독립된 세력으로 집결하기를 촉구함으로써 국가적 응집력을 창출해 내고자 하였다.

단군신화에 등장하는 환인(桓因)을 태초 이전부터 존재한 초월적 절대신이며 궁극의 실재라고 믿는 어떤 사람이, 우리 한(韓)민족은 환인의 창조와 선택에 의해 기원하였으며, 환인은 자신의 선민인 우리 민족을 만주에서 한반도로 이주하도록 이끌어 나라를 세우게 했고, 몽고의 침략에서 구하였으며, 일제 강점에서 해방된 것은 환인이 미군을 구원의 도구로 이용하여 구원역사를 이룩한 놀라운 신앙의 역사라고 말한다면 터무니없다고 일축할 것이다.

마찬가지로 다윗 왕조에서 기록된 성서는 가톨릭이 말하는 것처럼 이스라엘 역사 안에서 일어난 역사적 사건들을 신앙의 안목으로 뒤돌아보고, 이스라엘 민족을 태초부터 선택하고 이스라엘의 역사를 주도적으로 이끌어 온 신은 야훼였다는 것을 깨달아 그것을 신앙고백적으로 기록한 것이 아니다**(야훼의 의도에 따른 이스라엘 역사 진행 관점)**. 그와는 반대로 문자와 기록이 없던 시대에 구전되어 온 이스라엘의 토속신화와 역사 전승들을 참고하여, 이스라엘 민족과 역사가 처음부터 야훼와 연관되어 있었던 것처럼 종교적 의미를 부여한 '창작적 역사'와 '야훼신화'를 창출하고 문서화함으로써 '야훼신앙'을 구축하고, 그 신에

30. 『성경의 탄생』, pp. 82~89 참조.

의해 가나안 정복을 완수할 수 있었다는 정당성을 강조하기 위해서 기술되었다(**이스라엘 역사와 야훼와의 연관성 의도적 결부 관점**).

참고로 다윗 왕조를 물려받은 솔로몬 사후에 유대왕국은 남부 유대왕국과 북부 이스라엘왕국으로 분리되는데(BC 933), 북부 이스라엘 왕조도 자신들의 정권이 야훼로부터 기인한다는 정통성을 내세우기 위해 유대 전승과 야휘스트 사료를 참조하여 엘로히스트 사료라는 또 다른 성서를 기록하게 된다(E사료, BC 850경). 이 두 사료는 최종본이 아니었으며, 후대에 두 사료가 상호 섞이고, 새로운 자료들이 첨부되고, 수정, 보완, 각색, 윤색 등의 과정을 거치면서 오늘날의 모세오경으로 완성되었다.

창조설화

성서는 부연 설명 없이 야훼라는 신이 존재한다는 것을 기정사실로 '전제'한 상태에서, 이스라엘 민족은 태초부터 야훼와 연관되어 있었다는 논리를 이끌어내기 위해 '창조설화'를 서두에 배치한다. 다윗 왕조 시대에 작성된 창조설화는 창세기 2,4~25까지의 내용이며(BC 950년경 기록 추정), 창세기 1,1~2,3의 설화는 바빌로니아에서의 유배생활을 마치고 귀환한 사람들에 의해 기원전 500년경 작성되어(제관계 사료, P전승) 첨부된 것이다. 여기서는 다윗 왕조 시대에 기록된 창조설화(창세 2,4~25)를 검토해 보자.

성서 저자는 고대 근동지역의 창조신화들을 차용하고 모방하여 야훼에 의한 세상 창조 이야기를 새롭게 쓰면서 야훼가 우주 만물의 창조주이고, 인간과 세상은 그에게 속해 있으며, 그만이 절대 권능을 지닌 유일한 신이라고 선포한다(창세 2,4~2,25). 우주만물의 창조주는 다윗 왕조보다 강력한 나라인 바빌로니아나 이집트의 신들 또는 가나안 토속인들이 믿었던 엘이나 바알이 아니라 이스라엘 민족이 가나안 땅에 정착하면서 최고신으로 섬기게 된 야훼이며, 야훼가 참 창조주이기 때문에 이스라엘이 가나안 선주민을 물리치고 팔레스티나를 차지할 수 있게 되었다는 논리를 전개하는 단초로 삼는 것이다. 또한 이런 주장으로 자기네 일부 선조들이 믿어 왔던 야훼신앙이 결코 허황된 것이거나 헛된 것이 아니었다는 것을 부각시켜 민족적 자긍심을 강화한다.

이런 논리의 전개방식은 고대 사람들이 국가 간의 전쟁은 정치 역학적 수단에서 비롯된 것이 아니라, 사람들의 전투를 통해 신들이 싸우는 것이라고 생각한 것에서 연유한다(민수 21,1~3; 여호 6,1~5 참조). 고대인들은 전투에서 승리하면 자신들이 숭배하는 신이 승리를 이끌었다고 여겼고, 패배하면 자신들이 신에게 무언가 잘못하여 패하게 된 것으로 여겼다(2열왕 24,2~4.13~14; 예레 5,15~19 참조). 이런 사조에서 가나안을 정복하게 된 것은 위대한 전사의 신인 야훼의 승리라고 강변한다. 그리고 이어서 야훼가 태초부터 이스라엘 역사를 이끌어 왔다는 이야기를 덧붙여 나간다.

성서가 창조를 말하는 내용을 살펴보자. 창세기는 야훼가 하늘과 땅을 만들 때 땅에 비가 내리지 않았는데(창세 2,5) 때마침 땅에서 물이 솟아 온 땅을 적셨고(창세 2,6) – 두 번째 창조설화(창세 1,1~2,3)도 '어둠'과 '물'은 야훼의 창조 이전에 이미 있었다고 언급한다. "땅은 아직 꼴을 갖추지 못하고 비어 있었는데, 어둠이 깊은 물 위에 뒤덮여 있었고, 그 물 위에 야훼의 영이 휘돌고 있었다"(1,1~2). 이것은 메소포타미아 지역의 신 관념을 반영한 표현이다. 가톨릭은 야훼가 '아무것도 없는' 무(無)로부터 세상을 창조하였다고 말한다. 무(無)에서의 창조를 주장하는 이유는, '창조'란 물질적 · 정신적인 것의 본체(本體)가 없는 완전한 무의 상태에서 야훼에 의해 모든 것이 생성되었다는 것을 강조하기 위함이다. 즉, 창조는 아무것도 없는 상태에서 야훼가 비로소 존재를 부여하여 있게 되었고, 무형의 물질이 형체를 갖게 되었으며, 생명과 활동이 부여된 것이라고 말하고 싶은 것이다. 그리고 고대 사람들이 형이상학이나 철학적 사유가 빈곤해서 성서는 그렇게 묘사하고 있지만 신의 속성으로 판단해 본다면 야훼가 아무것도 없는 무에서 어떤 것을 있게(존재하게) 하는 창조자, 형성자임이 분명하다고 말한다. 신이 있다면 신의 속성은 그러할 것이며, 신이 세상을 창조했다면 타당한 설명이다. 하지만 가톨릭이 신앙의 원천으로 삼는 성서는 타 종교전통에서 야훼 이전에 존재한 신이 세상을 창조하였다는 창조설화를 모방하여 기록한 것이므로 세상을 창조한 신이 있다면 세상의 원 창조주는 야훼라고 볼 수 없다. 또한 천체의 형성과 지구에 존재하는 모든 사물과 생명체는 빅뱅과 진화의 산물이므로 신이 물질적 · 정신적인 모든 본체의 형성자, 창조자라고 할 수 없다 – 신은 땅의 흙과 물을 섞은 진흙에 입김을 불어넣어 사람을 창조하였으며(창세 2,7. 메소포타미아 관념 반영) 또 진흙으로 온갖 들짐승과 새들을 창조하였다고 기록한다(창세 2,19). 하지만 해나 달, 별 등 천체의 창조에 관한 언급은 없다(일부 학자들은 1,1~2,4의 창조설화에 이미 언급되었으므로 편집과정에서 삭제하였을 것이라고 말한다. 하지만 2,4~25의 창조설화가 1,1~2,4의 창조설화보다 먼저 기록되었고, 인간창조(1,27)에 관한 언급은 번복되므로 이 설명은 설득력이 없다). 또 야훼가 창조사업을 끝마치고 휴식을 취하였다는 보도(두 번째 창조설화 2,2)도 없다. 창조주가 창조사업을 끝낸 후 휴식을 취하였다는 관념은 기원전 6세기 이후에야 유대인들이 바빌로니아의 태양신 창조설화와 안식일 개념을 도입하면서 반영된 것이기 때문이다.

신이 창조사업을 마치고 휴식을 취하였다는 사상은 고대 수메르 문명의 7요일 사상에서 비롯된 것이다. 하늘의 신들이 인간의 운명을 지배한다는 믿음을 지닌 수메르인들은 7개의 주요 별(태양[日], 달[月], 화성, 수성, 목성, 금성, 토성)이 중요한 역할을 한다고 생각했다. 그리고 각각의 별은 각각의 신의 지배를 받는데, 그 별들을 지배하는 신들에게는 등급이 있고, 만물에 온기와 생명 그리고 빛을 주는 태양신을 으뜸으로 여겼다. 이런 신념은 최상의 신(父神. 主神)이 만물을 창조한 후 하늘의 일들은 다른 신들에게, 세상의 일들은 인간에게 맡기고 휴식을 취하였다는 창조신화와 결부되면서, 태양신을 찬양하고 기리는 날을 안식일(공휴일)로 지정하여 7요일 체제를 구축하였다. 태양신 숭배는 이집트(이시스), 페르시아(미트라), 그리스(헬리오스) 등에 영향을 미쳤고, 로마도 태양신 미트라를 최상의 신(Sol invictus, 정복되지 않는 태양)으로 수용하여 국교로 정하였으며(AD 274, 아우렐리우스 황제), 태양일인 일요일을 공휴일로 시행하였다(AD 312, 콘스탄티누스 황제. 타 문화권에 안식일이 도입된 1,500년 후의 일이다). 그리고 태양신의 탄신일인 12월 25일에 거행되는 동지제의(冬至祭儀)를 최고의 제의로 여겼다(교황 리베리우스는 AD 354년에 12월 25일을 예수 탄생일로 선포함). 히브리인들도 이러한 수메르인들의 신념을 수용하여 두 번째 창세기에서 야훼가 창조사업을 마치고 일곱째 날에 쉬었다(창세 2,2)고 기록하면서, 안식일을 신성한 날로 여긴 유대인의 관념을 반영한다.

창세기 창조설화에서 중요한 점은 신이 '아무것도 없는 상태'에서 세상을 창조한 것이 아니라, 최초 성서가 창조신화를 창작할 시점에 '어둠과 물, 혼란 또는 무(無)의 상태'에서 신의 창조사업이 이루어지고 있다고 기록하고 있다는 점이다. 이런 기록은 성서 저자들이 메소포타미아 지역의 신 관념을 그대로 받아들였고, 그들의 창조설화들을 모방하여 야훼 창조설화를 창작하였다는 것을 드러낸다. 다시 말해서 성서 저자들은 가톨릭이 말하는 것처럼 '창조란 아무것도 없는 상태에서 신에 의해 어떤 것이 발생하고 생명과 활동이 부여된 것이며 그런 면에서 야훼가 아무것도 없는 무에서 어떤 것이 있게(존재) 하는 창조자, 형성자임이 분명하다'는 의식 같은 것은 갖고 있지 않았으며, 그들은 단지 그저 눈에 보이는 모든 것들을 창조한 신은 여타의 신들이 아니라 야훼라고 강조하기 위해서 메소포타미아 지역의 창조설화를 차용하여 자신들의 설화를 구성하고 있는 것이라는 사실을 보여준다.

고대 메소포타미아 지역 사람들은 일반적으로 우주가 혼돈과 무에서 시작되었다고 생각했다. 아직 아무런 구별이나 분별이 생기지 않은 애매하고 모호한 것이 혼돈(Chaos)과 무(無)의 특징이다. 그리고 이 혼돈은 바다나 강으로 상징되며 동물로는 용, 의인화될 때는 여성으로 나타난다. 수메르 신화와 바빌로니아 신화를 비롯하여 인도나 중국 등의 창조설화들은 공통적으로 '혼돈 · 어둠 · 무질서'와 '밝음 · 질서'의 투쟁에서 밝음과 질서가 승리하여 생명이 탄생하고 우주와 인간이 창조되었다고 말한다. 인도 설화는 밝음과 질서의 신 인드라(Indra)가 흑암과 무질서의 신 브리트라(Vritra)를 물리치고, 중국에서는 양(陽)이란 밝은 빛이 혼돈의 어둠을 뚫고 나서 세상을 창조하였다고 말한다.

성서의 창세기와 비견되는 것은 한때 바빌로니아 전지역을 점령했던 악카드(BC 2360~2180)의 창조설화인 『에누마 엘리쉬』다. 『에누마 엘리쉬』는 바빌로니아의 민족신 마르둑(Marduk)을 찬양하는 창조 서사시인데, 이 시에는 아무것도 없이 어둠에 묻혀 있던 세상에서 아프수(Apsu. 모든 신의 아버지)와 혼돈의 신 티아마트(Tiamat, 바다의 신)가 다른 신들을 낳는다. 라흐무(Lahmu)와 라하무(Lahamu)가 생겨났고, 이들 사이에서 안샤르(Anshar, 하늘의 끝)와 키샤르(Kishar, 땅의 끝)가 태어났다. 그리고 안샤르와 키샤르는 아누(Anu, 하늘의 신)를, 아누는 에아(Ea. Enki)를 낳는다. 후에 젊고 용맹스러운 신들이 연합하여 혼돈의 신 아프수 및 티아마트와 대결을 벌이게 되는데, 아프수는 에아 신의 주문에 말려들어 잠이 든 채 목이 잘려 죽게 되고, 죽은 아프수의 몸에서 에아가 만들고 에아의 부인 담키아가 낳은 마르둑이 태어난다. 남편을 잃은 티아마트는 마르둑과 대결을 벌이다가 심장에 화살이 꽂혀 최후를 맞는데, 마르둑은 그녀의 몸을 두 토막으로 나누어 하나로는 하늘을, 다른 하나로는 땅을 만들었다. 그런 후 남은 그녀의 몸을 낭떠러지에 던지자 그녀의 피에서 강이, 그녀의 뼈에서 바위가, 그리고 그녀의 기운에서 바람이 만들어졌다. 마르둑은 하늘과 땅, 별과 인간을 만들고 난 후, 다른 신들에게 별들을 다스리고 별의 궤도를 운행하는 임무를 주어 인간 생활에 관여하게 하였으며, 자신은 휴식을 취하였다.[31]

이 신화는 신들의 이름이 바뀌는 등의 각색을 거쳐 여러 형태로 전해졌는데, 등장하는 신의 이름은 달라지지만 혼돈뿐인 물에 빛이 비치고 뒤이어 하늘과 마른 땅, 해와 달, 별, 마지막으로 사람이 만들어진 뒤 창조주 혹은 창조자들이 휴식을 취한다는 이야기의 기본 골격은 변함이 없다. 신들이 휴식을 취하는 것은 인간이 신이 할 일을 대신 해 주

31. 『세계의 신화 전설』, pp. 254~256 참조.

리라고 기대했기 때문이다. 인간 창조에 대해서 설화들은 씨앗에서 싹이 돋아나듯이 사람도 땅에서 조금씩 자라났다거나, 지상의 진흙과 신의 피 혹은 타액이 섞여 도자기가 빚어지듯 만들어졌다고 말한다(창세 2,7 참조).[32]

다윗 왕조의 창세기 저자는『에누마 엘리쉬』를 차용하여 창조설화를 창작하면서도 야훼가 마르둑보다 위대한 신이라는 것을 드러내기 위해, 야훼는 질서의 상태에서 다른 신들과의 그 어떤 피흘림의 대결이나 투쟁의 과정 없이 순조롭게 세상을 창조하였다고 기술한다. 그리고 기원전 6세기 이후에 기록된 두 번째 창조설화 역시 메소포타미아의 여타 창조설화들을 모방하여 보다 더 구체적으로 야훼가 자신의 의지와 세밀한 계획에 의해 세상을 창조한 듯이 창조사를 기술한다(창세 1,1~2,4).

창세기 저자는 세상 창조 이야기에 이어, 수메르의 '아다파 신화'를 모방하여 에덴동산 이야기를 창작하고, 수메르의『길가메쉬 서사시』(길가메쉬는 BC 2750~2500 사이 메소포티미아 우르크 지방의 통치자로 추정. 길가메쉬 서사시는 BC 2150~2000년경 저술)를 인용하여 홍수 설화(창세 8,1~22)를 작성하며,『수메르 왕명부』(BC 1800년경)에 수록된 '아담계보'를 인용하여 첫 인간 아담의 후손이 단절 없이 지속되어 온 것처럼 아담의 족보(창세 5,1~31; 10,1~32)를 작성한다.[33]

메소포타미아 지역의 신화들을 모방하여 창조설화를 창작한 저자의 의도는 명확하다. 우주 창조의 주역은 타 종교전통에 등장하는 여타

32.『성경의 탄생』, p. 82.
33. 위의 책, p. 80.

의 신들이 아닌 이스라엘의 신인 '야훼'라는 점을 강조하고, 야훼는 질서와 자비의 위대한 신이며, 이스라엘은 이방지역에서 이주해 온 이름 없는 떠돌이 소수 유목부족에서 기원한 것이 아니라 태초부터 신의 선택을 받아 기원하여 야훼와의 연관성을 이어 온 위대하고 자랑스러운 민족이라는 민족의식을 고취하고자 하는 것이다.

창조설화에서 한 가지 주목할 점은, 설화가 야훼의 실제적 존재성을 증명하거나 증언하는 기록이 아니라는 것이며, 성서에 등장하는 아담이나 노아 등의 인물은 타민족의 신화(수메르의 왕명부와 홍수설화)에서 끌어 온 가상의 인물이므로 이스라엘 민족의 기원이나 역사와 연관성이 있다고 볼 수 없고, 그들의 계보가 성서 보도(창세 5,1~31; 10,1~32)처럼 이어져 내려온다고 볼 수 없다는 것이다.

성서에서 아브라함은 아담의 셋째 아들인 셋(창세 4,4)의 계보로 이어지는 노아(아담의 9대손)의 아들 셈의 후손으로 소개된다(창세 11,10~26). 하지만 아담(Adam, '흙'. 고대 신화에서 신이 사람을 흙으로 빚어 창조하였다는 것에서 유래. 창세 2,7 참조)은 창조설화를 기록하기 위해 설정한 가상의 인물이고, 노아도 수메르 홍수설화에 등장하는 가상의 인물이므로 아담의 후손이 대를 이어 존속해 왔다는 것 자체가 성립될 수 없는 이야기이고, 아담이 이스라엘 민족의 기원일 수 없다. 그리고 아브라함은 대부분의 민족 기원사에서 시조(始祖)를 의미하는 '아버지'란 뜻이므로, 성서 속에서 이스라엘 시조로 설정된 가상의 인물에게 임의로 붙여진 이름일 뿐이다.

성서가 말하는 이스라엘 역사

성서가 말하는 이스라엘 시조(始祖)의 역사(창세 12,1~판관 2,23)는

'갈대아의 우르'에서 시작된다(창세 11,31). 아브라함의 아버지 테라는 가족과 함께 페르시아만(灣) 부근에서 500km 정도 떨어진 메소포타미아 북서쪽 하란으로 이주하였고, 아브라함은 그곳에서 다시 가나안(팔레스티나)으로 이주하였다. 아브라함은 이사악을 낳고 이사악은 야곱을 낳았으며 야곱의 열두 아들은 나중에 이스라엘 12부족의 명칭이 된다. 야곱의 아들들은 요셉을 질투한 나머지 음모를 꾸며 그를 이집트에 팔아 넘겼지만 요셉은 이집트의 재상이 되어 파라오 다음가는 막강한 권력을 행사하게 된다. 그러던 중 기근이 들어 야곱의 가족은 이집트로 이주하였고, 파라오의 수도에 인접한 델타 지역에 정착하여 요셉의 현명한 통치의 덕을 입었다. 그러다가 오랜 세월이 흐른 후 요셉을 모르는 이집트의 왕이 통치하게 되면서 히브리인들이 압제를 받게 되었고(탈출 1,8), 이를 기점으로 출애굽 사건이 전개되었으며, 히브리인들은 시나이산에서 40년 동안의 방랑 기간을 보낸 후 가나안에 정착한다.

성서가 전하는 이스라엘의 기원에 관한 역사 서술에서 눈여겨 볼 사항은, 성서에 등장하는 인물은 역사에 실존한 특정인을 지칭하는 것이 아니며, 구전으로 내려오는 역사 사건에 대한 전승을 참고하였다고 하더라도 사건에 대한 묘사는 객관적인 역사적 사실에 대한 보고가 아니라는 점이다. 우리가 TV나 영화에서 접하는 역사극은 개략적인 사건에 작가의 상상력이 첨부되어 연출된 것이다. 실제 역사 기록에 등장하는 인물도 있지만 극의 흥미를 위해 가상의 인물을 등장시키기도 한다. 또한 등장인물들 간의 관계나 나누었다는 대화 내용에 대해서는 세세하게 알 수 없고 기록도 없지만 특정 상황에 맞추어 대본이 작성된다.

이와 마찬가지로 이스라엘 민족의 전체적인 역사의 얼개는 '떠돌이 유목민이 세력을 규합하여 타민족의 땅인 가나안을 정복하였다는 것'인데, 성서에 기록된 이스라엘의 역사 이야기는 '야훼와의 연관성' 안에서 야훼의 인도로 진행되어 왔다는 형식으로 각색되어 묘사되고 있다. 아브라함 · 이사악 · 야곱으로 이어지는 장대하고 장황한 이야기는 역사적 사실성이 없는, 이스라엘 민족의 역사가 야훼와 연관되어 있는 것처럼 묘사하기 위해 이스라엘 민족 사이에서 전승되어 온 각종 신화나 전설들을 참조하여 창작해 낸 가공의 창작물이며, 이집트 탈출 사건 역시 역사적 사실에 대한 이야기가 아니라 야훼가 이스라엘에게 했다는 약속이 성취된 것처럼 묘사하는 창작이다.

고고학자들과 역사학자들은 문자와 기록이 없던 시대에 몇 백 년 동안(BC 1750~1000) 입에서 입으로 전해져 내려오던 히브리인들의 역사 이야기가 온전한 형태로 보존되어 왔다는 것은 담보될 수 없는 일이고, 생활과 문화의 변화에 따라 언어도 변하고 용어도 변화를 겪었을 것이므로 인명이나 지명이 원래의 칭호로 보존되고 전승되는 것은 불가능에 가깝다고 말한다. 그리고 성서에 등장하는 역사 사건들은 개략적인 히브리인들의 역사 과정을 바탕으로 정치적 의도와 종교적 시각에 따라 해석이 덧붙여져 각색되고 살을 붙여 과장되게 꾸며진 이야기이고, 인물들 또한 각 부족집단에서 기억하고 있는 이름들을 차용하여 가상의 인물을 주인공으로 등장시키고 있다고 말한다. 다윗 왕 이전에 성서에 등장하는 모든 인물들은 가상의 존재이며 언급된 사건들도 꾸며진 이야기라는 것이다. 예를 들어 민족 시조 아브라함에 관한 이야기는 1940년경 유프라테스 강변의 고대도시 마리의 왕궁 발굴에서 발견된 기원전 2000년경의 쐐기문자 서판들(공문서, 편지, 종교 및 법률문서 등)에 끼어 있던 어느 민족 기원 설화의 내용과 매우 유사하다. 이것은 성서가 기록되던 당시에 이런 유의 이야기가 산재해 있었음을 의미하며, 다윗 왕조의 사가들이 이를 참조했다는 반증이기도 하다.[34] 그리고 '이스라엘 민족의 어떤 사람에게 아들이 있었는데 두 부자는 야훼 신앙에 충실하였고 다른 사람들과 더불어 이집트에서 생활하였다. 그 후 그들의 후손들은 우연한 기회에 탈출 대열에 끼여 가나안으로 돌아왔다'는 류의 구전 전승을 종교적으로 해석하여 전승의 커다란 뼈대는 유지하면서, 아브라함과 이사악과 야곱이라는 가문의 이야기로 꾸며 살을 붙이고 여러 이야기들을 흥미롭게 각색하여 기록한 것이 이스라엘 역사 이야기다.

성서 저자가 유대 민족의 역사를 부득이 야훼와의 연관성 속에 기록하고자 했던 것은 앞에서도 언급했듯이, 이러한 종교소설적인 창작을 통해 이스라엘 민족의 기원과 국가체계를 형성하게 된 과정은 신의 뜻에 의한 것이고, 이스라엘의 역사가 야훼의 보호와 이끎 속에 중단 없이 지속되어 이어져 내려왔다는 역사의식을 이스라엘 민족에게 심어주려는 의도에서다.

또 하나 특이사항은 이스라엘 민족 기원부터 역사 진행과정 전체를 '야훼와 연관시키는' 종교적 시각으로 기록하면서도, 이야기를 전개하는 형식을 통해 '다윗 왕조의 정통성'을 내세우고 강조하는 의도를 표출하고 있다는 점이다. 성서 저자는 다윗의 왕권 침탈의 정당성을 호도하고 다윗의 행위를 옹호하고 변호하는 의도를 담아 이스라엘 역사

34. 다음백과(http://100.daum.net), '아브라함' 항목 참조.

를 기술한다.

세부 내용을 살펴보자.

성서 저자는 이스라엘 민족의 시조와 관련된 이야기를 아브라함('만국의 아버지'란 뜻)이라는 이름으로 대표성을 부여한 가상 인물의 삶을 통해 설명하는데, 아브라함과 야훼와의 관계성 안에서 이스라엘은 신과 계약을 맺은 '계약의 백성'으로 선택되었고, 야훼의 인도로 이집트 종살이에서의 해방이 이루어지게 되었다고 말한다(창세 12,1~탈출 12,42). 창세기를 통해서 전달되는 저자의 의도를 커다란 맥락에서 살펴보면, '세상의 창조주는 야훼다. 그리고 인간은 생물학적인 죽음을 피할 수 없는 존재다(창세 2,4~3,24). 하지만 야훼는 선민 이스라엘의 현세적인 번성과 번영을 약속하며 땅의 정복과 민족부흥을 약속하였고(창세 12,1~3; 13,15), 야훼의 약속은 이스라엘의 위기적 상황에도 불구하고 꾸준히 성취를 향하여 진행되었으며, 그 결과로 가나안 땅을 정복하게 되었다'고 강조한다. 창작된 위기 상황적 이야기는 다음과 같다.

1. 이집트에서 아브라함이 사라를 누이라고 속여 파라오의 비위를 맞춘 후 파라오가 베푸는 풍요와 부를 누리는 생활에 젖게 됨으로써 야훼를 포기하는 위기에 처하게 되었다는 이야기(창세 12,1~20; 20,2~4).
2. 아브라함이 롯과의 대결에서 향후 멸망하게 될 소돔과 고모라 땅을 선택하게 될 수도 있었지만 다행스럽게 살아남게 되었다는 이야기(창세 13,9~14,16).

3. 사라가 아이를 낳지 못하는 여자여서 민족이 단절될 위기에 처할 뻔했다는 이야기(창세 16,1.15~19; 21,1~4).
4. 아브라함을 시험하기 위해 이사악을 번제물로 바치는데, 이스라엘의 미래가 걸린 이사악이 희생될 수도 있었다는 이야기(창세 22,1~13).
5. 이사악이 힘겹게 아내를 선택함으로써 민족 혈통 보존의 위기를 극복했다는 이야기(창세 24장).
6. 이사악의 아내 레베카도 애를 낳지 못하는 여자라서 민족이 단절될 뻔했다는 이야기(창세 25,21~23).
7. 야곱과 에사오의 갈등으로 야곱이 죽음의 위기에 처해 이스라엘에 대한 야훼의 약속이 파기될 뻔했다는 이야기(창세 27,43; 32,2~33,4).
8. 포티파르 아내의 무고로 요셉이 죽을 위험에 처했다는 이야기(창세 39,7~20).
9. 이집트에서의 종살이로 민족의 운이 끝날 처지에 놓이게 되었다는 이야기(탈출 1,8~14).[35]

이렇게 긴장감을 고조시키는 위기 상황 극복에 관한 이야기를 통해 성서 저자는 이스라엘 민족이 메소포타미아 지역에서 발원하였다는 민족의 형성 배경을 설명하고, 야훼의 약속과 인도로 팔레스타인 지역으로 이주하였으며, 야훼의 돌봄으로 가나안 땅을 정복했다는 민족의 역사를 기록해 나간다. 이야기의 핵심은 야훼의 존재나 야훼에 관한

35. 『구약성서의 이해』, pp. 26~45. '1장. 창세기 설화' 참조.

것이 아니라, 자기 민족이 야훼와의 관계성 안에서 역사를 살아온 민족이라는 선민의식을 강화하는 것이다.

성서가 말하는 이스라엘 역사 이야기에서 다음으로 살펴볼 수 있는 것은 '다윗 왕권의 정통성 강조' 대목이다. 다윗 왕조 시대에 기록된 사료[야휘스트 사료(J전승)]는 전체적으로 볼 때 세상 창조 사건에서부터 이스라엘이 팔레스티나를 정복할 준비를 갖출 때까지 총 21세대(7세대씩 세 번)에 걸쳐 펼쳐지는 이야기이고, 22세대인 다윗 시대에 와서야 가나안 땅을 차지하게 된다. 아브라함 이전의 첫 14대 동안 인간은 줄곧 야훼에게만 속한 권한을 스스로 행사하려 하고, 이에 야훼는 저주로써 인간에게 응답한다. 하지만 15대 아브라함 시대부터 21대까지 7대에 걸쳐 야훼는 다른 방법으로 인간에게 응답한다. 첫 14대 동안의 저주를 거슬러 올라가 축복을 내리는 것이다. 야훼는 인간이 신적인 권한을 행사하려 했던 일들과 그로 인해 저주받은 일들을 친히 역전시키고, 축복 받은 이스라엘은 야훼의 손에서 번영하게 된다. 그리고 22대째인 다윗 시대에 이스라엘은 야훼가 아브라함에게 한 약속의 실현으로 팔레스티나 땅을 차지하게 되고 모든 저주는 축복으로 극복된다. 이 메시지는 다윗이 야훼가 뽑은 왕임을 강조하고, 다윗의 왕실과 함께하는 자는 축복을 받는다는 것이다.

J사료에서 대칭 구도(창세 1~11장과 12장 이하 서술부분과의 대칭구도)에 의해 저주가 축복으로 역전되는 몇 장면을 살펴보자. 저주의 시대에 아담과 하와는 에덴동산에서 추방된다(창세 3,23). 이와 대조적으로 축복의 시대에 새 아담과 새 하와인 15대 아브라함과 사라는 축복이 될 땅을 약속받는다(창세 12,2). 아담과 하와는 야훼의 권한을 행사

하려 하였고(창세 3장) 다산(多産)과 경제적 부에 매달렸지만(창세 4,1), 아브라함과 사라는 후손도 보지 못하고 야훼의 명에 따라 집과 고향을 떠나게 된다(창세 12,1). 이것은 자신의 번영과 후손 문제를 야훼에게 전적으로 맡긴 것으로, 만일 아브라함이 성공하게 된다면 그것은 자신의 노력에 의해서가 아니라 야훼의 손에 의한 것이라는 의미다. 아담과 하와는 후손을 갖는 데 열중했지만 새 아담과 하와는 이집트로 옮겨가 남매처럼 지낸다(창세 12,10~20). 그 결과 그들은 아들 이사악을 얻고 재산으로 축복을 받는다(창세 21,2). 하와는 카인과 아벨을 낳았는데, 카인은 질투심에 아벨을 죽이고 야훼의 저주를 받는다(창세 4,1~16). 카인 이야기와 대조되는 부분은 아브라함이 형제인 롯에게 비옥하고 푸르른 분지를 나누어 주어 축복을 받는 장면이다(창세 13,1~18). 이런 이야기들을 통해 다윗은 아브람 · 이사악 · 야곱의 계보에 속한다는 것을 강조하고, 소돔의 왕은 카인의 계보에 속하는 사람이며 사울 역시 카인의 계보에 속하는 사람이라고 그려냄으로써 다윗이 사울로부터 왕위를 찬탈한 것을 정당화한다.

J사료는 아들 문제에도 대단한 관심을 기울인다. 사라가 늘그막에 출산한 이사악은 아브라함의 장남이 아니었음에도 야훼가 아브라함에게 베푼 축복을 계승하게 되고(창세 25,11), 야곱도 장남이 아니지만 이사악으로부터 장자권을 물려받게 된다(창세 25,33; 27,28). 또한 장남이 아닌 요셉도 이집트에서 형제들을 구한다(창세 46장 참조). 다윗은 자신이 이사이의 맏아들이 아니며(1사무 16,11) 사울 왕가의 후손도 아니었으므로 전통적 규범에 의해 왕권을 이어받기에 부적합한 인물이었기 때문에, 이 이야기를 통해 인간적 · 전통적 질서는 그렇다 하더라도 자신이 신의 권한으로 신에게 선택된 자임을 은연중 강조하며 왕권

찬탈을 정당화한다.

다음은 배우자 선택 권리에 관한 내용이다. 다윗은 권력 구조 안에서 정략결혼을 통해 연합부족 족장들과 동맹을 맺고, 힘 있는 경쟁자들을 없애고 그들의 부인들과 부당하게 혼인을 했다(2사무 11,27 참조). J사료는 다윗의 이러한 행위를 정당화할 필요성에 의해 저주받은 혼인과 축복받은 혼인에 관한 이야기를 구성해 낸다. 노아의 홍수 이전의 저주받은 시대에는 남자들이 자신들의 욕망에 따라 아내를 선택했다(창세 6,1~13). 이러한 결합으로 이기적이고 탐욕적인 사람들이 태어났고, 야훼는 이들을 쓸어버리기 위해 대홍수를 일으킨다. 이와는 대조적으로 축복의 시대에 이사악은 신부감을 골라야 할 때가 되자 야훼에게 의탁하고, 야훼는 레베카를 선택하여 이사악과 맺어준다(창세 24장). J사료는 이 이야기를 통해 다윗의 혼인은 저주받은 왕들의 혼인과는 다르고, 이사악의 전승 안에서 야훼가 정해준 아내들로 축복을 받았다고 강조한다.

이어지는 이집트 탈출 사건에 관한 이야기는 야훼가 이스라엘 민족을 해방시키고 구원하였다는 것을 대표적으로 보여주는 사화인데 이것 역시 다윗 왕조의 성서 저자들이 이스라엘의 역사를 야훼가 이끌어 왔다는 식으로 자신들의 역사를 표현하고, 야훼가 이스라엘 민족의 시발점부터 이스라엘 민족과 특별한 관계를 맺고 있었다는 점을 강조하기 위한 창작이다. 출애굽은 역사 안에서 실제로 있었던 사건이 아니다. J사료는 출애굽 이야기를 통해 야곱과 유다와 요셉 대에 걸친 이야기를 장황하게 전개시키는데 이것은 다윗 왕권이 유대지방과 유대 부족에 뿌리를 두고 있기 때문이다. 출애굽 이야기에서 야훼는 모세를 통해 이스라엘을 구해 내는데, 그 과정에서 파라오[파라오는 카인의 후손인 노아의 아들 함으로 이어지는 저주받은 계보에 속한다(창세 10,6)]의 맏아들을 죽임으로써 아담의 맏아들 카인에 의한 아벨의 죽음에 대해 보복한다. 여기서도 J사료는 야훼가 맏아들을 싫어하는 것으로 묘사하며, 이것을 맏아들이 아닌 다윗이 왕좌를 찬탈한 것을 정당화하는 도구로 사용한다. 그리고 모세의 이야기를 통해 다윗 왕실과 이스라엘의 번영은 혈족관계나 상속의 권리에 의한 것이 아니라 야훼의 축복으로 말미암은 직접적인 결과임을 강조한다.[36]

J사료의 이야기는 전체적으로 이스라엘 민족은 가나안 만신전 신들 중의 하나인 '야훼'로부터 기원하였으며, 유대왕국 또한 야훼의 의지와 인도로 건립되었음을 강조함으로써 민족 자긍심을 고취시키고, 야훼는 이스라엘 조상들의 발자취를 따라 정통성 있게 설립된 다윗 왕조를 통해 새로 형성된 유대왕국의 모든 백성에게 평화와 번영을 가져다줄 것이므로 이스라엘은 '야훼신앙'을 기반으로 민족 규합을 이루어야 하며, 유대왕국의 세력 있는 각 부족 족장들과 주민들은 다윗 왕조가 중앙집권적인 권력을 성공적으로 형성하는 데 참여해야 한다고 촉구한다.

참고로 J사료는 아브라함을 중시하지만 기원전 850년경 북부 이스라엘 여로보암 왕조에서 기록된 '엘로히스트 사료(E전승)'는 모세를 강조한다. 그런데 J사료나 E사료는 둘 다 모세를 입법자로 제시하지 않으며, 시나이 산을 언급할 때도 십계명에 대해서는 언급조차 하지 않는다. J사료나 E사료가 쓰여질 당시에는 율법에 대한 관념이 없었던 것

36. 『구약성서의 이해』 7장, 「이스라엘의 국가적 서사시」 참조.

이다. 십계명과 율법에 관한 것은 기원전 600년경 기록된 '신명기계 사료(D전승)'에서야 기록된다.[37] J전승은 신을 의인화한 표현으로 묘사하고, E전승은 신을 보다 초월적인 존재로 보아 신과 인간 사이에 천사가 중개자로 나서는 것으로 묘사하는 특성을 가지고 있다.

후대에 다윗이 세웠던 군주 체제가 무너지자(BC 933) J사료의 이야기는 전체적으로 개정된다. E사료와 혼합되고 다른 전승들이 첨부되거나 본문이 수정, 보완, 개작 등의 과정을 거쳐 성서를 기록하던 처음 의도와는 다른 방향, 곧 '이스라엘 역사와 야훼와의 연관성'을 부각시키고자 하는 방향이 아닌, '야훼에 의한 이스라엘 역사 진행'의 관점으로 성서가 개정되고 편집된다. 기원전 6세기에 바빌론 유배를 마치고 귀환한 유대인들과 이후의 가톨릭은 후대에 '야훼에 의한 이스라엘 역사 진행' 관점으로 편집된 성서를 기반으로 성서를 해석하고, 야훼를 유일신으로 주장하며 숭배한다.

출애굽의 역사적 사실성

이집트 종살이에서의 해방을 말하는 출애굽 사건의 역사적 사실성에 대해 살펴보자. '이집트에서의 탈출(출애굽)'은 이스라엘인들의 구원역사 의식의 기원이며 이스라엘 민족 공동체의 기원으로 해석되는 사건이지만, 사건의 역사적 사실성이 의심되므로 고고학자와 역사학자들의 연구 결과를 살펴볼 필요가 있다.

성서에 묘사된 출애굽 전승은 다윗 왕정 시대부터 편집되고 기록되기 시작했으며(BC 1000~587사이), 탈출기를 포함한 모세오경(창세기,

---

37. 『축의 시대』, p. 167.

탈출기, 레위기, 민수기, 신명기)은 유배 이후(기원전 550~400년경)에 종합 편집되었는데, 이 문헌들은 독립적으로 전해지던 다양한 전승 사료를 수집 · 편집하는 여러 단계를 거쳐 종합된 것이기에 한 사람의 저자가 썼다고는 볼 수 없는 많은 반복, 문체상의 불규칙과 모순이 있다. 한 예로 아브라함의 설화 중 아브라함은 두 번이나 거짓말을 하여 외국의 왕이 자기 아내를 범하게 할 위기를 자초한다(창세 12,10~17; 20,1~18). 더욱이 아브라함의 아들인 이사악도 같은 거짓말을 한다(창세 26,6~11). 또 출애굽의 설화에서 같은 산을 두고 시나이와 호렙이라는 두 가지 이름이 사용되고, 십계명도 두 가지 형태다(탈출 20장; 신명 5장). 모세의 소명과 지명에 관한 이야기도 두 번 언급되는데, 한 곳에서는 미디안 땅에서(탈출 3,1~4,17), 또 다른 곳에서는 이집트에서(탈출 6,2~7,7) 일어난 일로 기록하고 있다. 나아가 이 두 이야기에서 모세와 그의 형 아론의 역할도 다르게 나타난다. 첫째 이야기에서는 아론이 모세를 돕도록 지명(탈출 4,14~17)되어 모세와 함께 파라오에게 가게 되고, 모세가 파라오에게 야훼의 명을 전하고 지팡이로 기적을 행한다(탈출 4,21). 그러나 둘째 이야기에서는 아론이 자기의 지팡이로 기적을 행한다(탈출 7,8~13). 이러한 불규칙, 모순, 반복, 문체상의 차이는 시대가 변할 때마다 편집자나 저자의 의도에 따라 이 설화를 새로이 이야기하고 손질하고 해설했다는 사실과 함께 모세오경이 여러 전승 사료가 섞인 복합적인 작품임을 말해 준다.

성서 기록에 의하면, 기근이 들어 야곱과 그의 열두 아들이 이집트로 이주하였는데, 처음에는 그곳에서 번창하였으나 결국 이집트인들의 노예가 되었고, 그곳에서 400년 동안 고달픈 포로생활을 한다. 마침내 기원전 1290년경 그들의 신 야훼는 그들을 동정하여 모세에게 영도를 맡겨 그들을 해방한다. 야훼는 기적적으로 홍해의 물을 갈라 그들을 구원하고, 시나이 산에서 계약을 맺고, 그들을 신성하게 만들 '율법'을 준다. 그들은 광야에서 40년을 떠돌다가 기원전 1250년경부터 가나안 정복사업을 단행하였으며, 기원전 1200년경 여호수아의 지도로 가나안의 모든 도시를 파괴하고 그 땅을 자기들의 것으로 만들어 정착한다.

가톨릭은 이스라엘 민족 구원역사의 진정한 시발점은 그들로 하여금 역사적 공동체로서 자의식을 갖게 한 결정적인 역사적 체험인 '출애굽', 이집트에서의 탈출 사건이라고 말한다. 이스라엘 민족은 출애굽 사건의 체험을 통해 자기 민족의 초기 역사뿐만 아니라 후대의 사건들까지도 야훼가 자신의 의도에 따라 주도적으로 이끌어 온 것이라는 역사 인식을 갖게 되었고, 오늘에 이르러서도 자신들의 민족 공동체를 이루게 한 출발점이며 또 불멸의 기억을 남겨준 이 계시 사건으로 자기들에게 주어진 소명과 자기 민족의 운명을 이해한다는 것이다. 그리고 가톨릭은 '그리스도 사건'을 출애굽으로 시작된 이스라엘 구원역사의 완성으로 본다.

사실 어떤 민족이건 자기네의 정체성과 운명을 자각하게 해 준 사건과 역사를 민족 공동체가 공유하면서 민족적 자의식을 갖게 된다. 과거부터 유대인들은 성서가 전해 주는 이집트에서의 종살이로부터 해방된 사실이 야훼를 섬겨야 할 동기이며 미래에 누릴 번영의 바탕이라고 생각했다. 그들은 과거의 사건을 통해 자기 민족이 야훼와 계약을 맺은 계약 민족이 되었고, 자신들은 계약 민족의 구성원이므로 야훼가 준 법(율법)을 지키며 사는 것이 계약 민족의 책무이며, 민족을 위한 소명에 충실하는 것을 출애굽에 대한 감사의 응답으로 여긴다. 그리고 언제나 자기 민족의 역사적 사건 속에 야훼가 함께했다고 기억하고 그 기억을 계승하며 보존해 왔다. 만일 유대인의 역사적 기억이 계승되지 않았다면 유대 공동체는 와해되었을 것이다. 하지만 유대교와 가톨릭이 '야훼가 인류의 역사를 이끌어 왔다'는 믿음을 갖게 된 근본 바탕이 되었다고 말하는 출애굽 사건은 역사 안에서 일어나지 않았다.

역사학자들은 헤브론 근처 산악지대에서 유목생활을 하던 히브리인들이 상품 교역을 위해 이집트를 자주 왕래하였고, 이집트의 파라오 세토스 1세(BC 1291~1278 재위)의 델타지역 대규모 토목공사 때는 유급 인부로 현장에서 일하며 생계를 이어가기도 했다고 말한다. 피라밋 건설에서도 파라오들은 현장 인부들에게 임금을 지불하였다. 고고학자들은 이집트 고센지대에 히브리인들이 대규모로 거주한 흔적은 발견되지 않으며, 집단 탈출의 흔적도 발견할 수 없다고 말한다. 그리고 히브리인이 파라오의 궁전에서 고위 직위에 올라 업무를 수행했다는 이집트 역사 사료도 없고, 모세와 파라오가 민족 이동을 사유로 갈등을 빚었거나 군대를 출동시켰다는 역사 기록도 없다는 것을 확인했다. 그래서 홍해를 건넜다는 '출애굽 바다 이야기'는「여호수아기」에 기록된 요르단강(예리고)을 성공적으로 건넌 일을 기념하는 '길갈의 봄 축제'에 관한 이야기, 곧 기원전 13세기가 아니라 기원전 7세기나 기원전 6세기의 상황을 반영한 것(여호 3,13~17)으로 추정한다. 탈출기는 약속의 땅을 통과하는 승리의 행진을 묘사하고 있는데 이 기적을 목격한 사람들이 이집트나 시나이 사람들이 아니라, 가나안 거주자와 요르단강 동쪽 여러 왕국에 사는 사람들(탈출 15,14~16)이었다는 것이 이를 말해준다는 것이다.

이스라엘 사람들의 봄 축제인 페사크(pesach, '유월절') 축제는 예리고 공격 때 요르단강을 건넌 것을 기념하는 축제로, 이날 이스라엘 사람들은 요르단강 동쪽 제방에 모여 정화의식을 거행한 뒤 둑으로 막은 물을 건너 서쪽 제방으로 가서 길갈의 신전으로 들어갔다. 그리고 이곳에서 야영을 하며 언약을 갱신하고, 승리를 거두어 이 땅에 들어온 뒤 처음으로 그 땅의 소출을 먹었던 선조들을 기억하여 누룩을 넣지 않은 빵(마조트)과 볶은 곡식을 먹었다(여호 5,10~12). 학자들은 탈출기 저자가 요르단강을 건넜던 사실을 모티브로 홍해를 통과하는 극적인 탈출 장면을 묘사함으로써 이스라엘이 야훼와 밀접하고 강력한 관계로 맺어져 있었음을 강조하고, 야훼가 자기 백성에게 구원을 베풀기 위해 인간 역사에 개입한다는 것을 강조하고 있다고 말한다.[38]

다른 학자들은 이야기의 모티브가 되는 다른 전승이 있었을 것으로 추정한다. 성서에서도 볼 수 있듯이 기원전 13세기 후반경 팔레스티나와 이집트를 포함한 근동의 정치상황은 혼란 그 자체였다. 군사전략적 요충지인 팔레스티나를 사이에 두고 이집트와 바빌로니아의 세력경쟁은 우열을 가릴 수 없을 만큼 치열하게 전개되었다. 이런 혼란기에 남부 산악지대 헤브론을 근거지로 삼아 생활하던 이주민 히브리인들은 생필품을 찾기 위해 이집트를 왕래하기도 하였고, 가나안의 농경지역에서 물품거래를 하기도 했다. 그러던 중 이집트의 세토스 1세가 팔레스티나와 시리아를 침공하는 사건이 있었고, 이때 생존을 위해 이집트에 정착했던 일부 히브리인들의 피난 행렬이 있었을 것이며, 이때의

---

38. 『축의 시대』, pp. 83~87.

전승이 탈출기의 모티브가 되었을 가능성이 있다. 그리고 기원전 1800년경부터 지중해를 건너 이주해 와 가나안 지역에서 도시국가를 건설하며 정착한 해양부족 외에 또 다른 해양부족이 기원전 1150년경 팔레스티나 남부 해변으로 밀려들었다. 그러던 중에 팔레스티나 남부를 장악하던 이집트가 세력을 잃고 철수하면서 해당 지역 사람들은 살던 지역에서 이집트 지배로부터의 해방을 맞았고, 이집트 나일강 삼각주 지대에 머물던 소수의 히브리인들이나 이방 민족은 홍해를 건너 원 정착지로 귀향하는 사태가 발생했다. 이런 역사 상황들이 혼합되고 섞여서 성서에 대탈출의 역사로 과장되어 묘사된 것으로 추정한다.[39] 어떻게 추정하든, 대규모 탈출 사건은 없었다는 것이 역사학자들의 공통된 의견이다.

성서가 기록하고 있는 출애굽 사건은 창세기와 마찬가지로, 가나안 정복은 이스라엘 민족의 욕망이 아닌, 신의 선택과 섭리로 이루어진 일이라는 정복의 정당성 – 신이 이스라엘을 이집트에서 구출하여 가나안을 차지하게 하였다는 – 을 확보하고, 마치 '야훼가 이스라엘 민족의 역사를 이끌어 온 것처럼' 설파할 의도로 작성된 창작물이다.

그런데 이렇게 정치공학적인 의도에서 이스라엘의 역사를 야훼와의 관계로 해석하여 창작된 야훼신화가 이후 기원전 500년경까지 400여 년 동안 계속해서 새롭게 해석되고 각색, 편집, 수정, 보완을 거치는 가운데 신화 속 가상의 존재에 불과했던 야훼는 더욱더 실재하는 신이며 세상의 일을 주관하는 신으로 사람들의 의식과 생활 속에 깊게 자

39. 『성경의 탄생』, p. 114.

리 잡게 되었다(**성서 기록의 '이스라엘 역사와 야훼와의 연관성 의도적 결부 관점'이 '야훼의 의도에 따른 이스라엘 역사 진행 관점'으로 전환됨**). 다시 말해서, 성서는 이스라엘의 역사가 야훼의 주도로 이끌려져 온 것처럼 꾸미기 위해 창작된 것이라는 사실을 알지 못한 후대 유대인들은, 가톨릭의 주장처럼 선대 성서 저술가들이 이스라엘 민족의 역사를 뒤돌아보는 과정에서 야훼가 언제나 함께하면서 역사를 주도적으로 이끌어 왔다는 것을 깨달아서 성서를 기록한 것이라고 생각하게 되었고, 이러한 이해 속에 야훼는 분명하게 역사에 개입하는 살아 있는 신으로 인식되었다. 의도된 창작 작품 속 신화의 주인공을 실재하는 신으로 인식하게 된 것이다.

이후, 후대 유대교 학자들과 소위 예언자(預言者)라는 자들은, 자신들의 시대상황을 어떤 형태로든 야훼와 연관시키려는 자기중심적 관점으로 역사 해석을 시도하면서 유대 종교전통을 존속시키는데 기여하였고, 이런 일련의 과정을 거치면서 점차 야훼는 세상의 질서를 관장하는 최상의 신이며 유일신으로 자리매김 되었으며, 이스라엘 민족의 역사는 야훼와 함께 그리고 야훼의 계획 속에 이끌려진다는 종교의식과 역사의식이 강화되었다. 그리고 이런 과정 속에서 급기야 야훼가 인류의 구원을 위해 인간의 몸을 취해[肉化] 세상에 강림(降臨)하였다는 사상까지 등장하게 되었다.

우리에게도 만일 단군신화를 모든 국민이 신앙 진리로 믿어야 한다고 무력으로 강요하는 정권이 있었고, 그 정치권력의 종교 이념 역사가 1천여 년이 넘는 세월동안 지속되어 내려왔다면, 한민족의 역사는 환인이 이끌어 온 신앙의 역사로 인식되었을 것이며, 환인과 단군을 실재하는 신으로 숭배하는 종교전통은 우리 민족의 삶의 문화와 의식과 민족 정서에 깊숙이 뿌리를 내려 수백 년간 절대 진리로 믿어져 온 종교전통이 되었을 것이므로 어느 누구도 의심하는 마음 없이 그들을 절대신으로 숭배하는 종교전통을 계승해 왔을 것이다.

출애굽은 역사적 실제 사건이 아니다. 따라서 발생하지도 않았고 문학적으로 창작된 사건에서 야훼의 구원 역사에 대한 의지와 의도를 파악한다는 것은 있을 수 없는 일이며, 이렇게 왜곡된 이해를 갖는 것은 성서 저술의 의도를 제대로 파악하지 못한 것이거나, 성서 저술의 의도를 잘 알면서도 자기 종교전통의 정당성을 강조하고 유지하기 위한 의도적인 은폐일 것이다.

율법과 모세오경의 완성

야훼신앙에 십계명이나 안식일 준수 등의 율법이 도입된 것은, 성서의 기록처럼 기원전 13세기경에 시나이산에서 모세에게 율법이 주어졌다는 것에서 비롯된 것이 아니다(탈출 34,1~28 참조). 율법규정이 마련된 것은 요시아(BC 640~609 재위) 임금 시대이며, 모세가 시나이산에서 야훼와 계약을 맺고 계명을 받았다는 이야기(탈출 19,1~민수 10,10)와 각종 율법 규정과 관련된 이야기들은 창세기와 탈출기가 기록된 시점(BC 950년경)보다 400여 년 후인 기원전 500년경, 페르시아 고레스가 발한 칙령(BC 538)으로 바빌로니아에서의 유배생활을 마치고 본국으로 귀환하게 된 유대인들이 요시아 왕의 종교개혁 전후로 완성된 '신명기계 문서(D전승. 신명기~열왕기 하권. 여호수아기, 판관기 일부 포함. 룻기는 제외)'를 참조하여 후대에 첨부한 내용이다. 요시아 왕 이전에 기록된 성서에는 율법에 관련된 내용이 들어 있지 않고 율법 자체가 없었으므로 율법준수를 중시하는 사상도 없었고, 야훼 숭배의식은 타 종교전통에서 받아들인 동물희생제, 즉 살아 있는 동물을 제물로 바치는 희생제사뿐이었다. 앞에서 살펴보았듯이 원성서라 할 수 있는 J사료나 E사료는 모세를 입법자로 제시하지 않으며 시나이산의 계약을 언급할 때도 십계명은 언급조차 하지 않는다.[40] 요시아 왕 시기에 재정리된 신명기계 전승(D사료)에는 다윗 시대부터 바빌로니아 유배 시대까지의 기록이 들어 있으며, 이 사료는 바빌로니아에서 귀환한 제관들에 의해 탈출기(19,1~끝), 레위기, 민수기(1,1~10,10) 등이 첨부되어 완성되었다.

요시아는 야훼 유일신 숭배 종교전통을 구축하기 위한 목적에서 여타 신들에 대한 신봉을 타파하고, 기존의 야훼 숭배 시스템을 예루살렘 성전 중심 제의 및 율법을 준수하는 신앙생활로 대체하고자 종교개혁을 단행했던 왕이다. 요시아의 선대왕 므낫세(BC 687~642)는 기원전 722년에 북부 이스라엘을 함락시킨 앗시리아의 봉신 역할에 충실을 기하여 국가의 안녕과 번영을 도모하였는데, 그는 앗시리아의 환심을 사기 위해 앗시리아의 신 아슈르의 신전을 세우고 바알(전사 · 풍요의 신)의 제단을 쌓았으며, 바알의 부인인 아세라(다산 · 풍요의 신) 여신상을 예루살렘 성전에 갖다 두기도 하였다. 이러한 일련의 행위는 야훼신앙과 더불어 다양한 능력의 신들을 숭배하던 유대인들에게는 그리 놀랄 만한 일은 아니었다. 하지만 유대 민족주의자들의 반감을 샀고, 결국 므낫세 사망 후 쿠데타가 일어나 후임 왕 므낫세의 아들 아몬

---

40. 『축의 시대』, p. 167.

이 암살당하고, 아몬의 아들 요시아가 8세의 어린 나이로 왕위에 앉혀졌다.

앗시리아는 기원전 656년 레반트에서 이집트의 파라오 프사메티코스 1세(BC 664~610재위)에게 밀려나면서 쇠퇴하기 시작하였는데, 유다의 요시아 왕은 이때를 틈타 앗시리아와의 관계를 단절하고 스스로 이집트의 봉신이 되어 자신의 왕국을 확장할 기회를 잡았다. 그리고 유다뿐 아니라 팔레스티나 전역에 걸쳐 다윗 왕조를 재건하고 솔로몬 왕국의 영광을 되찾는 일에 착수했다. 요시아는 국가부흥을 촉진하기 위한 일환으로 종교개혁을 단행하여 종교 부흥을 일으키고, 성전에서 거행되는 제사를 중시하는 정책을 펼쳤으며, 전해져 내려오던 신명기계 전승 사료(D전승)를 보다 복잡하고 정교하게 다시 손질하여 법률집들과 역사서들로 이루어진, 이른바 '신명기계 역사서'를 완성하기도 하였다.

요시아 왕이 율법 체계를 확립하고 자신이 행하는 종교개혁의 정당성을 확보하기 위한 수단으로 삼은 것은 솔로몬 성전 확장공사 과정에서 발견하였다는 '율법서'라는 책이다(BC 621. 2열왕 22,8). 즉, 요시아는 이 '율법서'를 근거로 율법규정을 확립하고, 야훼가 아닌 바알이나 아세라 등 이방신들을 섬기는 제단과 산당, 신전을 파괴하는 종교개혁을 단행했다(2열왕 23,4~20). 요시아 치하에서 첨부된 신명기 4,44~6,25의 십계명에 관련된 내용과 14,1~30,20의 각종 규정들은 '율법서'의 내용을 반영한 것이다.

문제는 이 율법서라는 책의 진위 여부다. 율법서는 성서에서 유일하게 이 대목에서만 등장한다. 만일 율법을 기록한 책이 기존부터 존재했다면 다윗 왕 때부터 집권한 모든 왕조가 이를 토대삼아 율법을 규정하거나 세부적인 내용까지 관리하는 체제를 구축하였을 것이다. 그리고 율법을 가르치는 교육기관을 설치하고 율법교사를 양성하였을 것이다. 하지만 성서 기록 어디에서도 그런 흔적은 찾을 수 없다. 이러한 사실로 미루어 본다면 율법서는 요시아 왕의 위작일 가능성이 크다. 학자들은 율법서가 고대에 쓰여진 것이 아니라 완전히 새로운 경전인 것이 분명하다고 말한다. 실제로 당시 일반인들은 대부분 문맹이었고 값비싼 양피지나 파피루스에 글을 기록할 필요성을 느끼지도 않았으며 또 그렇게 할 수 있는 경제적 여력도 갖지 못했다. 그리고 남부 유다와 북부 이스라엘 왕국에서 J사료나 E사료가 쓰여지기(BC 950~850) 전까지 종교적 텍스트를 읽거나 쓰는 일은 거의 없었고, 야훼의 가르침을 적어놓는 전통도 없었다. 모세가 '야훼의 말씀을 다 기록한 다음 백성들에게 읽어 들려주었다'는 탈출기(24,4~8)의 내용은 후대에 첨부된 것이다. 요시아의 율법서가 진짜라고 하여도 이 귀중한 문서는 수백 년 동안 사라진 상태였기 때문에 그 가르침은 한 번도 이행된 적이 없다. 요시아는 당시의 야훼신앙이 위기에 처했다고 느꼈고, '만일 모세가 오늘날 율법을 전달한다면 하고자 하는 말이 바로 율법서에 기록된 그것일 것'이라고 생각하여, 율법서를 통해 새로운 종교전통을 수립하고 싶어 했다고 보아야 할 것이다.[41]

요시아 왕이 정리한 율법규정에 관한 기록은 유배 후 귀환하여 '예루살렘 성전 예배 전통'을 재건하고자 한 유대인들에 의해 다시 정리되고 손질되는데, 그렇게 해서 작성된 것이 '사제계 전승(P사료)'이라고 불리는 문헌들이다. 바빌로니아에서 귀환한 유대인들은 페르시아의 후

41. 『축의 시대』, p. 272.

원으로 예루살렘 성전을 재건하게 되었고, 이 과정에서 성전예배 중심 신앙이 복원되고 사제계급이 다시 부활되었다. 그리고 성전에 종사하게 된 제관들은 신명기계 문헌들을 참조하여 성전에 대한 지침, 성막(聖幕)과 제례(祭禮), 성물(聖物)에 관한 규정들, 그리고 제례에 따른 여러 가지 규정과 지침들을 기록하였으며, 기존의 성서에 자신들의 신 관념이 담긴 내용들을 첨부하여 성서를 편집하였다. 창세기 일부(1,1~2,3; 5,1~6,4; 6,9~22; 9,1~10,32) · 탈출기 일부(19,1~끝) · 레위기 · 민수기 등의 사료가 그것이다. 그중 창세기 1,1~2,4의 창조설

<table>
<tr><th>J, 야휘스트 사료</th><th>E, 엘로히스트 사료</th><th>D, 신명기계 사료</th><th>P, 제관계 사료</th><th>현재의 성서</th></tr>
<tr><td>BC 950경</td><td>BC 850경</td><td>BC 650경</td><td>BC 500경</td><td>유배 이후
(BC 500~400)</td></tr>
<tr><td>창세기 1~10장
J+P 혼합</td><td></td><td></td><td>창세기 1~10장
J+P 혼합

P부분 (1,1~2,3;
5,1~6,4; 6,9~22;
9,1~10,32)</td><td rowspan="2">창세기</td></tr>
<tr><td colspan="2">창세기 11장~끝
J+E 혼합</td><td></td><td></td></tr>
<tr><td colspan="2">탈출기 1~18장
J+E 혼합</td><td></td><td></td><td rowspan="2">탈출기</td></tr>
<tr><td></td><td></td><td></td><td>탈출기 19장~끝</td></tr>
<tr><td></td><td></td><td></td><td>레위기</td><td>레위기</td></tr>
<tr><td></td><td></td><td></td><td>민수기 1,1~10,10</td><td rowspan="2">민수기</td></tr>
<tr><td colspan="2">민수기 10,11~끝
J+E 혼합</td><td></td><td></td></tr>
<tr><td></td><td></td><td>신명기</td><td></td><td>신명기</td></tr>
<tr><td></td><td></td><td>여호수아기</td><td></td><td>여호수아기</td></tr>
<tr><td></td><td></td><td>판관기</td><td></td><td>판관기</td></tr>
<tr><td></td><td></td><td>사무엘기</td><td></td><td>사무엘기</td></tr>
<tr><td></td><td></td><td>열왕기</td><td></td><td>열왕기</td></tr>
</table>

* J · E · D · P는 유배 이후(BC 500~400년경) 제관들에 의해 종합 편집되어 오늘의 형태로 고정됨.

화가 대표적이다. 성서 집필을 시기별로 정리한다면, 창세기와 탈출기 전반부는 기원전 950~850년경 쓰여졌고, 탈출기 후반부부터 열왕기 하권까지는 기원전 650~500년에 쓰여지고 정리된 것이다.

이상에서 살펴보았듯이, 성서는 '야훼에 관한' 기록이 아니다. 성서는 가상의 산물인 야훼를 실재하는 신으로 전제한 상태에서, 이스라엘의 역사가 그 기원부터 '야훼와 관계'가 있었다는 것으로 꾸며진 의도적인 기록이다. 신은 역사 안에서 활동하지도 않았고, 역사는 신의 의도가 실현되어 가는 과정도 아니다. 그럼에도 다윗 왕조는 역사란 그런 식으로 이어진다고 말하고자 하였고, 자신의 왕조는 신에게 뽑혀 이루어진 왕조라고 말하고 싶었던 것이다. 다윗 왕조 시기에 기록된 성서(J사료)와 북부 이스라엘 왕조에서 기록된 성서(E사료)는 후대에 '야훼에 관한' 기록으로 해석되고, 야훼를 중심으로 역사를 해석하는 방향으로 의식이 역전환되면서(D사료, P사료) 역사를 야훼 중심으로 이해하는 것을 당연한 것으로 여기게 되었다.

성서를 '야훼가 역사를 이끌어 온 것처럼' 의도적으로 집필한 문서라는 관점에서 바라보면 성서가 여타 신화와 다를 것이 없는 인간 상상의 창작물이라는 것을 쉬 알게 된다. 실재하지도 않는 신이 인간을 조종하여 역사를 이끌어 왔다는 것도 있을 수 없는 일이고, 신이 있다고 해도 신이 자기를 믿지 않는다고 대량학살을 자행하는 것은 상식적이지 않으며(창세 6,9~7,5; 탈출 12,29~30; 32,25~29), 자신이 처한 위협을 모면하기 위해 딸을 제물 삼게 하는(창세 19,4~8; 판관 19,15~24) 여성혐오 · 여성비하 의식을 용인하는 것도 이해할 수 없고, 딸이 아버지의 자식을 낳는 것을 허용(창세 19,30~38)하는 비도덕적인 신이라는 것도 비상식적이다. 가톨릭의 주장처럼 신이 도덕과 윤리의 절대적인 원천이라면 그 원칙과 기준은 시공을 초월하여 동일하게 적용되어야 한다. 그런데 성서 시대 사람들에게 그런 비상식적이고 반인륜적인 태도와 의식을 용인하고, 또한 성서가 그런 일을 묘사하고 있다는 것은 성서가 신의 기준이 아닌, 인간의 상상으로 기록되었다는 반증이다. 성서에 묘사된 이런 가상의 신을 실재하는 신이며 사랑과 자비의 신으로 숭배한다는 유대교와 가톨릭의 종교전통은 좀처럼 이해하기 어렵고, 정권의 안정을 도모할 목적으로 있지도 않았던 사건들을 각색하여 기술한 성서의 묘사를 성령의 인도[感導]를 받아 기록하였다고 말하는 가톨릭의 주장은 더욱 이해하기 어렵다.

성서를 대하는 가톨릭의 시각

가톨릭은 '야훼의 의도에 따른 이스라엘 역사 진행 관점'으로 성서를 바라본다. 가톨릭은 성서가 야훼가 직접 말한 것을 받아 적은 것은 아니지만 역사를 통해 믿음을 가진 이들이 각기 자신들의 구체적인 삶의 역사 안에서 체험한 야훼의 현존과 야훼의 진리를 인간의 언어로 표현한 신앙적 · 문학적 소산이라고 말한다. 성서는 이스라엘 민족이 실제로 겪었던 사건을 신앙의 안목으로 바라보면서 그 안에 들어 있는 야훼의 어떤 계획과 의도를 포착한 사람들에 의해서 자신들이 감지한 야훼의 현존과 의도를 밝히고 야훼를 소개하기 위해 기록한 신앙적 · 문학적 산물이라는 것이다.

가톨릭의 설명에 의하면 이스라엘인들은 역사가 전쟁, 인구이동, 문화의 흥망성쇠 등에 대한 통상적인 이야기가 아니라 역사적 사건 안에서 야훼가 활동한 것이며 신의 의도가 실현되는 것이라고 생각했고,

따라서 모든 인간 역사는 신이 자기 자신을 드러내는 현장이며, 이스라엘 자신들의 역사를 야훼가 이름 없는 한 백성을 선택해서 인간의 전망을 바꾸고 인간사의 흐름을 변화시키기 위해 주도한 역사로 인식했다고 말한다. 따라서 이스라엘인들이 기록으로 남긴 역사서인 구약성서는 단순히 세속의 역사나 문화를 다룬 책이 아닌, 역사적인 체험을 신앙으로 해석하여 인생의 궁극적인 의미를 밝히려는 거룩한 역사라고 말한다. 말하자면 구약성서는 신과의 만남에 대한 증언이며, 신이 해 온 일과 하는 일과 할 일에 대한 이야기라는 것이다.[42]

가톨릭의 이러한 인식은 성서가 말하는 아브라함 가문의 이야기나 이집트 탈출 사건이 가공의 창작물이 아니라, 역사 안에서 발생한 실제적인 사건이고, 이스라엘인들이 이 사건을 종교적인 관점으로 새롭게 바라보는 과정에서 신의 섭리를 파악하여 기록한 것이 성서라는 의식에서 비롯된 것이다. 창세기나 탈출기를 읽어보면 그런 것 같다는 느낌을 받는다. 이야기 전개 도식이 야훼가 예고한 방향대로 사건이 펼쳐지고 있는 것처럼 보이기 때문이다.

실제로 어떤 가톨릭 학자는 마치 이스라엘 성조들의 이야기가 실제 사건이며 소설 속 주인공도 실존한 인물들인 것처럼 성서 주석을 시도한다. 그는 자신의 저서에서[43] 창세기에 등장하는 야훼와 가상 인물 간의 대화를, 그것이 성서 저자의 창작임에도 불구하고 마치 소설 속 가상의 인물이, 가상의 인물을 등장시켜 이야기를 전개하는 저자와는 무관하게 독립적으로 실존하는 객체로서 스스로 고뇌하고 판단하고 사

---

42. 『성서입문』, 정태현 저, 일과놀이, 2000. pp. 26~27 참조.
43. 『야뽁강을 넘어서』, 송봉모 저, 바오로딸, 2002.

유하여 본인의 의도로 신과 대화를 나누고 있는 것처럼 분석한다. 이는 심청전이 작가의 상상력으로 창출한 문학작품이라는 이해 없이 소설에 등장하는 심청이를 역사적 실존인물이자 독립적 실체로 인식하여 소설 속에서 그가 한 말을 분석하고, 심청이라는 인물은 어떤 인생관과 가치관을 지닌 존재이며 어떤 방식으로 효 사상을 표출하고 있는가를 평하는 것과 같은 어처구니없는 일이다. 분석의 대상은 작자의 의도이지 소설 속에 등장하는 인물이 아니다. 그가 가톨릭 관련 출판사를 통해 출간한 서적을 접하는 신자들은 창세기에 등장하는 창작적 성조설화를 실제 역사적 사실로 인식할 것이며, 성서에서 가상의 인물이 한 말들은 그들이 실제로 한 말들로 받아들일 것이다. "아담아, 너 있느냐?"(창세 3,9)는 성서의 기록은 성서 작가가 이야기의 전개상 한 말이지 실제로 야훼가 한 말이 아니다. 야곱이 이사악에게서 축복을 받아냈지만 에사오와는 판이하게 고통스러운 삶을 산 것도 성서 저자의 창작이지 실제 사건이 아니다. 그럼에도 야곱의 삶이 고난으로 점철된 것은 그가 받은 축복이 그 자신을 위한 것이 아니라 남을 위한 것이었기 때문이라고[44] 분석하는 그 학자의 분석은 너무 자의적이고 인위적이다. 야곱의 삶은 그저 저자가 그렇게 설정한 것일 따름이다.

성서의 창조설화 및 아담의 타락 사화나 홍수이야기, 바벨탑이야기 등도 고대 근동의 설화들을 모방하고 개작하여 수록한 창작물이며, 신앙 선조들의 역사와 이집트 탈출에 관한 이야기도 이스라엘 민족의 기원을 설명하고 이스라엘 역사가 야훼의 의도에 따라 진행되어 온 것처

---

44. 위의 책, pp. 66~67.

럼 꾸미기 위한 창작일 뿐 실제 역사 사실에 대한 묘사가 아니다. 신은 초월관념의 산물이라는 사실을 상기한다면, 신에 의해 전개되는 역사란 실제일 수 없다는 것은 자명하다. 따라서 성서가 '역사는 신의 개입에 의한 신의 역사(役事)라는 사실을 기록한 것'이라고 생각했다는 이스라엘의 사고는 오해에서 비롯된 허구이며, 이러한 사고를 그대로 수용하여 성서는 신의 개입에 따른 종교적 사건에 대한 기록이며 야훼의 현존과 의도를 밝히는 문헌이라고 주장하는 가톨릭의 인식 역시 오류이며 상상과 추론에 불과하다고 할 수 있다.

소결론 – 만들어진 신

고대 문화권의 창조신화 창작자들은 사람의 눈에 보이는 모든 형태의 사물들은 초월적 권능을 지녔다고 상상되는 어떤 초월자, 즉 신이 창조하였다는 사고를 갖고 있었고, 유대 종교전통과 성서 저자들도 타 종교전통처럼 창조는 가나안 토속 신앙이 상상으로 창출해 낸 신인 야훼의 행업이라고 주장했다.

유대 종교전통을 계승하면서도 신은 인간의 초월 관념에서 창출된 가상의 실재라는 것과 성서(창세기, 탈출기)는 이스라엘 지배세력의 정치적 의도에서 창작된 신화라는 사실을 인정하지 않는 가톨릭은 성서의 내용을 토대로, 야훼가 아무것도 없는 상태에서 어떤 것을 발생시켰고 존재하는 모든 것에게 존재와 생명과 활동을 부여했으므로, 야훼는 우주 만물의 창조주이자 궁극적 실재로서의 신이라는 논리를 편다. 곧 야훼 = 하느님 = 신이라는 등식을 갖고 있으며, 이 등식 안에서 종교 사상적 이론을 전개해 나간다. 하지만 앞에서 보았듯이 이는 합리적이지 않으며 설득력이 없는 주장이다.

초인적이며 초월적인 존재로서의 신은 인간 지성이 도출해 낸 상상 속 관념일 뿐이며, 야훼 역시 가나안 원시 신앙이 상상해 낸, 실체가 없는 가상의 신들 중 하나일 뿐이므로 실제적으로 존재하는 신일 수 없다. 나아가 성서는 유대 종교전통이 타 종교전통의 창조설화를 차용하여 신의 이름을 야훼로 바꾸고 그가 신이며 창조주라고 주장하는 창작물일 따름이므로, 신 존재에 대한 증언이나 증명자료로 볼 수 없다. 따라서 가톨릭이 주장하는 것처럼 야훼가 하느님이고 하느님이 곧 유일한 신이라는 논리는 타당성을 가질 수 없고, 야훼를 신으로 상정하고 그를 신이라 주장하고 믿는 야훼신앙은 허구 위에 세워진 모래성이 아니라고 할 수 없다.

또한 신은 태생 자체가 실체가 없는 허상이므로 그 어떤 작동도 일으킬 수 없고, 그래서 그가 무엇인가 작동한다고 여기는 것은 환상이다. 연장선상에서 허구의 토대 위에 숭배되는 가상의 실재인 야훼가 인류를 구원하기 위해 인간 모습으로 세상에 강생했다는 주장 역시 또 다른 창작 신화이며 상상의 산물이다. 인간의 관념 속에만 존재하는 비실체 · 비작동의 가상의 존재는 현실 세상에 실체적 모습으로 강림할 수 없다. 따라서 강림한 실체가 죽고 부활하여 영원한 생명을 준다는 이론도 허구이며 거짓이다.

만일 가톨릭이 주장하는 것처럼 존재하는 모든 것의 창조주는 야훼이고, 야훼만이 유일한 신이라면 다음의 의문에 대한 납득 가능한 설명이 있어야 한다. 첫째, 신화가 창출되던 시대에 가나안 원시 신앙이 상상으로 빚어낸 신들 중의 하나인 야훼를 어떤 근거에서 초월적이며 궁극적인 실재라고 말할 수 있는가? 둘째, 관념 속 상상의 신이 자신의 의지로 어떤 행위를 하고 작동을 한다는 것은 인간의 상상 속 공상이므로 신이 만물을 창조했다는 것은 그 자체가 성립 불가능한 논리다. 나아가 우주 만물은 빅뱅과 진화의 결과물이지 신의 창조물이 아니다. 그럼에도 신이 우주 만물을 창조했다는 논리가 어떻게 전개 가능하며, 또한 신이 우주 만물을 창조하였다면 신은 어떤 방법으로 없는 것을 있게 할 수 있었는가? 셋째, 야훼가 모든 존재의 근원이고 생명의 기원이라는 근거는 무엇이며, 왜 다른 종교전통의 신들은 존재의 근원이나 생명의 기원이 되지 못하는가?

야훼가 신인 까닭은 성서에 그가 신이라고 기록되어 있기 때문이고, 신의 업적과 활동은 이해 불가능하고 논증의 대상이 될 수 없는 신비이므로 설명되어질 수 없다고 말하는 것은 비합리적인 억지이며 자기합리화다. 그리고 그런 설명은 그렇게 말하는 본인도 자세한 것은 알지 못하고, 그저 그렇다고 들었거나 배웠을 뿐이며, 그렇게 믿어 왔으니 또한 그렇게 믿는 것뿐이라는 자기변명에 불과하다.

고대 신화의 신들은 인간들이 믿거나 믿지 않거나 혹은 신에 대해 어떤 사고를 갖고 있는가에 관계없이 아무런 작동이나 작용을 하지 않는, 실체나 실재가 없는 가상의 존재였기에 소멸되고 사라졌다. 그럼에도 지금까지 야훼가 실재의 신처럼 숭배되는 것은, 정작 야훼는 아무런 작동도 하지 않는 상상의 부산물이지만 야훼가 실재하는 신이고, 무언가 능력을 발휘하는 신이라고 믿는 사람들이 역사 안에 존속해 왔기 때문이다.

가톨릭의 신 야훼는 그 이름에 대한 기록이 성서에 있다는 이유 하나만으로 우주 만물의 창조주가 되었고, 신이 있다면 야훼가 바로 그일 것이라는 추측에서 야훼에게 온갖 신성과 의미를 부여하여 신론을 전개한 가톨릭에 의해, 마치 실체가 있고 실제로 작동하는 신인 것처럼 포장되고 선언되면서 살아 있는 실재적 초월자로 남았다.

Ⅲ

가톨릭의 창조론 · 구원론

우주 · 인류의 기원에 대한 가톨릭의 주장

이제 다윗 왕조가 창작한 성서가 말하는 본래의 의도와 그 성서를 신앙의 원천으로 삼아 신론과 구원론을 펼치는 가톨릭의 주장을 비교하면서 가톨릭 주장의 사실성에 대해 살펴보자.

가톨릭은 성서 창세기에 등장하는 야훼가 실재하는 유일한 신(唯一神)이며 인격적 초월자이자 궁극적 실재로서의 신, 곧 야훼 = 하느님 = 신, 신 = 야훼라는 등식 안에서 신론을 전개한다. 하지만 상기에서 살펴보았듯이 초월적인 존재로서의 신에 대한 사유는 인간의 상상이며, 야훼 역시 가나안 토속 신앙이 상상한 '가상의 존재'이므로 야훼를 실재하는 신으로 전제한 바탕에서 신론과 구원론을 전개하는 가톨릭의 이론은 그 자체로 추측이며 허구일 수밖에 없다. 그럼에도 야훼를 신으로 전제하고 신론을 전개하는 가톨릭 주장의 타당성에 대해 살펴보자.

창조론

성서는 야훼가 우주와 인간을 창조하였다고 기술한다. 창세기의 창조설화에 의하면 야훼는 어둠과 물 외에 아무것도 없는 상태(창세 1,2; 2,5~6)에서 엿새에 걸쳐 천체와 하늘과 땅과 바다, 각종 동식물과 인간을 창조하고 7일째에 휴식을 취하였다(창세 1,1~2,4).

고대 다양한 종교전통에서 신이 우주와 인간을 창조했다는 창조신화를 기록할 당시의 사람들은 빅뱅론은 물론 현대 생물학이나 진화론에 대한 이해가 없었다. 그래서 그들은 우주와 천체의 생성과정을 알지 못했고, 지금과 같은 외모와 형태의 인간은 수백만 년의 세월에 걸쳐 다듬어져 온 진화의 산물이라는 것을 알지 못했으며, 인간이 다른 동물들과는 달리 두 발로 걷고 도구를 사용하고 지능이 뛰어나고 동물 세계를 지배할 수 있는 우월성을 갖게 된 것도 진화의 결과라는 것을 알지 못했다. 이렇게 우주 기원과 진화에 대한 이해가 없었기 때문에 당시 사람들은 신이 천체를 창조했고, 지금 우리가 보는 것과 별반 다름이 없는, 각기 진화가 완결되어 가는 상태의 인간과 동물들이 태초부터 그런 형태를 갖고 있었던 것이라고 생각했다[창세기는 '지금 형태의 인간'을 신이 창조했다고 기록한다(창세 1,26; 2,7)]. 그리고 당시에 동물들은 인간이 언제든 식재료로 사용할 수 있는 살아 움직이는 식량 이상도 이하도 아닌 것으로 인식하던 시대였으므로, 인간이 동물 세계를 지배할 수 있는 우월성을 갖게 된 것은 어떤 초월자로부터 부여받은 특별한 능력 덕분이라고 생각했다. 그래서 그들은 이런 생각들을 창조신화를 통해 표현하고자 했으며, 생명의 출현과 생명의 경이에 대한 답을 구할 수 없던 시기에 어딘가에 인간을 넘어서는 초인적 능력을 지닌 초월자가 있을 것이라는 생각과, 그가 우주와 인간을 창조했을 것이라는 생각에서 창조신화를 만들어냈다.

고대 유대인들도 비슷한 사고를 갖고 있었으며, 그들은 우주와 인간의 창조주는 자신들이 숭앙하는 야훼라는 신화를 구축하기 위한 의도에서 기원전 3000년경부터 바빌로니아를 비롯한 메소포타미아 일대와 이집트 등 각기 문화권에서 전해오던 창조신화에 대한 사유를 무비판적으로 받아들이고 그것을 모방하여 자신들의 창조설화를 기록했다.

가톨릭은 유대 종교전통의 창조설화 내용에 따라 우주 만물과 인간은 신의 창조물이며, 그 창조주는 야훼라고 주장한다. 그리고 성서의 창조설화는 과학 이야기가 아니므로 우주와 세상 그리고 인간 창조의 과정이 성서에 기록된 내용 그대로 된 것은 아니지만, 성서는 우주 만물의 기원과 생명의 기원은 야훼에게 있고, 우주와 인류의 역사는 야훼의 종말론적 구원 계획 속에 이끌어진다는 것을 종교적 관점에서 상징적으로 표현한 것이라고 말한다.

가톨릭의 신론과 창조론에 의하면, '신은 세계 없이도 완전하며 또한 지복(至福)하다. 세계는 신을 보충해 줄 부분이 아니며, 본질에 있어 신과는 전혀 다른 것이다. 세계는 신의 사상에 따라서 형성되었다. 신은 자기 사랑의 대상으로 인간을 창조하였는데, 인간은 우주 만물의 으뜸이며 중심과 정점으로 창조되었고, 만물을 지배하고 관리하고 사용하며 발전된 세계로 나아갈 능력자로 창조되었으며(시편 8,5~9 참조), 인간에게는 인간적 품위인 인격과 함께 신만이 지니는 본성과 본질이 주어졌다. 신은 인간이 지복을 누리도록 하기 위해 우주 만물을 창조하였는데, 이때 야훼는 기존의 물질을 사용하지 않고 물질과 영혼의 쌍방을 무(無)에서 창조함으로써 무형의 물질에 형체를 부여하였고, 생명체에게는 생명과 활동을 부여하였다. 성서의 창조론은 구원론적 또는 그리스도론적 견지에서 기록되었다. 이는 신학적으로는 창조론이 이론적인 이성의 대상이 아니라 신앙 안에서 인식되지 않으면 안 된다는 것을 의미한다. 창조론에서 창조의 주체, 즉 창조주는 삼위일체의 야훼이고 창조의 행위는 언어행위이며, 이 언어행위를 통해 신은 세계의 존재와 사물을 규정하였다.'[45]

가톨릭이 전개하는 신론은 '신이 있다면 신의 본성은 이럴 것이다'라고 인간이 이성으로 추론할 수 있는 신성을 부여함으로 형성된 추측성 추론이라는 것을 우리는 '서설'에서 확인하였다. 여기서도 가톨릭은 신의 속성에 대한 추론 속에 신은 홀로서 완전하며 지복한 존재라고 말한다. 신은 초인적이며 초월적 궁극의 존재로 상정되는 대상이니 신이 존재한다면 아마도 그런 속성을 가질 것이라고 생각하는 것은 당연하다. 문제는 신의 존재성이 증명되지 못하고, 신이 존재한다고 해도 타 종교전통에 등장하는 신들은 왜 신이 되지 못하고 야훼만이 신인가에 대한 타당한 근거나 설명을 제시하지 못한다는 것이다.

가톨릭은 '비물질적이며 영적 실재로서의 신은 태초 이전부터 낳음 없이 스스로 존재하였고, 인간은 어느 순간 종교적 사유를 통해 신이

45. 다음백과(http://100.daum.net), 마리아사랑넷(https://www.mariasarang.net/), 가톨릭사전(http://maria.catholic.or.kr/dictionary/term/term_search.asp) 참조.

우주와 세상의 창조주라는 사실과 초월적 궁극의 실재라는 것을 알아 보게 되었다'고 말한다. 신이 인간 상상의 산물이 아니라 인간이 그 존재를 알지 못했던 신을 비로소 깨달아 알게 되었다는 주장이다. 하지만 이런 설명 역시 추측성 논리일 뿐이며, 가톨릭의 주장이 합리성을 갖기 위해서는 신 존재에 대한 근거 제시와 함께 신과 인간 간의 인격적인 통교와 교류에 대한 증거가 제시되어야 한다. 아무런 부연 설명 없이 단순히 신은 속성상 영원부터 스스로 존재한다고 말하는 선언적 설명은, '안드로메다에 꽃의 신 플로라가 영원부터 원인 없이 스스로 존재하여 살고 있으며, 강림한 예수는 그의 아들인 붓다의 동생이다'라고 말하는 것과 다를 바 없이 터무니없고 불합리하다. 그리고 성서는 인간의 창작 문학작품이므로 신과의 교류에 대한 증거가 될 수 없다. 그럼에도 성서가 그 증거라고 주장한다면 타 종교의 신화와 경전에 등장하는 무수한 신들도 실재하는 신이라는 의미가 된다.

우리는 신의 이미지를 떠올릴 때 막연하게 뿌연 연기 같다거나, 아지랑이 같다거나, 손으로 만질 수도 잡을 수도 없지만 하늘 어딘가에 있는 영롱한 구름 같다는 식으로 상상한다. 사람의 형상을 닮은 유령 같은 모습으로 상상하는 사람도 있고 기(氣: 기운, Spirit, vigor)라고 보는 사람도 있다. 고대인들은 신이 인간의 형상과 유사하며, 스스로 의지(意志)를 발하는 머리와 팔다리를 가지고 있다고 상상했다. 그래서 고대 신화에 등장하는 모든 신들은 자기 의지로 지상의 진흙에 자신의 피나 침을 섞어 동물들과 인간을 창조하였다거나(창세 2,7 참조), 마차를 타고 다니며 전투를 지휘하고, 지팡이를 휘두르며 번개를 치는 모습 등으로 묘사된다. 그리스-로마 신화가 대표적인 예다.

고대인들의 이런 신관을 고스란히 받아들인 가톨릭은 야훼가 자발적인 의지로 우주와 세상을 창조하는 능력을 발휘하였고(창세 1,1~27), 흙으로 사람을 빚어 만들었으며(창세 2,7), 거센 샛바람을 일으켜 바닷물을 밀어내고(탈출 14,21), 인간 마리아와 협력하여 아들을 출산케 한 것은 사실이며(루카 1,35), 오늘도 존재하는 모든 것들의 존재를 지탱하고(한스 큉), 지금도 종말적인 미래를 향해 인류의 역사를 이끌어가고 있다고 주장한다(떼이야르 드 샤르뎅). 하지만 신이 존재한다면 그는 비물질적인 존재이므로 어떤 형체가 있을 수 없고, 비물질적인 영적 실재는 어떠한 의식이나 감각 · 감정도 생성해 낼 수 없으며, 어떤 작동도 일으킬 수 없다.

인간의 의식이나 생각, 의지 등의 비물질적인 관념은 그 자체 스스로 발현될 수 없으며, 다양한 정신작용은 물질적인 뇌의 감각기관에 있는 뉴런과 시냅스의 화학작용과 역학적 상호작용에 의해서 발현된다는 것을 우리는 잘 알고 있다. 정신은 육체를 떠나 독립적으로 존재할 수 없으며 스스로 어떤 작용도 일으킬 수 없다. 그래서 뇌에 과도한 충격이나 손상이 가해져 뉴런과 시냅스의 활동성이 정지되면 의식하지 못하는 상태에 이르거나 기억상실 증세를 일으킬 수 있다는 것도 충분히 이해한다.

뇌기능이 정지되거나 해체되면 어떤 정신작용도 일으킬 수 없고 어떤 기억도 가질 수 없듯이, 가톨릭이 말하는 비물질적이고 영적인 신이 실제로 존재한다고 해도 그는 아무것도 할 수 없고 그 무엇도 만들어 낼 수 없다. 형체가 없는 영적 실재 자체가 의식을 만들어 내고 기억을 간직하고 판단력과 분별력을 발휘한다는 것은 비현실적인 상상 속에서만 가능한 일이며, 무에서 물질을 창조하고, 영혼을 창조하고,

스스로 우주에 대한 장대한 계획을 세우고, 그에 따라 우주와 인류의 역사를 이끌어 간다는 것은 그 자체로 넌센스이며 네모난 동그라미를 만든다는 것처럼 성립될 수 없는 이론이다.

또한 영적 실재인 신이 영혼에 생명을 부여하고, 영혼이 지닌 생명은 신의 생명과 온전한 합일을 이룬다는 생각도 추상적인 상상이다. 생명은 생체 메커니즘이 발화한 생기(生氣)의 존속 현상이라고 정의할 수 있다. 자연은 진화를 통해 유기물의 화학작용 안에서 생체 메커니즘이 에너지를 활용하여 생기를 발화하는 능력을 갖게 하였고, 생체 메커니즘을 구성하는 기관과 조직은 생기를 존속시키는 신진대사 역할을 수행함으로써 물리적 · 신체적 생명이 유지되게 한다. 그리고 생체의 메커니즘과 신진대사를 이루는 기관이나 조직의 손상이나 파괴로 생기 존속이 불가능하게 될 때 생명은 해체되고 소멸한다. '생명'은 생체의 메커니즘과 분리되어 별도로 존재하는 어떤 것일 수 없으며, 생체와 분리되어 생성될 수도 없는 것이다. 따라서 비물질적인 존재는 생명이라는 것을 가질 수 없고, 생명을 가질 수 없는 비물질적인 존재가 생명을 부여하였다는 논리는 성립될 수 없다.

만일 비물질적 영적 실재인 신이 자발적인 의지와 어떤 작용의 능력을 갖는다면 비물질적 영적 실재인 죽은 이들의 영혼도 자발적인 의지와 능력을 가질 수 있으며, 불멸하는 실재인 영혼은 스스로 산 이들에게 찾아와 대화를 나누거나, 어떤 감도를 일으키거나, 신적 지혜에서 획득한 어떤 지혜나 아이디어를 제공하여 인류 번영에 유익함을 제공하는 일도 가능하다는 의미가 된다. 하지만 그런 일은 결코 발생하지 않으며, 단 한 번도 발생한 일이 없다. 죽은 이의 추도식에 죽은 이는 존재하지 않고, 죽은 이는 살아 있는 이들의 기억 속에만 존재한다.

가톨릭이 자신들의 신론과 창조론에서 "비물질적 존재인 신은 의지만으로 무형의 물질에 형체를 부여할 수 있으며, 창조와 구원은 이론적인 이성의 대상이 아니라 신앙 안에서 인식되지 않으면 안 된다"고 설명하면서도, 어떻게 의지만으로 형체를 부여할 수 있는가에 대한 합당한 근거 제시 없이 그저 '신은 속성상 그런 능력을 갖는 존재이므로 모든 것이 가능하다'며 주장의 유효성만을 선언적으로 강조한다면, 그 또한 무용한 추상적인 논리의 전개에 불과하다. 그런 방식의 설명이라면 어떤 목사(M교회 L목사. 2018. 4. 12. KBS 뉴스)가 "네가 나와 잠자리를 하면 너에게 새 예루살렘에 들어가는 신의 은혜가 내리고 너는 영생을 얻게 된다"고 주장하는 터무니없는 망언이나, "무녀와 잠자리를 하지 않으면 굿을 해도 액막이가 안 된다"고 주장하는 무속인(K무속인. 2018. 4. 11. TV조선)의 주장도 진리가 된다. 그들도 신은 무엇이나 가능하며 자신들의 주장은 신앙 안에서 인식되어야 한다고 강조할 것이기 때문이다. 신은 본질상 무엇이나 가능하다고 생각하는 것은 인간의 상상이고, 신은 속성상 그런 존재라고 주장한다고 해서 그 말이 진실이 되는 것도 아니다. 그리고 무엇보다 성서의 창조설화를 기록한 저자들의 집필 의도는 가톨릭이 말하는 창조론과는 상당한 거리가 있다.

창조설화 저자들은 가톨릭이 말하는 것처럼 우주가 생성되기 이전부터 지복 상태에 홀로 존재하던 신이 신만이 누리는 지복을 체험할 수 있도록 하기 위해 인간을 창조하였다는 인식 같은 것은 갖고 있지 않았고, 인간에게 인격과 함께 신적 본성이 주어졌다는 의식도 없었으며, 신이 구원론적인 장대한 계획을 의도하여 창조사업을 펼쳤다는 생각도 없었다. 그리고 창조설화가 기록되던 기원전 10세기의 상황이나, 기원전 6세기에 바빌론 유배에서 벗어나 본국으로 귀환하여 민심을 추스르고 야훼신앙만을 단일한 종교전통으로 구축하고자 했던 유대인들의 당시 상황을 고려해 볼 때, 또 본문 그 어디에도 인간의 본질이나 본성에 대한 사유의 흔적이 보이지 않는다는 점, 내세나 영혼에 대한 관념은 창조설화가 기록된 이후 400여 년이 지난 기원전 200여 년 쯤에야 유대교에 등장한다는 점 등을 고려할 때, 창세기의 창조설화는 지극히 단순하게 세상에 존재하는 모든 것들은 타 문화권에서 신봉되던 여타의 신들이 아니라 자신들이 선택하여 신봉하는 신인 야훼가 창조하였다는 것을 강조하는 것, 그리고 히브리인들이 믿는 신은 타 민족들의 신보다 위대하다는 것을 선언하기 위한 목적 외에 다른 그 어떤 목적도 염두에 두지 않고 기록된 것이라고 볼 수 있다. 이런 면에서 가톨릭의 창조론은 후대에 자신들이 정립한 신론에 맞추어 창조설화 원저자의 의도와 무관하게 추론적인 의미를 부여하여 창출한 호교론적 논리로 볼 수 있다.

한편 성서의 창조설화는 유대 종교전통보다 선재한 타 종교전통의 창조설화를 차용하여 기록하고 있다는 점에서, 만일 신이 존재한다면 가톨릭이 말하는 모든 존재의 근원 및 생명의 기원이 되는 신은 야훼가 아니라 타 종교전통의 신들일 수도 있다는 의미가 된다. 수많은 신화 속 창조설화가 말하는 우주와 세계, 인간 창조의 원 창조주는 누구인가? 마르둑도 아니고 그렇다고 야훼인 것도 아니다. 우주 만물이 어떤 초월자에 의해 창조되었다는 것은 우주의 생성과 인간의 실존, 살아 있는 생명의 기원에 대한 답을 찾을 수 없었던 고대 인간의 상상이고, 각 민족이 제시하는 우주 만물의 창조주는 부르는 이름만 다를 뿐 각기 민족이 믿었던 신화 속 상상의 존재, 가상의 실재다. 따라서 야훼는 유대인이라는 특정 민족의 신화에 등장하는 상상의 존재일 뿐이며, 야훼가 우주 만물의 창조주라고 강조하는 가톨릭의 주장은 인간의 상상의 토대 위에 세워진 유대 원시 종교전통의 답습에 불과하다고 할 수 있다.

물리적 우주 창조의 사실성

창조신화를 창작할 당시의 고대인들은 인간의 눈에 보이는 현실의 실체들을 신이 일일이 직접 창조했다고 생각했다. 성서 창세기 창조설화도 태초의 어느 날, 신이 천체를 창조하고(창세 1,14~17), 생물들을 제 종류대로 또 날아다니는 온갖 새들을 제 종류대로 창조하였다고 기록하고 있고(창세 1,21), 집짐승과 기어 다니는 것들과 들짐승을 제 종류대로 만들었으며(창세 1,25), 완전하고 불멸하는 존재로 인간을 창조하였다고 기술한다(창세 1,27). 가톨릭은 진화론(1859년)이 등장하기 이전에 창조에 대한 신학적 논리로 제시된 창조론 – 신은 인간을 정점으로 우주 만물과 인간을 창조하였는데, 아무것도 없는 상태에서 무형의 물질에 형체를 부여하고, 생명체에 생명과 활동을 부여하였으며, 인간에게는 인간적 품위인 인격과 신적 본성 및 본질을 부여하였다는 설 – 을 현재도 강조한다. 하지만 이 이론은 우주의 기원과 생명체의 기원이 밝혀진 오늘날에는 무의미하며, 어떤 타당성도 가질 수 없다. 신에 의한 물리적인 우주 창조와 인간창조 사실 자체가 없기 때문이다.

우주 공간의 가스덩어리였던 항성과 지구, 그리고 지구 내(內) 자연사물들은 우연한 발생으로 일어난 빅뱅의 결과로 생성되었다. 원소들의 결합과 분해에 따른 화학작용으로 생성된 지구라는 행성 안에서도 거듭되는 원소들의 물리작용과 화학작용으로 대기가 형성되고 자연환경에 변화가 생기기 시작하면서 산, 강, 바다, 바위 등 각종 형태의 사물들과 생명체가 빚어졌고 그런 소용돌이의 와중에 우연히 인간종이 출현하게 되었다. 우주와 만물은 창조주 신의 창작물이 아닌 자연의 우연적 산물이다. 따라서 신에 의해 인간을 정점으로 우주 만물의 창조가 이루어졌다는 창조론은 인정될 수 없으며, 우주 기원과 생명체의 기원에 대한 이해가 없던 시대에 신에 의한 세상 창조를 상상하여 만든 신화에서 창조에 대한 신의 어떤 의지나 신학적 의미를 도출해 내는 것도 무의미하고 헛된 일이다(예를 들어, 아담의 갈빗대로 여자가 만들어졌다는 이야기는(창세 2,22) 여자도 인간이지만 남자보다 천한존재라는 인식을 가졌던 고대 시대상을 반영하는 작가의 창작이지, 신이 갈빗대로 여자를 창조하는 것을 옆에서 지켜보고 기록한 것이 아니다. 그런데 그것을 신이 여자를 창조할 때 남녀평등사상을 깨우치기 위한 신의 의지를 표명하기 위해 남자의 가슴에서 여자를 창조하였다고 해석하는 논리는 억지이며 허위다. 남자건 여자건 인간은 신의 창조물이 아니다.).

진화론과 빅뱅론이 발표된 이후에도 가톨릭은 신에 의한 만물 창조론을 고수한다. 하지만 일부 학자들은 과학계의 연구를 수용하여 신이 각종 형체를 그 모습대로 창조한 것은 아니지만 모든 존재의 근원과 기원은 신에게 있다는 논리를 전개한다. 결국 가톨릭이 성서의 창조설화를 토대로 '신에 의한 물리적 우주 창조론'을 주장해 온 것이 논리적 오류였다는 것을 스스로 인정한 것이라고 할 수 있다.

신에 의한 물리적인 우주 만물의 창조 역사는 없다. 그럼에도 가톨릭이 신에 의한 우주 만물의 창조를 강조하는 것은 존재하는 것들의 기원은 신에게 있다는 것을 정당화하고 강변하기 위한 선언적 주장으로 볼 수 있다.

생물학적 인간 기원

이제 가톨릭이 말하는, 신이 인간을 창조했다는 것은 어떤 의미인지, 그리고 신이 인간을 창조했다는 주장의 사실성 논의로 들어가 보자. '생물학적인 인간' 실재의 창조에 대한 규명 없이는 영적 실재로서의 인간에 대한 논의가 불가능하고 인간 구원론의 이론적 바탕도 정당성을 가질 수 없기 때문이다.

여기서도 가톨릭은 신이 존재한다는 것을 전제로 신에 의한 인간 창조론을 전개하고 있다는 것을 상기할 필요가 있으며, 신이 인간을 창조하였다고 하더라도 그 창조신이 곧 야훼라는 타당한 근거의 제시가 없다는 것도 염두에 둘 필요가 있다. 가톨릭이 야훼가 우주만물의 창조주인 것은 성서에 야훼가 창조주라고 기록되어 있기 때문이라고 주장한다면, 중국 포랑족의 천지창조 신화에 등장하는 그메이야 신이 우주만물의 창조주라는 것도 진리가 되며, 몽고의 신화에서 에헤 부르칸이 천지를 창조하였다는 전승도 진리가 된다. 신, 그것도 야훼가 인간을 창조했다는 가톨릭의 주장은 타당한가?

창세기 저자는 태초의 어느 날, 신이 지금의 인간과 형태가 동일한 인간(Homo)을 완전하고 불멸하는 존재로 창조하였다고 기술한다(창세 1,27). 위에서 잠깐 살펴보았듯이, 성서 저자는 진화에 대한 이해가 없었기 때문에 각기 독립된 형태로 진화가 완결되어 가는 상태의 인간과 동물들이 태초부터 그런 형태를 갖고 있었던 것이라고 생각하여 그렇게 창조 이야기를 기술하고 있는 것이다.

생물학적 인간(Homo)은 진화의 산물인가 창조물인가

신의 인간 창조에 대해 가톨릭은 야훼가 현생 인류와 같은 외형과 형태의 인간을 독립적으로 창조하였다는 의미는 아니지만, 존재하는 모든 생명체의 생명의 기원은 신에게 있으므로 그런 차원에서 인간은 신의 창조물이라고 말한다. 그리고 자신들이 말하는 인간은 존재하는 모든 생명체에서 특별히 분리된 인격적 존재로서의 인간을 의미하며, 인간 창조론은 종교적인 인간관 즉, '인간 생명의 기원과 존재의 근원은 신에게 있으며 인간에게는 신적 본성과 인격에 관한 모든 것이 야훼에 의해 주어졌다'는 것을 말하는 것이라고 주장한다. 하지만 종교적 인간관을 논하기 위해서는 모든 생명의 기원이 설령 신에게 있다고 하더라도, '생물학적인 인간'의 기원에 대한 규명이 선행되어야 한다. 신적 본성과 인간성을 부여할 대상으로서의 인간 존재의 기원이 규명되어야만 신이 불멸하는 존재로 창조하였다는 인간의 창조와 그 인간에게 신적 본성과 위격(位格, 人格)을 부여했다는 논리의 근거를 이끌어 낼 수 있고, 최초 인간의 타락으로 인간은 신의 구원을 필요로 하게 되었으며, 인간을 구원하기 위해 신이 인류 역사에 개입하게 되었다는 논리의 규명이 가능하기 때문이다.

가톨릭의 주장처럼 신이 존재하고 그 신인 야훼가 인간을 창조했다면, 신에 의해 창조된 최초의 생물학적 인간은 언제 창조되었는가? 그리고 신이 부여하였다는 인격과 신적 본성은 어느 시점의 인간에게 부여되었는가? 오스트랄로피테쿠스인가? 호모 사피엔스인가? 그저 막연하게 생물학적인 인간이 아닌, '존재론적이며 영적 실재로서의 인간'에게 주어진 것이라고 말하는 것은 합리적이지 못하다. 영적 실재로서의 인간이라는 개념도 생물학적인 인간이 선행되어야 존립할 수 있는 것이기 때문이다. 생물학적 특성은 침팬지인데 그를 영적 실재로서의 인간이라고 말할 수는 없는 것이다. 따라서 그 '인간'이 누구인지가 규명되어야 한다.

가톨릭은 신에 의한 인간 창조 과정의 목격 증인과 증언이 없음에도, 신이 인간의 창조와 동시에 그에게 신적 본성과 위격(位格, 人格)을 부여하였다고 주장한다. 이러한 그들의 주장은 생물학적으로 '인간'으로 분류된 현생 인류와 같은 형태를 지닌 인간에게 신적 본성이 부여되었다는 주장으로 들리며, 가톨릭 신앙인들은 야훼가 실재하는 신이라는 주장은 타당성이 있는지, 그리고 야훼가 인간을 창조하였다는 개념은 사실적인 명제인가에 대해서는 그 어떤 반성도 없이 야훼가 세상과 인간을 창조하였다는 가톨릭의 주장을 진리로 받아들인다. 그것은 아마도 지구상에 존재하는 다른 생명체들과는 확연하게 구별되는 생물로서의 인간종이 실재하는 것은 기정사실이며, 그 인간종 속에 자신이 속해 있는 까닭에 태초 언제쯤엔가 지금의 형태와 유사한 모습으로 인간이 신에 의해 창조되었을 것이라는 막연한 생각에서 비롯된 믿음으로 판단된다. 그리고 종교가 말하는 인간 창조론 속의 인간은 유인원과 무관하게 인품(Personality)을 지닌 인격체이며 만물을 지배하고 다스리고 관리할 능력과 함께 신만이 갖는 신적 본성과 위격을 부여받은 존재를 뜻하므로, 그런 면에서 인간의 창조주는 신이라는 의미로 받아들이는 것일 터이다.

가톨릭은 한때 모든 생물의 생물학적인 창조에 대해 창세기 창조설화를 근거로, 신은 인간 창조를 정점으로 지구상에 존재하는 모든 생물들을 각기 개별적으로 창조하였으며(메뚜기는 메뚜기로, 토끼는 토끼로, 인간은 인간으로. 창세 1,21.25 참조), 모든 생물은 각자의 진화과정을 거쳐 현재의 모습에 다다르게 되었다고 주장했었다. 그때는 인간은 신의 모상으로 창조되었고, 창조와 동시에 그 인간에게 생명과 신의 본성과 인격이 부여되었다고 주장하기가 훨씬 수월했을 것이다(미켈란젤로의 '천지창조' 그림 속 '아담의 창조'가 그런 사조의 반영을 잘 보여준다). 하지만 근래에는 빅뱅이론과 진화론을 받아들여 존재하는 모든 생명체는 최초에 발원한 생명체로부터 분류 진화해 왔으며, 인간도 진화의 선상에서 아프리카에서 발원하여 세계 전역으로 확산되어 나갔다는 사실을 인정한다. 교황 요한 바오로 2세는 진화론은 가설 이상이라는 것을 인정하면서도 영혼만은 신의 창조물이라고 말하였고, 교황 베네딕도 16세는 단세포 생명체가 나타났고 그 생명체가 진화법칙에 따라 다양한 생명체로 변화하고 갈라지는 과정을 신이 관리하고 지도했다는 취지의 말을 했다(유신론적 창조론. '진화론과 교회', 『평화신문』, 2011. 8. 21.). 물론 진화과정을 신이 관리하고 지도하는 것을 교황이 본 일이 없을 것이므로 그것은 교황의 주관적인 주장일 뿐이고, 가톨릭 교황이 말했다고 해서 진화와 자연선택이 신의 관리와 지도 아래 진행되는 것도 아니다. 다양한 생명체의 분리와 진화에 신을 대입시킬 필요는 없다. 자연선택은 우연한 변이를 통해 충분히 다생종 생명체를 빚어낼 능력이 있고, 지금까지도 그렇게 해 왔다. 오늘도 자연 안에서는 우연히 새로운 종의 생명체가 생겨나고 있고, 기존의 생명체가 멸종의 길을 걷기도 한다.

가톨릭의 창조론에 의하면 인간은 야훼의 '창조물'이다. 그리고 생물체로서의 인간이 존재하는 것은 분명한 사실이니 가톨릭에서 신이 태초에 창조했다고 주장하는 인간은 우리 인간종을 지칭할 것이다. 그렇다면 다음의 문제가 대두된다. 우리가 인간이라고 부르는 인간종(Homo)이 Hominoidea(유인원)에서 분류되어 역사에 출현한 것은 약 250만 년 전쯤인데, 그렇다면 가톨릭이 말하는 신에 의해 창조된 '생물학적인 인간'이란 이때의 인간을 의미하는가? 인간종의 출현에 대한 과학계의 연구결과가 신빙성이 높으니, 여기에 가톨릭의 주장을 대입한다면 신에 의해 창조되었다는 최초의 인간은 250만 년 전의 오스트랄로피테쿠스일 확률이 대단히 높다. 하지만 오스트랄로피테쿠스는 죽지 않는 불멸의 존재로 창조되어 어느 날 갑자기 역사에 등장한 존재가 아니라 수억 년의 진화과정에서 우연히 발현한 인간종이다. 따라서 통칭적으로 우리가 '인간'이라고 칭하는 오늘날과 같은 형태의 생물학적 인간은 생물 진화에서 발현한 생명체이지 신의 창조물이 아니다.

생물체로서의 인간이 진화의 산물이라는 증거는 인간이 같은 영장류에 속하는 유인원과 신체구조나 유전자 형태상 연관성이 매우 깊다는 점이다. 과학계는 인간종이 600만 년 전쯤에 출현한 영장류에서 분리되어 나왔으며, 더 거슬러 올라가면 다른 모든 생명체들과 공동 조상으로 삼는 최초의 생명체와 만나게 된다는 연구결과를 토대로 우리 인간종은 진화의 산물임이 분명하다고 말한다. 그 근거로 인간종과 유인원과의 신체 골격구조나 유전자 형태상의 연관성을 제시한다. 인간의 DNA는 오랑우탄과 98%, 침팬지와 97% 일치한다. 600만 년 전쯤 출현한 영장류가 350만 년의 기간을 거쳐 유인원과 인간종으로 분류 진화하였다는 것을 인정한다면 생물학적인 인간은 신의 창조물이 아니라는 결론이 된다. 인간이 신의 창조물이라는 논리가 성립될 수 없는 것이다. 그리고 인간의 출현을 진화와 연결시키지 않기 위해서는 유인원과의 연관성에 대한 다른 설명이 있어야 한다. 하지만 이에 대한 가톨릭의 공식적인 반론은 제시되지 않고 있다. 일부 신학자들은 신은 같은 재료로 여러 생명체를 만들 수 있다는 엉뚱한 말을 하여 실소를 자아내게도 하는데, 신이 존재한다면 그런 일도 가능할 것이라는 인간적 상상일 것이다.

신에 의한 생물학적인 인간 창조에 대해 일부 신학자들은 이렇게 설명하기도 한다. 신이 동물과 인간을 각기 개별적인 개체로 빚어 만든 것은 아니지만, 우주 생명의 씨앗에 각 개체로 분류 진화할 수 있는 원형을 심어 놓았고, 그 씨앗에서 인간은 인간의 형상으로 진화했으므로 인간의 창조자는 신이라고 말한다. 변명이며 궤변이다. 그리고 이런 주장은 가톨릭의 기존 입장과도 배치된다. 진화론을 접한 신학자들은 그럼에도 불구하고 생물학적인 인간은 진화의 산물이 아니며 신에 의해 창조된 신의 창조물이라는 것을 수호하기 위해 현대의 진화론을 교묘히 변용하여 궤변을 만들어 내고 있는 것이다. 우주 생명의 씨앗에서 곧바로 인간이 나와 진화했다는 그들의 설명이 그럴 듯해 보이지만 과학자들은 초기 생명체가 동시에 양서류, 파충류, 포유류로 분리된 것이 아니라, 양서류에서 파충류가, 파충류에서 포유류가 분리되어 진화했다는 것을 밝혀냈다.

만일 가톨릭이 생물학적인 인간은 생물 진화에서 우연히 발현한 생명체라는 사실을 부정한다면 가톨릭이 말하는 인간(Homo)은 진화의 연속성을 갖는 우리 인간종과는 다른 인간종이어야 한다. 하지만 현재 지구에는 진화의 산물인 '호모 사피엔스-사피엔스'인 우리 인간종 외에 다른 인간종은 없으므로 신이 창조했다는 인간은 지금의 우리 인간종을 지칭할 것인데, 살펴보았듯이 우리 인간은 창조물이 아닌 진화의 우연한 결과물이다. 따라서 모든 생명의 기원이 신에게 있다고 하더라도 생물학적인 인간의 기원은 진화이지 창조가 아닌 것이다. 진화 인간론을 부정한다면 창조 인간론은 설 자리가 없다. 인간종은 하나밖에 없기 때문이다.

설령 인간이 최초의 생명체에서 분할하여 영장류와 유인원을 거쳐 오늘의 모습으로 진화했다는 것을 가톨릭이 인정하는 입장을 취한다고 해도, 신이 생물학적인 인간을 창조했다는 말의 의미는 유인원과 분리되어 '인간속'으로 분류되던 그 시점을 의미하는 것인가라는 물음이 제기된다. 더불어 인간에게 주어졌다는 신적 본성이나 인격 및 영혼은 언제 창조되어 어느 시점에 생물학적인 인간에게 부여되었느냐는 문제가 따른다. 이에 대해 가톨릭이 '유인원 중 일부에게 신이 신적 본성을 부여하여 그 유인원이 비로소 인간이 되었다'고 주장한다거나, 그저 막연하게 '존재론적인 인간 실재에게 신적 본성과 인격이 주어졌다'고 선언적으로 말만 하는 것은 합리적이지 못하다. 유인원과 분리된 인간을 생물학적으로 '인간'이라고 부르는 경계선을 딱히 정할 수 없고, 최초로 출현한 인간이 누구라고 지정할 수도 없으며, 진화는 눈에 띄지 않게 아주 오랜 기간 동안 서서히 진행되어 왔던 관계로 인간은 어느 순간, 그저 우리가 '인간이려니' 하면서 다른 동물들과 분리된 자신의 모습을 보았을 것이기 때문이다.

따라서 모든 생물들이 각기 개별적으로 창조되었다고 말하는 고대 히브리인들의 창조설화를 근거로 신이 인간을 독립적인 인격체로 창조하였다고 주장하는 가톨릭의 인간 기원론은, 생명체의 진화과정을 통한 생물학적인 인간의 기원이 밝혀진 현재에는 받아들여질 수 없는 주장이고, 신에 의해 창조된 존재론적이고 영적인 인간에게 신이 신적 본성과 위격을 부여하였다는 주장도, 인간의 진화과정 안에서 언제 어떤 상태의 인간종에게 신이 신적 본성과 인격을 부여하였다는 것인지를 명확하게 규명할 수 없으므로, 합리성이 결여된 막연한 상상에 따른 추측성 주장이며, 우주 만물의 창조주는 야훼라고 호도하기 위한 자기 정당성 옹호의 주장이라고 말할 수밖에 없다.

그럼에도 불구하고 가톨릭이 신에 의한 생물학적인 인간 창조와 존재론적인 인간에 대한 신적 본성의 부여를 주장한다면 그 설명은 38억 년 전쯤 최초 출현한 생명체에 향후 인간으로 분류될 생명체에게 부여할 영혼과 신적 본성을 맡겨 놓았다는 말이 된다. 그리고 그렇게 위탁된 영혼과 신적 본성은 37억 9천만여 년이 지난 기원전 250만 년전 최초로 등장한 인간종에게 부여되었다는 말이 된다. 가톨릭이 상상하는 신이라면 충분히 그럴 만한 능력이 있을 수도 있겠지만 이것이 납득 가능한 이론이 아닌 것은 분명하다.

인간은 진화의 산물임이 명확하고 인간의 본성도 진화의 결과물이며, 인간이 인격적인 존재라는 명제는 사회적인 합의에 의해서 규정된 것이므로, 신이 인간에게 신적 본성과 인격을 부여하였다는 가톨릭의 주장은 추정과 추론에 따른 상상적 이론에 불과하다고 할 것이다.

인간 구원론

'생물학적인 인간'에 대한 본질이 규명되지 않으면 구원의 대상으로서의 인간에 대한 가톨릭의 설명(구원론)도 합리성을 담보할 수 없게 된다. 아담의 타락(창세 3,1~24)에 관한 성서의 이야기는 창조설화를 기록하던 당시의 저자들이 현세적이며 생물학적인 죽음을 맞을 수밖에 없는 인간의 숙명에 대한 이유를 나름의 사유 안에서 설명하기 위해 수메르의 '아다파 신화'를 참조하여 임의로 창작한 것이다. 아다파 신화는 지혜의 신 에다의 사제인 아다파가 고기잡이를 나갔다가 남풍(南風)신의 방해로 고기를 잡을 수 없게 되자 그의 날개를 부러뜨려 버렸고, 이 죄로 하늘의 신 아누에게 불려가 상황을 소명하고 용서를 받는데, 이때 아누가 주는 음식을 먹으면 영생을 얻을 수 있는 기회를 가질 수 있었지만 이를 거부함으로써 죽을 운명에 처해졌다는 내용이다.[46] 아다파 신화는 전체적으로 인간이 죽음의 숙명을 지니게 된 것은 신권에 도전하는 오만함을 보여 신의 노여움을 산 것에서 연유한다는 사유를 펼친다.

가톨릭은 창세기에 수록된 가상의 창작 이야기를 토대로 인간 구원론을 전개한다. 가톨릭의 설명에 의하면 인간은 신에 의해 불멸의 존재로 창조되었는데(창세 2,17; 3,22), 최초의 인간인 아담이 범한 죄에 대한 처벌로, 다시 말해 신의 영역을 침범한 불순종과 오만에 대한 벌로 죽음의 한계를 지닌 존재로 전락하였다(창세 3장 참조). 하지만 인간의 죽음은 야훼를 믿는 신앙을 통해서 극복될 수 있고 또한 신은 인간의 파멸을 원하지 않기 때문에 인간을 불멸의 존재로 구원하기 위해 몸소 인간이 되어 세상에 강림하였다는 논리를 전개한다. 가톨릭은 아담의 죄로 죽음의 운명에 처하게 된 인간 조건을 원죄(原罪)라 하고 – 어떤 학자들은 원죄를 '죄로 흐르는 성향'으로 해석하기도 한다 – 인간은 누구나 아담의 죄의 결과인 원죄를 안고 세상에 태어나게 되는데(아우구스티누스 사상), 그 원죄는 세례로 씻겨 신이 주는 영생에 들어가

46. 『세계의 신화 전설』, p. 266.

는 자격을 얻게 된다고 말한다.

가톨릭이 창세기 창조설화에 근거하여, 태초에 인간은 불멸하는 완전한 존재로 창조되었다고 설명하는 것은 타당한가? '생물학적인 인간 기원'에서 살펴본 바와 같이 최초에 창조된 인간은 없으며, 진화의 산물인 인간종이 어느 순간 역사에 등장했다. 그리고 생물학에서 '인간'으로 분류한 첫 인간은 생물학적으로 불멸하는 존재도 아니었고, 인간적 인격과 품위도 지니지 못한 미성숙한 원시적 상태였다. 나아가 성서는 인간의 생물학적인 죽음의 원인에 대한 사유를 전개할 뿐, 영혼의 불멸성에 대해서 언급하지 않는다. 따라서 신이 인간을 불멸하는 완전한 존재로 창조하였다는 가톨릭의 주장은 그 어디서도 합리성을 찾을 수 없다.

인간의 불멸성은 생물학적인 인간의 불멸성이 아니라 '존재론적이며 영적인 인간의 불멸성'을 의미한다는 가톨릭의 설명도 설득력이 없다. 가톨릭은 인간에게는 영혼이 있고 인간이 지닌 영혼은 비물질적이며 불멸하는 실체라고 주장하는 몇몇 고대 그리스 철학자들의 사유를 받아들여, 인간의 영혼은 불멸하므로 존재론적인 인간은 불멸성을 지닌다고 주장한다(자세한 내용은 '영혼가설' 부분에서 다시 살펴보겠다). 하지만 영혼은 그 존재성이 입증되지 않은 가설일 뿐이고, 인간에게 영혼이 필요하다는 합리적인 근거도 없으며, 설령 영혼이 있다고 해도 그리스 철학사상에 따르면 인간의 영혼은 신의 개입 없이도 처음부터 불멸하는 실체이므로 인간의 잘못으로 그 불멸성을 상실하게 되었다는 설명은 모순되며 이치적으로 타당하지 않다. 영혼은 불멸하는 실체이면서 동시에 소멸하는 실체라는 서로 상반된 두 가지 속성을 지닌다는 결론이 되기 때문이다.

그리고 아담이라는 설화 속 가상의 인물이 지은 범죄로 말미암아 인간 실존에 죽음이 들어오게 되었고, 존재론적 불멸성이 파괴되었다는 설명도 설득력이 없다. 가톨릭은 아담은 상징적인 인물일 뿐, 인간이 죽음의 처지에 놓이게 된 것은 신의 영역을 침범한 인간의 불순종과 오만에 대한 벌 때문이라고 성서가 묘사하고 있는 것이라고 설명하지만 이 또한 궁색한 변명일 뿐이다. 생명체 진화과정에서 우연히 출현한 인간이 신에게 오만함을 부렸다는 증거나 기록은 그 어디에도 없다. 뿐만 아니라 인간이 신의 구원을 필요로 하는 존재로 전락하였다고 하더라도 인간을 구원할 구원능력을 가진 신은 고대 신화에 등장하는 숱한 신들 중에 오직 야훼뿐이라고 강변하는 것은 성서의 주장일 뿐 합리적인 근거가 될 수 없으며, 나아가 고대 가나안 토속 신앙에서 상상으로 도출한 가상의 실재인 야훼가 구원능력을 지닌 신이라고 주장하는 것은 영화 속 가상의 구세주 슈퍼맨이나 원더우먼이 실제로 지구를 구한다는 것만큼이나 터무니없는 억지와 크게 다르지 않다고 할 것이다.

신화 속에 등장하는 신들 중에 야훼만을 초월적이며 궁극적인 실재로서의 신으로 설정하고, 그 신이 인간을 불멸하는 존재로 창조하였는데 설화 속에 등장하는 가상의 인물이 신의 영역을 침탈하려는 오만함을 보였고, 그 결과로 모든 인간은 죽음의 숙명을 지닌 존재가 됨과 동시에 구원을 필요로 하는 존재가 되었으며, 그래서 야훼가 구원역사를 펼치게 되었다는 논리를 펴는 가톨릭의 창의력이 놀랍다. 설화 속 창조광경은 작가의 상상력으로 기록한 것인데, 그 가공의 기록으로 모든 인간이 죽어야할 존재가 되고 구원을 필요로 하는 존재가 되었다는 발상을 떠올리는 자체가 놀라운 것이다. 인간은 생멸의 조건 속에 빚어진 자연의 산물이므로 죽음을 맞을 수밖에 없는 존재이지 신화 속에 등장하는 가상의 인물인 아담의 죄 때문에, 또는 창조설화 작가의 상상력 때문에 죽음을 맞게 된 존재가 아니다. 그리고 '창조론'에서도 언급했듯이, 창조설화를 기록하던 당시의 사람들에게는 내세나 영혼 관념이 없었으므로 인간의 생물학적인 죽음은 야훼를 믿는 신앙으로 극복될 수 있다는 구원사상 같은 것도 갖고 있지 않았다.[47] 그래서 창작소설 속에 등장하는 가상의 인물이 소설 속에서 범한 죄의 결과로 말미암아 현실에 살고 있는 모든 인간이 교도소(죽음)에 수감되어야 한다는 원죄 논리도 비합리적이고, 그로인해 야훼의 구원역사가 시작되었다는 논리도 설득력을 가질 수 없다. 만일 가톨릭이 말하는 것처럼 구원받아야 할 영혼이라는 것이 있다면, 영혼은 속성상 처음부터 비물질적인 불멸의 존재이므로 영원과 영속성을 갖기 위해 신의 도움을 필요로 하지 않는다. 신이 없어도 불멸하며 영생을 누리는 존재인 것이다(플라톤). 가톨릭은 후대에 이런 논리적인 모순에도 불구하고 영혼의 불멸성에도 신이 필요하다는 논리를 전개시키기 위해 타 문화권의 종말론에 등장하는 천국과 지옥, 심판이라는 개념을 수용하여, 불멸하는 영혼은 신의 심판을 받아 지복을 누리거나 영원한 고통의 상태로 나뉘게 되므로 현세에서 신을 섬기고 신의 뜻에 충실을 기하여야 한다는 이론을 첨부하였다.

가톨릭의 주장을 생물학적인 인간의 기원과 진화에 대입해 보면 그들의 주장이 타당성을 갖지 못한다는 것을 쉽게 확인할 수 있다. 생물

47. 『죽음이란 무엇인가』 (한국종교학회 편, 2009) p. 206.

학적인 인간은 현재와 같은 모습으로 독립적으로 창조되지도 않았고, 그 인간에게 신이 인격과 본성을 부여한 것도 아니며, 진화한 인간이 신에게 오만함을 부렸다는 증거도 없다. 결국 가톨릭은 창작 신화를 토대로 인간 구원의 필요성을 강조함으로써 신의 존재를 합리화하고, 교회 존립의 정당성을 확보하려 하고 있는 것이다. 가톨릭의 구원론은 신을 인간의 구원자로 부각시키기 위해 창안한 가설의 범주를 넘지 못한다.

신적 본성 및 인격 · 윤리 도덕성 부여설

가톨릭은 최초의 생명체가 출현하여 각기 다양한 생명체로 분리 진화하였다는 것을 인정하면서도 인간만큼은 특별히 창조되어 독특한 진화의 길을 걸어왔다고 말한다. 가톨릭은 '창조론'에서 인간은 유인원과 무관하게 인품(Personality)을 지닌 인격체이며 만물을 지배하고 다스리고 관리할 능력과 함께 신만이 갖는 신적 본성과 위격을 부여받은 존재라고 말한다. 하지만 '생물학적 인간 기원' 부분에서 살펴보았듯이 이런 논리는 신에 의한 인간 창조를 가정한 상태에서 추론한 추측성 주장이며, 결과에서 원인을 찾는 결과론적인 설명에 불과하다.

고대 다양한 문명권에서 창조설화를 기록하던 당시의 사람들은 이미 탁월한 지적 능력을 기반으로 자연을 통제하고 동물을 지배하는 위치에 올라 있었고, 철학적 사유가 가능할 만큼 지능이 발달한 상태였다. 성서 저자 역시 인간에게는 동물세계에서는 볼 수 없는 탁월성과 우월성과 위대성이 있다는 것을 알아볼 만큼 지능이 발달하였고, 그런 능력은 신이 아니면 도대체 인간 스스로 만들어 낼 수 없는 것이지 않을까라고 사유할 줄 아는 명석한 두뇌를 장착한 상태였다. 그래서 모든 종교전통의 창조설화들은 인간이 지닌 특성은 어떤 초월자가 부여해 준 특별한 권한이라고 기록할 수 있었고, 성서 저자도 그렇게 기록했다(창세 1,26 "… 사람을 만들자 그래서 그가 … 온갖 것을 다스리게 하자"). 만일 인간이 유인원이나 네안데르탈인의 상태에 머물러 있었다면 창조설화 창작자들이나 성서 저자는 세상의 기원에 대한 사유를 할 수 없었고 가상의 초월 관념을 갖지도 못했을 것이며, 신화와 성서에 표현된 기술도 할 수 없었을 것이다.

마찬가지로 가톨릭은 인간이 탁월한 지능을 지니고 있고 세상을 지배하고 관리하는 역량을 충분히 발휘하는 모습을 지켜본 뒤에야, 인간이 만물의 으뜸이고 중심이며 신으로부터 위대한 능력을 부여받은 존재라는 인간관(人間觀)을 펼친다. 가톨릭의 이런 견해는 결과론적인 입장에서 '화성이 있는 이유는 우주 탐사를 떠나는 인간들의 놀이터가 필요할 것 같아서 신이 태초부터 미리 창조해 놓은 것'이라고 말하는 것과 별반 다르지 않다. 신이 갖는 신적 본성과 위격을 인간에게만 부여했다는 설명은 인간이 서로를 배려하고, 윤리 도덕적인 감각을 지니며, 자신이 행하는 모든 것에 가치와 의미를 부여하고자 하는 성향을 갖고 있다는 점에 착안하여, 인간의 인격은 신이 부여한 것이라는 논리를 펴고 있는 것이기 때문이다. 그 어디에도 인간의 지적 능력이 향상되기 이전에 신이 그러한 위대한 능력과 신적본성을 부여하여 인간의 지능을 급격히 향상시켰고 세상을 다스리도록 하였다는 기록이나 증거는 없다. 그럴 일이야 없겠지만 만일 인간보다 뛰어난 지능을 지닌 외계인 X가 어느 날 갑자기 지구를 정복하여 인간을 지배하는 일이 발생한다면, 그때는 "태초에 인간을 지배하고 다스리도록 X에게 신이 우월한 신적 권능을 부여하여 그를 창조하였다"고 말할 것인가?

윤리 도덕의 기원에 대해서도 가톨릭은 결과론적인 입장에서 온갖 선의 기준이며 원형인 야훼가 인간의 심성 안에 도덕 감각을 심어 주어 인간이 도덕적인 존재가 될 수 있었다고 말한다. 그리고 종교 없이는 인간이 선할 수 없으며, 선악의 기준의 모호성도 분별할 수 없다고 말한다. 이러한 설명에 따른다면 인류가 살아온 모든 시대 모든 지역의 모든 인간은 공통의 동일한 윤리의식과 도덕관을 가지고 있어야 한다는 의미가 된다. 하지만 현실은 전혀 그렇지 않다. 각 시대 각 지역마다 그리고 각기 다른 종교전통을 신봉하는 문화권마다 도덕의 원칙과 기준이 다르다. 여성 할례를 거행하는 등 여성의 인격과 인권에 대해 전혀 무관심한 문화가 있는가 하면(이슬람 일부 문화권), 신생아가 기형이거나 부모가 경제적인 이유로 아기를 기르지 않기로 결정하면 그 아기를 죽이는 것을 살인으로 간주하지 않는 문화도 있다(이누이트 한 부족).[48] 윤리(ethod, ethics)나 도덕(mores, morality)은 둘 다 사람답게 사는 도리를 이르는 말인데 통상적으로 윤리는 사회 내부에 존재하는 관습이나 질서를 지키는 일을 지칭하고, 도덕은 개인의 인간 본성과 양심에 따라 인간다운 도리나 행동규범을 준수하는 것을 칭한다. 부모에게 폭력을 행사해서는 안 된다는 것은 윤리적 규범이지만, 부모에게 효도하라는 것은 도덕적 규범이다.

인간이 지닌 윤리규범이나 도덕규범은 외부의 어떤 초월자에게서 부여받은 것이 아니다. 인간이 지닌 윤리규범들은 인간 진화과정에서 개인 이외의 타인과 원만한 관계를 유지하며 살아가는 데 필요한 삶의 지혜가 요청되고, 대다수가 더불어 사는 사회의 안녕과 질서유지를 위

---

48. 『호모 데우스』, 유발 하라리 저, 김명주 역, 김영사, 2017, p. 264.

한 필요에 의해 생겨나게 되었다. 그리고 그 기준이 되는 것은 '내가 피해를 당하기를 원하지 않듯이 타인에게 피해를 가해서는 안 된다'는 것이다. 사람을 죽여서는 안 된다. 그것은 피해 당사자뿐만 아니라 그의 가족에게 상처와 피해를 주기 때문이다. 도둑질해서는 안 된다. 남에게 피해와 고통을 안겨주기 때문이다. 이러한 인식이 확산되면서 보다 폭넓은 분야에서의 세부적인 규범들이 생겨나게 되었고 또한 그것을 강제하기 위한 법(法)이 생겨나게 되었다. 따라서 이러한 규범과 관습은 생활 문화권에 따라 다양한 형태를 갖고 있으며, 어느 일정한 잣대로 그것이 옳다거나 그르다고 어느 누구도 판단할 수 없다. 그리고 규범이나 관습은 시대의 흐름이나 의식의 변화에 따라 수정되기도 하고 폐기되기도 하며, 새로운 것들이 첨부되기도 하면서 윤리 도덕규범의 문화가 형성된다.

인간 본성에 깃든 선한 심성도 가톨릭의 주장처럼 신만이 갖는 신적 본성을 인간에게 심어주어 발현되는 것이 아니며, 인간은 종교 없이도 선할 수 있다. 오히려 종교로 인해 건실하고 온건한 사람들이 한 순간에 그 누구보다도 잔악하고 잔인한 사람으로 변할 수 있다는 것을 역사를 통해 우리는 수도 없이 목격해 왔다. 종교의 이름으로 발발한 종교전쟁들, 신의 이름으로 자행된 타 종교인에 대한 집단학살, 학대, 테러, 소외, 배척 등. 종교가 없었다면 세상은 더 평화롭고 인간은 더 상식적이고 건실한 생애를 보냈을 것이다.

선악의 기준 역시 마찬가지다. 신이 없어도 인간은 선악을 분별한다. 물에 빠진 아이를 누군가가 봤다면, 종교인만 그 아이를 구하기 위해 물에 뛰어들고 종교가 없는 사람은 뛰어들지 않는가? 인간은 선하거나 악하기 위해서 신을 필요로 하지 않는다. 종교뿐 아니라 신 없이도 인간은 충분히 선할 수 있다. 갓난아이가 엄마에게 사탕을 내어주는 것은 그 아이가 신을 알거나, 신이 그 아이 본성에 사탕은 나눠먹어야 한다는 가르침을 심어놓았기 때문이 아니다. 종교전통의 신화가 생기기 수십 만 년 전부터 인간은 번식과 생존을 위한 투쟁의 경험에서 선과 악을 구분할 줄 알았고, 옳고 그름을 판별할 줄 알았으며, 본성적으로는 이기적임에도 호혜적 이타주의의 능력을 개발하고 관대함과 자비심을 함양해 왔다. 그리고 그런 성향과 의식은 신과는 전혀 무관하게 유전자에 각인되어 집단 무의식으로 전해져 내려오는 것이다.

옳고 그름을 판별하는 기준도 가톨릭이 말하는 것처럼 선의 원형이며 기준이라는 신이 아니다. 가톨릭은 신의 의지와 명령에 따르는 것만이 선이며 신의 가르침에 위배되는 것은 모두 악이라 규정하여 교회 권위를 절대화하는 수단으로 활용하였다. 하지만 선악과 옳고 그름의 기준은 시대정신이다.[49] 각 시대에 따라 인간 의식의 흐름이나 변화에 따라 공동 선익에 유익하고 개별 인간에게 유익하거나 타당하게 주어지는 권리라고 인식되는 것은 선이며 옳은 것이고, 그 반대의 경우는 악이며 그른 것으로 규정되어 왔다. 간접흡연은 선도 악도 아니며, 그렇다고 그른 일도 아닌 것처럼 인식되던 시대가 있었다. 하지만 지금은 타인에게 피해를 주는 악이며 그른 일로 규정된다. 여성의 정치 참여 금지를 당연한 것으로 여기던 시대가 있었지만, 지금은 대다수의 나라에서 여성의 참정권을 인정하고, 여성이 직접 정치가로 나서서 활동하는 것을 당연한 권리로 여긴다. 선악과 옳고 그름의 기준은 신이

---

49. 『만들어진 신』, p. 410.

부여한 잣대가 아니라 끊임없이 변화하는 도덕적 시대정신이다.

한발 더 나아가, 인간은 누군가에게 보상을 받을 목적으로 선을 행하지 않는다. 보상을 목적으로 선을 행하는 것은 위선이고 가식적인 행위일 뿐이며 선으로 인정받지도 못한다. 대부분의 사람들은 인간의 순수 선한 본성에 따라 선을 행하는 것을 마땅한 사람의 도리로 여기고 그렇게 하는 것이 인간답고 인격자다운 자신의 모습을 성숙시켜 나가는 삶의 자세라고 생각한다. 또한 자기가 속한 사회나 공동체가 요구하는 규범들도 당연히 준수해야 할 것으로 받아들인다. 그것이 자신에게 유익하다는 것을 알 뿐만 아니라 공동의 약속인 규범의 준수가 공공의 안녕과 질서유지에 필요하다는 것을 알기 때문이다.

그런데 성서는 인간이 선을 행하는 것이 마땅한 사람의 도리이며 인간다운 모습이라고 말하는 것이 아니라, 신이 약속한 구원을 얻고 신이 베푸는 은총을 받기 위한 조건으로 계명을 지키고 선을 행하라는 명령을 제시한다. "너희가 나의 규칙들을 따르며 나의 계명들을 지키고 실천하면 제때에 비를 내려 주고 땅은 소출을 낼 것이며 … 원수들은 너희 앞에서 칼에 맞아 쓰러질 것이다"(레위 26,3~8), "내가 너희에게 새 계명을 준다. 서로 사랑하여라. 너희가 서로 사랑하면, 모든 사람이 그것을 보고 너희가 내 제자라는 것을 알게 될 것이다"(요한 13,34~35). 신앙인들에게 종교계율로서 그 준수를 강요하는 10계명에 깔려 있는 정신도 순수 본성에 충실하는 모습으로 인간다운 자신을 성숙시켜 나아가라는 취지가 아니다(탈출 20,1~17 참조). 성서의 문맥 어디에도 신이 부여한 인간 보편적 본성에서 발현되는 선한 의지를 함양하고 그것의 표지로 계명을 준수하라는 말은 없다. 학교에서 학생들에게 교칙준수를 강요하듯이 계명은 오직 야훼와 계약을 맺은 신앙공동체에서 배제되지 않기 위해서 취해야 할 행동지침과 윤리규범으로 제시되고 있는 것이다. 가톨릭은 이에 대해 계명이 전체적으로는 사회의 윤리 · 도덕규범에 충실할 것을 지향하고 있으며, 인간 본성의 인격적 성취를 목표로 한다고 주장하지만, 성서 기록이나 예수의 말을 자세히 들여다보면 부모에게 효도한다거나, 공동체 규범을 준수하는 것, 누군가를 사랑한다는 것은 신을 신봉하는 종교전통의 공동체를 존속시키고, 그 조직에 속한 구성원들 간의 결속을 다지며, 각자가 그 공동체에서 배제되지 않고 신에게 보상을 받기 위한 수단으로 제시되었다는 것을 쉽게 파악할 수 있다.

인간은 누구나 가련한 이들에게 연민을 느끼고, 사랑하는 사람을 위해서 기꺼이 희생하고, 자식의 행복을 위해 온갖 수고로움을 감수하는 것을 당연한 도리로 여긴다. 그런데 가톨릭은 연민과 동정의 마음이 없어도, 희생심과 헌신감이 없어도, 또 본인 스스로 사랑을 실행하고자 하는 의지가 없어도 어떤 상황에서는 신의 보상을 받기 위해, 또는 예수의 제자로 인정받기 위해 사랑하는 척하거나 사랑해야 한다고 가르치고 있는 것이다. 이런 이기적이고 계산적인 사랑은 가톨릭이 스스로 말하는 가르침 – 사랑은 신이 인간의 본성에 심어놓은 신적 본성이라는 주장 – 과도 배치되는 주장이며, 진정성이 결여된 인위적이며 가식적인 행위에 불과한 작위적 사랑이라 아니할 수 없다.

생명 기원설

이제 신이, 그것도 야훼만이 생명의 기원이라는 주장에 대해 살펴보자.

가톨릭은 '생물학적인 인간'의 창조에 대한 명확한 답을 제시하지 못하면서도, 창조론과 관련해서 우주 만물의 기원과 살아 있는 모든 생물의 물리적인 생명의 기원은 야훼에게 있으므로 야훼가 만물의 근원이며 만물의 존재 원인이자 이유이라고 설명한다. 그리고 모든 존재는 신으로부터 존재를 부여받아 존재하며 신이 붙들고 있기 때문에 존재의 지속성이 유지된다고 말한다. 하지만 여기서도 야훼가 생명의 기원이며 존재의 근원이라는 일방적인 선언만 있을 뿐, 어떻게 여타 신화 속의 다른 신들은 존재의 근원이 되지 못하고 야훼만이 만물의 기원이며 모든 존재의 근원이 될 수 있는지 자세한 설명은 제시하지 않는다. 가톨릭이 말하는 것처럼 생명의 기원은 야훼에게 있으며, 존재의 생명력은 야훼가 부여한 것인가? 존재하는 모든 것은 신의 의지로 존재하며, 존재에 대한 신의 의지가 취소되면 존재는 소멸되는가?

신화가 창작되던 시대의 사람들이나 성서가 기록되던 시대의 성서 저자들은 현대 생물학을 알지 못했으므로 생명현상의 신비는 신의 작품이라고 생각했을 것이며, 가톨릭도 멘델에 의해 유전 메커니즘이 밝혀지고(1892년) 19세기 후반에 효소, 핵산, 바이러스, 원핵생물, 진핵생물들이 차례로 발견되면서 생명체 생성 기원의 실마리가 풀리기 이전까지는 생명현상을 이해하지 못했기 때문에, 물리적인 생명의 기원은 신에게 있고 존재하는 모든 것은 야훼가 생명을 부여하여 창조되었다는 주장을 되풀이해 왔다. 그러다가 점차 과학연구에 의해 생명현상은 자연 안에서 우연한 화학분자들의 혼합을 통해 빚어진 유기화합물에서 비롯된 것이라는 사실이 밝혀지면서 가톨릭도 생물학적인 생명체의 기원과 진화를 인정하는 방향으로 자세를 전환하였지만, 그러면서도 생명의 근원은 다른 신들이 아닌 오직 야훼에게만 있고 그 생명체에 생명력을 부여한 것도 야훼라는 주장을 고수한다. 야훼만이 만물의 근원이며 존재의 원인이자 이유라는 논리를 전개하기 위해 신이 생명의 기원이라는 주장을 계속하는 입장일 것이다.

과학계는 생명체가 우연한 유기화합물의 메커니즘 작용의 결과임을 밝혀냈지만, 최초의 유전분자가 어떻게 발생하게 되었는가에 대해서는 아직 과학적으로 규명하지 못하고 있는 것이 사실이다. 하지만 인간의 과학적 역량이 아직 그 수준까지 발전하지 못하여 그것을 명확히 규명해 내지 못하고 있다고 해서 그것이 곧 신이 생명을 발생시켰다는 증거가 되는 것은 아니며, 존재가 신의 의지로 존재하게 되었다는 가톨릭 주장의 타당성을 보장해 주는 것도 아니다. 과학적으로 설명이 불가능하다고 판단되는 물리적 현상에 대해 어떤 입증이나 검토 가능한 근거 제시 없이, 단지 그것은 인간 이성으로 설명될 수 없으므로 초자연적 권능에 의한 결과라고 선언하는 편향된 입장을 취하는 것은 형이상학적 논리의 한계이며 신학의 추론적 주장에 불과하다고 할 것이다.

과학자들은 생명이 태동한 38억 년 전의 지구환경을 조성하여 생명출현에 대한 연구를 지속하고 있다. 현재의 지구 환경이 그때와는 확연하게 다르고, 또 생명이 출현하던 당시의 환경이 어떠했는가에 대한 이해가 부족한 까닭에 아직 의미 있는 성과를 내고 있지 못하지만 머지않아 밝힐 수 있으리라는 희망적인 전망을 하고 있다. 또 우주과학자들은 2,000해(1000억의 2조 배) 개나 되는 행성 중에 생명 출현의 3대 조건인 액체물질과 에너지, 유기화합물의 조건을 갖춘 행성이 있을 가능성이 높다고 보고, 우선 지구와 닮은 행성에 대한 탐사를 계속하고 있다. 최근의 연구에 따르면 목성의 유성인 유로파에서 물이 발견되었고, 토성의 달인 타이탄에서도 물의 흔적이 발견되었으며, 토성과 가까운 위성 엔셀라두스에서도 유기물이 포함된 수증기와 얼음입자가 간헐적으로 지표면의 틈새로 뿜어져 나오는 것을 관찰했다고 발표했다(미항공우주국(NASA), 2017. 11. 7). 특히 화성은 대기가 있고, 눈이 내리며, 얼음이 있고, 물이 흘러내린 흔적이 있다는 것을 발견하여 생명체가 있을 것이라 확신하며 연구를 계속하고 있다. 외계 생명체의 존재가 규명된다면 가톨릭은 여기에 덧붙여 이렇게 말할 것으로 생각된다. "그 생명체의 생명이 기원하고 존재하게 된 것도 다른 신이 아닌 야훼가 존재를 부여했기 때문이다."

가톨릭은 생명과 관련하여, 성서가 말하는 생명이란 사람과 동식물의 물리적이며 신체적인 기능에 적용되는 것뿐만 아니라, 생존을 넘어서는 차원의 의미도 지닌다고 말한다(잠언 3,15~8; 레위18,5; 신명 5,16; 30,15~20 참조). 생명은 본질적이며 존재론적인 측면에서 건강, 활력, 행복, 신이 준 능력을 발휘하는 것, 신에게 순명하고 계명을 지키는 윤리적인 인식을 갖는 것, 신과 그리스도를 아는 것, 신과 친교를 맺는 것, 신의 본성을 나누는 것 등이 내포된 개념이므로, 그런 측면에서 생명은 신이 부여한 것이며, 신의 뜻에 따라 사는 삶만이 참된 의미에서의 생명을 갖는 것이라고 말한다.[50] 다시 말해서 참 생명이란 살아 있는 물리적 작용성만을 의미하는 것이 아니라 기억, 인격, 가치관, 신앙 등 모든 요소를 함축하는 실재라는 것이다.

---

50. 다음백과, '생명' 항목 및 『신약성경 용어사전』, 안병철 저, 가톨릭대학교출판부, 2008. 참조.

일반적으로 '생명'은 생체 메커니즘이 빚어내는 물리적이며 생화학적인 현상을 지칭하는 개념이며, '생명' 자체에 가톨릭이 말하는 특성들이 내재되어 있다는 근거는 없다. 그리고 가톨릭이 말하는 그런 특성들은 의지와 이성적 판단과 사고 작용을 일으키는 두뇌의 정신활동의 범주에 속하는 것이지 그것이 생명의 특성을 구성하는 요소라고 볼 수도 없다. 예를 들어, 두뇌활동에 의한 정신작용으로 구축되는 삶의 가치관은 살아가는 삶의 환경과 문화와 습득한 정보를 통해 개별적으로 정립되는 것이지, 생명 자체에 내재되어 있는 것이거나 신이 부여하는 것이 아니다. 또한 우리가 일상에서 '올바르게 사는 삶이 아니면 그것은 죽은 목숨과도 같다'고 말하거나, '생활여건이 나아져서 풍요로운 생명을 누린다'고 말하는 것은 은유적인 표현일 뿐, 그것이 생명의 본질에 대한 언급이라고 할 수 없다. 마찬가지로 성서도 그런 차원에서 묘사하고 있는 것일 뿐, 그것이 생명의 속성을 언급하는 것이라고 볼 수 없으며, '생명'과 '살아가는 삶의 모습' 또는 '생명'과 '개별 가치관'을 등치개념으로 볼 수도 없다. 나아가 '참 생명'에 대한 가톨릭의 설명은 야훼를 실재하는 신이라고 믿는 사람들에게는 진리인 것처럼 여겨질지 모르지만, 신을 믿지 않거나 신에 대한 믿음이 있더라도 야훼 외의 신을 믿는 인생과 생명은 무가치하다고 선언하는 독선과 오만으로 비춰지는 오해를 가져올 수도 있다.

다음으로, 야훼가 모든 생명의 기원이며 모든 생명체의 창조자라는 가톨릭의 주장이 사실이라면, 인류 역사에서 고통을 안겨주었던 페스트균이나 에이즈 바이러스, 천연두나 홍역, 매독이나 임질 등의 질병을 야기하는 각종 바이러스나 박테리아도 신의 창조물이라는 의미가 된다. 바이러스는 자가 분열 증식을 통해 감기, 홍역, 인플루엔자, 수두, 천연두, 소아마비 등 40여 종의 질병을 야기하는 생물이니 생명체가 아니라고 부정할 수는 없다. 가톨릭은 자연의 생화화적 변화와 작용에 따른 '생명체의 우연적인 발생'을 부정하는 입장이니 살아 움직이는 이 미소한 생명체들도 그들이 믿는 신의 창조물임이 분명하다. 신은 모든 생명체의 기원이자 창조주이지 선별적인 생명체의 기원일 수는 없기 때문이다. 그런데 가톨릭의 주장에 의하면 신은 선(善) 자체이고 사랑이며 인간을 고통에서 구원하기 위해 연약한 인간의 모습으로 강림하여 십자가에 못박혀 죽기까지 하였다(사도신경 참조). 그렇다면 그런 사랑과 자비의 신인 야훼가 병을 유발하는 균이나 바이러스를 창조하여 인간에게 죽음에 이르는 고통을 안겨주는 것은 어떻게 설명되는가? 2017년 12월 중순경 국내 모 병원 인큐베이터에서 보호를 받고 있던 신생아 4명이 불과 몇 시간 간격의 차이를 두고 사망하는 안타까운 일이 있었다. 그 원인은 '시트로박터 프룬디'라고 명명된 균의 감염에 의한 것이라고 한다. 신이 특별한 애정으로 창조한 인간을 죽게 만든 이 균도 신의 창조물임이 분명하다. 따라서 이 균에 의해 티 없이 맑은 신생아들을 죽게 만든 일차적인 책임은 창조주인 야훼에게 있다고 해야 할 것이다. 하지만 이런 견해에 대해 가톨릭은, '야훼는 불필요한 생명체를 창조하지 않으며, 해악을 미치는 무익한 생명체도 창조하지 않는다. 또한 인간의 고통을 원하지 않는다. 그리고 세상 창조 이후 세상의 운영과 질서의 관리를 인간에게 위임하였으므로 인류 역사에 개입하지도 않는다. 따라서 인간 세상에서 일어나는 자연재해, 물리나 생화학적 변화, 질병과 전쟁, 고통 등은 자연 현상과 인간의 잘못으로 빚어진 것이니 야훼에게는 책임이 없다'는 식으로 설명한다.

그들이 주장하는 야훼의 선성(善性)에 비추어 봤을 때 야훼가 무익한 생명체를 창조하지 않는다는 주장은 일견 타당하다. 하지만 가톨릭은 새로운 생명체가 출현하거나 바이러스나 병원균 등이 출몰했을 때 그것이 어디에 필요하며 어떤 유익성에 관여하도록 창조되었는지, 관리를 하지 않으면 지구 생태계와 인류에게 어떤 해악을 미칠 수 있는지, 새로운 생명체들을 어떤 방식으로 관리해야 하는지에 대해서는 그 어떤 연구도 하지 않으며 그 어떤 설명도 발표하지 않는다. 그러면서도 생명체가 미치는 해악에 대해서는 신을 옹호하기 위해 그 책임을 인간에게 전가시키는 변론을 늘어놓는다. 바이러스나 병원균이 자연에서 빚어진 '우연한 생명체'라는 것을 인정하면 간단히 해결될 문제임에도 모든 생명의 기원이 야훼에게 있다는 주장을 철회하지 못하여 빚어지는 자충수일 것이다. 매독균이 어떤 유익성 때문에 창조되었으며, 에이즈 바이러스가 어떤 효용성이 있다는 것인지 우리는 알지 못한다.

야훼는 인간의 역사에 개입하지 않으며, 세상의 운영과 관리의 책임은 신으로부터 그런 권한을 위임받은(창세 1,26; 2,19 참조) 인간에게 있다는 가톨릭의 주장도 사실이 아니다. 성서에 의하면 야훼는 세상 창조 이후에도 인간의 역사에 끊임없이 개입한다. 강대국을 이용하여 자신의 선민이라는 이스라엘의 잘못을 응징하고(예레 16,10~13), 모세를 시켜 미디아인들에 대한 인종청소를 강행하기도 하고(민수 31,1~8), 인간의 선성(善性)을 시험하기 위해 사탄과 내기를 걸고, 사탄이 욥에게 아무런 까닭도 없이 질병을 일으키고 그의 가족들을 죽게 만드는 광경을 옆에서 구경하기도 한다(욥기). 또한 자신을 믿는 예언자와 다른 신을 믿는 예언자들 간에 대결을 시킨 뒤, 자신을 믿는 예언자의 손으로 다른 신을 믿는 예언자들을 모두 죽이도록 하기도 하고(1열왕 18,20~40), 베드로가 감옥에 갇히자 천사를 보내 감옥 자물쇠를 열어 탈출시키기도 한다(사도 12,6~10). 성서 밖에서도 야훼는 소련이 패망하도록 기도하라고 성모를 통해 명하고(파티마 성모발현), 총탄이 교황의 급소를 빗나가도록 성모를 시켜 총탄의 방향을 바꾸기도 하며(1981. 교황 요한 바오로 2세 피격. 그는 "성모의 손이 총알을 인도했다"고 말함), 성령의 인도라는 형식을 통해 교황을 선임하고 주교를 서품하기도 한다("하느님께서 우리에게 새 교황을 보내주셨습니다."). 교통사고를 당했는데 죽지 않고 목숨을 부지하면 '신이 지켜주셨다'고 말한다. 이상의 사실들로 보면 야훼는 모든 생명체의 생멸에 개입하는 것이 분명하고도 당연한 것으로 보인다. 그런데 가톨릭의 모 주교는 이렇게 말했다. "인류 역사 안에 일어나는 일들에 대해 신은 일일이 간여하지 않는다. 다만 인간의 실수나 오판으로 빚어진 모든 불행한 사건에 대해 신은 함께 가슴 아파 하신다. 그리고 신은 그 어떤 최악의 상황에서든지 최선의 결과를 마련해 두고 계신다. 그러니 야훼를 신뢰하기 바란다"(어느 장례식에서 행한 P주교 강론). 야훼는 인류 역사와 생명체의 생명에 개입한다는 것인지 아니면 지켜만 보고 있다는 것인지 가톨릭의 입장은 모호하다. 하지만 가톨릭의 입장이 어떠하든, 야훼는 상상 속 가상의 존재이므로 실제 역사에 개입하거나 어떤 작동을 일으킬 수 없다. 허상의 존재가 어떤 작용을 한다는 것은 그저 상상일 뿐이다.

종말론적 우주 계획설

우리는 인간종(Homo)의 생물학적인 기원에 대해 살펴보았다. 진행 과정에서 가톨릭이 말하는 신에 의한 인간 창조론은 인간 상상의 산물이라는 것을 살펴보았고, 신이 인간을 창조한 목적이라고 제시하는 것들도 야훼가 인격적 초월자이며 존재의 근원이라는 주장을 호도하기 위해서 결과론적인 방법으로 추론하여 첨부한 것들에 불과하다는 것도 알아보았다. 이제 창조론과 연관된 다른 주제로 논의를 옮겨보자.

가톨릭은 명확한 근거 제시 없이 성서에서 추론한 추측성 명제만으로, 야훼가 유일한 신이며 전지전능(全知全能)하고 지고지선(至高至善)이며 모든 것의 원형(原型)이라고 말한다. 야훼가 그런 신이라면 왜 처음부터 우주를 완전체로 창조하지 않고 수십억 년의 기간 동안 물리화학적 작용을 통해 오늘날의 모습이 갖춰지고 또한 계속 변화하도록 창조하였는가? 우주와 인류의 미래는 어떻게 되는가?

가톨릭의 주장에 의하면 우주 만물은 야훼의 창조물이고, 야훼가 창조한 우주와 인류의 역사는 인간의 이성으로는 파악할 수 없고 인간이 바꿀 수 없는 궁극의 목표, 곧 야훼가 설정한 장대한 계획인 종말론적 미래를 향하여 이끌려진다. 떼이야르 드 샤르뎅(1881~1955. 예수회 신부)은 그것을 오메가 포인트(Ω Point), 신에 의해 인류의 역사는 역사가 최종적으로 수렴되는 지점을 향해 나아가는 것이라고 설명한다.

먼저 '역사가 인간의 이성으로는 파악할 수 없는 신의 계획대로 이끌려진다는 말은 무슨 뜻인가'라는 물음으로 논의를 시작하자. 그전에 야훼는 실체가 없는 상상의 산물이므로 그가 미래 성취를 향한 종말론적인 계획을 가지고 있다는 것은 성립될 수 없는 논리이며 따라서 가톨릭이 말하는 종말론적 우주 계획설은 신이 있다면 아마도 그런 계획으로 역사를 이끌어 갈 것이라는 상상과 추정으로 논리를 전개시키는 가설이라는 것을 전제할 필요가 있다.

인간이 이해할 수 없는 종말론적인 신의 계획이 있다는 가톨릭의 주장은, 신이 설정한 종말론적 계획이 있다는 것은 알지만, 그 속성이나 실체가 어떤 것인가에 대한 내용은 인간의 이성으로는 파악 불가능하다는 의미일 것이다. 그렇다면 가톨릭은 우주와 인류의 미래에 대해 신이 설정한 궁극의 계획이 있으며, 신의 계획은 역사가 최종적으로 수렴되는 종말론적 미래라는 것을 어떻게 알았는가라는 물음이 제기된다. 우주와 인간 역사의 출현과 진행이 신의 장대한 계획에 의한 것인지, 아니면 자연 안에서 우연히 발생한 우연적 사건의 연속 과정인지를 어떻게 분간하여 그토록 자신 있게 '신의 계획에 의한 것'이라고 장담할 수 있냐는 것이다. 이에 대해 가톨릭은 신의 계획이라는 것은 성서를 통해 알 수 있다고 말한다.

성서를 통해서 알 수 있다는 그들의 설명은, 성서를 기록한 저자들이 어떤 방식으로든 먼저 그러한 사실을 알게 되었고 또한 알게 되었으므로 우주는 신의 계획으로 창조되었고, 신이 의도한 진행 방향에 따라 역사가 흘러간다고 읽혀지는 메시지를 성서 기록으로 남겼을 것이라는 추론을 가능하게 한다. 그렇다면 성서 저자들은 그러한 사실을 어떻게 알게 되었으며, 그들의 주장은 타당한가라는 질문을 다시 던지지 않을 수 없다. 신이 직접 귀에 대고 알려 준 것은 아니며 신에 대한 종교적 사유에서 인간 스스로 신의 의도를 깨닫게 된 것이라고 한다면, 신의 장대한 계획 이론은 결국 인간의 상상력으로 만들어낸 신의도론이 되어 버린다. 하지만 가톨릭은, '성서저자들이 인간의 삶에 대한 반성을 통해서 세상에 대한 신의 어떤 계획과 의도를 포착했는데 그것은 성령의 인도로 이루어진 일이다[聖靈의 感導]'라고 설명한다. 풀어 말하면, 신이 섬세하고 치밀한 계획으로 우주와 세상을 창조하였다는 사실을 인간이 깨달을 수 있었던 것은, 개인의 종교적 · 철학적 사유의 결과가 아닌, 신이 인간의 의식과 사고에 개입하여 그렇게 깨닫도록 작용하였다는 설명이다.

이렇게 되면 순환 논리에 빠지게 된다. 성령은 어떤 방식으로 인간의 의식과 사고에 개입하는가? 개별 인간들이 성령의 개입을 직접 체험했는가? 그 체험자들은 성령이 타 신들이 아닌 야훼의 성령이라는 것을 어떻게 인지했는가? 인간의 종교적 상상력의 산물과 성령의 개입으로 인한 결과물은 어떤, 무엇을 기준으로 구분할 수 있는가? 더 근본적으로 성령이라는 것이 있기는 한가?

이러한 물음에 대해 가톨릭은 이렇게 답한다. '천여 년이 넘는 기간 동안 수 십, 수백 명의 저자에 의해 쓰여진 성서의 모든 내용은 일관되게 한 방향을 지향하고 있고, 최종적으로는 예수가 말하는 종말론적 신국(神國)이 건설될 것인데, 역사는 바로 그 방향을 향해 나아가고 있는 중이라는 내용의 일관성은 성령의 인도가 아니면 불가능하다. 그리고 성령은 인간의 영혼이 갖는 사고와 판단에 작용하며, 인간은 그것을 통해 신의 의도를 파악할 수 있다'(2티모 3,16 참조).[51] 모호한 답변이다. 하지만 여기서 우리는 신의 계획이라는 가톨릭의 설명이 가상과 상상과 추론의 토대 위에 있다는 것을 확인할 수 있다.

인간에게 영혼이 있다는 증거는 그 어디에도 없으며 영혼은 오감으로 감지되지도 않는다. 그래서 누구도 '영혼은 있다'고 확언하지 않고, '영혼이 있다고 생각한다'거나 '영혼이 있다고 믿는다'고 말한다. 영혼이 있을 것이라고 가정하는 것이다. 우리가 간혹 '그 사람의 영혼은 참

51. 『제2차 바티칸 공의회 문헌』, 계시헌장 11항 참조.

맑은 것 같다'라는 표현을 사용할 때, 그 말은 그 사람의 정신이나 생각이 건실하고 꾸밈이 없다는 의미이지, 실제 영혼을 지칭하는 것은 아니다.

가톨릭의 모든 설명은 영혼이 있을 것이라는 가정을 전제하며, 영혼이 있다면 성령은 이러 저러한 방식으로 인간의 사고와 판단에 작용할 것이라는 추측과 상상을 마치 신이 내려준 진리인 것처럼 전개한다. 하지만 설령 영혼이 있다고 하여도 영혼을 통해 인간의 의식에서 일어나는 생각이나 사유가 인간의 순수 이성적 사고에 의한 것인지 아니면 성령에 의해서 발현된 것인지를 구분할 수 있는 방법이나 장치가 없으며, 영혼이 의식과 사고에 작용한다는 것을 확인할 수도 없고 그것을 입증하는 타당한 근거도 없다. 그래서 신의 장대한 우주적 계획에 대한 깨달음과 이해는 성령의 인도로서 가능하게 되었다고 말하는 가톨릭의 이론은 신과 영혼의 존재를 전제해야만 도출 가능하며, 신이 상상의 산물이라면 성령 또한 상상의 산물일 수밖에 없기 때문에 결국 신 존재에 대한 원초적인 물음으로 귀결된다. 가톨릭은 그럼에도 불구하고 신의 종말론적 장대한 계획이 있다는 논리를 펴는데, 그들이 말하는 신의 종말론적 계획론의 출처는 어디이며 그 내용은 무엇인가에 대해 살펴보자.

가톨릭 종말론은 유대 종교전통의 종말론에서 말하는 메시아의 강림과 신의 통치라는 관념을 이어받아, 그것이 자신들이 메시아라고 주장하는 예수의 재림(再臨)을 통해 실현된다는 이론이다. 그런데 유대 종교전통의 종말론은 야훼신앙 안에서 자체적으로 갖게 된 이론이 아니다. 초기 구약성서에는 내세나 부활에 대한 관념이 등장하지 않는다.

유대 종교전통에서 야훼는 현생의 삶에만 간여하며, 현생의 행복은 야훼의 계명에 충실할 때 야훼로부터 주어지는 축복을 얻는 것이라고 생각했다. 그들의 종교 창작 작품인 성서를 보면 아브라함의 아내 사라의 죽음이나 아브라함의 죽음에 야훼의 내세에 대한 약속 같은 것은 없다(창세 23,1~19; 27,7~9). 아브라함이 죽자 아브라함에게 내렸던 신의 복은 이사악에게 넘어간다(창세 25,11). 유대 종교전통이 메시아의 강림과 내세의 영생에 대한 관념을 갖게 된 것은 바빌로니아 유배 이후 타 문화와의 접촉에 기인한다.

종말론은 기원전 12세기경 고대 이란에 살았던 인도-이란인들(인도-유럽인의 한 분파)의 역사관에서 처음으로 등장한다. 그들은 이 세상은 태초부터 선신과 악신의 끝없는 투쟁의 장(場)이며, 이 투쟁은 언젠가 반드시 종말을 맞는다고 생각했다. 종말은 시간과 공간이 멈추는 비역사적인 순간이다. 역사는 실제 사건이 발생하는 '시대'로 구분되고, 그 '시대'가 끝나면 어떤 현실이나 사건도 일어나지 않는 새로운 '시대'로 대치되는데, 현 시대가 새로운 시대로 넘어가는 그 경계점을 '종말'이라고 한다. 종말은 우리에게 익숙한 세상의 끝이자 동시에 새로운 세계의 시작이며, 새로운 삶과 사상 그리고 새로운 존재방식의 시작이기도 하다.[52]

인도-이란인들의 종말사상은 페르시아의 조로아스터교에 영향을 미쳤고, 유대교의 종말론은 바빌로니아 유배 시기(BC 587~538)에 접한 조로아스터교의 영향을 받아 비로소 형성되었다. 부활, 천사, 사탄, 신의 우주적 통치에 관한 개념도 이때 조로아스터교로부터 받아들

---

52. 『역사용어사전』, 서울대 역사연구소 저, 서울대학교출판문화원, 다음백과에서 재인용.

인 것이다. 강대국에 의해 나라를 잃은(BC 587) 유대인들은 야훼가 다윗 가문에 이상적인 통치자를 보내주어 옛 다윗 왕조의 영광을 재건해 줄 것이라는 지상의 통치자로서의 메시아(Messiah, 히브리어 '기름부음 받은 자'의 뜻. 기름 붓는 의식을 통해 성별하는 거룩한 직분의 수여자를 이르는 말. 왕, 사제, 예언자가 해당됨) 사상을 갖고 있었다(예레 33,15; 에제 37,23~24). 하지만 나라를 잃고 그들의 기대와는 달리 다윗 왕조의 재건이 현실적이지 않음을 깨닫게 된 후, '선신 아후라마즈다(지혜의 주)와 악신 앙그라마이뉴(파괴의 영)의 투쟁에서 선신이 승리할 수 있도록 인간이 선신을 도와 선한 말과 행실로 악을 물리치는 데 기여한다면, 선신이 최종 승리를 거두는 종말과 심판의 날에 천상의 집으로 갈 수 있다'는 조로아스터교의 종말론을 수용하여, 세상을 창조한 신이 언젠가 다시 등장하여 현재 질서를 종식시키고 한 나라가 아닌 전(全)세상을 영원히 다스리게 될 것이라는 종말사상을 갖게 되었다. 그리고 여기에 기존의 메시아 사상을 결부시켜 야훼가 메시아를 보내 초자연적인 야훼 왕국을 이루리라는 희망을 가졌다(말라 3,1~5; 미카 5,1~14; 요엘 3,1~4; 다니 7,13~14).

여기서도 확인할 수 있는 것은, 유대인들은 그들이 믿는 신 야훼가 그들에게 우주와 인간에 대한 종말론적인 계획이 있다는 것을 미리 알려주고 깨닫게 하여 우주적 종말사상을 갖게 된 것이 아니라는 것이다. 타 문화권의 창조신화를 모방하여 우주 만물의 창조주가 있다면 그는 마르둑이 아니라 야훼라고 주장하는 자신들의 창조설화를 만들었던 것처럼, 그들은 페르시아 조로아스터교의 종말론을 통해 신의 강림으로 우주적 신의 통치가 이루어지는 시대가 도래 하게 될 것이라는 관념을 갖게 되었고 그렇게 갖게 된 종말사상을 야훼신앙에 접목시켜,

우주 종말의 완성자가 있다면 그는 아후라마즈다가 아니라 야훼라고 주장하는 종말론을 갖게 되었다. 가톨릭이 말하는, 야훼가 갖고 있다는 우주적이고 종말론적인 장대한 계획은 본래 야훼의 계획이 아니었다는 뜻이다. 야훼의 존재 자체가 허구이니 야훼는 자신의 의도를 인간에게 전할 수 없고, 따라서 야훼와 관련된 모든 교의는 인간적인 상상과 추측에서 만들어진 가설논리의 범주를 넘지 못하는 것이다.

기원전 6세기경 타문화 종교전통의 영향을 받아 형성된 유대교의 종말사상은 야훼의 통치가 이루어지는 시대가 도래할 것이며, 그것은 메시아의 '강림'(降臨)으로 완성된다고 말한다(말라 3,1~5; 미카 5,1~14; 요엘 3,1~4; 다니 7,13~14). 하지만 그들의 종말사상에는 한시적으로 메시아가 '통치하다가' 창조주 신에게 우주의 통치를 '넘기게' 된다는 내용은 없다(1코린 15,24~28 참조). 가톨릭은 예수를 유대교에서 언급하는 메시아라고 주장한다. 신약성서 복음서에서는 메시아가 예수의 모습으로 강림하였지만 그 자체로 신의 통치가 완성된 것은 아니며, 단지 야훼의 통치가 시작되었다는 것만 선포한다(마태 4,17; 마르 1,15). 그리고 야훼의 심판과 야훼의 나라는 메시아의 수난과 죽음과 부활의 역사가 이루어진 이후, 메시아의 '재림'(再臨) 때 완성될 것이라고 말한다(마태 24,3~35; 마르 13,28~37). 하지만 여기에도 메시아가 재림하여 세상을 심판하고 '다스린 다음' 완전해진 상태의 세상을 야훼에게 '넘길 것'이라는 내용, 곧 역사는 야훼의 완전한 통치가 이루어지는 시대를 향해서 미래 성취적으로 나아간다는 언급은 없다. 그럼에도 가톨릭은 예수를 메시아로 믿는다면서도 예수가 언급하지도 않은 종말론, 곧 신이 창조한 우주와 인류의 역사는 신이 설정한 계획인 종말론적 미래, 역사가 최종적으로 수렴되는 지점을 향하여 나아가는 것이라고 주장한다. 그 근거는 무엇인가?

가톨릭의 종말론은 성서 복음서에서 역사적 실존성이 의심되는 예수('예수' 부분에서 다룰 것이다)라는 인물이 하늘나라(신의 통치가 이루어지는 나라)가 다가왔다고 선포하고(마태 4,17; 마르 1,15), 세상에 다시 오겠다(재림)고 선언했다는 내용을 그 출발점으로 한다(마태 24,44; 마르 13,26; 루카 21,27). 그런데 예수는 정말 이런 말을 했을까? 예수는 본인의 자필 문서기록을 전혀 남기지 않았으므로 그 말 자체가 예수가 직접 자기 입으로 한 말인지 아니면 성서를 저술한 저자가 예수라는 인물의 입을 통해 자신의 생각을 말하고 있는 것인가에 대한 논쟁은 지금도 계속되고 있다(이 부분에 대해서는 '복음서' 부분에서 살펴볼 것이다). 예수가 말했다는 하늘나라의 도래 선포와 재림 예고 발언의 신빙성에 의문이 있지만, 예수가 했다는 재림 선언에 자세한 설명을 덧붙이면서, '역사는 야훼의 완전한 통치가 이루어지는 시대를 향해서 나아간다'(1코린 15,24~28)는 미래 성취적 그리스도교 종말론을 창시한 사람이 등장했다. 유대교의 종말사상에 대해 깊은 이해를 갖고 있던 바울(바오로)이다.

성서의 기록에 따르면 바울은 유대인 출신으로 로마 시민권을 가진 타르수스(Tarsus) 태생이며(사도 22,3), 유대교 율법과 종교전통에 대한 이해뿐 아니라 아테네와 에페소에서 에피쿠로스 학자들이나 스토아학파 사람들과 설전(사도 17,18~32; 19,2~10)을 벌일 만큼 헬레니즘에 대한 이해도 깊었던 사람으로 추정된다. 그는 천상에 신들이 거처하는 장소가 있고 신들이 세상의 질서를 관장하는 권능을 행사한다는 그리스 신화를 알고 있었을 것이다. 고대 신화의 틀은 대부분 천상의 신은 우주 전체의 질서를 관장하지만 하위신은 세상의 질서를 관장하는 것으로 묘사된다. 따라서 '메시아가 지상의 질서를 회복시킨 이후에 최상의 신인 야훼에게 세상의 지배를 넘긴다'(1코린 15,24~28)는 그의 헬레니즘적 사고는 자연스럽다.

복음서에는 메시아가 재림하여 세상을 심판하고 '다스린 다음' 야훼에게 세상을 '넘길 것'이라는 내용, 곧 역사는 순차적으로 야훼의 완전한 통치가 이루어지는 시대를 향해서 나아간다는 말이 없다. 복음서에서 예수는 자신의 재림과 심판으로 신의 통치가 성취된다고 예고하고 있으니, 예수의 재림과 심판에 관한 내용이 야고보서(4,12; 5,7)나 베드로서(1베드 1,13; 4,7~19; 2베드 3,1~13), 요한서간(1요한 3,2~3) 등에 등장하는 것은 당연하다. 반면 바울은 신 통치의 순차적 성취론을 제시한다. 부활한 예수가 모든 권세와 권능을 지니고 세상을 심판하기 위해 다시 올 것이며, 죽음을 포함한 모든 원수가 굴복할 때까지 다스린 이후에 야훼에게 세상을 넘길 것(1코린 15,24~28; 에페 1,10)이라는 종말론을 전개하고 있는 것이다. 이것은 지상과 천상의 질서의 통합이라는 고대 신화의 틀과 매우 흡사하다. 바울의 종말사상을 받아들인 「요한 묵시록」은 소위 천년왕국설을 제시하고(묵시 20,1~22,5), 가톨릭은 바울의 종말론을 받아들여 자신들의 교의로 선포한다.

다시 성서로 돌아가 보자.

성서의 기록이 사실이라면 복음서는 예수라는 인물이 자신의 재림을 예고했고, 재림 시에는 심판이 이루어질 것(마태 24,44; 마르 13,26; 루카 21,27)이라고 말했다고 전한다. 종말에 대한 성서 내용을 검토하다 보면, 이러한 보도를 전해 주는 당시의 성서 저자는 예수의 재림과 심판 사건은 우주적인 차원에서 펼쳐지는 사건이라는 개념을 갖고 있지 않았으며, 팔레스티나 지방, 그것도 다윗의 성도(聖都)인 예루살렘이라는 한정된 지역에서 유대인들만을 대상으로 펼쳐질 지엽적인 사건으로 인식하고 있었다는 것을 발견할 수 있다. 그리고 예수도 종말에 자신이 선택한 이들을 사방에서 모을 것이다(마태 24,31)는 말은 하고 있지만, 역사가 최종적으로 수렴되는 어떤 지점을 향해 나아간다거나, 종말을 넘어서는 신의 완전한 통치가 이루어지는 궁극적 완성을 이루게 될 것이라는 뉘앙스의 언급은 하지 않는다. 그래서 초대 가톨릭 신앙인들은 메시아의 통치는 현실적인 세계, 사람의 눈에 보이는 하늘과 하늘 너머 막연한 그 어느 곳까지, 그리고 발을 딛고 서 있는 예루살렘에서 이루어지는 것이라고 믿었다. 그리고 메시아라는 예수가 자기 입으로 "이 세대가 지나가기 전에 이 모든 일이 일어날 것이다"(마태 24,34; 마르 13,30)고 말했기 때문에 메시아의 재림은 예수의 부활 이후 곧장 지체 없이 현실화될 것이라고 생각했다(필리 4,4~5). 하지만 메시아 재림 사건은 일어나지 않았고, 예수의 말이 결국 거짓이 되어 버리는 사태가 발생하게 되자, 복음서 저자들은 그날과 그 시간은 야훼만 안다(마르 13,32~37; 마태 24,36~44)는 내용을 슬며시 끼워 넣어 얼버무렸다. 가톨릭의 삼위일체 교리에 의하면 메시아 예수는 야훼의 아들이면서 동시에 인간의 몸으로 세상에 강림한 야훼 자신인데, 전지전능한 초월자 야훼가 자신의 재림 시점을 몰랐다는 것을 어떻게 이해해야 될까?

이런 상황에 대해 가톨릭은 첨가된 성서 구절['그 날과 그 시간은 아무도 모른다. 하늘의 천사들도 아들도 모르고 아버지만 아신다.'(마르 13,32)]을 근거로, 메시아의 공적 재림은 야훼의 계획 안에서 언젠가는 이루어지겠지만[공심판론. 이런 논리를 제시하는 순간 "이 세대가 지나가기 전에 이 모든 일이 일어날 것이다"(마태 24,34; 마르 13,30)라는 예수의 말은 실언 또는 거짓이었음을 가톨릭 스스로 공인하는 결과가 된다] 각 개개인은 개별적으로 겪게 되는 체험인 자신의 죽음 안에서, 생애 전반을 관통하는 결정적 과정에서 개인적으로 메시아의 재림을 맞게 되고 자신의 생애 전반을 심판받게 된다고 말한다(사심판론. 사심판이 이루어진다는 근거도 없지만, 사심판이 있다고 해도 그 심판이 죽음 이후 어느 순간에 - 몇 초 뒤, 혹은 며칠이나 몇 달 뒤 - 이루어지는지는 알 수 없고, 공심판 때까지 미뤄지거나 연기될 가능성도 배제할 수 없으므로 이는 너무도 추상적인 추측성 논리라 할 것이다.). 그리고 종말론적 우주와 인류의 역사에 대해서는 바울의 종말론을 그대로 받아들여, 역사는 신의 계획에 의한 완전한 성취의 실재를 향해 나아가며, 유형한 세상의 현 질서는 무형의 신적 질서(Ω Point)로 통합되어 완결되고 종결될 것이라고 말한다. 가톨릭의 이런 주장은 가상의 인물 예수를 메시아로 신격화하고, 예수에 의해 이루어질 종말을 상상하여 메시아 종말론을 창작한 바울의 주장에 대한 단순 반복으로 볼 수 있다.

가톨릭이 바울의 가설적 종말론을 수용하여 진리처럼 강조하는 완전한 성취의 실재, 역사가 최종적으로 수렴되는 지점으로 향하고 있다는 주장의 내용은 무엇일까? 가톨릭은 신은 영적인 존재이며 비물질적인 실재이고, 신의 나라는 어떤 장소적인 개념이 아닌, 신의 생명과 사랑에 온전히 합일하는 지복(至福)의 상태 개념이라고 말한다(마태 19,17 참조). 지복직관(至福直觀. 신의 얼굴을 직접 보는 행복. 지상에서 누릴 수 없고 꿈도 꿀 수 없는 완전한 생명과 행복을 얻는 것을 의미)론 역시 바울의 주장이다(1코린 13,11~13).

복음에 등장하는 예수는 신이 준다는 '영생을 얻기' 위해서는 심판을 통과해야 한다고 말하였지, 신의 '생명에 완전한 합일'을 이루는 것이 인간이 추구해야 할 최고의 가치이며 행복이라고 말하지는 않는다(마태 19,16~21; 마르 10,17~27 참조). 하지만 가톨릭은 바울의 사상에 따라 지복직관이 인간 삶의 최종 목적이라고 말하며 복음 해석의 지평을 넓힌다. 그래서 그들은 영생을 얻는 것을 넘어서는 종말론적 완성을 이루기 위해서는 지상에서 예수의 가르침을 따라 신을 사랑하고(마르 12,30), 사람들을 사랑하고(요한 13,34), 신처럼 완전한 사람이 되도록(마태 5,48) 신실하고 선한 생활이 요구된다고 말한다. 다시 말해 인간은 메시아인 예수의 선언['회개하여라, 하늘 나라가 가까이 왔다'(마태 4,17; 마르 1,15; 마태 12,28)]으로 신의 통치가 시작된 상태에 이미 들어섰고, 공적으로나 사적으로 메시아의 재림을 체험하게 될 시점의 중간 상태인 파루시아(parousia) 안에서 살고 있으며, 최종적인 신의 통치는 메시아의 공적 재림 때(종말) 완성될 것이므로 파루시아 안에 사는 인간은 '무엇이 야훼의 뜻인지, 무엇이 선하고 무엇이 야훼의 마음에 들며 무엇이 완전한 것인지 분별하며'(로마 12,1~2), 예수의 가르침에 따라 애덕의 완성을 이루는 것이 인생의 최종 목적이 되는 삶을 살아야 한다는 것이다.[53] 그리고 유형(有形)의 인류 역사도 전체적으로는 신이 말하는 완전한 선과 완전한 정의가 실현되고, 죽음도 슬픔도 울부짖음도 없는 무형(無形)의 지복 상태(묵시 21,1~6)를 향하여 점진적으로 진행되고 있다고 말한다.

---

53. 『영성신학』, 조던 오먼 저, 이홍근 역, 분도출판사, 1987, p. 123.

우리의 관심사는 가톨릭이 주장하는 야훼의 취소할 수 없는 종말론적 미래에 대한 계획이 있다는 사실 자체가 아니라, 그 주장의 사실성이다. 조로아스터교의 종말론에서 보았듯이, 유대교의 종말론은 세상은 상상 속 신들의 전쟁터라는 가정에서 연유된 조로아스터교 종말론을 야훼에게 적용시킨 변형이지 야훼의 계시로 얻게 된 깨달음이 아니다. 그리고 가톨릭 종말론은 유대교 전통에 익숙한 바울의 종교적 상상의 산물에 불과하다. 나아가 가톨릭 주장의 또 하나의 맹점은 그들의 주장이 언제나 그렇듯이 야훼의 존재와 영혼의 존재를 가정한 상태에서 영적인 세계에 대한 그림을 제시한다는 것이다.

상기에서도 살펴보았듯이 비물질적이며 영적인 존재는 어떤 의지나 생각이나 감정, 판단을 만들어 내지 못한다. 그럼에도 그 실재 자체가 의식을 만들어 내고 판단력과 분별력을 발휘한다는 것은 비현실적인 상상 속에서만 가능한 일이다. 또한 신의 생명과 온전한 합일을 이룬다는 생각도 추상적인 상상이다. 생명이라는 것 자체가 유기물의 화학작용에 의해 생멸의 과정을 겪는 우연적 산물인데, 육체가 소멸한 후에도 생명이라는 것이 독립적으로 존재한다는 것은 논리적인 타당성을 가질 수 없는 가설이고, 비물질적인 존재는 생명을 가질 수 없다. 더구나 그 생명이 비물질인 신의 생명과 통합된다는 것도 종교적인 상상 속에서만 가능한 이야기다. 그래서 예수가 죽은 뒤 부활하여 의식을 지닌 생명체로 존재하는 비물질적이고 영적인 존재라는 것은 허구적 가설이라 할 수 있다.

한 가지 더 첨부하자면, 과학계는 우리 태양계의 남은 수명이 약 50억 년이라고 말한다. 태양의 핵융합이 끝나면 태양으로부터 빛과 열을 공급받는 지구는 급격히 냉각될 것이고 지구상의 모든 생명체는 전멸

할 것이다. 그리고 태양이 소멸할 때 지구를 끌어당기는 중력이 감소하여 지구는 우주를 떠돌게 되고, 다른 항성이나 행성과 충돌하여 흔적도 없이 소멸할 것이다. 그리고 그것이 실제적인 역사와 인류의 종말일 것이다.

이상에서 본 바에 의하면, 신이 생물학적인 인간을 창조하고 인간에게 신적 본성과 위격을 부여했으며 우주와 인류의 역사는 신의 계획에 의해 이끌려진다는 가톨릭의 설명은, 신화 속에서 발견되는 가상의 실재에 대한 종교적 상상의 범주를 넘어서지 못한다. 고대 근동 지방 사람들이 종교적 상상으로 허구의 신을 생각해 냈고, 그 신이 우주와 인간을 창조하였다는 신화를 지어내던 그 시대의 인식을 지금까지도 고수하고 있는 것이다. 신은 실재하지 않으며, 생명체는 신의 창조물이 아니다. 그리고 우주와 인간의 역사에는 그 누구의 어떤 장대한 계획도 개입되어 있지 않다. 우연한 발생으로 시작되어 자연의 이치에 따라 시공간의 연속성을 이어갈 따름이다.

가톨릭은 유대인들이 기원전 10세기에 자민족과 타 문화권을 향하여 자신들이 믿기로 합의한(여호 24,15~25) 신이 세상을 창조하였다는 것을 주장할 목적에서 메소포타미아와 바빌로니아 지역의 창조신화를 변형하고 개작하여 자신들의 창조설화를 창작하였다는 사실과, 정치적 통치 이데올로기로 활용하기 위한 목적에서 야훼신화를 창출하였다는 사실을 받아들이지 않으며, 실체가 없고 실재성을 입증하지도 못하는 야훼가 실재하는 것처럼 호도하고, 야훼의 숨겨진 의도에 의해서 성서가 기록된 것처럼 설명하려는 입장을 취한다. 야훼가 전지전능한 신이라면 본인의 창조역사를 타 민족의 창조신화를 베끼는 형식으로 기록하게 하지는 않았을 것이며, 종말론적 미래에 대해서도 인간이 직접 알아들을 수 있는 언어로 명확하게 자신의 입장과 의도를 밝히고 알려 주었을 것임에도 왜 그는 그런 방식을 취하지 않았는가? 그것은 가톨릭이 말하는 그런 신은 실재하지 않기 때문이다. 신은 인간의 상상과 선언적인 언어 속에만 존재한다.

Ⅳ

종교권력으로서의 종교전통

종교권력의 등장

세계사에서 등장했다가 소멸한 정치권력들의 특징 중 하나는, 정치적 권력 행사에 정당성을 부여하고 절대적 권한을 유지하기 위한 방편으로 종교 신화와 종교전통을 민족사상과 민족의식의 토대로 삼는 전략을 활용해 왔다는 점이다. 예를 들어 고대 이집트인들은 자신들의 나라 이집트가 우주의 중심이고 이집트의 중심은 왕이며, 왕은 신화에 등장하는 창조신 아툼(Atum, Aten)이나 태양신 레(Re, Ra)의 화신(化身)이므로 왕을 신처럼 숭배하고 왕에게 절대 복종하는 것을 당연한 의무라고 생각했다. 하지만 이러한 민족의식은 민중 사이에서 자연스럽게 형성된 것이 아니라 통치자의 치밀한 전략으로 만들어진 것이다.

본시 국가 체계가 형성되기 훨씬 이전부터 나일강 주변에 흩어져 작은 촌락을 이루며 살던 고대 이집트인들은 태양이 떠오르면서 밤사이에 잠들어 있던 대자연이 생기를 되찾고 활기를 띠는 모습에서 태양을 생명의 기원이며 생명력의 기운(氣運)으로 여겨 신으로 숭배하고, 태양신에게 종교적 의식을 올리는 원시 신앙을 갖고 있었다. 이후 흩어진 촌락들을 통합하여 통일국가체계를 건립한 통치자가 나타났는데(나르메르 왕조, BC 3100~3050), 그는 자신의 통치력을 이집트 전 지역에 확장하고 자신의 통치 권력의 정당성과 절대화를 강화하기 위한 전략으로, 자신이 태양신의 화신(化身)이며 신으로부터 지상에 파견되어 통일의 대과업을 이룬 존재라고 선언하면서 신정(神政)정치체제를 태동시켰다.[54] 그리고 이러한 왕의 신격화 선언과 신적 권능 소유가 종교적으로 타당하다는 논리와 토대를 마련하여 왕을 신으로 숭배하는 풍토를 인위적으로 조장하는 역할을 담당하고, 백성이 왕에게 절대 복종하도록 종용한 것은 종교전통의 지도자들이었다. 이렇게 정치권력은 신화와 종교를 활용하여 초월적 권한을 갖는 지배체제를 구축하였고, 이런 과정 속에 종교는 정치권력의 비호 아래 서서히 종교권력화되었다.

신의 화신이 다스리는 신정체제 밑에서 사람들은, 모든 인간은 신의 자녀로 태어났으며 신이 부여한 지위와 신분에 따라 맡겨진 일을 충실히 수행하는 것이 신의 뜻을 따르는 삶이라는 가르침을 받게 되고, 왕은 신의 화신이므로 왕의 명령에 절대 복종하고 따르는 것을 신에 대한 충성의 표지이며 신민의 마땅하고 당연한 본분으로 받아들이는 풍토 속에, 철저하게 종교에 예속된 '종교 노예'(니체)로 살게 된다. 이것이 신정정치의 특징이며 일반백성은 종교를 떠나서 산다는 것은 생

54. 『이야기 세계사』, pp. 35~36.

각조차 할 수 없는, 곧 삶 자체가 종교이고 종교가 삶인 인생을 살게 된다.

신정정치체제는 이집트뿐만 아니라 메소포타미아 문화권에서도 공통적으로 시행되었고, 중남미의 마야나 아즈텍 문화권에서도 동일하게 시행되었다. 문화권에 따라서 왕이 대사제의 지위를 동시에 갖고 종교적 의례를 거행하는 경우도 있었지만, 왕과 대사제의 권한이 분리되어 각각의 고유 역할을 수행하기도 했다.

유대 종교권력

팔레스티나를 점령한 유대 정치권력도 신화와 종교전통을 통치 이데올로기로 삼아 민중을 통제하고 조종했으며, 사제직 수행을 담당하는 종교 지도자 그룹은 정치권력과의 결탁을 통해 신앙으로 민중을 지배하는 또 다른 권력집단이 되었다. '성서 저술 동기'에서 보았듯이, 가나안 정복 이후 첫 왕국을 건립한 다윗 왕조는 이집트의 레(Re) 신앙처럼 야훼신화와 야훼신앙을 자기 민족의 정체성을 확립하는 토대로 삼았고 전체 민족의 규합을 도모하는 수단으로 활용하였는데, 이로써 원시종교의 산악 신에 불과했던 야훼는 가나안의 토착 신 엘과 샷다이, 바알과 마르둑을 제치고 이스라엘 민족신으로 자리매김되었고, 이스라엘 민족의 의식과 사상의 저변에 살아 있는 인격신으로 고착되었다.

정치권력이 실제로 야훼를 살아 있는 신으로 믿었는지 아니면 믿는 척만 하였는지에 대해서는 알 수 없지만 그들은 이렇게 구축된 야훼신앙을 토대로, 이스라엘은 야훼에게 선택받은 선민(選民)이라는 민족 정체성을 확립시켜 민족을 하나로 통합하였고, 종교를 통치와 지배의 수단으로 활용하였다. 그리고 사제직 수행의 임무를 부여받은 종교권력은(민수 3,5) 신학적 논리를 개발하여 야훼신앙을 호도하고 백성들이 야훼를 숭배하도록 유도하였으며, 종교계율을 제정하여 종교의 이름으로 백성들을 통제하고 종교에 헌신하도록 강요하였다.

유대 종교권력이 내세운 종교 사상은 '신앙을 통해 주어지는 신의 현세적 축복에 대한 약속'(현세축복)이었다. 그들은 히브리인들이 땅을 차지하고 국가를 세울 수 있었던 것은 순전히 야훼가 무상으로 베풀어준 은총이며, 야훼의 축복으로 말미암아 젖과 꿀이 흐르는 땅에 정착하여 대대손손 살게 되었으니, 이러한 혜택을 베풀어준 야훼에게 감사하고 그를 숭배하며 그에게 충성을 다하는 것이 신민(神民)의 마땅한 도리라고 가르쳤다(2사무 7,8~16 참조). 그리고 타 신정체제의 국가들처럼 이스라엘의 왕은 야훼의 사자(使者)이며 대리자이니 왕을 섬기고 왕명을 따르는 것은 곧 야훼에 대한 순명의 표지라고 선언하며 왕에 대한 충성을 호도하였고, 이러한 가르침을 따르는 이들에게는 야훼가 현세적인 축복을 내려준다고 강조하였다(1열왕 8,57~61 참조). 따라서 민중은 야훼로부터 주어지는 현세의 축복을 얻어 누리기 위해 야훼에게 충실하고 현세의 왕에게 충성을 다해야 하는 순명의 노예로 양육되었다.

실제로 다윗 왕조에서 작성된 초기 성서는 야훼는 현생의 삶에만 간여하며, 야훼에게 충실할 때 현세의 축복을 얻는다고 기록하고 있다. 성서에 의하면, 아브라함은 야훼에게 충실하였으므로 175세까지 사는 장수를 누렸고(창세 25,7), 신으로부터 땅과 자손에 대한 약속을 받았으며 아들 이사악을 얻었다(창세 15,5~6; 17,16). 그리고 아브라함이 죽은 후 아브라함에게 내렸던 신의 복은 이사악에게 넘어간다(창세

25,11). 아브라함 못지않게 야훼에게 충실했던 이사악은 180세에 죽었고(창세 35,27), 야곱은 147세에 죽었다(창세 47,28).

신앙 선조들의 장수 이야기는 '신에게 충실하면 복 받는다'는 원시 신앙행태를 묘사하는 것이다. 그리고 성서에서 묘사한 수명은 숫자유희이다. 아브라함의 175년은 7×(5×5)의 숫자이고, 이사악의 180년은 5×(6×6)의 숫자이며, 야곱의 147년은 3×(7×7)의 숫자이다. 히브리인들은 각 숫자들에 의미가 있으며 3, 7, 10, 12등은 완전한 것을 의미한다고 이해했는데 아브라함과 이사악과 야곱의 나이 셈법을 덧셈으로 풀이하면 모두 17이 되고, 17은 10과 7의 합이다. 즉 아브라함과 이사악과 야곱은 야훼를 믿고 따라서 인간으로서 완전한 생을 사는 현세적 축복을 누렸다고 묘사하고 있는 것이다. 토빗의 유언도 현세에 내려지는 야훼의 축복에 의지하여 야훼를 섬기라는 당부로 묘사되고(토빗 14,5~9), 판관기나 열왕기에 기록된 이스라엘 왕조의 역사도 야훼에게 충실한 왕조는 안녕과 영화를 누렸지만, 야훼를 등지고 이방신을 숭배한 왕조는 고통과 파멸을 면하지 못하였다는 관점에서 기록되고 있음을 볼 수 있다(1열왕 17장 아합왕; 2열왕 10장 예후왕 참조).

영혼과 내세의 관념은 기원전 5세기 말경에 타 문화와의 접촉에서 수용된 개념이므로 그 이전까지 이스라엘의 역사를 관통하는 신앙 사조는 현세에 내려지는 축복이었고, 종교권력은 이를 빌미로 탄탄한 권력을 구축할 수 있었다. 하지만 농경사회인 가나안에 정착한 이후 민중은 가뭄이 들어 흉년을 맞으면 풍요와 생산의 신인 바알이나 아세라를 섬기려는 충동을 가졌고, 나라가 위태로울 때는 야훼보다 뛰어난 전사의 신을 섬기고자 하는 욕망을 갖게 됨에 따라 유대 종교권력과 갈등을 빚기도 하였다. 그리고 정치권력은 무력을 사용하여 이방신 숭배를 타파하고 야훼신앙으로 민중을 통합시키려는 시도를 반복했다.

야훼신앙은 이러한 갈등 속에서도 시간의 흐름 속에 더욱 치밀하고 세밀하게 다듬어졌고, 선조 조상들로부터 신앙을 유산으로 물려받은 백성의 후손들은 무비판적으로 야훼신앙을 신봉하고 야훼를 숭배하는 것을 당연지사로 여겼으며, 야훼신앙을 거부하는 것은 곧 유대교 공동체에서의 추방을 의미하는 것이었으므로 정치권력과 종교권력의 요구대로 야훼를 섬기는 것을 최고의 가치로 여기는 삶을 살게 되었다. 그리고 점차 신정체제가 확고하게 구축되면서 정치권력의 비호자이며 협력자로 전락한 종교권력은, 신의 대리자인 통치지배자에게 절대 복종하는 것이 신민(神民)의 본분이며 신에 대한 충성이라는 의식을 강화하는 데 충실을 기하였고, 점차 '인간 불멸과 영생사상'(영생약속)을 종교전통에 수용하면서, 신에게 충성하면 불멸의 영원한 생명을 보장받는다는 새로운 논리를 창안하여 신앙인들을 종교권력에도 복종케 하는 구조적 장치를 마련하였다. 이러한 신앙사조는 이스라엘은 야훼에게 선택된 민족이라는 선민의식과 함께 수백 년의 역사 속에서 더욱 강화되고 구체화되었으며, 예수는 사람의 모습으로 세상에 강림한 야훼이며, 인간을 죄와 죽음으로부터 구원하여 '영생을 주는 구원자'라는 신앙으로까지 이어지게 되었다.

유대 종교권력의 위기와 가톨릭의 출현

고대 제반 신화와 종교전통들이 소멸된 것은 그들의 신앙이 허구 위에 구축된 것이라는 사실이 밝혀졌기 때문이 아니다. 고대 정치권력과 종교권력의 결탁 혹은 신정일치체제의 세계에서 이방 정치권력과의 대립은 곧 종교권력 간의 대립을 의미하는 것이었고, 상호 대결에서 멸망한 국가의 종교전통은 정복국가의 종교전통으로 대체되었다. 이집트가 그리스에 패망하지 않았다면 그 민족이 수천 년간 숭배해 온 창조주 아텐이나 태양신 레 신앙은 존속되었을 것이고, 만일 인도가 알렉산더의 그리스에 패망하였다면 힌두교나 불교는 흔적도 없이 사라졌을 것이다. 또한 고대 바빌로니아가 페르시아에 패하지 않았다면 바알과 마르둑 숭배 신앙은 존속했을 것이며, 그리스도교를 국교로 삼은 로마가 이슬람에 패했다면 가톨릭은 역사에서 소멸되었을 것이다. 중남미에서 찬란한 문명을 꽃피웠고 민족 종교전통으로 일치와 번성을 누리던 아스텍 문화와 그들의 종교가 괴멸의 길을 걷게 된 것도, 그들이 숭앙한 믿음이 결과적으로 미신적이었다는 객관적인 판정에 의한 것이 아니라, 가톨릭 신앙으로 무장한 침입세력의 종교권력에 떠밀려 소멸된 것이다. 중남미의 아스텍 문명과 마야 문명에서는 가톨릭 종교권력이 침범하기 이전, 우주 만물의 창조주인 토나티우(Tonatiuh), 주식 곡물인 옥수수를 내려준 케살코아트, 옥수수를 익게 하는 쉴로넨(옥수수 이삭 신), 옥수수의 여신 일라마테쿠, 옥수수 재배에 필요한 비를 관장하는 착(Chaac)을 신봉하는 종교전통이 있었다.[55]

우리가 잘 알고 있는 고대 그리스의 그 많은 신들은 다 어디로 갔는가? 그리스는 제우스를 중심으로 각기 다른 직분과 권능을 지닌 여러 신들을 섬기는 나라였다. 제우스는 최대의 권력을 지닌 신들 중의 왕이었고, 포세이돈은 바다의 신, 아테나는 전쟁과 지혜의 여신이었다. 그 외에도 많은 신들이 자연을 지배하고 있다고 믿었기 때문에 그리스

---

55. 『마야문명의 신비-아즈테카』 참조.

인들은 모든 크고 작은 사회적 · 윤리적인 문제에 대해서 신들의 뜻을 묻는 신탁을 통해 결정을 내리곤 하였다. 그리고 신은 죽지 않고 인간보다 뛰어난 능력을 가지기는 하지만 인간과 비슷한 생각과 행동을 하고 서로 다투고 사랑과 미움의 감정에 싸여 고민도 한다는 생각에 신들을 기쁘게 해 주기 위해 거창한 제사를 지내거나 올림피아제전 같은 각종 경기대회를 열어 주기도 했다.[56] 하지만 그리스 종교전통은 그리스가 동로마제국에 정복되면서 미신숭배로 간주되어 역사 속에서 사라졌고, 그리스 신들은 종적을 감추었다. 종교발원의 기원이 별반 차이가 없고 다른 종교전통의 미신숭배와 크게 다를 바 없는 가톨릭 정치권력과 종교권력이 그리스 종교권력을 제압함으로써 그 자리를 대신하게 된 것이다. 같은 방식으로 이슬람은 알라의 이름으로 중동에서 세력을 탄탄하게 구축하였으며, 힌두교와 불교는 외세 종교세력의 침해를 단 한 차례도 받지 않은 상태에서 종교기반을 다지며 존속할 수 있었다. 타이완의 마조(媽祖)신앙은 지금도 대만인들의 의식과 생활을 지배하고 통제하는 절대적 종교권한을 행사한다.

유대교가 해체 위기에 놓이고 야훼신앙을 앞세운 종교권력이 소멸의 위기를 겪지 않았던 것은 아니다. 가나안 정복 후 팔레스티나에 건립된 다윗 왕국은 야훼신앙을 기반으로 신정국가체제를 확립하며 세력을 강화해 나갔으며, 이스라엘 민족은 야훼신앙 안에서 '야훼에게 뽑혀 건설된 신국(神國)인 다윗 왕국은 결코 패망을 겪지 않고 영원히 지속될 것'이라는 확고한 믿음을 갖고 있었다. 정치권력과 종교권력

56. 『이야기 세계사』, p. 112.

이 전능의 신 야훼가 누구도 범접할 수 없는 막강한 힘으로 다윗 왕국의 안전을 보장해 주리라는 허황된 인식을 심어주었기 때문이다. 하지만 솔로몬 사망 후 나라가 남북으로 분열되고(BC 933), 이후 북부 이스라엘은 앗시리아에(BC 722), 남부 유다는 바빌로니아의 침공에 무참히 패망(BC 587)하는 사태가 벌어졌다. 나라를 잃고 국민이 도탄에 빠진 상황에서 정치권력과 종교 지도자들은 자신들의 정치적 역량부족과 무능함에 대한 반성보다는 백성들이 야훼를 배반하고 야훼에게 죄를 범하여 신에게 심판을 받은 것이라고 호도하면서 국가 패망의 책임을 민중에게 떠넘겼고(이사 1,4~9.21~28 참조), 백성이 회개하고 더 열심히 야훼를 섬기면 해방의 날이 오게 될 것이라는 허황된 망상을 심어주는 데 급급하였다(예레 51,44~53 참조).

여기서 드러나는 유대 야훼신앙의 특징 중 하나는 그들의 사고가 지극히 자기중심적이라는 것이다. 부모의 이혼을 자기의 잘못 때문이라고 생각하는 아이가 있다. 부모가 아무리 너의 잘못이 아니라고 타일러도 막무가내다. 자기 잘못 때문에 부모가 이혼하게 되었다는 것이다. 세상을 자기중심으로만 생각하고 판단하고 결정을 내리는 사고, 이것이 유아병적 자기중심 사고다. 나라의 패망을 두고 그것은 자기 민족이 신에게 잘못한 일이 있어 심판을 받은 것이라고 여기는 사고도 그렇다. 고대 유대인들은 가뭄에 시달리거나 바빌로니아 왕 네부카드네자르(느부갓네살)가 유대지역을 침입한 후 그들을 추방할 때 그것이 자신들의 죄에 대한 신의 처벌이라고 믿었고, 페르시아의 키루스(고레스) 대왕이 바빌로니아를 무찌르고 추방당한 유대인들을 고향으로 불러들여 예루살렘을 재건하게 한 것은 신이 그들을 불쌍히 여겨 그들의 통한의 기도를 들어준 것이 틀림없다고 믿었다. 그들의 땅에 가뭄이 일어난 것은 필리핀 제도에서 일어난 화산 폭발 때문인지도 모르고, 네부카드네자르 왕은 바빌로니아의 상업적 이익 때문에 유대 지역에 침입했을 것이며, 키루스 대왕이 유대인들에게 호의를 베푼 데는 나름의 정치적 이유가 있었을 가능성을 고려하지 않는다. 다시 말해 그들은 지구 생태계, 바빌로니아의 경제, 페르시아의 정치체제를 이해하는 데는 조금도 관심을 보이지 않는다.[57]

유대 종교전통의 신앙관이 정당한 것이라면, 신에 대한 개개인의 잘못이 있다면 개개인이 벌을 받으면 될 것을 왜 무고한 이들까지 희생을 당해야 하는가? 또 그렇게 연대책임을 물어 무고한 이들까지 책벌하는 신은 어떤 존재인가? 그리고 그런 비상식적이고 비합리적인 신을 자비와 사랑의 신이라고 숭앙하는 믿음은 무엇인가라는 의문이 생긴다. 유아병적인 자기중심적 사고는 자기 잘못으로 야훼에게 심판받아 나라가 패망하였다고 성서를 기록하게 만든다. 일제강점이 한민족의 나태에 대한 야훼의 체벌이었다고 주장한 국무총리 후보자가 있었다. 2017년 말에 포항에서 발생한 지진이 정권의 잘못에 대한 신의 심판이라고 말하는 정치인도 있었다. 신앙인이라는 탈을 쓰고 자연재해로 상처와 피해를 입은 사람들을 모독하는 언사를 아무렇지도 않게 내뱉는 행위처럼, 유대인들은 신앙의 이름으로 인륜과 상식, 타인에 대한 배려나 존중 따위는 아랑곳하지 않고 자기 생각이 절대기준이며 진리라는 오만함으로 무책임하게 내뱉는 아전인수격 막말을 되풀이한다. 그런 사고(思考)는 성서 전반에 깔려 있다. 야훼만을 유일신으로 섬기지 않는다는 이유로 얼마나 많은 무고한 이들이 희생을 당했는가? 성서는

57. 『호모 데우스』, p. 240.

그런 일을 당연한 것으로 여긴다.

패망한 나라의 정치지도자와 종교지도자들의 호도에 현혹된 백성들 안에서는 다윗 왕국의 재건을 강하게 희구하는 민족정서가 강화되었고, 이때부터 그들은 출처가 불분명한 '야훼가 유대인들을 구원해 줄 구원자, 곧 메시아를 보내주기로 약속하였다'는 희망의 메시지를 금지옥엽처럼 간직하면서 이민족의 지배기를 힘겹게 견뎌냈다. 하지만 역사는 유대인들의 희망처럼 이어지지는 않았다. 유대인들의 다윗 왕국 재건과 야훼에 의한 메시아의 파견, 정치적으로 이민족 지배에서의 해방을 가져다주고 경제적 풍요와 번영을 누리도록 보장해 줄 메시아의 파견에 대한 희망에도 불구하고 그들은 이후 그리스의 지배(BC 332~63)를 받으며 헬레니즘을 강요받았고, 지배국의 왕을 신으로 숭배하라는 강요에 시달려야만 했으며, 기원전 63년부터는 로마제국의 지배를 받아야 했다.

여기서 유대인들이나 가톨릭이 믿고 있는 야훼라는 신이 실제로 존재한다면, 그리고 야훼가 자신이 선택한 민족이 이집트에서 종살이하는 모습이 애처로워서 그들을 몸소 구원한 전력을 가지고 있다면, 그는 어째서 타민족의 지배에서 고난의 기간을 보내는 자기 백성을 다시 또 구원하는 역사(役事)를 이루어내지 않았는지 궁금해진다. 그리고 이런 의문이 생긴다. 유대인이나 가톨릭은 야훼가 전지전능한 신이라고 말한다. 그 말이 진실이라면 야훼는 자신의 의지대로 가나안을 차지하게 한 선민 이스라엘이 결국에는 나라를 잃는 아픔을 겪고 타국에서 고난의 세월을 보내게 될 것을 이미 알고 있었을 것이다. 그럼에도 불구하고 그들을 가나안에 정착시켜 타민족의 칼날에 무고한 사람들이 부질없고 부당하게 목숨을 잃게 하는 역사를 전개시켰다면 야훼는 사랑의 신이 아니라 잔악하고 잔인한 신이라는 의미일 것이며, 이스라엘 역사가 그렇게 펼쳐지는 것을 몰랐다면 그는 전지전능한 신이 아니라는 의미가 된다. 그리고 야훼는 인간의 역사에 개입하지 않는다고 말한다면 야훼가 주도했다고 주장하는 이스라엘 성조 역사와 출애굽 전승은 거짓이라는 고백이며, 바빌론에서 꿈꾸었던 메시아에 대한 약속도 부질없는 헛된 꿈에 불과하다는 결론에 이르게 된다.

잘못되고 왜곡된 가치관에 한번 현혹되어 몰입하게 되면 점차 가치판단이 흐려지고 비판의식이 소멸되어 여간해서는 바꿀 수 없게 된다. 그것이 조상 대대로 이어져 내려온 것이라면 더더욱 비판의식 없이 당연한 가치로 받아들이게 되고, 자기 내면화 과정을 거쳐 자신의 후손에게도 있는 그대로 물려주어야 한다는 책임감까지 갖게 된다. 또한 사람들은 자신의 선택에 대해서, 자기가 옳은 선택을 하였다는 자기확신을 강화시키게 되고, 누군가 기존의 자기 가치관을 비난하거나 잘못되었다고 비판하기라도 하면 자기방어 기제가 작동되어 어떤 이유를 들어서라도 선택의 정당성을 합리화하고 자신의 선택을 고수하려는 경향을 보인다. 그런 태도를 항구하게 견지한 것이 바로 유대 종교권력이었고, 이들에게 이성적 판단을 내어 맡긴 채 그들이 하라는 대로 따랐던 사람들이 유대인이며 오늘날의 가톨릭 신앙인들이라고 할 수 있다.

로마 치하에서 유대인들 사이에는 그들의 선조들로부터 물려받은 현실적이고 정치적인 메시아 도래 사상은 점차 성취될 수 없는 희망에 불과하다는 인식이 확산되었고, 야훼가 파견을 약속하였다는 메시아의 이미지는 현실 세계의 전복이나 개혁이 아니라, 인간을 죄와 죽음으로부터 구원하고 세상의 종말에 새로운 왕국의 지배자가 되는 종교적 의미로 변화되었다. 그리고 그렇게 믿었던 유대인들 중에 그 약속이 예수를 통해서 실현되었다고 믿는 부류가 나타났는데 그들이 초기 가톨릭 신앙인이다.

가톨릭은 예수를 '죄와 죽음으로부터 인간을 구원한 구원자'로 고백한다. 그런데 예수가 역사적 실존인물이었는가에 대해서는 '복음서' 외에 예수와 관련된 사료가 전혀 없는 까닭에 알 수 없는 일이고, 예수가 역사적 실존인물이었다고 해도 지금의 우리로서는 그에 대해 그 어느 것도 알 수 없다. 예수의 역사성에 대해 가톨릭은 예수를 구원자로 믿고 추종했던 사람들이 기록하였다는 '복음서' 내용을 근거로 예수가 역사 속에 실존했던 인물이며, 십자가에 못박혀 죽었고, 돌무덤에 매장되었다가 사흘째 되던 날에 부활하였다고 주장한다. 그리고 부활한 예수를 구원자로 믿는 이들은 죽음을 넘어서는 영원한 생명을 얻게 된다고 강조한다.

고대 히브리인들이 자신들의 토속신앙과 근동의 신화 습합을 통해 상상하게 된 신, 실체가 없는 그 야훼가 1,000여 년 세월의 간극을 뛰어 넘어 인간의 몸을 취해(肉化) 세상에 강림했다고 주장하는 가톨릭의 종교 신화를 좀처럼 이해하기 쉽지 않지만, 그가 야훼의 아들로 실존했고 죽고 부활하였다는 가톨릭의 주장은 지극히 당연하다. 예수가 인간이 되어 세상에 내려 온 신(神)이어야만 죽음을 이기고 부활하였다는 새로운 신화가 성립되고, 예수가 세웠다는 교회를 통해서만 예수에 대한 신앙을 인정받을 수 있으며, 예수의 권위를 위임받은 교회에서 가르치는 대로 종교적 계율을 실천하고 따라야만 예수의 부활에 참여할 자격을 얻어 영원한 생명을 누리게 된다는 자신들 종교권력의 논리에 스스로 정당성을 부여할 수 있을 것이기 때문이다.

종교권력 존속의 힘

가톨릭은 자신들이 선포하는 그리스도가, 가톨릭교회를 통해서 그리스도 자신을 구원자로 믿는다고 고백하는 이들에게 영원한 생명을 주기로 약속했다(요한 3,16 참조)는 주장으로 종교전통과 종교권력을 유지한다. 가톨릭이 자기주장의 정당성 확보를 위해 활용하는 근거는 복음서다. 신약성서에 수록된 복음서는 예수를 메시아로 부상시키는 기록인데 복음서를 살펴보기 전에, 세계 모든 종교의 기원이 되는 동기이면서 동시에 모든 종교 존립에 정당성을 부여해 주는 유일한 가치관인 '인간 불멸의 욕망과 영생에 대한 약속'에 대해 언급할 필요가 있다. 인간은 죽음에 대한 공포와 두려움을 본능적으로 갖고 있으며 인생의 유한성과 무상함의 체험 속에 죽음을 넘어서는 불멸에 대한 욕망을 갖게 되는데, 이에 대한 해결책을 제시하면서 이를 종교권력으로 활용한 것이 종교전통이기 때문이다.

인간 불멸의 욕망과 종교전통

삶과 죽음의 문제는 인간 본성의 본질적인 물음이고 이에 대한 답을 구하고자 하는 것은 근본적인 인간의 사유다. 이에 대해 역사 안에서 존멸(存滅)하였던 종교전통들은 사후 내세를 말하며 죽음 이후의 영원한 생명을 보장한다고 장담하였다. 가톨릭도 신의 존재에 대해, 영혼의 존재와 불멸성에 대해, 사후의 심판과 부활에 대해 고대 토속 종교 전통과 별반 다를 바 없는 교리를 말한다.

고대 이집트인들은 나일강의 신 오시리스(Osiris)가 죽음의 세계를 관장한다고 믿었으며, 죽은 사람은 생전의 도덕적 행위에 따라 심판을 받게 되고, 여기서 구원받은 자는 오시리스와 일치되어 영원한 생명을 누리게 된다는 신앙을 갖고 있었다. 페르시아의 조로아스터교는 선신(善神) 아후라마즈다가 완전한 상태로 인간을 창조하여 영원한 생명을 누리도록 하였는데, 악신(惡神) 앙그라마이뉴가 역사에 침입함으로써 죽음이 세상에 들어오게 되었고, 인간이 죽음을 극복하기 위해서는 선신을 도와 악을 물리치는 삶을 살아야만 사후 심판을 받아 천상의 집으로 간다고 가르쳤다.

유대교 초기 종교전통에는 영혼이나 내세, 부활에 대한 관념이 없었고 그런 개념에 관심도 기울이지 않았다. 전쟁에서 승리를 안겨주는 기능신으로 선택하여 숭앙하기 시작한 야훼신앙은 단지 신과 신의 대리자인 왕에 대한 충성만을 강요하는 신정체제의 통치 수단에 불과했기 때문이다. 훗날 유대인들은 영생과 내세를 말하는 타 토속 종교전통들을 접하면서 야훼신앙에 부활과 영생, 심판의 관념을 첨부하게 되었고, 이후 야훼도 다른 신들처럼 영원한 생명을 부여하는 신으로 새롭게 조명되었다.

가톨릭은 그 연장선상에서 세상의 창조신 야훼가 원죄를 짊어지고 태어난 인간의 죄를 속량하기 위해 이 세상에 인간의 모습으로 나타났고(그가 예수다), 십자가에 못박혀 죽는 속죄의식을 통해 인간을 죽음과 죄에서 해방시켰으며, 예수를 인간의 구원자로 믿는 사람은 영원한 생명에 이르는 부활의 영광을 누리게 된다고 말한다. 그리고 유대 종교권력이 현세의 축복을 얻기 위해서는 야훼를 숭배하고 야훼의 현현인 왕에게 충성을 다하라고 요구했듯이, 야훼가 주는 영생을 얻기 위해서는 야훼를 섬기고 야훼의 대리자인 교황과 교회의 지도자들에게 순명하고, 교회가 가르치는 교리와 요구하는 계명을 충실히 지키고 따라야 한다고 강조한다. 교회와 교황에 대한 순명이 신자의 마땅한 도리이며, 야훼에 대한 믿음의 고백이자 야훼를 섬기는 표지라는 논리다.

고대 이집트나 페르시아나 바빌로니아의 종교전통들, 그리고 오늘날에도 존속되는 이슬람교나 불교나 가톨릭이 제시하는 인간 불멸의 욕망에 대한 답과 영생에 대한 약속은, 영혼이 존재한다는 전제와 인간이 상상할 수 있는 신화적 요소에 기반한다는 특성을 지니고 있다. 즉, 영혼 존재는 증명되지 않은 가설이므로, 인간 불멸사상은 세상을 떠난 부모의 시신을 부패하기 전에 먹는 것이 영생에 이르는 길이라고 믿는 아프리카 소수 원주민의 미신과 별반 다를 바가 없는 상상과 허구의 이론인 것이다.

죽음 이후 어떤 일이 일어나게 되는지는 그 누구도 알지 못한다. 상상으로 어떤 일이 일어날지 그려 볼 수는 있겠지만 그것은 모든 종교전통이 시도했던 망상일 뿐이다. 내세와 죽음 이후의 영생은 증명된 일이 없고, 어느 누구도 경험하지 못한 일이며, 설령 경험하였다고 하더라도 이 세상으로 되돌아와 자신의 경험을 들려준 사람은 없다. 가톨릭 구원론에 의하면 영혼은 스스로 의지와 기억을 갖고, 살아있는 이들과도 통교한다는데 왜 인간을 찾아와 내세에 대해 말해주지 않는가? 간혹 임사체험(臨死體驗)을 했다는 이들이 있지만 그들은 실제로 죽었다가 되살아난 것이 아니라, 목숨이 붙어 있는 혼수상태이거나 극도의 스트레스 상태에서 뇌신경의 이상 현상을 체험한 것에 불과하다고 의료계는 말한다.

그럼에도 가톨릭은 그리스도를 통해 영생이 주어진다는 주장이 부정될 수 없는 절대 진리인 것처럼 주장하면서 이를 조건으로 사람들을 통제하고 조종하는 종교권력을 행사한다. 한 가지 예를 들면, 가톨릭은 '주일을 거룩히 지내라'는 계명(요시아의 위작일 가능성이 높은 율법서에는 안식일을 거룩히 지내라는 내용이 있고, 가톨릭은 예수가 부활한 날이 일요일이라는 이유에서 일요일을 거룩히 지내야 할 날로 정하였다)을 이유로 일요일에 미사에 참여하는 것을 의무로 규정하고, 이를 어기는 것은 죄이며 고해성사를 받아야 한다고 가르친다(2018년, 한국천주교주교회의는 의도적인 경우가 아닌 이유로 미사를 결할 경우 고해성사 대신 다른 보속으로 대신할 수 있다고 규정을 변경하였다). 그래서 주일 미사에 참여하지 못한 신자는 정서적으로 힘겨워한다. 신에 대한 사랑을 보이지 못했다는 죄의식과 영생을 얻지 못할까봐 걱정되는 마음에서일 것이다. 누군가는 "비 오는 일요일 오후에 무엇을 해야 할지도 모르는 사람들이 불멸을 소망하고 있다."[58]고 꼬집기도 하는데, 허상의 신과 종교권력에 예속되어 피동적으로 살아가는 모습에 안타까움을 느낀다.

사실 우리는 영생이 어떤 것인지 알지 못한다. 그저 막연히 불멸과 영원한 생명[永生]을 가정하고 상상할 뿐이다. "천국이 어디 있느냐?"는 물음에 교황 베네딕도 16세는 이렇게 말했다. "그것은 우주 공간에도, 우주 밖에도 존재하지 않으며, 성인들이 만나는 '그리스도의 몸'이라는 새로운 우주 속에 있다."[59] 본인은 자신이 무슨 말을 하고 있는지

58. 『불멸에 관하여』, 스티븐 케이브 저, 박세연 역, 엘도라도, 2015. p. 217.

진정 알면서 한 말일지 궁금하다. 가톨릭은 영원한 생명이란 신적 생명과의 합일이나 일치라고 설명하기도 하지만[60] 그것의 속성과 성격에 대한 명확한 설명은 제시하지 않는다. 영생이란 단순히 영원히 길게 사는 것인가? 생존의 방식이 3차원의 상황과는 다를 것이므로 무형의 '생명'이라는 것만 존재하게 되는가? 그 '생명'은 어떻게 의식과 기억과 감정을 갖는가? 생명 자체가 그것들을 함유하는가? 그것이 아니라면 '생명'과 '의식'은 별개로 존재하는가?

어떤 신학자는 "영원한 생명이란, 시간이라는 개념이 없는, 시간을 초월한 영원에서 '하느님의 어좌에 앉아 성전에서 밤낮으로 그분을 섬기고'(묵시 7,15~17), 지상의 모든 경험을 초월하는 사랑과 행복을 체험하는 세계다"라고 설명한다. 너무 모호하고 추상적인 설명이다. 시간의 정지 상태에서는 그 어떤 것도 일어날 수 없다. 변화가 있다는 것은 시작과 끝이 있다는 것이고 그것은 시간의 흐름을 의미한다. 야훼를 섬기는 행위나 즐거움을 느끼는 감정은 변화의 연속과정이므로 시간 안에서 이루어지는 일인데, 그런 것들이 시간을 초월한 영역 또는 시간이 정지된 상태에서 체험된다는 논리는 그 자체로 모순이다. 그리고 지상의 모든 경험을 초월하는 사랑과 행복을 인간이 갈망할 수는 없다. 경험이 없어 알지 못하는 것은 갈망의 대상이 될 수 없기 때문이다.

영생에 대한 관념은 인간 상상과 추론의 산물이므로 누구도 속성에 대한 명확한 설명을 제시하지 못한다. 누군가가 영생의 본질과 속성은

---

59. 『불멸에 관하여』, p. 75

60. 『죽음이란 무엇인가』(한국종교학회, 2009), p. 214 참조.

인간의 언어로 표현될 수 없는 범주에 속하는 것이므로 모호성을 지닐 수밖에 없다고 말한다면 그 또한 변명에 불과하다. 영생이 신으로부터 부여받은 계시라면 신이 영생의 성격에 대해서도 계시를 주었을 것이기 때문이다.

점(占)을 보는 것이 위험한 것은 점쟁이의 말이 맞기 때문이 아니라 점쟁이의 말에 의식이 갇히기 때문이다. 만일 '사업이 망할 것이다'라는 말을 들었다면 사업이 잘되고 있어도 '언제 망하지 않을까?'라는 의심을 떨쳐버리지 못하고 안절부절못하게 된다. 만일 사업이 망하면 '역시 점쟁이 말이 맞았어!'라며 자신의 삶을 운명론에 맡긴다. 삶은 자신의 노력 여부와 주변 환경과의 역학관계에 의해 전개되는 것이지 추상적인 운명론에 따라 진행되는 것이 아니다. 가톨릭이 말하는 것처럼 – 증명될 수도 없고 보장을 받을 수도 없는 – 영생을 얻느냐 멸절의 길을 가느냐는 것도 개인의 의식과 판단력을 가두고, 마치 얻을 수도 있는 것을 자신의 실수나 오판으로 잃게 되는 것은 아닐까라는 두려움에 전전긍긍하게 만든다. 영생이라는 것은 과연 있을까?

성서에 첨부된 영혼불멸과 부활 사상

초기 역사서(창세기, 탈출기)가 기록되던 당시의 유대인들은 내세나 부활, 영생에 대한 관념이 없던 상태에서 야훼도 여타의 다른 신들처럼 인간의 삶과 죽음의 통제권을 갖고 있다는 것을 말하기 위해 아담과 하와의 범죄 이야기를 창작하였다. 만일 그들이 삶과 죽음의 문제와 관련해서 내세나 부활에 대한 관념을 가졌다면 그들은 처음부터 일관되게 죽음에 대해 그리고 내세와 부활에 대해 언급하며 야훼의 심판을 강조했을 것이다. 하지만 그들에게는 그런 관념이 없었고 또한 그런 것들을 필요로 하지도 않았다. 성서 저술의 목적은 정치적 의도에 따른 야훼신앙의 구축에 있었기 때문이다.

창세기는 아담과 하와의 죄로 죽음이 세상에 들어왔으며 아담의 후손인 인간은 그들이 범한 원죄를 떠안고 세상에 태어나므로 죽을 수밖에 없는 운명을 타고나게 되는 것이라고 말한다(창세 2,8~25). 하지만 이런 묘사는 고대 토속 종교전통들이 말하는 것처럼 인간은 신에게 노여움을 안겨주어 죽을 운명에 처해졌다거나(바빌론신화), 신권에 도전하는 오만함에 벌을 받아 죽게 되었다거나(그리스신화), 본래부터 신에게 봉사하다가 죽는 운명을 타고났다(마야신화)고 말하는 것들과 별반 다르지 않다.

성서가 쓰여지던 시대에 유대인들이 말하는 죽음은 무엇을 의미했을까? 구약성서 가운데 「다니엘서」(기원전 170년경 마카베오항쟁 이후 저술로 추정) 이전의 책들은 대체로 육체가 죽으면 그만이며 내세나 영생은 존재하지 않는다고 암시한다. 모세오경과 역사서에는 이스라엘 민족의 초기 역사만을 이야기할 뿐 사후 내세와 영생의 회복에 관한 내용은 전혀 등장하지 않는다. 신의 종이라는 아브라함이 죽지만 신은 내세에 대한 아무런 약속도 하지 않으며(탈출 25,7), 신의 영도로 이스라엘 민족을 이집트 종살이에서 구했다는 모세에게도 신은 내세의 영생을 약속하지 않는다(신명 34,5). 이것은 초창기 유대인의 신앙에 내세나 영생에 관한 관념이 없었으며, 오직 신에 대한 믿음은 정치권력과 종교권력에 의한 통치 이데올로기의 수단에 불과했음을 다시한번 확인시켜 준다. 이후 근동지방의 타 토속종교전통을 습합하면서 영생과 구원에 대한 관념에 변화가 생겼고, 그러한 과정에서 야훼가 영원한 생명을 부여하는 신이라는 새로운 신 관념이 형성되었다.

유대 종교전통이 변화된 시대의 흐름에 부응하기 위해 내세와 부활의 개념을 야훼신앙에 첨부시킨 것은 바빌로니아 유배 중에 접한 삶과 죽음에 대한 이방 종교의 사상을 수용한 이후이며, 유대 종교전통이 영혼의 불멸성과 육체의 부활에 대해 처음으로 암시하는 내용은 바빌론 유배 시기(BC 5세기 말)에 완성된 '탈무드 판본'에 등장한다. 탈무드(Talmud, '가르침')는 구약성서 토라(오경, 율법서)의 주석서로 여러 판본이 존재하는데 그중 바빌론 유배기에 완성된 판본이 유대인들의 의식과 법의 바탕이 되었다. 참고로 유대인들은 성서 외에 토라의 주석서인 탈무드와 탈무드의 주석서인 '미쉬나'(Mishnah)도 사용하는데, 탈무드와 미쉬나에는 성서에 대한 해석과 삶의 지혜나 교훈을 담은 이야기들이 들어 있다.

성서에서는 「다니엘서」에 영생과 부활이라는 새로운 개념이 처음으로 등장한다(다니 12,2~13). 여기에서의 부활은 인간을 구원하는 동시에 신의 정의가 불의에 맞서 승리함으로써 신의 정당성을 입증할 수 있는 수단으로 묘사된다. 하지만 영생이나 상벌은 모든 사람이 아닌 일부에게만 적용된다. 또 신의 정의는 이 세상에서 완전히 실현되지 않기 때문에 인간의 현재 삶은 일부분일 수밖에 없고 나머지 부분은 신의 정의가 궁극적으로 실현된 내세에 채워질 것으로 묘사된다. 다니엘서가 쓰일 당시 유대인들은 물질주의자였으므로 부활은 육체의 부활을 의미했고 그것은 온전한 인간의 부활이기도 했다. 그 뒤 탈무드에 '육체의 부활은 영혼의 부활을 동반한다'는 내용이 소개되었다. 이러한 견해에 대한 반응은 분파별로 달랐다. 사두가이파는 내세가 없다는 관점을 지지하며 상벌은 오직 현생에서만 받는 것이라고 믿었고, 바리사이파는 영혼불멸성을 믿으며 영혼이 내세에 육체와 함께 부활하여 영원히 벌을 받거나 상을 받을 것이라고 믿었다. 내세와 부활에 관한 명확한 관념이 없었던 유대교에 영혼은 소멸되지 않으며 세상 종말의 날에 신이 의도한 완전한 세계가 이룩되고, 인간은 신으로부터 파견된 심판관에 의해 심판받아 영생을 얻게 된다는 이론을 제시한 인물은 예수 등장 이전에 활동했던 알렉산드리아 출신의 필로(Philo, AD 20~40년 활동)다.

필로는 플라톤의 저서 『티마이오스』에서 구약성서의 천지창조와 비슷한 이야기를 찾아냈는데, 양쪽 다 실체 없이 존재하며 세상을 창조한 신이 있고, 그 신은 창조 이후에도 물질세계에 관여한다고 되어 있다. 플라톤은 신 이외에도 진리나 아름다움과 같은 이상적인 형상(idea)이나 물질세계를 이루는 무형의 기본 부분 등 영원한 것들이 존재한다고 본 반면, 필로는 오직 신(神)만이 영원하다고 보았다. 그리고 필로는 플라톤이 말한 형상을 신의 생각으로 이해하여 '로고스'(logos, '말, 이성, 계획')라 부르고, 우주를 '존재의 대사슬'(신-로고스-세상)로 보면서 위에는 신이 있고 중간에는 로고스가 있으며 그 로고스는 '신의 장자'(天子)로서 신과 세상을 연결하는 다리 역할을 한다고 보았다. 이런 필로의 사상은 훗날 가톨릭 사상에 영향을 미치게 된다. 필로는 플라톤처럼 영혼에는 두 종류가 있다고 생각했다. 하나는 세상 초기에 창조되어 육체 이전부터 존재하는 이성적인 영혼이고, 다른 하나는 인간과 동물의 육체와 함께 창조되는 비이성적인 영혼이다. 그런데 일부 이성적인 영혼은 육체 없이도 존재한다. 그 예로 천사를 들 수 있다. 다른 이성적인 영혼은 인간이 태어날 때 즉, 육체와 함께 창조된 비이성적인 영혼을 가진 인간에게 주어진다. 이성적인 영혼은 인간 사후에도 지속되며, 인간이 타고난 비이성적인 영혼은 육체와 함께 소멸한다. 이성적인 영혼이 소멸하지 않는 이유에 대해 플라톤은 영혼의 본질이 그렇기 때문이라고 생각했고, 필로는 신의 은혜 때문이라고 생각했다.

증명 불가능한 신을 주제로 이론을 전개한 사상가나 신학자들의 이론은 가설 명제에 대해 자기 개인의 상상을 피력한 또 하나의 가설에 불과하다. '신은 존재한다'고 전제한 명제가 이미 '신 존재 가설 명제'이기 때문이다. 필로는 인간은 신과 하나가 될 수 있으며, 그런 신비로운 합일(sober intoxication, 깨어 있는 도취)을 통해 인간은 물질세계에서 영원한 세계로 나아간다고 믿었다.[61] 가톨릭 사상에 종말론적 세계관이나 플라톤주의가 스며들게 된 것은 필로의 영향이다.

불멸을 향한 욕망과 죽음

가톨릭은 인간의 영혼은 불멸하며, 인간은 생물학적 죽음 이후에도 그리스도의 은총으로 영원한 생명을 얻어 누리게 된다고 말한다. 가톨릭이 말하는 예수는 참으로 인간에게 영원한 생명을 부여하는 그리스도인가? 예수가 그리스도인가를 묻기 위해서는 우리는 먼저 사람은 그리스도 또는 신(神), 구원자를 필요로 하는지, 그리고 구원자를 필요로 하는 이유는 무엇인가를 물어야 한다. 이에 대해 혹자는 사람에게는 영혼이 있고, 영혼은 신만이 구원할 수 있기 때문에 구원자를 필요로 한다고 말한다. 그렇다면 인간에게 불멸의 영혼이 있다는 명제는 참인가?

---

61. 『영혼과 자아의 성장과 몰락』, 레이먼드 마틴 저, 마리 오 역, 영림카디널, 2008. 참조.

어떤 통계에 따르면 미국인들 중 71%, 영국과 독일인은 60%, 인도인은 90%, 아프리카 국가들은 거의 100%에 가깝게 영혼이 있다고 믿는다. 하지만 어느 누구도 영혼이 있다고 단정 지어 말할 수는 없다. 그렇게 말하기 위해서는 영혼 존재를 증명하는 근거를 제시하여야 하는데 누구도 그런 근거를 제시할 수 없기 때문이다. 사람들이 영혼이 있다고 믿는 이유, 또는 영혼이 존재하기를 소망하는 까닭은 영혼이 존재해야만 영생이 가능하다고 생각하기 때문이다. 그리고 영혼이 있다고 믿기 때문에 영혼을 구원해 줄 신을 필요로 한다. 역으로 말하면, 영혼이 없다면 영생을 소망하지도 않고 신도 필요 없다는 말이 된다.

죽음의 문제에 대해 잠시 생각해 보자.

죽음은 나쁜 것인가? 죽음은 무섭기만 한 그 무엇인가? 사람들이 죽음을 두려워하는 이유 중에 가장 큰 비중을 차지하는 것은 '존재의 상실감'이다. 죽음이 일생 수고하며 희로애락 속에 살아온 삶의 전부와 존재의 주체인 자기 자신을 무(無)가 되어 버리게 만든다는 상실감이 죽음을 나쁜 것이며 무서운 것으로 인식하게 만든다. 어떤 이들은 죽음을 숙명으로 받아들이고 죽음을 끝이라고 생각하게 하면 삶을 비관하게 만들어 삶의 활기를 잃게 하고, 힘들여 수고하고 애쓰며 살아야 할 삶의 동기부여나 의미부여를 무효한 것으로 만들며, 미래에 대한 계획을 세울 필요도 없이 되는대로 살아도 된다는 무책임한 인생관을 부여하게 된다고 말한다. 하지만 내세를 보장한다는 신앙을 갖지 않은 사람일지라도 자신의 인생을 그렇게 무책임하게 아무런 계획 없이, 의미부여도 하지 않으며, 대충 되는대로 사는 사람은 없다. 사람들은 자기에게 주어진 삶을 보다 행복하게 누리기 위해 노력하고, 자녀를 잘 양육하고 자녀의 미래를 열어주기 위해 수고하는 것을 마다하지 않으며, 세상과 이웃이 자신의 도움을 필요로 할 때면 기꺼이 그들을 위해 수고하는 것을 기쁘게 생각하고, 매 순간 인간다운 모습으로 의미 있게 살려고 고뇌한다. 이런 면에서 보면 한 사람의 인생관과 신앙과의 연관관계는 별로 크지 않은 것으로 보인다. 그리고 신이 없어도 인간은 충분히 선하고 아름답고 성실하게 생활한다. 또한 신앙이 있다고 해서 죽음을 두렵지 않게 여기는 것도 아니고, 천국에 대한 확신을 갖는 것도 아닌 것처럼 보인다. 충북 제천에서 발생한 건물 화재(2017. 12. 21.) 사고로 어느 교회 목사가 사망하는 사건이 있었고, 교회 신도들이 목사의 죽음을 애석해하면서 통곡하는 모습이 TV를 통해 방영되었다. 인간적인 슬픔이야 충분히 이해하지만, 그들의 논리에 따르면 – 고인에게는 송구한 마음이지만 – 고대하고 힘주어 강조하던 천국에 들어가 영생을 얻게 되었으니 축제를 벌이는 정도까지는 아니어도 서로 축하의 인사를 나누어야 하는 것 아닌가? 하지만 어떤 이의 얼굴에서도 환한 미소를 띠거나 부러움을 드러내는 표정을 보지 못했다. 가톨릭의 주교 장례미사에서도 풍경은 유사하다. 말로는 하늘나라에서 영원한 안식을 누리고 부활하여 신의 생명에 들었을 것이라고 하면서도 표정은 그리 밝지 못하다. 마냥 애석해 하고 애도하고 슬퍼할 뿐이다. 부활에 대한 확신이 없거나 부활을 그저 막연한 그 무엇 정도로 여긴다는 반증일 것이다. 차라리 살고 죽는 것은 자연의 이치이니 한 번 왔으면 가는 것이 순리라는 초연한 자세를 갖는다면 담담하게 떠나보내는 슬기를 보였을 것이라는 생각이 든다.

죽음 이후에도 생명은 계속되는가 또는 삶이 끝난 후에도 삶이 지속되는가 라고 묻는 것은 자기 모순적 물음이다. 삶(생명)이 끝난 상태에서는 더 이상 삶(생명)이 존재할 수 없기 때문이다. 그리고 설령 죽음 이후 어떤 삶이 존속된다고 해도 그 삶은 죽은 이와 관련이 없다. 죽은 이는 이미 죽어 해체되고 없어졌기 때문이다.[62] 인간은 죽음으로 인한 자신의 비존재 상태를 알 수 없고 상상조차 할 수 없다. 그런데 죽음이 가져올 존재의 상실감은 공포를 낳고, 죽음에 대한 기피증을 유발하며, 이를 벗어나 영원히 살고자 하는 인간의 욕망을 부추긴다. 그래서 이집트는 육체적 생존을 열망하여 미이라를 만들었고, 진시황은 생명의 묘약을 찾아 방황하였으며, 철학적 사유자들은 영혼이라는 관념을 상상했다.

영혼 가설[63]

영혼은 그 역사가 오래되었으며 동시에 직관적인 개념이다. 인류학자들은 인간의 두뇌 기능이 발달하면서 미래를 예측하는 능력이 향상되었고 죽음과 죽음 이후의 내세에 대해 사고하게 되었다고 말한다. 어떤 문명권에서는 기원전 2만 년경부터 죽은 자에게 꽃가루를 뿌리는 등 장례의식을 장엄하게 거행한 흔적이 발견되었고, 그들의 생활지 근처 무덤에서 발견된 시신은 동물의 이빨이나 조개껍질로 만든 목걸이를 걸치고 있고, 시신 옆에는 먹을 것이나 도구가 놓여 있었다. 이것은 당시 사람들이 죽은 자는 사후세계로 떠난다고 믿었다는 것과 사후

---

62. 『죽음이란 무엇인가』(셸리 케이건, 2012), pp.19~20.

63. 이 부분은 『영혼과 자아의 성장과 몰락』과 『서양철학사』(스털링 P. 램프레히트 저, 김태길 역, 을유문화사, 2008)를 참고하였다. 영혼 존재에 대한 주장은 근거 없는 가설일 뿐이라고 말하는 셸리 케이건의 저서 『죽음이란 무엇인가』(셸리 케이건, 2012), pp. 42~87를 참고하면 영혼가설 이해에 도움이 될 것이다.

의 세계에서도 도구와 식량이 필요하리라고 여겼다는 것을 보여준다. 이렇게 형성된 죽음과 내세에 대한 사고는 인간에게 존재 불멸의 욕망을 부추겼고, 다양한 문명들 속의 많은 사람들은 인간의 내부에 어떤 영적인 또는 비물질적인 부분이 애초부터 존재한다고 믿었으며, 그것은 부패하거나 파괴되지 않는다고 생각했다. 어떤 문화권에서는 호흡이나 의식, 지성, 욕망과 같은 비물질적인 작용은 영혼과 관련되어 있다고 생각했고, 영혼이 육체를 떠나 생명의 기운이 몸에서 빠져나가는 것을 죽는 것이라고 이해하기도 했다. 그리고 부패하지 않는 비물질적인 영혼은 신으로부터 주어지고, 육체가 죽으면 영혼은 다시 신에게로 돌아간다는 믿음이 생기면서 신을 숭배하는 신앙이 형성되었다.

기원전 1천여 년 전부터는 영혼과 영혼 존재의 유무에 대한 논의가 활발히 이루어지면서 온갖 가설이 등장하였는데, 특히 그리스인들이 영혼이나 내세에 대한 깊은 사유를 가지고 있었다. 그들은 호메로스(BC 800~750)의 영향을 받아 사람은 '프시케'(psyche, 아직은 영혼으로 지칭되지 않음)를 가지고 있으며, 프시케는 호흡(pneuma)에 관여한다고 생각했다. 그리고 몸이 죽으면 신체의 모든 기관들은 그 기능을 상실하지만 오직 숨결 모양의 프시케만이 육체를 떠나 저승에서 유령이나 망령의 형태로 존재한다고 믿었다. 이후 내세에 관심을 기울이면서 인간의 몸을 떠난 프시케의 운명은 이승의 삶의 질에 좌우된다는 도덕적인 개념을 갖게 되었다. 프시케라는 단어는 기원전 5세기 초부터 새롭게 인간 또는 생명으로, 어떤 경우는 인격 또는 감각을 지닌 실체로 해석되었다. 하지만 모두 프시케를 감정과 욕구를 가진 육체적인 기능으로만 보았다. 그러다가 오르페우스교(教)(윤회나 응보를 믿는 신비종교의 하나)와 그리스 샤머니즘의 영향을 받은 후기 사상가들이 등장하면서 프시케는 영적인 존재, 곧 '영혼' 또는 '자아'로 그려지기 시작했다. 자아(自我)에 관심을 기울인 최초의 철학자는 피타고라스와 엠페도클레스로 둘 다 샤머니즘에 심취했었던 것으로 추정된다.

피타고라스(BC 530년경)는 신봉하던 오르페우스교의 영혼불멸설과 윤회사상을 믿었다. 정결한 혼은 영원히 신들과 함께 거하고 불결한 혼은 신들 곁에 머물면서 인간이나 짐승 또는 더 비참한 존재로 환생할 기회를 기다린다는 것이다. 피타고라스와 엠페도클레스(BC 450년경)는 영혼 또는 자아는 무실체로 육체 이전부터 존재하며, 생전에 몸을 벗어날 수도 있고, 육체보다 더 오래 지속된다고 주장했다. 이들의 사상은 후대 플라톤과 아우구스티누스, 가톨릭 교부들, 가톨릭 신학에 영향을 미쳤다.

피타고라스에 이어 등장한 인물은 헤라클레이토스(BC 535~475)다. 그에 따르면 인간의 영혼은 물에서 떠올랐으며 바르게 살면 영혼은 점점 건조해진다. 영혼이 건조하면 건조할수록 그 인간은 더욱 생기 넘치고 고결해진다. 욕망과 열정으로 채워진 인간의 영혼은 습한 상태에 머문다. 영혼은 몸이 죽으면 일단 그 몸에서 분리되며, 어리석은 사람의 습한 영혼은 물로 되돌아가고, 지혜로운 사람의 건조한 영혼은 우주의 불(火)과 결합한다.

소크라테스(BC 470~399)는 그리스인들이 인간이 죽을 때 마지막으로 내쉬는 숨(pneuma)을 영혼이라고 생각한 것을 부정했다. 호흡은 영혼이 아니다. 그는 인간의 영혼은 실체가 없고 신에 가까우며 소멸하지 않는다고 생각했다. 내세에 대해 소크라테스는 말년에 죽은 자와 대화를 나눌 것이라는 생각에 기뻐했다는 점으로 미루어보아 영혼은 이승의 기억과 생각들을 간직하며 불멸한다고 생각했던 것 같다.

플라톤(BC 429~348)은 서구 세상에서 영혼이야말로 인간의 본질적인 부분, 즉 진정한 자아이며 본질적으로 불멸의 존재라고 주장한 최초의 인물이다. 그는 영혼은 그 사람의 본질이며, 실체가 없고 물질도 호흡도 아니며 불변 · 불멸하는 존재라고 말한다. 이것은 '영혼은 육체를 벗어날 수 있는 무실체'라고 주장한 피타고라스와 '연장될 수 있는 것은 그 본질상 분해될 수 있고 소멸할 수 있으나 실체가 없는 것(무실체)은 분해되지 않고 소멸할 수도 없다'고 말하는 기하학에 바탕을 둔 주장이다. 영혼은 실체가 없는 무실체이므로 불멸하는 존재라는 것이다. 플라톤은 영혼의 성격에 대해, 영혼은 생명력의 원천이며 육체를 움직이는 기능이고, 인간의 인지, 욕구, 의사결정, 고통, 쾌락 등 다양하고 복잡한 정신기능의 원천이라고 말한다. 또한 영혼은 오염된 육체를 벗어나는 순간 진리를 깨닫고 전생을 기억하는 상태에서 환생한다고 믿었다.

플라톤에게 불멸하는 영혼 사상이 필요했던 것은 인간이 어떻게 신 존재를 상상할 수 있고, 인간에게 어떻게 통합적인 사고가 가능한가에 대해 설명할 수 없었기 때문이다. 오늘날 생물과학이 뇌기관의 작동원리를 이해하고 설명하는 것처럼 뇌기능에 대한 이해를 가졌다면 영혼 가설을 전제할 필요가 없었을 것이다. 하지만 당시로서는 인간의 놀라운 이성작용에 대해 달리 설명할 방법이 없었으므로 인간 내부에 선재한다고 믿는 영혼이 인간의 사고를 작동시키는 원리로 기능한다고 생각한 것은 자연스러운 일이었을 것이다. 물론 영혼이 그런 기능을 수행한다는 것을 입증하는 근거는 없다.

아리스토텔레스(BC 384~322)는 우주에서의 인간의 위치와 영혼과 육체의 관계를 분석하는 것에 관심을 기울였고, 우주 만물은 물질과 형상의 조합으로 실체가 있다고 믿었다. 그는 존재의 등급에서 가장 낮은 곳에는 무생물이 있고 그 위에 식물 · 동물 · 인간이 있고, 가장 높은 곳에는 부동의 동자(動子. 자신은 움직이지 않으면서 다른 것을 움직이게 하는 존재)가 있는데, 부동의 동자는 순수형상이라고 말한다. 훗날 아퀴나스와 가톨릭은 그 존재를 신, 야훼로 해석했다.

아리스토텔레스는 플라톤의 영향을 받아 무생물을 제외한 만물은 영혼이라는 생명의 근원을 가지고 있는데, 영혼은 여러 부분들로 이루어져 있으며 각각 그 기능이 다르다면서 영혼에 등급을 부여했다. 그에 의하면 식물혼은 오직 식물에만 존재하고, 식물혼 위에 있는 감각혼은 상상, 기억, 욕구, 움직임을 유도하는 감각능력을 지니며 동물에만 존재한다. 최고층에는 이성혼이 있는데, 이는 열등한 혼들이 지닌 모든 능력에다가 누스(nuus. 이성 또는 지성)가 포함된다. 이성혼은 과학적 사고나 숙고, 심의, 판단 등을 담당하며 진리를 추구한다. 누스를 제외한 영혼은 육체와 동시에 형성되며 육체에서 분리될 수 없다. 그리고 영혼은 육체가 소멸할 때 함께 소멸하게 되고 누스만이 불멸한다. 누스는 내부에서 생성되는 것이 아니라 무(無)에서 오며, 신성을 띠고 있고, 스스로 행할 능력과 다른 행동을 수용할 능력을 가지고 있다. 아리스토텔레스는 불멸하는 것은 모든 인간이 공유하는 누스이지 영혼이나 각 인간을 구별하는 물질이 아니라고 하면서 개별 존재의 불멸과 내세를 부정하는 입장을 비친다. 물질로 이루어진 인간은 자신의 기억과 함께 사라지고 모든 인간이 공유하는 형상, 즉 누스만 남게 된다는 것이다.

놀랍게도 기원전 5세기에, 영혼이 존재한다는 전제 아래 영혼의 성격과 기능에 대해 전개하는 논리는 모두 쓸모없는 가설일 뿐이라고 치부해 버리고, 영혼이 아닌 뇌가 정신의 중심지이며 영혼이라는 것은 없다고 주장하는 사람들도 있었다. 우주의 모든 것이 물질로 구성되어 있다고 주장하는 물질주의 원자론자들이다. 원자론의 창시자는 레우키포스(BC 440년경 활동)와 데모크리토스(BC 460~370)인데, 이들의 원자론을 신봉한 에피쿠로스(BC 341~270)는 원자론을 생활철학으로 끌어들여 쾌락은 선이고 고통은 악이며 죽음에 대한 공포는 기우에 지나지 않다고 주장했다. "죽음에 대한 공포는 영생을 갈망하는 마음에서 비롯된다. 죽음은 육체의 원자복합체가 분해, 해체되면서 쾌락이나 고통을 느끼는 주체가 사라짐을 의미한다. 그러므로 죽음이 우리에게 아무런 의미가 없다는 사실을 깨달으면 인생이 즐거워진다." 에피쿠로스의 이론을 따르는 에피쿠로스학파는 영혼의 존재와 사후세계를 부정하고, 행복은 쾌락에 있다고 말한다. 그들이 말하는 쾌락은 타락이나 방종을 의미하는 것이 아니라 소박한 취향에의 몰입에서 얻게 되는 즐거움이다. 그래서 그들은 세상의 번잡함과 소란스러움에서 벗어난 은둔생활을 강조하고, 만물과 사회적 현상은 모두 물질적이며 소멸되는 것이 자연스러운 것이므로 신에 대한 경외나 죽음의 공포는 무의미하다고 말한다.

히포크라테스(BC 460~370)를 중심으로 한 '의학적 물질주의'는 모든 질병은 육체적 인간의 상태에서 기인하며, 정신질환 또한 신이 아닌 뇌의 상태에서 기인한다고 말했다. 그들은 헤로필로스(BC 335~280)의 해부학적 연구와 헤리시스트라토스(BC 330~250)의 연구관찰을 통해 신경이 뇌와 나머지 몸을 연결한다는 사실을 밝혀냈고, 이를 통해 육체와 정신이 어떻게 상호작용하는지 물리적으로 설명할 수 있는 수단을 제공함에 따라, 뇌가 정신의 중심지이며 인체는 더 이상 실체가 없는 정신을 필요로 하지 않는다는 주장을 펼쳤다.

영혼의 크기는 얼마만 한가? 깨알만 한가? 깨알만 했다가 머리만 한 크기로 커지기도 하고, 다시 깨알 크기로 작아지는 변화를 갖는가? 영혼은 몸의 어디에 위치하는가? 영혼이 비물질적이며 영적인 실체라면 존재를 위한 공간이 필요하지 않으며, 그 형태나 크기를 규정할 수 없다. 그리고 '영적 실체'를 상상할 수 있고 영적 실체라는 용어 자체를 언어로 표현할 수는 있지만 그 본질이 무엇인가에 대해서는 언어로 규정할 수 없다. 영적인 존재란 인간 상상으로만 추정할 수 있는 막연한 무엇이기 때문이다.

역사 안에서 사람들이 영혼에 관심을 기울인 근본적인 이유는 죽음에 대한 공포에서 탈피하여 영원히 살고자 하는 불멸의 욕망 때문이었다. 그리고 여기에 생명의 기원과 생명의 본질에 대한 답을 찾고자 하는 탐구, 인간의 의식(意識)과 사고 작용, 감정의 인식 등이 어떻게 이루어지는가에 대한 답을 찾고자 하는 과정이 더해져 영혼 가설이 비롯되었다. 플라톤의 경우에서 보았듯이 인간의 인지, 욕구, 의사결정, 고통, 쾌락 등 다양하고 복잡한 정신기능의 원천은 두뇌의 작용이라는 것을 알지 못한 사상가들은 인간의 의식과 이성작용 등을 일으키는 영혼이 있다고 생각했고, 그 영혼의 성격과 속성에 대한 사유가 이어지면서 영혼은 비물질적인 실재이며 불멸한다는 가설을 제시하게 되었다. 그리고 영혼은 불멸하므로 죽음을 넘어서는 영생이 있다는 생각까지 상상의 장이 확장되면서, 그 영혼은 신이 관장한다고 생각했다.

사상가나 철학자들이 말하는 영혼에 대한 가설들은 다른 이들의 가설에 자신의 생각을 첨부하여 보완하거나, 타인의 가설을 배제하고 자신의 의견을 제시하는 형태로 이어지는 것을 볼 수 있다. 하지만 그 어떤 의견도 영혼이 존재한다는 증명이 될 수 없다. 플라톤과 아리스토텔레스의 가설을 받아들여 영혼은 생명력의 원천이며 생명의 기운이고 정신기능의 원천이라고 말하는 사람들이 있다. 영혼이 존재하여야만 존립 정당성이 확보되는 가톨릭도 그중 하나다. 이에 대해 과학자들은 생명은 유기물의 화학 작용과 신체 기관들의 물리적인 상호 연관 작용에 의해 이루어지는 것이고, 인간의 의지나 지성, 판단력, 창의력, 오감으로 느끼는 감정 등의 정신기능을 영혼이 담당한다는 근거가 없으며, 그것은 인간의 뇌 기능에 의한 것이라고 말한다.[64]

사실 뇌과학이나 생물학, 생명공학이 발달하여 뇌기관의 기능과 작용에 대한 원리가 밝혀지기 전까지는 영혼이 정신기능의 원천이라는 가설이 인간의 이성과 지성활동에 대한 그럴싸한 답처럼 보인 것은 사실이다. 하지만 까마귀가 나뭇가지를 이용하여 곤충을 잡거나, 강아지가 주인의 발소리를 듣고 달려오는 것, 오랑우탄이 과일이 어떤 시점에 열리고 익는지를 아는 것은 꼭 영혼이 지시하고 알려주어 얻게 되는 지혜나 감각이 아니라 발달된 뇌기능의 활용으로 이루어지는 일이다. 인간은 그보다 훨씬 더 진화과정에서 발달된 뇌를 갖게 되었고, 인간의 모든 이성작용은 뇌기능에 기인한다. 그래서 뇌신경에 이상이 생기거나 뇌기능에 장애가 발생하면 기억이나 사고나 판단 등에 문제가 발생하게 되는 것이다.

---

64. 『죽음이란 무엇인가』(셸리 케이건, 2012), pp. 38~40. 『1.4킬로그램의 우주, 뇌』, pp. 40~45 참조.

영혼이 있다고 믿는 사람들의 다양한 이론을 종합하여 요약하면, '인간은 외부로부터 영혼을 부여받으며, 그 영혼의 조종으로 이성적 사고와 의식이 작동하고, 죽은 후에는 영혼이 살아남아 내세에서 새로운 삶을 살게 된다'로 정리할 수 있다. 특히 불멸의 욕망에서 탐구된 영혼 개념은 죽음으로 인해 모든 것이 끝나고 목숨을 포함한 모든 소중한 것들을 박탈당하게 된다는 상실감에 휩싸인 사람들에게 믿을만한 근거가 전무함에도 영혼의 존재 가능성에 대한 강력한 믿음에 매달리게 하였고, 영혼의 관리자로 인식된 신에게 의탁하려는 마음을 불러 일으켰다. 그리하여 다양한 문화에서 다양한 형태의 종교가 존멸하는 역사가 펼쳐졌고, 인간의 영혼을 담보로 사람을 통제하고 조종할 수 있는 종교권력이 등장하는 동기로 작용하였다. 하지만 영혼과 영혼의 본질에 대한 다양한 설명들은 사유자 개개인의 상상의 가설이며 그 어떤 의견도 영혼이 존재한다는 증명이 될 수 없으며, 지금까지 영혼의 존재를 인정하고 받아들여야 할 타당한 이유나 이론도 제시되지 못했다. 영혼의 실재와 본질에 대한 이론은 가정과 추측일 따름이다.

영혼과 죽음과의 관련성

영혼에 대한 사유와 함께 영혼과 죽음과의 관련성에 대한 논의도 활발히 진행되어 온 것은 지극히 당연하다. 고대 히브리세계 즉, 유대사회와 성서 전통은 인간 그 자체 안에는 어떤 불멸적인 신성한 본질도 갖고 있지 않다고 생각했으며, 죽음으로 인간의 삶은 종료되고 신은 현세의 삶에만 개입한다고 여겼다. 반면 그리스 헬레니즘은 인간에 대해 이원론적인 입장을 취한다. 인간은 각각 독립된 두 실체인 영혼과 육체의 결합체이며, 육체의 생명이 끝나도 불멸성을 지닌 영혼은 살아

남아 신의 세계로 들어간다고 여겼다. 가톨릭은 영혼의 존재를 전제하면서도 헬레니즘과 달리 통합론적 입장을 취한다.

가톨릭에 의하면, 인간은 영혼과 육체의 통일체다. 따라서 영혼 없는 육체 또는 육체 없는 영혼은 인간으로 볼 수 없다. 영혼만 있다면 유령일 뿐이고, 육체만 있다면 그것은 시체에 불과하다.[65] 영혼은 인간에게 부여된 신적인 생명의 현존, 신의 존재 양식, 신의 현존 행동이며(사도 17,25.28), 불멸성을 지니므로 육체의 죽음 이후에도 살아남게 되고, 이 불멸하는 인간의 영혼은 죽음의 순간에 신이 부여하는 신령한 육체(영적인 몸)와 결합된다(1코린 15,44). 이로써 죽었던 인간은 새로운 영적 실체로 재창조된 완전한 인간으로써 새로운 삶, 영생으로 건너간다. 하지만 가톨릭은 이러한 존재 양태의 전환과 변화가 어떻게 이루어지는가에 대해서는 단지 신의 개입으로 이루어지는 일이므로 인간은 이해할 수 없다고만 말한다.

여하튼 가톨릭은 인간은 죽음의 상태에서 인간의 생명을 받아들이는 신의 권능과 지배하게 놓이게 되며, 신의 생명에로 거두어져 신의 생명 안에서 새로운 존재양식으로 보존되고 살게 된다고 말한다(천국의 삶). 따라서 가톨릭이 말하는 죽음이란 신의 생명과의 사귐, 교통, 참여, 새로운 존재 양식으로의 전환, 신의 생명으로 덧입는 사건의 변화이고(루카 20,38; 2코린 5,15~17 참조), 영생이란 인간의 유한성과 사멸성으로부터의 구원 또는 생명의 연장이거나 현재적 생명 양태의 장소 이동이 아닌 신의 생명과의 완전한 합일이다.[66]

---

65. 『죽음이란 무엇인가』(한국종교학회, 2009), p. 206.
66. 『위의 책, pp. 214~215.

가톨릭의 이런 설명에 따른다면 다음의 문제가 발생한다. 먼저, 예수와 그의 제자들은 영혼의 불멸성을 믿었는가? 죽음 후 천국으로 직행할 영혼이 있다는 확신을 갖는다면 죽음을 두려워할 이유가 없다. 하지만 예수는 라자로의 죽음에 눈물을 흘렸고(요한 11,35), 자신의 죽음을 앞두고는 공포와 번민에 휩싸였으며(마르 14,33), 십자가 위에서는 절규하였다(마르 15,34). 그리고 그의 제자들은 자신들도 잡혀가 처형될 것을 두려워하여 피신하였다. 예수는 자기 스스로 사람의 아들(루카 9,22)이며 야훼의 아들(마태 11,27)임을 자처했고, 부활 후에야 메시아 지위를 가졌다는 바울의 주장(고양 신학)을 인정한다고 하더라도 그는 스스로 자신이 죽었다가 부활하게 될 것이라고 선언한 메시아다(마태 16,21~23; 마르 8,31~33). 그런 예수나 그의 제자들이 죽음 앞에서 두려움을 느꼈다는 것은 영혼의 존재에 대한 이해가 없었다는 것을 보여 주는 것이며, 육체적 죽음이 영혼의 해방이라는 것을 믿지 않았다는 반증이다. 예수가 사후에도 살아남을 불멸의 영혼이 있다고 확신했다면 그리고 사도들이 예수가 죽어서도 불멸의 영혼으로 다시 찾아온다는 의식을 갖고 있었다면, 예수는 자신의 죽음 앞에서 번뇌하지 않았을 것이며 그의 제자들도 예수 처형의 현장에서 도망치지도 않았고, 자신들도 예수처럼 잡혀가 죽게 될지도 모른다는 두려움에 싸여 다락방에 숨어 있지도 않았을 것이다. 예수나 그의 제자들은 영혼의 불멸성이나 사후 신적인 생명과의 합일이라는 사상을 갖고 있지 않았으며, 그래서 죽음에 대한 두려움과 죽음으로 인한 인간의 소멸에 대해 고뇌한 것으로 볼 수 있다.

또 다른 질문이 대두된다. 영혼이라는 것이 있다면 영혼은 불멸의 존재이므로 신의 개입이 없어도 영원히 존속한다(그리스 철학 사상). 그럼에도 가톨릭은 생물학적으로 죽은 사람은 신령한 영적인 몸을 입어 완전한 영적 실체의 인간으로 재창조되어 신의 생명과 일치된다고 설명한다. 가톨릭의 설명처럼 부활이 신의 생명과의 완전한 합일을 의미하는 것이라면 왜 인간은 그 생명에 들어가기 위해 신령한 육체를 필요로 하는가? 영혼만으로는 자격이 안 되는가? 만일 신령한 육체가 순수 영적 실체라면 영혼과 신령한 육체는 어떻게 구별되고, 이 두 실체는 어떻게 상호 결합되는가? 영혼이 신의 생명으로 녹아들어 완전한 합일을 이루는 것이라면 각 개인의 개별성은 보존되는가 소멸되는가? 개인의 개별성이 소멸되어 개체의 인격동일성이 사라진다면 영생은 각 개인에게 어떤 의미가 있는가? 영혼은 현세 삶의 어떤 부분을 간직하는가? 삶의 경험에 대한 기억인가? 육체적이고 감각적인 것들에 대한 느낌인가? 기쁨과 슬픔과 고통에 대한 감정인가? 단지 생명만 보존하는가?

우리는 누구라도 신이 있고 영혼이 있다면 신의 속성은 어떠할 것이며, 영혼은 어떤 본질을 지닐 것이고, 내세가 어떤 모습일 것이라는 상상쯤은 충분히 할 수 있다. 단테의 『신곡』이 뛰어난 작품이기는 하지만 특별한 작품은 아니다. 가톨릭이 말하는 교의의 뼈대만 이해하면 유사한 작품은 얼마든지 가능하다. 중요한 것은 인간 상상력의 한계다. 가톨릭은 온갖 철학적 사고와 형이상학적 사유를 총동원하여 존재할 법한 신에 대한 논리를 체계적으로 다듬고 구체화하였지만, 꼬리를 물고 이어지는 연계 물음에는 정확한 답을 제시하지 못한다. 선언적인 구호만 있을 뿐이다. “믿기 위해서 아는 것이 필요한가, 알기 위해서 믿는가?”(아우구스티누스) 신은 인간이 파악할 수 없는 미지의 영역에 대한 상상의 산물이며, 상상의 산물인 신과 내세와 영생은 '믿는다'고 해서 그 실체가 존재하게 되는 것도 아니고, 알기 위해 노력한다고 해서 없는 것이 생겨나는 것도 아니다.

우주 어딘가에 로마시대 카이사르와 조선시대 이순신 장군이 활쏘기를 하는 성(城)이 있을 것이라는 상상은 누구나 할 수 있다. 하지만 영혼이 존재한다거나, 그 영혼이 무슨을 기억한다는 것을 입증할 근거는 없다. 영혼이라는 개념은 영혼이 존재하기를 희망하는 사람들의 상상의 산물이며, 영혼이 현세의 기억과 감정과 이성적 판단 능력을 갖는다고 생각하는 것도 영혼의 존재를 전제한 인간의 상상적 추론일 뿐이다. 그리고 설령 영혼이 있다고 해도 그 영혼을 관장하는 신이 꼭 야훼여야 할 이유 또한 없으며, 그가 야훼라는 타당한 근거도 없다. 그리고 각 개개인이 영혼을 관장하는 신과 개별적으로 관계를 맺고 통교하는 것은 불가능하고, 교회를 통하고 교회가 정한 의식을 통해서만 통교할 수 있다는 가톨릭의 주장은 무엇에 근거한 것인지 묻지 않을 수 없다.

가톨릭은 자신의 존재성을 보존하고 유지하기 위해서 그에 합목적적인 근거를 제시할 필요가 있는데, 교회 없이도 인간 개개인이 신과 통교할 수 있다는 것을 인정하면 교회도 성직자도, 전체를 관리하고 관할하는 교황청도 그 존재 근거를 상실하게 된다. 또한 죽음 이후의 내세가 없다거나 영혼이란 것은 인간 상상의 산물일 뿐이라는 주장을 인정하면 종교 자체가 정당성을 상실하게 되므로 전혀 합리성이 결여된 논리로라도 영혼의 존재에 대해, 천국의 존재에 대해 강조하여야만 할 것이다.

영혼 존재에 대한 사유는 상상의 가설이며, 영혼이 있다거나 인간에게 영혼이 필요하다는 것을 인정할 만한 타당한 이론이나 합리적인 근거의 제시가 없으므로, 영생을 보장한다는 종교전통이나 영혼 존재를 전제한 부활 사상 또한 상상에서 추론한 허구이고, 영생도 사유의 산물에 불과하다고 할 수 있다.

가톨릭 종교전통

복음서 이전의 유대 상황

Ⅳ부에서 언급한 유대 종교권력의 소멸과 가톨릭 종교권력 출현 과정의 세부적인 내용을 살펴보자.

정치권력과 종교권력이 통치 이데올로기로 활용하고자 창작한 야훼 신앙 신화는, 생활환경과 문화가 급변하는 상황에 대처하면서 이방국의 토속 종교전통을 습합하거나 그리스 철학자들의 사상을 교리의 합리성 강화를 위한 수단으로 활용하면서 그 정당성을 더욱 공고히 구축해 나갔고, 종교권력은 더욱 강력한 통제력으로 민중을 조종할 수 있었다. 하지만 이스라엘은 강대국의 지배에서 자유로울 수 없었는데, 기원전 538년부터는 페르시아의 속국이 되어 통제를 받았고, 기원전 332년에는 페르시아를 멸하고 신흥 강국으로 떠오른 마케도니아의 알렉산더 대왕(BC 332~320)과 이집트의 그리스계 프톨레마이오스 왕가(BC 320~200), 이어서 시리아의 그리스계 셀레우코스 왕가(BC 200~142)의 지배를 받았다. 이 시기 중 기원전 167년 마카베오 항쟁으로 잠시 독립을 쟁취하기도 하고, 기원전 142년에는 마카베오 형제들 중 유일한 생존자인 시몬이 하스몬 왕조를 세우기도 하였지만 기원전 63년부터는 로마제국에서 파견된 로마 총독의 통치를 받게 되었다.

이스라엘의 야훼신앙 종교전통은 페르시아와 그리스의 지배를 받은 시기에는 이방 종교전통과 헬레니즘의 영향으로 위기를 겪기도 하였지만, 유대 종교전통에 대한 관용정책 덕분에 민족 정통성을 지키며 야훼신앙을 유지할 수 있었다. 그리스에 이어 이스라엘을 정복한 로마는 초기에는 유대교를 핍박하고 로마제국의 황제 숭배를 강요함으로써 유대 민족과 갈등을 빚기도 하였지만, 피정복국의 안녕과 질서를 목적으로 점차 유대교 신봉에 대한 자율권을 보장하였다.

정치제도보다 훨씬 세련되고 복잡하게 다듬어진 이스라엘의 종교전통은 이스라엘 역사 안에서 중단됨이 없이 이스라엘인들의 일상생활을 주도해 왔다. 이스라엘 종교전통인 유대교의 외적 제도는 성전과 사제직, 제사/제물이고, 내적 제도는 계약과 율법이다.

성전(聖殿)의 원형은 만남의 천막[帳幕]인데, 만남의 천막은 이스라엘인들이 사실이라고 믿는 고대 전승의 내용에 따라 만들어 들고 다니던 천막 성소다. 전승에 따르면 이스라엘이 시나이 광야를 떠돌 때 신이 그들과 함께 머물고자 마련하라고 명한 처소(處所)라는 것이다. 만남의 천막 중앙에는 신의 현존을 상징하는 계약의 궤[전승은 모세의 십계명 석판 두 개가 들어 있었다고 전한다. 이 계약의 궤는 후에 블레셋군과의 싸움에서 빼앗긴다(1사무 4,10~11)]를 두었고, 이곳에서 사제가 제사를 바쳤다.

가나안을 정복하고 나라가 안정되면서 다윗의 뒤를 이어 왕위에 오른 솔로몬(BC 972~933 통치)은 예루살렘에 성전을 건축하였다. 성전은 신자들이 모임을 갖는 곳이 아니라 만남의 천막처럼 신이 머무는 처소다. 이스라엘인들은 이교도들과의 싸움을 성전(聖戰)으로 보았고, 그들에게서 거두어들인 전리품은 모두 신에게 속한 것으로 여겨 그 가운데 값진 것들을 성전에 바치고, 성전을 화려하게 장식하기도 하였다. 이방신을 숭배하는 임금들은 이방 신들의 형상을 성전에 세워놓기도 했다. 솔로몬이 건축한 성전은 기원전 622년 요시아 왕이 개축, 보수하였지만 587년 바빌로니아 침공으로 파괴되었고, 기원전 538년에 바빌로니아 유배지에서 돌아온 유대인들이 다시 제단을 쌓고 성전의 기초를 놓기 시작하여 516년 완공하였다. 이 새로 지은 성전은 이후에도 오랜 세월동안 증축 · 개축되었고, 특히 헤로데는 기원전 20년경부터 전면적인 보수 · 증축 공사를 시작했는데 이 공사는 80년 가까이 지난 서기 64년에야 마무리되었다. 하지만 공들여 건축한 성전은 안타깝게도 6년 뒤인 서기 70년에 로마군에 의해 파괴되고 만다. 오늘날 유일하게 남아 '통곡의 벽'으로 불리는 서쪽 벽은 기원전 538년에 건축한 것이다.

이스라엘에게 있어 성전은 하늘과 땅을 잇는 가교 구실을 하였다. 성전은 전례적으로 제사를 바치는 장소이고 사제직이 수행되는 곳이었으며, 경제적으로는 유대 국가의 금고였고, 정치적으로는 로마의 통치에 맞서 신의 통치를 추구하는 유대인의 안식처요 유일한 희망이었다. 성전이 파괴된 후에도 그 곳은 유대 정신세계의 중심이었다. 서기 70년 예루살렘 성전이 파괴되자 유대인들은 그리스어로 시나고게(synagoge, '한데 모임'이라는 뜻)라 불리는 회당(會堂)에 모여 성전에서 하던 기도와 전례를 계속하였다. 회당은 바빌로니아 유배시기에 유대인들이 기도와 전례 거행을 위해 회당에 모인 것에서 기원한다. 하지만 회당은 성전과 구별된다. 성전은 제사와 순례의 장소이지만 회당은 성서를 읽고 해석하는 집회와 연구의 장소다. 따라서 성전은 예루살렘 한 곳이지만 회당은 어디에나 세울 수 있었다. 회당에서 히브리 성서를 아람어로 통역하고 해석하던 사람이 율법학자들이다.

고대 근동에는 신에게 제사를 지내고 신의 뜻을 알려 주며 신의 거처인 성소를 지키는 사제 계층의 사람들이 있었는데, 유대 종교전통에서는 사제가 아닌 사람이 제사를 바치기도 하였다[사무엘, 사울(1사무 13장), 다윗(2사무 6,13), 솔로몬(1열왕 8,62~64) 등]. 이런 관행은 유배 이후 잘못된 것으로 판명되어 제사는 아론 가문과 레위 지파에서 배출되는 사제들의 고유 직분이 되었다. 아론 가문이 제사를 바치는 사제를 배출하는 가문이라면, 레위 지파는 계약의 궤를 멜 특권과 성소에서 성물을 관리하고 성물을 옮기는 등의 봉사 직분을 맡은 가문이다. 아론 가문은 아론→엘르아잘→사독→알키모스 계보로 이어진다.

유대 사회에는 종교와 관습에 관한 사항들을 결정하는 최고 의결기구인 산헤드린이 있었다. 산헤드린은 예루살렘 성전에서 열렸고, 이 의결기구의 의장은 대사제이며 70명으로 구성된 의원들은 사두가이파와 바리사이파의 원로들로 구성되었다. 로마 통치 시대 산헤드린은 율법의 규정들을 농사와 장사에 적용하는 일은 물론, 로마의 권위와 지방 행정관과 협력하면서 질서와 평화를 유지하는 일에도 앞장섰다.

로마의 지배로 정치적 · 경제적 혼란과 민족 정체성에 대한 위기의식을 갖게 된 이스라엘은 구약성서에서 언급하는 메시아의 도래를 고대하며 현실의 어려움을 극복하고자 했다. 메시아가 오면 자신들을 정치적인 예속으로부터 구하고 다윗 왕조를 재건하여 잃어버린 영광을 되찾아 주리라는 희망을 가졌던 것이다. 하지만 점차 부활과 영생의 관념이 심화되면서, 초기 메시아 사상은 메시아가 다윗 왕국의 회복자라는 현실적이고 정치적인 인물이 아닌, 인간을 죽음으로부터 구원하고 세상의 종말에 종말왕국을 다스릴 왕이라는 종교적 메시아 사상으로 변화되었다. 그리고 메시아와 부활, 내세에 대한 인식 정도에 따라 종교적 분파가 형성되었다.

유대의 파당들은 바리사이파, 사두가이파, 에쎄네파, 젤롯파, 헤로데파 다섯으로 분류할 수 있다. 헤로데파(왕정파)를 제외한 나머지 파당은 기원전 167년 마카베오 독립항쟁과 기원전 142년 마카베오의 형제 시몬이 세운 하스몬 왕조와 관련이 있다. 유대의 파당들은 예수 당대의 팔레스티나 유대인들에게 그다지 큰 영향을 미치지는 못하였다. 예수 당시 유대 전체의 인구는 350만 명 정도이고, 제일 큰 파당인 바리사이들이 약 6,000명 정도, 에쎄네인들이 약 4,000명 정도였으며, 다른 파당들은 이들보다 훨씬 적었다.

바리사이파는 율법주의 경건주의자들의 동아리인 '하시딤'에서 기원한다. 기원전 167년 마카베오 항쟁 이후 문서로 된 율법과 함께 구전으로 전해지는 율법도 중시하는 세력이 새로운 파당을 형성하였는데, 그들은 유대교 율법의 철저한 준수를 위해 일반 유대인이나 이방인과 떨어진 별도 구역에서 새로운 생활문화를 형성하며 지냈다. 그들은 자신들을 온갖 부정함과 분리하고, 율법을 모르는 서민 대중과 구별한다는 의미에서 '분리하다' '구별하다'라는 뜻의 '바리사이'라고 칭했다. 바리사이파는 기원전 142년에 세워진 하스몬 왕조와 갈등을 빚었다. 요한 힐카누스 1세 치세(BC 134~104)때 바리사이들은 하급공무원으로 일하면서 힐카누스를 지지하고 지원했는데, 힐카누스의 아들이자 후계자인 알렉산더 얀네우스(BC 103~76)가 왕직과 사제직을 통합하는 조치를 취하자 이에 항거하여 왕정과 갈등을 빚었고, 때마침 영토 확장을 위해 6년간이나 전쟁을 지속한 왕정에 반발하는 민중봉기가 빈발하여 상당수의 바리사이파를 포함한 800여 명이 십자가형을 당하게 되었다. 바리사이파는 얀네우스의 아내 살로메(BC 76~67) 여왕 치세 때 정치적으로 득세하여 민중봉기를 진압했던 세력을 숙청하는 등 막대한 영향력을 행사하기도 하였지만 여왕이 죽은 후 세력은 급격히 약화되었고, 예수 당시에는 별다른 정치적 영향력을 발휘하지 못하였다.

바리사이들은 영혼의 불멸과 부활을 믿으며 야훼의 절대 주관과 신의 섭리, 인간의 자유의지를 믿었다. 바리사이는 세상의 모든 피조물이 야훼의 법 아래에 있어야 한다는 기본 원칙에 따라 율법을 거스르는 모든 체제에 반대했다. 그들은 하스몬 가문이 율법을 거슬러 왕직과 사제직을 통합하였으므로 이에 항거하였고, 로마 권력이 야훼의 주권을 대신하자 이를 배척하였다. 이들은 사치를 피하고 일반 서민들도 율법 규정대로 생활할 수 있도록 전례의 시행조례와 계율을 실생활에 적응시키려고 노력했다. 바리사이파는 철저한 율법 준수를 요구하고, 사제계급에만 적용되는 정결 규정을 일상생활에 걸쳐 이스라엘 민족 공동체 전체에 확대 적용하여 이스라엘을 하나의 사제 왕국, 사제민족을 이룩하려는 목표를 가지고 있었다. 바리사이파를 다른 파당들과 비교하면, 종교적으로는 에쎄네파보다 덜 엄격하고 율법을 모르는 일반인들보다는 더 엄격하였으며, 정치적으로 로마 권력에 항거한 젤롯파보다는 덜 적극적이고 에쎄네파보다는 더 적극적이었다고 할 수 있다. 율법과 관련된 면에서는 구전율법을 배척하고 모세오경에 쓰인 율법만을 고집하는 사두가이파보다 덜 보수적이고 덜 원칙적이지만 율법의 시행 세칙까지 철저하게 실천한다는 점에서는 사두가이파보다 더 보수적이고 엄격하였다.

사두가이파는 스스로 자신들이 솔로몬 시대의 대사제 사독 가문과 관련 있다고 주장하지만 연관성은 희박하다. 사두가이파는 요한 힐카누스 치세 때 사제계급과 귀족 지배계층을 주축으로 구성된 종교적 · 정치적 파당이다. 그들은 하스몬 왕가 사제계급 출신의 귀족당으로서 막강한 정치적 영향력을 행사했고, 성전예배와 전승보존에 종사했다. 기원전 63년 로마 지배 시대로 접어들 때는 곧바로 로마 정치권력과 타협하여 서민 대중과 동떨어진 특권 계층의 기득권을 유지하고 부를 누렸으며, 예수 시대에는 예루살렘 성전과 유대 최고회의인 산헤드린을 휘어잡고 막강한 부와 세력을 과시하였다. 그들은 서기 70년 예루살렘 성전이 파괴되고 제사와 사제직이 없어지자 역사의 무대에서 사라졌다. 사두가이파가 현세의 기득권에 매달렸던 것은 그들의 교리와 믿음에 근거한다. 바리사이파와 달리 그들은 문서로 기록된 율법만을 받아들였다. 기록된 율법은 모세오경에 담겨 있으므로 모세오경 외에 유대교 후기에 쓰인 구약성서의 다른 책들은 인정하지 않았다. 따라서 후대에 기록된 책들이 전하는 천사의 존재나 영혼의 불사불멸, 죽은 자의 부활을 당연히 믿지 않았다. 그들은 세상이 신의 영역과 인간의 영역으로 나뉘어 있고 신은 인간 역사에 관여하지 않는다고 주장하며 신의 섭리를 부인하였고, 인간의 자유의지만이 행복과 불행을 결정하며 영혼은 사멸한다고 믿었다. 또한 인간의 잘잘못에 대한 응보는 사후에 이루어지는 것이 아니라 현세에서 이루어지는 것이며, 따라서 부와 영화를 누리며 잘사는 자신들은 모두 신의 축복을 받은 자라는 세속주의적 신앙관을 가졌다.

에쎄네파의 기원은 명확하지 않다. 일반적으로 신구약 중간시대의 유대교 안에서 일종의 수덕적 또는 청교도적인 생활을 추구하던 무리들이라고 볼 수 있다. 에쎄네인들은 성읍이나 마을에서 집단 거주지를 형성하고 살았으며, 쿰란 공동체처럼 광야에 거주지를 정하기도 하였다. 그들은 재산과 소유지, 금전과 품삯을 공동 재산으로 하고 모든 것을 함께 나누었으며, 그들의 공동생활은 엄격한 규칙에 의해서 유지되었다. 그들은 묵시적 신앙관에서 세상을 선과 악, 어둠과 빛으로 나누고 최후 결전의 날에 빛의 자녀로 인정받기 위해 정결과 수덕의 생활을 하였는데, 특히 청빈과 정결에 세심함을 기울였고, 독신제를 지키기도 하였다. 에쎄네파에 입단하기 위해서는 1년간 공동체 밖에서 살면서 공동체 생활 규칙을 따라야 했고, 이어서 최종적으로 입회 승인이 있을 때까지 적어도 2년간의 시험기 또는 수련기를 거쳐야 하며, 입회 때는 서약을 했다. 에쎄네인들은 율법 전수자 모세를 경외하였고, 율법의 철저한 준수에 역점을 두었으며 영혼불멸과 육신의 부활을 믿었다. 에쎄네파는 순수 종교 공동체였지만, 서기 67년 제1차 유대항쟁이 일어났을 때 이를 성전(聖戰)으로 보고 로마에 저항하다가 로마의 공격으로 완전히 소멸되었다.

젤롯(열심 · 열성)파의 기원도 명확치 않다. 그러나 이스라엘 역사 안에서 야훼의 율법에 열성적인 태도를 보이는 사람들, 서기 6년 시리아 총독 퀴리니우스의 인구조사 때 반란에 참가한 사람들, 66~70년 로마의 통치를 반대하여 일어난 유대 항쟁의 투사들을 젤롯파로 본다. 젤롯파의 기본 교리는 야훼 외에는 아무도 자신들의 주인이 될 수 없다는 믿음에 바탕을 둔다. 이 교리는 로마의 통치에 정면으로 대치된다. 그들은 야훼가 이스라엘의 후손들에게 넘겨준 땅은 어떤 외국 세력의 지배로부터도 지켜야 하며, 그들에게 하사된 신의 율법은 어떠한 경우에도 준수해야 한다고 믿었다. 젤롯파는 야훼의 주권을 회복하고 율법의 수호를 위해 항쟁하던 무장투쟁세력이었다.

유대의 파당들은 각기 다른 신관과 구원관을 가졌지만 메시아 도래 사상에 대해서는 공통의 인식을 갖고 있었고, 유대인들 중에 예수가 강림한 메시아라고 믿는 부류가 등장하였는데 그들이 초기 가톨릭 신앙인들이다. 복음서는 예수의 행적과 그가 했다는 말들에 대한 기록을 통해 그를 메시아로 소개하는 책이다. 이제 복음서를 살펴보자.

복음서

가톨릭은 성전(聖傳, 비문헌 교회 전승)과 복음서의 내용에 따라 예수가 죽고 묻혔지만 죽음을 이기고 부활한 그리스도이며, 구약성서에서 예시(豫示)한 메시아라고 믿는다.

복음서에 의하면, 예수는 기원전 6~4년경 야훼의 영[聖靈]에 의해 여인의 몸에서 인간의 형태를 취하여 세상에 강림(降臨)한 완전한 신이며 완전한 인간이다. 그는 베들레헴에서 태어난 뒤 나자렛으로 이주하여 목수인 양친 요셉의 일을 도우며 다른 평범한 사람들과 똑같은 모습으로 생활했다. 그러다가 서른 살이 되던 서기 27년경, 공적으로 등장하여 제자들을 모아 야훼신앙을 가르치는 스승이 되었다. 그는 야훼의 나라가 임박했으니 회개하라고 선포하고, 자신을 사람의 아들 혹은 야훼의 아들로 소개하면서 그리스도의 제자로 사는 삶의 방식과 하늘나라에 들어갈 수 있는 조건들에 대해 가르쳤다. 그의 다른 일반적인 가르침은 모든 종교가 공통적으로 말하는, 신의 심판을 면하기 위한 도덕적 삶의 권고였다. 하지만 야훼가 주권을 행사하는 하늘나라의 시작에 대해 알리고 메시아의 도래를 선포하는 그의 가르침은 큰 반향을 불러일으키지는 못했다. 결국 사람들의 냉대와 외면 속에 가짜 메시아이며 야훼를 모욕하였다는 신성모독죄로 재판에 넘겨졌고, 사형집행권을 가진 로마의 묵인 아래 십자가에 못박혀 죽고 돌무덤에 매장되고 만다. 그런데 뜻밖의 사건이 전개되었다. 예수를 버리고 도망쳤던 예수의 제자들이 부활한 예수의 현현을 체험했다고 말하고, 예수가 오기로 되어 있던 메시아라고 주장하고 나선 것이다. 이후 그들은 사람들에게 예수가 그리스도임을 선포하고, 그가 생전에 가르쳤던 내용을 전파하였으며, 그들의 말을 믿는 사람들의 모임인 그리스도교가 태동하였다.

예수가 유대 종교전통 안에서 야훼가 유대인들을 구원하기 위해 보내주기로 약속했던 바로 그 메시아이며, 예수에 의해 야훼의 약속은 비로소 성취되었다고 믿었던 사람들의 믿음의 근거가 된 것은 예수의 '부활 사건'이다(예수 부활에 대한 복음서 기록에 어느 정도까지 신빙성을 두어야 할지 모르겠지만, 부활을 믿는 측에서나 부정하는 측에서나 아무런 증거를 제시하지 못하는 것은 마찬가지이니 이 문제는 뒤에 '부활과 인격동일성'의 문제와 결부시켜 생각해 보는 것으로 하겠다).

예수의 부활을 실제 사실로 믿었던 초기 신앙인들과 복음서 저자들은, 부활이라는 것은 야훼의 개입 없이는 불가능한 일이므로, 예수가 부활하였다는 것은 그의 죽음에 야훼의 개입이 있었다는 것을 의미하고, 야훼가 예수의 죽음과 부활에 개입한 것은 예수가 메시아이기 때문이라고 생각했다. 그리고 신만이 죽지 않고 영원히 사는 존재인데 예수는 죽음을 이기고 부활하여 영원히 사는 존재가 되었으므로, 이제 신이 된 예수는 현세에서 목숨이 끊겨 죽은 사람도 되살려내어 영원한 생명을 부여할 수 있는 권한을 갖는다고 믿었다. 그래서 그들은 영생을 얻기 위해서는 예수를 메시아로 믿어야 하고, 그 믿음을 예수가 세운 교회에서 고백하고 세례를 받아야 한다고 주장했다. 이러한 복음서 이야기와 초대 신앙인들의 고백을 진리로 받아들여 예수는 야훼의 아들이며 메시아이고, 인간을 죄와 죽음에서 구원한 구원자라고 믿는 사람들에 의해 유대교에서 갈라져 나와 새로 형성된 종교공동체가 그리스도교, 곧 가톨릭이다.

복음서 저술 과정

복음서는 예수 사후 30여 년이 지난 서기 60년경에 마르코복음(원문은 발견되지 않았고 필사본만 전승됨)이라는 이름으로 처음 등장하였고, 이후 여러 유사한 작품들이 등장했다. 정경으로 받아들여진 마태오복음, 루카복음, 요한복음과 위서로 판정받아 정경목록에서 배제된 베드로복음, 토마복음, 야고보복음, 유다복음, 막달레나복음서 등이 그것이다. 복음서가 등장하기 이전 예수에 관한 기록 문헌이 존재하지 않는 까닭과, 예수 사후 30여 년이 지난 이후에야 복음서가 등장하게 된 배경 및 과정에 대한 가톨릭의 설명을 종합해 보면 다음과 같다.

예수는 자필 문서기록을 한 줄도 남기지 않았으며, 복음서에 예수의 제자로 등장하는 인물들도 대부분 문맹이었으므로(사도 4,13 참조) 예수의 언행을 기록하거나 문서화할 능력의 소유자가 되지 못했다. 또한 예수도 자기가 한 말을 가르치고 선포하라(마태 28,20; 마르 16,15)고 하였지 기록이나 문헌으로 남기라고 하지 않았으므로 기록문서 사료가 없는 것은 당연한 것인지도 모른다. 뿐만 아니라 예수를 그리스도로 믿는 초기공동체는 예수가 "이 세대가 지나가기 전에 이 모든 일이 일어날 것이다"(마태 24,34; 마르 13,30)라며 종말의 시급성을 말했기 때문에, 종말이 곧장 지체 없이 현실화될 것이라고 생각했고(필리 4,4~5), 따라서 종말에 불에 타서 없어져 버릴 기록을 남겨야 할 필요성을 느끼지 않았을 수도 있었다. 하지만 예수의 약속과는 달리 재림이 지체되고, 재림에 대한 기대가 점차 소멸되면서 지상에서의 교회와 교권에 대한 신념이 생겨나기 시작했으며, 예수 생전에 예수와 함께 지내며 예수의 가르침을 받았던 제자들이 전해 준 예수의 행적과 가르침을 기록으로 남기고 문서화할 필요성이 대두되어 복음서가 기록되었다. 기록된 복음서는 예수가 한 말을 누군가가 직접 받아 적은 것이거나 메모를 해 두었다가 옮겨 적은 것이 아니다. 그렇다고 해서 예수의 말을 직접 들었다는 예수의 직제자들이 기록한 것도 아니다. 제자들이 생전에 예수가 한 말이라고 전해 준 내용들이 구전(口傳)이나 메모 형식으로 기록되어 전해졌고, 후대에 이런 사료들을 복음 저자들이 취합하여 기록한 것이 복음서다.

최초의 복음서는 마르코복음인데 복음의 이름이 마르코라고 해서 예수의 제자 중 하나인 마르코가 기록하였다는 뜻은 아니다. 복음서 저자가 마르코의 이름을 차용하여 그렇게 이름을 붙인 것이다. 마태오복음이나 루카복음, 요한복음도 마찬가지다. 실제 저자의 이름은 아무도 모른다. 마르코복음 이후 마태오복음은 80년경, 루카복음은 90년경, 요한복음은 100년경 쓰였을 것으로 추정한다. 복음서의 내용과 형식이 유사한 세 복음서(마태오, 마르코, 루카)는 많은 부분에서 공통의 자료를 참고한 것으로 보이는 유사한 내용을 언급하고 있어 공관복음(共觀福音)이라고 불린다.

성서학자들은 마르코복음(총 660구절)과 '예수어록'[Q사료. Quelle('원천')라 칭하는 가상의 사료로 총 200구절, 실체는 발견되지 않음]이 상호 연관 구절 없이 독립적으로 기술되었으며, 마태오복음과 루카복음은 마르코복음과 '예수어록'이라 칭하는 사료를 참고삼아 기술한 것으로 본다. 마태오복음은(총 1100구절) 마르코복음의 총 660구절 중 600구절을 공통으로 하고 있고, Q사료의 200구절을 공통으로 하며, 나머지 300구절은 마태오복음 저자가 수집한 독립자료로 구성되어 있다. 루카복음은(총 1130구절) 마르코복음에서 330구절, Q사료에서 200구절을 공통으로 활용하며 나머지 600구절은 루카복음 저자가 수집한 독립자료로 구성되어 있다. 그런데 복음서를 서로 대조해 보면, 동일한 사건에 대한 기술이나 내용에 각 복음서마다 약간씩의 차이가 있다는 것을 쉽게 발견할 수 있다. 이런 차이는 복음 저자들이 각자가 들은 이야기나 수집한 자료의 내용을 그대로 옮겨 적은 것이 아니라 나름의 해석을 가하고 자기 의도에 따라 편집, 개작, 수정, 첨부, 축소, 과장하였다는 반증이다. 즉 자기가 저술하는 복음서를 읽거나 들을 청중을 염두에 두고 자기 나름의 방식으로 예수는 메시아라는 것을 알리기 위해 원 사료에 수정을 가하였다는 의미다. 따라서 경우에 따라서는 복음서에서 예수가 했다는 말들이 예수가 직접 자신의 입으로 한 말인지, 아니면 예수의 입에 올려진 제자들이나 복음 저자 자신의 말인지에 대한 의구심이 발생하기도 한다. 가톨릭은, 복음서는 예수의 생애와 활약상을 서술한 역사적 · 사실적 보고문서가 아니라 사람들에게 예수를 메시아로 소개하고 그에 대한 신앙을 촉구하며, 그의 가르침에 따라 살아가도록 독려하기 위한 목적으로 쓰여진 책이므로, 사건 자체에 대한 이해보다 이야기의 전개를 통해 저자가 전하고자 하는 메시지의 의미가 무엇인지를 아는 것이 더 중요하다고 말한다. 하지만 복음서가 없는 것을 창작하거나 조작하여 의도적인 편집을 감행한 것이라면 그것은 다른 차원의 문제다. 예를 들어 마태오복음에 등장하는 예수의 탄생에 관련된 기록(마태 2,13~23. 후대에 가필로 첨부된 부분)은 모세의 출생신화에 비유해서 예수의 출생과 이집트 피난, 나자렛으로의 이주를 기록한 은유이며 상징적인 묘사라고 하지만, 그것은 허구에 바탕한 창작으로 예수를 신격화하는 인위적 기술로 볼 수 있다.

예수의 역사적 실재성

복음서에서 말하는 예수는 역사 속에서 실재했던 실존인물이며, 그는 정말로 복음서에 기록된 말들을 했는가?

가톨릭은 복음서가 역사 안에 실재한 예수를 증언하고 예수의 언행을 보도하는 객관적인 자료라고 말한다. 어떤 학자는 "양식 있고 성실한 현대인이라면 예수가 '희미한 그림자'에 지나지 않는다거나 '인간적으로 미화된 신화'에 지나지 않는다고 주장할 사람은 아무도 없을 것이다"(죠셉 도레, 파리대학)[67]고 말하기도 한다. 하지만 예수가 역사에 실재한 인물이라고 묘사하는 문헌은 복음서가 유일하므로 복음서만의 기록으로 예수가 역사 안에 실제로 존재한 인물이라고 단정 지어 말할 수는 없고, 예수는 자필 문서기록을 남기지 않았으므로 복음서가 예수의 말이라고 전하는 내용들이 예수가 직접 한 말이라고 확정할 수도 없다.

성서학자들은 각기 다른 시대에 각기 다른 지역에 살던 복음 저자들이 동일한 내용을 기록하고 있다는 것은 그들이 공통으로 사용한 자료(원마르코복음과 '예수어록')가 있었다는 것을 반증하고, 그 자료를 참고삼아 동일한 내용을 언급하고 있다는 이유로 그 말들은 예수가 한 말이 명확하다고 말한다. 하지만 마태오복음과 루카복음서 저자들이 복음서 작성의 기초 문건으로 사용한 '마르코복음의 원문'이나 '예수어록'이라는 문건은 실체가 발견되지 않았으므로 그 존재 사실 여부가 불분명하고, 설령 그러한 문건이 실제로 있었다고 하더라도 그것이 예수가 한 말이나 예수의 제자들이 한 말을 누군가가 받아 적었거나 메모한 것이라고 장담할 수 있는 근거도 없다. 또한 그 문건들이 전하는 예수와 관련된 사건 보도도 사실에 입각한 보도를 전하고 있다고 장담할 수 없다. 사실성을 입증해 줄 수 있는 관련 자료나 비교 문건이 없는 까닭이다. 따라서 복음서만의 기록으로 예수가 역사 안에 실제로 존재한 인물이라고 단정 지어 말할 수 없고, 원마르코복음이나 예수어록이라는 자료의 진위 여부도 불투명한 것이 현실이므로, 복음서에 기록된 예수의 말은 예수가 직접 자기 입으로 한 말로 볼 수 없다는 반론에 어느 누구도 확답을 줄 수 없다.

성서 외에서 예수의 존재에 대해 간접적으로나마 언급하고 있는 사

67. 『예수와 역사』, 샤를르 뻬로 저, 박상래 역, 가톨릭출판사, 1985. p. 28.

료는 로마에 대한 유대인들의 독립투쟁 당시(AD 66~70) 유대군 지휘관을 지내다가 로마에 투항하여 목숨을 부지한 요셉 플라비우스(AD 37~100)가 서기 93년도에 기록한 『유대 고대사』다. 플라비우스는 자신의 저서에서 '예수라는 인물을 신분 높은 사람들의 고발로 빌라도가 십자가형으로 처형하였다. 그를 사랑했던 사람들은 배교하지 않았고, 오늘날에 이르기까지 그리스도교 신자라고 불리는 사람들의 대(代)가 끊이지 않고 있다(18,3). … 그리스도가 십자가에 못박혀 죽었다는 이야기가 유대인들 사이에서 널리 퍼져 있다(18,63~64)'고 기록하고 있다. 하지만 이 기록은 서기 93년 즈음 주변에 예수를 그리스도로 믿는 사람들이 있다는 보고이므로 예수가 실존 인물이라는 것을 증명하는 자료로는 불충분하다. 따라서 예수의 역사적 실존뿐 아니라, 예수가 했다는 말들의 신빙성에 의문을 갖는 것은 당연하다.

복음서에 등장하는 세례자 요한은 실재 인물로 추정된다. 하지만 그의 이름은 요한이 아닐 가능성이 높다. 복음 저자들이 요르단강에서 세례의식을 거행하던 사람 누군가에게 요한이라는 이름을 붙였을 것이다. 세례의식은 메시아 도래를 희망하던 유대인 사회에서 다른 일반 속세 죄인들과 자신을 구분짓는 특별한 의식으로 행해졌다. 에쎄네파와 바리사이파는 자기 파당에 들어오는 사람들을 대상으로 입교 의식 차원에서 세례식을 거행하였는데, 속세에서 죽고 새로운 사람으로 태어났다는 상징으로 물속에 잠갔다가 꺼내는 형식의 예식을 행했다. 그리고 세례 받는 자의 죄가 씻겨져 정결해졌다는 의미에서 흰색 옷을 착용시켰다.

요한이 요르단강에서 세례를 베풀던 즈음에 유대사회에서는 자신이 예언자이거나 메시아라고 주장하는 사람들이 주기적으로 나타나곤 하였다. 아토론게스라는 사람은 자신이 유대의 왕이라고 주장하였고, 튜다라는 인물은 자기가 명령 한마디로 요르단 강물을 갈라 모든 사람을 건너가게 할 수 있는 예언자라고 주장했다. 그런가 하면 이집트 출신의 어느 유대인은 스스로 예언자라고 자처하면서 예루살렘 성벽이 무너질 것이라고 예고하기도 했고, 유다라는 인물은 로마를 대상으로 폭동을 선동하다가 처형당하기도 했다.[68] 한편에서는 유대교에 널리 퍼져 있는 메시아 사상에 의거, 특별한 단체나 조직에 들어가는 입교식 차원이 아닌, 야훼가 통치하는 하늘나라에 들어가기 위한 전제 조건으로서의 세례식을 거행하는 사람들이 등장하기도 했는데 요한도 그중 한 명이다. 요한은 세례를 베풀면서도 죄를 사하는 권한은 신만이 갖는 것이라고 여겼기 때문에 그가 베푸는 세례는 신의 죄사함을 받기 위해 먼저 정결성을 회복하여야 한다는 취지의 세례였다(마르 1,4 참조). 하지만 구약성서에는 신의 죄사함을 받기 위해 세례를 받아야 한다는 내용은 없다. 단지 종교의식 체계에서 물로 씻는 정결의식이 중요한 부분을 차지한다. 성전에 들어가는 사람은 손발을 씻어야 안뜰에 들어갈 수 있었고, 사제들은 희생제사를 바치기 전에 몸을 씻어야 했다(탈출 29,4; 30,17~21; 레위 8,6; 11,25; 민수 8,7; 19,17~21; 신명 21,6; 23,12 참조). 유대교 할례식에서는 정결을 위해 몸을 물에 담그는 의식도 함께 거행했다. 이처럼 구약에서 몸을 씻는 것은 정결과 경건성 의미의 의식이었으며, 몸을 씻는 의식에 회개와 죄의 용서 같은 내적 · 윤리적 변화를 연계시킨 것은 요르단강의 세례자들이었다. 복음

68. 『예수와 역사』, p. 187.

서는 예수가 세례의 필요성을 언급하고(요한 3,5), 본인도 세례를 받았으며(마태 3,13~17; 마르 1,9~10) 세례를 직접 거행하였다고도 전한다(요한 3,22. 예수의 세례집전에 대해 요한 4,2은 신학적인 의도에서 예수가 세례를 베푼 것이 아니라 제자들이 베푼 것이라는 내용을 첨부한다). 그리고 부활 후에는 제자들에게 세례를 베풀라고 명했다고 기록한다(마태 28,19; 마르 16,16. 이 대목들은 후대에 첨부된 것으로, 예수 친발설의 사실성이 의심된다).

복음서가 기록되기 이전부터 전해진 예수에 관한 선포를 진리로 받아들인 바울은 예수의 제자들이 베푸는 세례에 대해 전혀 새로운 설명을 제시했다. 세례는 죄와 이전 삶에서 죽은 것을 의미하며, 그 죽음은 예수의 죽음에 동참하는 것이고 그와 함께 묻히는 것이다. 또한 세례를 통해 예수의 부활이 가져온 생명을 나누게 될 것이라고 바울은 말한다. 세례를 통해 예수의 죽음과 부활에 동참하여 그리스도와 일치하고 결합된다는 설명이다(갈라 3,27; 에페 4,5). 가톨릭은 이러한 의미성을 갖는 세례의식을 받아들여 입교예식으로 거행하고, 세례를 받은 사람은 죄를 용서받고 새 생명을 얻어 새로운 삶을 살게 된다고 말한다. 복음서가 세례자 요한을 언급하는 이유는, 구약성서에서 말하는 것과 차별된 전혀 새로운 세례의식을 선보이면서 유대교와는 다른 새로운 차원의 종교전통을 수립할 메시아가 왔다는 이야기를 끌어내기 위한 전제로 보인다. 이제는 물로 베푸는 세례가 아니라 불과 성령으로 세례를 베풀게 될 것이라는 선언이 그것을 뒷받침한다(마태 1,10; 마르 1,8 및 병행구).

예수가 메시아라는 암시는 그에게 부여된 이름에서도 잘 드러난다. 예수라는 이름은 요수아나 여호수아와 같은 이름으로 '구원자' 또는 '야훼는 구원자다'라는 뜻인데, 성서학자들은 예수 당시에 만연한 메시아 사상에서 예수라는 이름이 흔하게 사용되었다고 말한다. 하지만 어느 부모가 아무런 확증도 없이 자기 자식에게 '구원자'라는 이름을 부여할 수 있었겠는가를 고려하면 이 이름은 가상의 인물에게 인위적으로 부여된 이름으로 볼 수 있다. 마태오복음은 천사가 요셉의 꿈에 나타나 아이에게 예수라는 이름을 지으라고 명했다(마태 1,21)고 기록하고, 루카복음은 천사가 마리아의 꿈에서 명했다(루카 1,31)고 기록하고 있지만, 이런 기록은 예수가 메시아였다고 확신하는 사람들이, 예수가 출생 때부터 메시아였다는 것을 강조하기 위한 목적으로 후대에 첨부한 내용이므로 여기서는 논외로 하자. 예수라는 이름은 어느 누군가가 메시아가 도래하였다는 가상 소설의 주인공으로 실재하지 않는 한 인물을 설정하고, 그가 곧 메시아라는 암시를 주기 위해 그에게 구원자(예수)라는 이름을 부여한 것으로 볼 수 있다. 그렇지 않고서는 자연스럽게 갓난아이에게 붙여진 이름이라고 볼 수 없는 까닭이다.

이런 관점에서 본다면, 예수에 관한 복음서는 누군가가 메시아 도래 사상을 담고 있는 구약성서 내용들과 특히 이사야서의 '고난받는 야훼의 종'(이사 42,1~9; 50,4~9; 53,4~10)에서 모티브를 찾아 창작한, (가칭)「메시아 도래 사건」이라고 할 수 있는 가상의 문학작품을 사료삼아 기록한 것으로 추정할 수 있다(이 부분은 아래 '예수설화'에서 다시 살펴보겠다). 이런 추정이 가능한 것은 상기에서도 언급했듯이 예수가 생존했다는 시기에 예수의 실존에 관해 기록하고 있는 자료가 성서 외에는 전혀 없기 때문이다. 동시대의 유대 역사나 로마 역사는 물론 복음서를 제외한 초대교회의 다른 문서 그 어디에도 예수에 관한 기록은 없다. 사도행전은 예수를 그리스도로 믿었던 사람들의 이후 행적을 기록한 문건이므로, 예수의 실재성을 증명하는 사료가 될 수 없다.

복음서는 예수 탄생 즈음, 유대의 왕 헤로데가 두 살 이하의 사내 아이들을 집단학살하였다고 기록한다(마태 2,16~18). 하지만 그 시대에 사형집행권은 로마총독만이 갖는 고유 권한이었고, 유대 왕에게는 사형을 판결하거나 집행할 권한이 없었다. 그럼에도 복음서의 기록처럼 헤로데가 집단학살을 자행하였다면 그 사건은 로마의 역사에 기록으로 남겨졌을 것이다. 하지만 관련 자료는 발견되지 않았다. 복음서는 또 예수가 예루살렘 성전에서 소동을 피운 사건을 보도한다(마태 21,12~14 및 병행구). 이 사건이 사실이라면 성전 경비를 담당하는 로마 병사들에게 예수는 체포되었을 것이고, 로마의 역사에 어떤 형식으로든 기록이 남겨졌을 것이다. 또한 예수가 4천 명을 먹인 기적(마르 8,1~10 및 병행구)이나 5천 명을 먹인 기적(마태 14,13~21)을 행한 것이 실제로 있었던 사건이라면, 복음서가 현장에 참가한 사람의 숫자를 과장하여 묘사하고 있다는 점을 고려하더라도, 피지배국 민중들의 대규모 군중 집회가 지배와 압제에서의 해방을 요구하는 소요사태로 번지는 것을 예방하는 차원에서라도 로마 당국은 병사들을 출동시키지 않을 수 없었을 것이다. 하지만 학자들은 로마 역사에서 관련 기록을 찾지 못하였다. 예수의 재판과 십자가 처형에 관한 객관적인 역사 기록도 없다. 복음서에 의하면 예수는 종교사범으로 고발된 후 정치사범으로 재판에 넘겨져 빌라도로부터 사형선고를 받았다. 예수 당시 이스라엘의 사법체계상 종교와 윤리에 관한 문제는 유대교 대사제가 의장으로 있는 산헤드린에서 판결하였고 정치사범에 대한 재판과 사형판결권은 로마에서 파견된 총독의 권한이었다. 예수가 고발된 것은 가짜 메시아 행세를 하면서 야훼를 모독했다는 신성모독죄다(마태 26,61~65

및 병행구). 그런데 종교권위자로서의 기득권 상실에 위협을 느낀 대사제와 의회가 예수를 제거할 목적으로 사형판결 권한을 가진 총독 빌라도에게 예수를 넘기는데, 이 대목에서 예수는 정치사범으로 바뀐다. 예수가 자신을 '유대의 왕'이라고 주장했다는 것이다(마태 27,1~13 및 병행구). 빌라도는 정치적인 판단에서 예수에 대한 사형집행을 승인하고, 예수는 '유대인의 왕'이라는 죄명의 정치사범으로 십자가형에 처해진다(마태 27,35~37 및 병행구). 그런데 학자들은 산헤드린의 회의록이나 빌라도 법정의 재판기록에서 예수와 관련된 기록을 찾지 못하였다. 예수가 당시에 많은 도시와 많은 사람들에게 주목받는 인물이었다면 충분히 로마 당국의 요주의 관리대상이었을 것이며, 그와 관련된 기록이 단 한 줄이라도 남아 있을 것이라는 생각이 자연스럽다. 하지만 그 어디에도 예수와 관련된 기록은 없다. 이런 사실에 비추어 볼 때, 예수는 역사에 실존한 인물이라고 볼 수 없고 복음서 내용도 실제 사건에 대한 사실적 기록이 아니라 누군가가 창작한 문학작품이라고 추정할 수 있다.

복음서 내용의 사실성

예수에 관한 복음서 이야기의 진위 여부를 가리는 것도 비교 가능한 다른 문서나 사료가 전혀 없기 때문에 불가능하다. 샤를르 뻬로라는 사람은 복음서가 갖는 필사본의 전승 가치를 인정한다면 복음서가 위작이나 창작이 아닌, 사실에 기초한 문헌이라는 것을 이해할 수 있다고 말한다.[69] 즉, 지중해 연안의 각기 다른 지역에서 복음서의 사료가

69. 『예수와 역사』, p. 29.

되는 필사본들이 보급되었고, 그 내용들이 그렇게 충실하게 재필사되면서 전해질 수 있었던 것은 문헌의 기초가 되는 내용들이 사실에 바탕을 둔 객관적인 가치를 담고 있었기 때문에 가능했다는 주장이다. 하지만 예수가 역사적 실재 인물이라는 객관적인 증거가 없고, 필사가들이 베껴 쓴 복음서의 원 사료(원마르코복음과 예수어록)가 사실에 근거하여 기록되었다는 것을 증명할 근거가 없으며, 원 사료의 객관성을 확증할 수도 없다. 뿐만 아니라 아람어나 히브리어로 쓰였을 것으로 추정되는 원 사료는 아직까지도 발견되지 않고 있다. 따라서 필사본이 재생산되고 확장되어 왔다는 사실 자체만으로 복음서가 위작이 아니라는 증거가 될 수는 없다.

복음서 이야기의 사실성에 대해 가톨릭은, 복음서 이야기는 기자가 사건을 보도하듯이 있는 그대로의 사실을 기록한 것이 아니라, 예수가 곧 메시아라는 사실을 소개하기 위한 목적으로 기록한 것이므로 기록 내용의 사실성보다는 신앙의 눈으로 읽어야 하고, 종교의 시각으로 바라보면 복음서에 담겨 있는 의미를 충분히 찾을 수 있다고 설명한다. 다시 말해서 복음서에 등장하는 예수와 관련된 이야기들이 어떤 것은 사실적 전승을 토대로 작성된 것이기도 하고, 어떤 것은 임의의 창작이며 상징적인 내용일 수 있다는 것이다.

이런 기초 인식 속에 성서를 대하고 해석하는 가톨릭의 모습은 성서에 기록된 내용의 사실 여부를 가리지 않고 또한 정해진 기준틀에 견주어 봄이 없이, 편의에 따라 자신들의 신앙을 옹호하거나 진실을 호도하는 데 도움이 된다면 어떤 형태로든 합리화 논리를 발하고 적용시켜 신앙의 정당성을 확보하는 수단으로 이용하는 모습으로 보인다. 그래서 예수에 관한 이야기 중 어떤 것을 사실의 전달로 볼 것이고 어떤 것을 상징적 창작으로 볼 것인가 하는 의문이 생긴다. 성찬례를 제정하였다는 내용(마태 26,26~30; 마르 14,22~24; 루카 22,14~20)은 사실적 보도인가 상징적 창작인가? 손이나 발이 죄를 짓게 하거든 그것을 잘라버리라는 가르침(마태 18,6~9; 마르 9,42~48; 루카 17,1~2)은 명령인가 상징인가? 누가 오른뺨을 치거든 다른 뺨마저 돌려 대라(마태 5,39)는 말은 은유인가 명령인가?

'물 위를 걸은 예수'(마태 14,22~33) 이야기에 대한 해석을 보면, 일부 가톨릭 학자는 '예수가 물 위를 걸었다는 이야기는 예수가 실제로 물 위를 걸어가는 기적을 보인 것을 말하는 것이 아니다. 베드로는 예수와 눈을 마주치고 있을 때는 물 속에 가라앉지 않았는데, 예수에게서 눈을 돌리는 순간 물에 빠지고 만다. 즉 물 위를 걸은 예수 이야기는, 신앙은 예수와 끊임없는 친교와 교감의 상태에 머물러야만 결실을 얻게 된다는 가르침을 위해 창작된 내용이다.'라고 해석한다. 같은 내용에 대해 또 다른 학자는 '물 위를 걸은 기적을 보인 것은 실제로 있었던 사실에 대한 보도이며, 그것을 통해 예수는 자신이 신적 권능을 지니고 있다는 것을 보여준 것이다.'라고 해석한다. 이천 년이 넘는 세월 동안 동일한 내용에 대해 통일된 해석을 마련하지 못한 가톨릭의 모습이 안쓰럽기도 하지만, 복음에 기록된 내용의 사실성과 창작성에 대한 명확한 입장을 보이지 못하는 가톨릭에 안타까움을 느낀다. 성서학자들은 복음서에 수록된 기적사화 대다수가 창작이라고 말하기도 한다.

가톨릭은 복음서의 내용이 사실에 입각한 신학적 해석의 기록이라고 주장하고, 예수를 옹호하고 신앙을 심화시키려는 관점에서 성서 해석을 시도하지만, 그럼에도 예수와 관련된 보도 중 일부 어떤 것은 사실이기도 하고 일부 어떤 것은 종교 신심을 위해 창작한 것이라고 설명하는 애매한 태도를 보인다. 사실과 창작의 경계의 모호성이 해소되지 못하고 있는 것이다. 하지만 더 큰 문제는, 복음서 내용이 예수를 신격화하고 메시아로 부상시키기 위한 의도에서 인위적으로 가공된 것이라면, 가톨릭은 이야기의 실재성이나 상징성을 떠나 허구에 기대어 예수를 메시아로 믿는 망상에 사로잡힌 것이라는 결과가 된다는 데 있다.

복음서를 대하는 가톨릭의 관점을 여타 종교전통의 입장과 비교해 보면, 가톨릭은 근거가 모호한 복음서 이야기를 절대 진리로 받아들여 예수를 신격화하고, 신으로 숭배하고, 그를 자신들의 육체적 죽음 이후 영원한 생명을 부여해 줄 구원자라고 강조하는 것처럼 보인다.

예를 들어, 가톨릭은 신라의 시조 박혁거세가 알에서 태어났다는 전설은 위대한 인물의 특별함을 묘사하기 위해 꾸며낸 이야기라고 말하고, 미네르바가 쥬피터의 뇌에서 탄생했다는 이야기도 우화의 범주에 속하는 이야기라고 말하면서도, 예수가 생물학적인 남녀의 결합 없이 인간 여인의 몸에서 야훼의 영과 결합하여 사람으로 태어났다는 동정녀 잉태설은 창작이 아니라 믿어야 할 진리라고 주장한다(사도신경 참조). 부언하자면, 가톨릭에서는 동정녀 잉태설에 대해 언제나 그렇듯 마술적 주술로 설명한다. '신은 무엇이든 할 수 있는 권능을 지니신 분이시므로 신에게는 불가능한 일이 없다(루카 1,37 참조). 처녀 잉태도 그 중 하나이며, 신의 영역에 속하는 처녀 잉태의 신비를 인간은 완전히 이해할 수 없다'고 말한다.

가톨릭의 동정녀 잉태설 주장의 의도는 분명하다. 신은 인간 이해의 범주를 넘어서는 사건을 창출할 수 있는 존재라는 사실을 부각하고 또한 그렇게 초인적인 상황을 강조해야 예수가 곧 신이라는 논리를 전개할 수 있을 것이며, 자신들만이 야훼의 신권을 위임받아 행사하는 유일한 종교권력이라는 위상을 강화하고 유지할 수 있을 것이기 때문이다. 하지만 가톨릭이 동정녀 잉태설을 신앙의 진리로 믿는 것이야 뭐라 할 수는 없지만, 상식적이고 온건한 사람들에게 그것을 있는 그대로 믿으라고 요구하는 것은 무리이지 않을까?

동정녀 잉태설은 성서번역의 오류에서 등장하게 된 개념이라고 학자들은 말한다. 히브리어로 쓰인 이사야서 7장 14절의 '알마(almah)'는 혼인여부와 관련 없이 젊게 보이는 여성, '젊은 여성'을 뜻하는 말이다. 그런데 성서가 그리스어로 번역되면서 '파르테노스(parthenos)' 즉, 결혼하지 않은 '처녀'로 번역되었고, 이 성서 구절에 따라 예수의 생모는 처녀, 즉 동정녀라는 설이 생기게 된 것이다. 그리고 동정녀 잉태설은 예수가 다윗의 혈통이 아니라는 결론에 이른다. 유대교 전통사상에서 메시아는 다윗의 후손에서 나오는 것으로 믿어졌다(예레 33,15). 그런데 마태오복음에 의하면 요셉은 다윗혈통의 후손이지만 예수는 요셉과 아무런 관련 없이 마리아를 통해 태어났으니, 엄밀하게 말해 예수는 다윗의 혈통이 아니다. 다윗의 혈통은 아니지만 다윗보다 위대한 신의 개입으로 이루어진 일이니 그냥 다윗의 후손이라고 생각하자는 것일까?

대부분의 사람들은 단군신화를 사실로 받아들이지 않으며, 환인을 천신으로 섬기지도 않고 환웅을 천자, 곧 신의 아들로 받아들이지도 않는다. 그저 재미있는 신화일 뿐이라고 생각한다. 그럼에도 극소수의 사람들은 지금도 환인과 환웅과 단군을 숭배하고, 단군이 세상을 구하러 다시 세상에 강림한다는 신앙을 갖고 있다. 알타이의 야쿠트(Yakut)인은 하늘의 제9층에 군림하는 최고신 '하얀 조물주(urun ajy tojon)'가 세상의 질서와 출산을 관장하고 죽은 이의 혼을 거둬들여 영생을 부여한다고 믿는다.[70] 가톨릭은 이런 종교전통에 대해 그것은 미신숭배나 우상숭배이며 그저 원시 신앙의 한 형태라고 폄하하고 배격한다. 상대편의 입장에서 보면 가톨릭도 우상숭배나 원시 신앙의 답습이기는 마찬가지이지 않을까? 신의 존재 가능성에 대해 합리적인 증거를 제시하지 못하면서도 신은 존재한다고 선언적으로 주장하는 것이나, 신화 속에만 존재하는 가상 또는 공상의 신이 실제로 존재하는 듯이 여기고 섬기는 행태에서 어떤 차이점도 발견되지 않기 때문이다.

가톨릭이 예수는 인간의 모습으로 강림한 야훼의 현현이며, 예수는 그리스도라고 주장하는 근거로 활용하는 복음서의 기록은 사실일까? 그리고 복음서가 전하는 예수는 진짜 죽은 사람을 살려내고, 다시 되살아난 사람이 두 번 다시 죽지 않고 영원히 사는 생명을 부여해 주는 구원자, 구세주, 그리스도, 메시아일까? ['그리스도(Christos)'는 '머리에 성유(聖由) 부음을 받은 자'라는 의미의 그리스어이고, '메시아'(Messiah)는 같은 의미인 '기름부음 받은 자'의 히브리어다. 고대 근동의 정치와 종교전통에서는 새로운 왕이나 제사장이 직위에 즉위할 때 머리에 기름을 붓는 의식을 통해 그가 왕권이나 신권을 부여받아 직위와 직분의 전수자가 되었음을 인준하고 선포하였다. 이런 관행은 히브리인들의 관습에도 있었으며, 유대교의 종교전통 안에서 이 단어는 종말론적 왕권과 신권, 즉 '현실 세상의 종말 이후 신의 권능으로 새롭게 이룩된 구원된 세계의 왕'을 뜻하는 의미로 사용되었다. 가톨릭을

70. 『샤머니즘의 세계』, 우노 하르바 저, 박재양 역, 보고사, 2014. p. 161.

포함한 그리스도교계 종교는 '그 왕이 곧 예수'라고 주장한다. 그리고 예수를 메시아로 부상시킨 기록이 복음서다.]

구약성서 속편으로서의 예수설화

위에서도 살펴보았듯이, 최초로 쓰여진 복음인 마르코복음은 예수가 죽은 후 30여 년이 지난 서기 60년경에야 집필되었다. 복음서의 사실성과 복음 저술과정에 대해 가톨릭은, '예수에 관한 말'을 전하는 예수의 제자들의 말을 들은 후대 사람들 가운데 누군가가 그것을 기록으로 남겼고, 또한 계속해서 구전으로 전해 준 것들을 복음사가들이 수집하여 복음서를 기록하였을 것이라고 말한다. 하지만 이런 설명 또한 어떤 객관적인 증거나 근거에 의지해서가 아니라, 단지 아마도 그런 과정으로 기록되었을 것이라고 추정하는 것이라고 볼 수 있다. 원 사료의 객관성을 확증할 수 없고 복음서 작성 과정을 직접 본 사람이 없기 때문이다. 그래서 이런 추정도 가능하다.

원 사료는 가톨릭이 말하는 것처럼 예수의 제자들이 전한 예수와 관한 이야기를 후대에 누군가가 수집하여 기록한 것이 아니라, 누군가의 종교적 상상력에 의해 창작된 메시아에 관한 소설 형식의 문건일 수 있다. 즉 서기 30년경 익명의 저자가, '가상의 인물 예수라는 사람이 자신이 메시아라고 주장하다가 십자가에 못박혀 죽었는데 놀랍게도 그는 부활하였고, 그를 스승으로 모시며 따랐던 제자들은 그를 구약성서에서 언급한 메시아로 믿었다'는 줄거리로 창작한 소설을 실제 일어난 사건에 대한 기록으로 믿는 사람들이 나타났고, 그들은 종교단체를 결성하여 예수를 메시아로 선포하였으며, 복음 저자들은 그 근거라고 제시된 소설에 종교적 상상력을 가미하여 복음서를 저술했다고 추정할 수 있다. 이것은 1830년에 조셉 스미스 주니어(Joseph Smith, Jr)라는 사람이 이집트어로 쓰인 금서판을 경전(몰몬경)으로 삼아 몰몬교를 창시한 것과 다르지 않다. 출처가 불분명한 몰몬경에는 기원전 600년경에 예루살렘을 떠난 유대인들이 아메리카로 이주하여 정착하였으며, 서기 1세기경 부활한 예수가 아메리카에 나타나 설교하면서 그리스도교회가 설립되었다는 내용을 담고 있다. 스미스는 객관성을 담보할 수 없는 몰몬경을 근거로 몰몬교가 그 교회를 계승했다고 주장했다. 마찬가지로 임꺽정, 장길산과 함께 조선의 3대 대도(大盜)중의 하나로 불리는 홍길동이 의적의 모습으로 강림한 그리스도라고 믿는 사람이 있었다면, 그래서 홍길동을 모델로 저술한 홍길동전(傳)에 메시아에 대한 상상력을 가미하여 홍길동이 천지개벽과 정신개벽을 성취하기 위해 환인이 파견한 천인(天人)이라는 작품을 만들었다면, 그것을 근거로 그를 신으로 섬기고 추종하는 종교단체가 생겨났을 것이라는 추정도 가능하다. 물론 슬기로운 사람들이 모여 사는 이 땅에서 그런 일은 일어나지 않았다.

복음서는, 구약성서에 정통한 익명의 저자가 당시의 시대상황 안에서 구약의 메시아 도래 사상에 심취되어 자신이 예언자 또는 메시아라고 주장하고 나서는 사람들을 보면서 그것을 모티브로, 구약성서가 말하는 메시아가 강림했고 그럼으로써 구약성서에서 말하는 야훼의 약속이 성취되었다고 기록한 가상의 어떤 문건(편의상 X라고 칭하자)을 토대로, 복음사가가 거기에 살을 붙이거나 자신의 상상을 가미하여 창작한 기록물로 보는 것이 타당하다. X문건은 소위 말하는 초기 마르코복음서 원문이거나 '예수어록'일 가능성도 있다.

X문건의 저자는 유대교 종말사상에서 말하는 메시아 도래에 관한 내용을 잘 아는 사람이었을 것이다. 유대인들은 야훼가 예레미야의 예언대로 다윗가문에 이상적인 통치자를 보내주어 그가 세상에 공정과 정의를 이룰 것이며(예레 33,15), 에제키엘의 예언에 따라 옛 다윗 왕조의 영광을 재건해 줄 것(에제 37,24~28)이라는 희망을 가졌다. 그리고 메시아는 홀연히(말라 3,1) 젊은 여인이 잉태한 어린 아이의 모습으로(이사 7,14) 베들레헴에서 탄생해(미카 5,1) 야훼의 통치권과 영광으로 세상과 우주를 다스리는 초자연적인 야훼 왕국을 이룰 것이고(다니 7,13~14), 사람들에게 야훼의 영을 부어주며(요엘 3,1), 소경들의 눈을 열어주고 감옥에 갇힌 이들을 풀어줄 것(이사 42,6)이라고 여겼다. 하지만 그는 수염이 뽑히고 욕설과 침뱉음을 받는 치욕 속에 죽을 것(이사 50,4~7)인데, 야훼는 그의 죄없음을 알아 그를 다시 일으킬 것(이사 50,8~9)이라는 종말사상을 믿었다. X문건의 저자는 이것을 뼈대 삼고 여기에 자신의 상상력을 가미하여 (가칭)「메시아 도래 사건」을 기록했을 것이다. 그리고 그것은 여러 사람들에 의해 필사되어 지중해 연안 지역으로 퍼져나갔고, 그것을 바탕으로 예수에 대한 이야기가 과장되고 작가의 상상력에 의해 다른 내용들이 더해져 오늘의 복음서가 되었을 것이다. 마태오나 루카가 마르코복음과 예수어록을 베껴 쓰면서도 자기만의 이야기를 꾸미고 첨부하여 복음서를 저술하였다는 것이 그 증거이며, 불확실한 전승을 기록하였다거나 터무니없는 내용을 담고 있다는 이유로 정경으로 채택되지 못한 여타 복음서들(베드로복음, 토마복음, 야보고복음, 유다복음, 막달레나복음서 등)이 그 증거다. 즉 마태오나 루카가 예수를 직접 목격한 증인이거나 또는 예수를 체험한 제자들로부터 예수에 관한 이야기를 들었다면 그들은 마르코복음서나

예수어록을 옮겨 쓸 이유가 없었겠지만, 그들은 떠도는 문건을 인용하고 옮겨 적으면서 거기에 자신의 메시아관에 따른 다른 내용들을 첨부하여 복음서를 작성하고 있다. 이와는 반대로 위경으로 분류된 복음의 작가들이 마르코복음이나 예수어록에 대한 신뢰를 가졌다면 자신들만의 사고와 상상에 따른 엉뚱한 복음을 기록하지 않았을 것이다. 이런 현상은 처음부터 마르코복음이나 예수어록이 신뢰성을 갖는 문건이 아니었다는 것을 반증하는 사례로 볼 수 있으며, 마태오나 루카 또는 위작의 작가들은 마르코복음이나 예수어록을 작성한 저자의 창작 의도나 모티브만을 취하여 각자 나름의 메시아관을 담은, 유사「메시아도래 사건」 작품을 창작한 것으로 볼 수 있다. 한편 요한복음은 서기 100년경에 만연한 영지주의의 영향을 받아 '영적 존재로서의 메시아' 사상에 입각해서 기록한 복음서이며, 주 내용은 '영적 실체로서의 메시아라면 아마 이렇게 말했을 것이다'는 개인의 사상을 나열한 것에 불과하다(요한 1,1~18; 6,22~59; 8,12~59; 15,1~17,26 참조). 예수가 실존인물이었다고 하더라도 생전의 예수를 본 적이 없는 요한이 예수가 했다는 말들을 어떻게 알았겠는가? 요한복음도 메시아를 가정한 작가의 상상에 따른 창작물로 보는 것이 타당하다.

우리는 여기서 한 인물을 주목하고자 한다. 바울이다. 바울이라는 인물은 예수를 직접 본 일이 없으며 만난 적도 없던 사람이다. 그런데 신약성서에서 볼 수 있는 것처럼 그는 다수의 서간문 형식의 문서를 통해 자신의 신학적 견해를 마치 그리스도교 신앙의 정수인 것처럼 피력한다. 그가 자기 주장의 정당성 확보를 위해 활용한 것은 자신이 예수 발현을 체험했다는 주장이 전부다. 그는 자기 저술에서 부활한 예수가 자기를 찾아왔기에 만났다고 말하고(1코린 15,8), 자기가 전하는 내용은 모두 예수에게서 계시를 받은 것임을 강조한다(1갈라 1,12). 그리고 사도행전은 바울의 체험 내용을 상세하게 전한다[9,1~22; 22,6~11. 사도행전의 저자는 바울의 동료인 루카로 추정한다(2티모 4,11 참조)]. 하지만 바울의 체험이 지극히 사적인 체험이고, 객관적 증명이 결여되어 있다는 데 문제가 있다. 바울이 진짜 예수를 체험한 것인지 아니면 그의 환상인지, 그것도 아니면 바울이 의도적으로 꾸며낸 이야기인지를 판별할 만한 근거는 아무것도 없다. 바울 자신의 주장만 있을 뿐이다. 그리고 단 한 차례의 현현 체험으로 그 많은 신학적 사안들에 대한 이해를 갖게 되었다는 것도 쉬 납득이 가지 않는다. 하지만 가톨릭 신학자들은 성서 기록을 그대로 받아들여 바울의 체험은 사실이며, 그가 체험을 통해 터득한 신학적 이치는 계시에 의한 것이 확실하고, 그의 주장은 예수의 가르침과 일치한다고 말한다. 나는 그런 가톨릭의 주장에 동의하지 않는다. 오히려 역으로 신학적 상상력으로 제시한 바울의 가설들이 예수의 계시로 포장되었고, 가톨릭에 의해 그의 주장들이 신앙의 지침과 교의로 채택되어 가톨릭 교의의 뼈대를 이루게 된 것이라고 생각한다. 곧 의도적으로 예수를 그리스도로 신격화시킨 바울의 주장을 받아들여 그리스도교가 만들어지게 되었다는 것이다. 이렇게 본다면 소위 마르코복음이나 예수어록이라는 것도 바울의 조작품일 가능성이 있다(학자들은 바울이 사용하는 단어나 문장 구성의 특징이 복음서의 문장이나 단어들과 차이가 있는 부분이 있으므로 복음서는 바울의 작품이 아니라고 말할 것이다. 하지만 복음서 저자들이 자신들이 즐겨 사용하는 용어나 문장 기법으로 바꾸어 기술했을 가능성도 있다. 옛글을 현대용어로 옮기는 경우처럼).

독실한 유대교 신앙인이며 유대교의 율사였던 바울은, 유대교의 메시아 사상에 맞추어 가상의 인물인 예수를 이사야서에 등장하는 '고난받는 야훼의 종'(이사 42,1~9; 50,4~9; 53,4~10)의 내용에 부합되는 인물로 그려내어 그를 메시아로 세우는 복음서나 예수어록이라는 위작을 꾸며낸 뒤, 메시아 예수에 대한 이야기가 회자되게 만들었고, 그것을 기반으로 각 지역에 예수 교회를 세웠으며, 후에는 바울의 창작 복음서나 예수어록을 바탕으로 복음서가 쓰여지게 만들었다. 그리고 자신은 그 위작의 내용에 따라 종교 교의를 창출하여 새로운 종교인 그리스도교를 만든 것이라고 추정할 수 있다.

지나친 억측일까? 설령 바울의 창작물이 아니라 하여도 복음서가 위작임은 분명하다. 신은 인간의 지적 능력이 향상되면서 해결점이 없는 문제들에 대한 사유의 답으로 설정한 가상의 산물이며, 야훼 또한 유대 종교 신화에 등장하는 상상의 산물이고 실체가 없는 가상의 실재이므로, 인간의 상상 속 관념으로만 존재하는 자가 인간의 몸을 취하여 강림(降臨)하였다는 논리 자체가 성립될 수 없기 때문이다. 나아가 가톨릭이 신이라고 주장하는 야훼가 실재하는 전지전능하고 자상한 사랑의 신이라면 홀연히 대중 앞에 인간의 모습으로 나타나서 아무런 대가 없이 세상의 죄를 사하노라고 선언하고 홀연히 사라지면 되었을 것을, 부득이 갓난아이로 태어나 성장하는 과정을 거치고, 자발적이었다고는 하지만 처절한 모습으로 십자가에 처형당하는 일을 연출하고, 또 그것을 침묵 속에 묵묵히 지켜보고만 있다가 그 희생을 대가로 세상의 죄를 사했다는 야훼의 피학적이고 가학적인 행태를 납득할 수 없으며, 복음서의 그런 상황 전개가 상식적으로 받아들이기에는 무리가 있다고 여겨지기 때문이다. 우리는 신을 상상한다고 해도 그렇게 잔인하고 계산적인 신은 상상하지 못한다. 복음서에 묘사된 메시아 이야기는 신의 육화를 상상한 작가의 창의력 빈곤의 결과일 것이다. 바울의 서간문들의 작성 시기는 마르코복음이 쓰여진 시기와 대략 비슷한 서기 50~60년 사이이다. 이런 점에서 충분히 상상 가능한 추정이라고 할 수 있다.

덧붙여, 상기에서 살펴보았듯이 구약성서가 상상 속 허구의 존재를 실재로 묘사하기 위해 창작된 것처럼 복음서 또한 구약성서의 속편에 불과하고 예수를 강림한 메시아로 가정한 창작물로 볼 수 있으므로, 야훼를 신으로 전제한 상태에서 상상과 추론으로 전개하는 종교 교의들, 예수를 메시아나 예언자, 강림한 신이며 신의 아들이라고 소개하는 모든 종교책자들, 예수의 사상을 연구한 서적들, 예수의 역사인식과 인간관에 대해 논하는 책자들 등 모든 야훼나 예수와 관련된 문헌들은 실체가 없는 가상의 존재에 대한 탐구이며 상상과 추론적 논리의 전개인 허구에 불과하다고 할 수 있다.

사람들은 제우스가 인간이나 동물 등 여러 형상으로 인간 세상에 드나들었다는 신화를 믿지 않는다. 자칭 한국에 강림한 메시아라고 주장하는 일부 사이비 교주들도 믿지 않는다. 이집트의 파라오가 아텐의 현현이라는 것도 믿지 않는다. 그러면서도 가톨릭이 2,000년 전에 창출한 신화 속 예수는 육화한 신이라는 믿음을 쉬 버리지 못하는 까닭은 무엇인가?

신은 신이 있다고 믿는 이들의 믿음과 인간의 상상 속 관념으로만 존재하므로, 그 신은 인간의 모습으로 강생할 수 없고, 강생이 없으니 죽음도 부활도 있을 수 없다. 신앙은 미망이다.

예수는 그리스도인가?

다시 처음 질문으로 돌아가 보자. 복음서가 전하는 예수는, 진짜 죽은 사람을 살려내고, 다시 되살아난 사람이 두 번 다시 죽지 않고 영원히 사는 생명을 부여해 주는 그리스도인가? 가톨릭이 예수의 부활을 믿고 주장하는 유일한 근거는 복음서의 기록이다. 따라서 복음이 전하는 부활 사건과 부활한 예수의 현현 사건에 대한 보도의 실제성과 사실성에 대해 먼저 살펴볼 필요가 있다.

복음 보도와 바울의 부활 사상

예수를 전하는 복음에 의하면, 예수(BC 4~AD 30 추정)는 세례자 요한에게서 세례를 받았고, 요한처럼 '천국이 가까웠으니 회개하라'는 회두축구 일을 했다. 그리고 자신만의 독특한 메시지를 전하기도 하였는데, 그 내용은 이사야 예언서에 등장하는 '고난받는 야훼의 종'(이사 42,1~9; 50,4~9; 53,4~10)의 길을 가기 위해 자신이 세상에 왔다는 주장이었다. 이후 그는 십자가형으로 죽었고, 돌무덤에 묻혔으며, 부활했다고 복음은 전한다. 부활 교리를 그리스도교의 핵심 사상으로 끌어올리면서 예수가 부활한 그리스도라고 주장한 대표적인 인물은 바울(AD 10?~67?)이다(1코린 15,17.32).

바울은 부활한 예수가 먹고 마실 수 있었으며, 마음대로 나타나거나 문을 통과할 수도 있었고, 손으로 느껴지는 육체를 가지고 있었다는 구전(口傳)을 믿었거나, 그 자신이 그런 상상을 창출하였을 것으로 추정된다. 바울은 예수가 부활했다면 그의 부활은 세상의 종말과 신에 의한 통치가 이루어지는 징후와 신호탄일 것으로 해석하여 예수에게 신적 지위를 부여하는 논리를 개발했다. '고양(高揚) 신학'이 그것이다. 고양 신학은 아버지 신인 야훼가 부활을 통해 예수를 주(主)이자 메시아, 신의 아들로 삼았다는 사상이다. '예수는 야훼에 의해 죽음에서 일으켜졌고 높이 올려졌으며(高揚. 콜로 2,12; 1코린 6,14), 신으로부터 능력과 영광을 부여받았다(로마 1,4). 그는 야훼의 오른편에 앉았고(로마 8,34; 마르 16,19 참조. 바울의 상상일 뿐, 그가 직접 눈으로 보고 확인한 사실은 아니다), 믿음으로 응답하는 이들과 영을 나눌 수 있게 되었으며, 영광에 둘러싸여 재림할 것이다(사도 2,33~36; 5,31). 그리고 이렇게 자신의 죽음과 부활을 통해 야훼에 의해 메시아 지위에 오른 예수는 신적 권능으로 사람들에게 심판과 구원과 부활을 줄 것이다(로마 15,7; 1코린 15,20~23 참조)'라고 바울은 말한다.

이런 바울의 종교 상상적 가정과 추론은 헬레니즘 문화권에서 자란 성장배경에서 영향을 받은 것임에 분명하다. 바울에 의하면 인류의 타락은 인류가 하층 우주를 지배하는 사탄의 노예가 된 데서 유래한 것이며, 예수의 죽음도 로마인들이 아니라 사탄의 세력이 죽인 것이나 다름없다(로마 1,18~25 참조). 하지만 예수는 인류를 영적 타락에서 구원하기 위해 야훼로부터 파견된 신성한 존재이므로 자신의 죽음과 부활을 통해 인류를 구원하게 된다. 바울은 예수가 어느 때든 재림할 것이라고 믿었다(1코린 15,23). 그리고 가톨릭은 바울의 고양 사상을 받아들여 예수를 그리스도로 믿고 선포한다. 바울의 주장은 타당한가?

부활 사건을 보도하는 복음의 내용을 보면, 금요일 오후에 예루살렘에서 십자가형으로 죽은 예수는 돌무덤에 묻혔다(마태 27,60 및 병행구). 그런데 안식일(토요일)이 지나고 주간 첫날(일요일) 마리아 막달레나와 다른 여인 마리아가 무덤을 보러 갔는데 예수의 무덤은 비어 있었고, 천사가 "예수가 되살아났고, 여기에 없다"고 고지한다(마태 28,1~8 및 병행구). 이후 사라진 예수는 빈무덤을 발견한 마리아 막달레나에게 나타났고(마르 16,9 및 병행구), 갈릴래아에서는 잠긴 문을 유령처럼 통과해 들어와 제자들과 만났는데, 그 모습을 보고 놀란 제자들에게 "유령은 뼈와 살이 없지만 나는 뼈와 살이 있다"고 말하고 구운 생선을 먹기도 한다(루카 24,39~42). 또 고기잡이를 나간 제자들을 위해 숯불에 물고기를 구워주기도 한다(요한 21,9). 예수는 제자들에게 선교사명을 명한 후 베타니아에서 승천하였다(루카 24,46~51; 마르 16,15~19; 사도 1,9).

성서 비평학이 발달하면서 역사학자들은 신약성서에 묘사된 사건들의 상당수가 허구이며, 예수의 말로 기록된 내용도 대부분 예수가 직접 한 말이 아니라는 데 동의한다. 가톨릭은 복음서가 예수를 역사적으로 정확하게 묘사했다기보다는 그를 잘 알지 못했던 저자들이 예수 사후에 그의 인생과 죽음의 의미에 대해 나름대로 해석한 기록이며, 따라서 복음서에서 예수가 '실제로' 어떤 말을 하고 어떤 행동을 했는가는 그리 중요하지 않고, 중요한 것은 신약성서 저자들이 그것들을 '어떻게 바라보고 해석했는가' 하는 점이라고 말한다. 그리고 예수 부활과 현현(顯現) 사건은 인간의 이성으로는 파악할 수 없는 범주에 해당하는 것이므로, 일반 상식적인 차원에서는 이해가 불가능하고 신앙으로 믿고 받아들을 수 있는 것일 뿐, 논증과 검증이 불가능하다고 말한다.

가톨릭의 설명에 의하면, 예수의 부활은 죽기 전의 상태로 소생한 것이거나 시간이 경과하고 나서 다시 죽어야 하는 유한한 삶으로 되살아난 것이 아니라, 인간 조건을 벗어나 인간의 언어로 적절히 표현할 수 없는 '새로운 차원'의 '새로운 생명'의 형태로 살아난 것이다.[71] 그래서 제자들의 예수 현현 체험은 이전에는 전혀 겪어보지 못한 전혀 낯선 체험이었다. 가톨릭은, '교회는 예수 부활이 객관적이며 중립적으로 단정할 수 있는 역사 내(內) 사실이라고 주장하지 않는다. 예수 부활은 십자가 죽음과 달리 역사 내 사실이 아니라 역사적 삶으로부터 필설할 수 없는 영원(永遠) 차원의 초극적 사건으로 이해되어야 하기 때문이다. 성서 어디에도 부활의 경위가 사실적으로 묘사되지 않는다. 사실 부활 자체를 눈으로 목격한 증인은 아무도 없다. 어느 복음사가도 그것을 묘사하지 않는다. 누구도 부활이 물리적으로 어떻게 이루어졌는지 말할 수 없다. 더구나 다른 생명으로 넘어간다고 하는 부활 사건의 핵심은 감각기관으로 지각할 수 없는 것이다.'[72]고 말한다.

부활이라는 것이 있다면 현실적이고 구체적인 인간 삶의 차원을 넘어서는 것일 것이므로 일견 타당한 설명이다. 하지만 그런 일이 예수 안에서 실제로 일어났다고 말할 수 있는 근거는 어디에도 없다. 그들의 말처럼 목격자도 없고 부활 사건에 대한 증언도 없다. 그리고 부활한 존재는 가톨릭이 말하는 것처럼 인간 조건의 차원을 넘어서는 전혀 새로운 차원의 새로운 생명의 형태로 살아난 존재이므로, 현세의 3차원적인 삶의 여건과 인간 조건에 묶여 있는 인간 이성의 범주에서는 부활한 그의 실체를 이해하거나 파악하는 것이 불가능할 것이다. 그럼에도 부활 사건이 "역사적 삶으로부터 필설할 수 없는 영원 차원의 초

---

71. 『가톨릭 교회 교리서』, 한국천주교중앙협의회, 2008. 998~1004항.
72. 위의 책, 647항.

극적 사건으로 이해되어야 한다"거나, "그런 일은 신의 능력 범주에 속하는 일이므로 인간 이성으로 파악하는 것은 불가능하다"고 말하기 위해서는 부활 사건을 초극적 차원의 사건으로 이해해야만 하는 까닭이 제시되어야 하고, 야훼가 초극적 사건을 일으키는 능력이 있다는 증거가 제시되어야 한다. 그와 관련된 그 어떤 설명도 없이 단순히 '그것은 신의 영역에 해당하는 신적 차원의 일이므로 인간은 이해할 수 없다'고 선언하는 것은 사건을 대하는 합리적인 자세로 볼 수 없다. 그리고 부활이나 현현이 인간의 언어로 표현될 수 없는 성격의 사건이라면 가톨릭이 부활에 대한 증언이라고 받아들이는 복음의 내용을 기술한 복음 저자들은 어떻게 예수가 부활하였다고 확정적으로 말할 수 있었으며, 제자들의 예수 현현 체험을 보도할 수 있었는가에 대한 납득 가능한 설명이 제시되어야 한다.

부활의 허구성

가톨릭이 말하는 것처럼 예수 부활과 제자들의 부활한 예수 현현 체험이 인간 이해의 범주를 넘어서는 사건이라면, 설령 제자들이 부활이 일어난 사건 현장을 목격하지는 못했다고 하더라도 부활한 예수의 현현이라는 놀라운 체험을 전달할 때 "그것은 말로는 표현할 수 없는 체험이다. 하지만 예수는 부활했고 우리는 그를 만났다"는 정도로만 말했을 것이다. 하지만 복음 저자들은 구체적인 상황을 묘사하며 제자들의 현현 체험을 기록하고 있다. 이것은 무엇을 의미하는가? 부활한 예수가 자기 입으로 '뼈와 살이 있다'(루카 24,39)라고 말하고 구운 물고기를 먹었고(루카 24,43), 제자들에게 물고기를 구워 주었다(요한 21,9)는 것은 상상으로 꾸며낸 창작이라는 것인가? 부활한 예수에 대한 육체적이고 물리적인 실체 체험이 가능하다면 예수의 영적 부활의 실제성은 담보될 수 없다. 반대로 영적 실체로 부활한 예수를 물리적으로 체험한다는 것은 불가능한 일임에도 예수 현현 체험을 물리적인 체험으로 기록하는 복음 보도는 복음 저자의 상상적인 묘사일 가능성이 있다.

복음서의 기술이 사실이라면, 복음 저자들은 예수 부활과 부활한 예수의 현현을 체험한 자들의 증언을 토대로 부활한 예수가 뼈와 살을 지녔으며, 음식을 섭취했고, 제자들과 얼굴을 맞대고 이야기를 나눴다고 기술하였을 것이다. 만일 그렇지 않다면 예수 부활 사건에 대한 묘사는 저자의 상상에 의한 창작이 되고 만다. 복음서를 사실에 바탕한 보도라고 인정한다면 복음의 보도는 예수가 순수 영적 실체로 부활한 것이 아니라는 설명으로 이해된다. 뼈와 살을 지녔으며 소화기능을 갖고 있다는 것은 실체가 물질로 구성되었다는 의미이며, 물질은 시공간에서 변화의 과정을 겪게 될 것이고 또다시 소멸의 상태를 맞게 될 것이므로 그것은 불멸하는 영적 실체로 부활했다는 설명과 부합될 수 없다. 성서학자들은 복음이 쓰여지던 당시 영지주의의 가현설(假現說. 예수가 유령 같은 존재였을 뿐 처음부터 인간 육체를 지니지 않았다는 주장. 이 주장에 따르면 예수의 십자가상의 죽음은 실제의 죽음이 아닌, 죽음을 흉내 낸 것에 불과한 것이 되고, 육체의 부활은 부정된다)에 대응하기 위해 실제 완전한 육체를 지녔다는 것을 강조하기 위해서 그렇게 묘사하고 있을 뿐, 부활한 예수는 실제로 영적 존재였다고 말하지만 이는 설득력이 없는 주장이다. 제자들이 부활한 예수를 만났고 그와 함께 식사한 경험이 없다면 그런 체험담을 말했을 리가 없으며, 반대로 부활한 예수가 영적 존재였다면 숯불을 피우고 생선을 굽는 일은 불가능하기 때문이다.

예수가 육체를 지닌 모습으로 승천하는 모습을 제자들이 두 눈으로 지켜보았다(루카 24,46~51; 사도 1,9)는 기록에 대해서도 가톨릭은, 예수의 승천 사실을 설명하기 위한 신앙적 차원의 묘사일 뿐, 보도된 사실 그대로 사건이 일어난 것은 아니라고 말한다. 복음이 복음 저자가 승천 사건 현장을 직접 목격한 사람들의 증언을 바탕으로 기록한 것이라는 사실을 인정한다면 이 설명도 설득력이 없다. 빈 무덤 사화(마르 16,6; 루카 24,3)를 통해 예수가 분명히 생전에 지녔던 육체를 그대로 지닌 상태에서 부활하였다는 주장과 합치되지 않기 때문이다. 복음 보도에 따르면 예수는 자신의 시신을 남기지 않는 상태로, 물질로 구성된 생전에 취했던 육신의 모습으로 부활하였다. 그래서 숯불도 피우고 고기도 굽고 식사도 했을 것이다. 그럼에도 그는 유령처럼 문을 통과하였고, 가톨릭의 주장처럼 영적 실체로 승천하였다면 그 물질적 육신이 어느 순간에 그리고 어떻게 영적 실체로 변화한 것인지 설명해야 한다. 하지만 복음서도 가톨릭도 그에 대해 그 어떤 설명도 제시하지 않으며, 그저 그것은 신의 영역에 해당하는 사안이므로 인간의 이성으로는 파악할 수 없다는 주장만 되풀이한다. '그것은 과학적으로 분석하거나 설명할 수 없는 것이므로 그저 믿어야 할 것'이라는 말만 한다고 해서 그것이 진리가 되고 사실적인 사건이 되는 것은 아니다. 그런 방식의 해명이라면 고양이가 죽어서 사람으로 환생한다는 가설도 진리가 되고, 사람들에게 전생이 있어서 이웃집 학생은 세종대왕의 환생이라는 윤회설 주장도 진리가 된다.

부활한 예수의 현현을 체험했다는 자들의 증언을 토대로 기술한 복음서의 내용을 사실로 인정한다면, 복음의 보도는 가톨릭이 말하는 부활의 속성, 곧 예수가 순수 영적 실체로 부활한 것이라는 주장과 합치되지 못한다. 예수 부활에 대한 증언 사료가 될 수 없는 것이다. 또한 예수 부활 사건과 현현 체험 사건은 인간의 조건에서는 이해 불가능한 초극적 사건이므로 복음서 내용은 복음 저자가 제자들의 체험을 토대로 기술한 것이 아니라 신앙적 차원에서 상징과 표징으로 기술한 것이라고 한다면, 제자들의 예수 현현 체험 보도 자체는 작가의 상상적 창작이라는 결론이 된다. 따라서 그 어떤 설명도 예수 부활의 속성을 드러내지 못하며 부활한 예수 현현 자체의 실제성을 보여주지 못한다. 결국 제자들의 부활 현현 체험 사화는 상상력이 빈약한 작가의 창작이라는 결론이 된다.

다음으로, 누군가 타인이 했다는 말을 전할 때는, 자신이 직접 그 사람이 한 말을 듣고 전하거나, 제3자가 그 사람의 말이라고 전한 것을 듣고 다시 전하거나, 또는 전하는 사람 자신이 마치 그 사람이 말한 것처럼 거짓으로 꾸며서 한 말이거나 셋 중의 하나다. 자신이 어떤 의도를 갖고 꾸민 것이 아니라면, 자신이 전하는 상대방의 말은 자신이나 제3자가 그 사람을 만났다는 사실에 입각한 것이어야 한다. 복음 저자들은 제자들이 부활한 예수를 직접 만났고, 그들이 예수와 나눴다는 대화 내용을 전한다. 만일 제자들이 예수와의 대화를 꾸며낸 것이라면 복음서는 그 자체로 거짓이다. 하지만 제자들이 부활한 예수를 직접 만나서 나눈 대화의 내용을 복음 저자가 보도한 것이라면 다음의 문제가 발생한다. 예수가 영적 실체로 부활하였다면 어떻게 상호 대화가 가능했는가 하는 점이다.

사람이 상대방과 대화를 나누기 위해서는 언어를 구사할 수 있는 입이 필요하고, 상대방의 말을 들을 수 있는 귀와 이에 대한 정보를 분석하는 뇌가 필요하다. 만일 부활한 예수가 영적 실체였다면 그는 물질로 구성된 입과 귀와 뇌가 없으므로 자신의 의사를 인간에게 전할 수 없었을 것이며, 영적 실체만이 갖는 특별한 방식으로 자신의 의사를 전하였다고 해도 인간은 그 영적 실체가 전하는 메시지를 듣고 분석할 수 있는 구조를 갖고 있지 않다. 또 인간이 무엇인가를 생각할 때 뇌에서 발생하는 파장을 이용하여 기계를 움직일 수 있다는 연구가 시행되고 있기는 하지만, 사람이 기계적인 도구의 도움 없이 다른 사람의 뇌파만으로 그가 하고 있는 생각을 읽어낸다는 것은 불가능하다. 감각채널이나 육체적인 상호작용을 통하지 않고도 한 사람의 생각, 말, 행동 따위가 다른 사람에게 전이된다는 텔레파시라는 심령현상도 과학적으로 입증되지 않은 가설이다. 따라서 제자들과 부활한 예수가 대화를 나눴다는 것은 누군가의 상상일 수 있다.

가톨릭은 이에 대해 인간이 꿈에서 누군가를 만나서 대화를 나누는 것처럼 신만이 할 수 있는 방식으로 메시지를 주고받을 수 있었을 것이라고 말하지만, 그런 방식이라면 그것이 꿈꾸는 자의 생각이나 환상에서 나온 것인지 아니면 신에게서 나온 것인지를 판별할 수 있는 기준이 모호하다. 또한 그러한 설명 자체가 상식적으로 있을 수 없는 일을 있을 수 있는 일로 이해시키려는 무리한 시도일 뿐이다. 따라서 부활한 예수가 제자들을 만나서 대화를 나눴고 선교사명을 주었다(마태 28,19~20)는 보도 역시 저자의 상상의 산물일 가능성이 있다. 몇 가지 점을 더 살펴보자.

성서에 의하면 예수는 서른쯤의 나이에 대중 앞에 자신의 존재를 드러낸다. 그 이전까지는 존재성이 없었다는 것이다. 신이 파견한 메시아라면 부득 출생과 성장의 과정을 거쳐야 할 이유가 없다. 인류 구원에 필요한 메시지만을 명확하게 전달하면 되는 것이기 때문이다. 하지만 복음서는 구약성서의 내용이 성취되었다는 것을 묘사하기 위해 의도적으로 출생과 성장의 이야기를 묘사한다. 하지만 저자도 이런 일련의 과정이 무의미하다는 것을 잘 알고 있는 까닭에 소년시절부터 성인이 될 때까지의 과정은 생략한다. 가톨릭은 이런 묘사를, 예수가 인간의 처지를 알기 위해 일부러 인간의 모습을 취하여 세상에 왔다고 설명한다. 신이 인간의 애환과 고통과 아픔을 몸소 체험하기 위한 것이었다는 것이다. 하지만 신이 인간의 처지와 상황에 대해 알아보기 위해 인간 생애의 체험을 필요로 한다는 것은 이해하기 어렵다. 인간을 창조한 전지전능한 신에게 그런 체험이 필요한가?

그리고 예수가 인류 구원을 위한 제물로 자신을 바치기 위해 몸소 십자가 처형에 자신을 맡겼다고 가톨릭은 해석한다. 이 또한 납득하기 어려운 설명이다. 인간의 구원을 위한 목적이라고는 하지만 아무런 죄가 없는 자기 자식[聖子]을 십자가 위에서 처절한 모습으로 죽게 만드는 잔악무도한 아버지[聖父]를 어떻게 이해해야 하는가? 신의 속성이 사랑 자체라면 신은 자신의 아들이 잔혹하게 죽도록 방치하고 또한 그것을 물끄러미 지켜만 보는 잔인한 방법을 통해 세상을 구한다는 발상 자체를 가질 수 없고, 그런 사태를 용인하지도 않았을 것이다. 또한 신이 인간이 신에게 범한 죄를 속죄하는 대가로 어떤 희생을 요구하거나 바란다면 그는 공정과 공평의 신일 수는 있지만 사랑이나 관용이나 자애와는 거리가 먼 지극히 계산적이고 이기적인 존재일 수밖에 없다. 따라서 예수의 십자가 죽음을 통한 구원 논리는 신의 계획과 의지에 따른 결과로 볼 수 없고, 예수의 십자가상 희생을 가엾이 여겨 야훼가 그 희생의 대가로 세상을 구하였다는 조건부식(give and take)의 구원 논리도 신의 속성과 합치될 수 없는 논리이므로 이는 신의 역사로 볼 수 없다. 따라서 십자가 희생을 통한 구원이라는 성서의 묘사는 신의 속성과 신에 대한 빈약한 상상력의 한계를 가진 누군가의 창작이라고 할 수 있다.

예수의 죽음을 통한 인간 구원이라는 교리는 가톨릭 신앙의 중심 진리이기는 하지만 가톨릭에 의해 직접적이고 명시적인 교의로 결정된 바는 없다. 이를테면 이 구원 교리는 아직 교의화된 교리가 아니다.[73] 그럴 수밖에 없는 것은 그의 죽음에도 불구하고 세상은 비구원의 상태(전쟁, 학살, 난민소외, 각종 범죄 등)로 남아 있으므로 십자가 죽음으로 구원이 성취되었다는 것에 의구심을 갖지 않을 수 없는 것이다. 복음 저자도 가톨릭이 말하는 그런 거창한 의미를 염두에 두고 십자가 죽음을 묘사하지는 않았을 것이다. 단지 구약성서에 등장하는 '고난 받는 야훼의 종'의 이야기를 모티브로 십자가 죽음을 묘사하고자 했을 것이다.

이런 일련의 상황을 고려해 볼 때, 결국 예수 부활에 관한 이야기는 그 이야기의 모티브나 구성과 전개과정이 인간 상상의 소산이며, 부활은 예수가 현세의 3차원적인 삶의 방식을 벗어나 전혀 새로운 존재 형태를 갖는 사건이라는 가톨릭의 설명 역시 상상적 추론에 불과하다고 할 수 있다. 가톨릭은 성서에 쓰여 있다는 이유로 모든 내용에 대해 어떤 형태로든 의미를 부여하여 합리화하려 시도하는데, 세상과 인간의 창조, 물리적인 물질들의 기원, 도덕과 악의 문제, 동정녀의 출산, 신

---

73. 『그리스도와 구원』, 심상태 저, 성바오로출판사, 1981. p. 58.

이 윤리적 원천이라는 주장 등에서도 살펴보았듯이 여러 면에서 자충수를 범하는 경우가 많다. 부활에 관한 가톨릭의 주장에도 상충되는 점들이 있다. 상상의 소산을 실제로 이해하려는 데서 오는 부작용일 것이다.

육신 부활과 인격동일성 문제

우리는 바울의 또 다른 주장에서도 부활이 허구에 바탕한 추론이라는 사실을 발견할 수 있다. 부활한 예수에 의해 죽음으로부터 부활을 얻게 된다는 '인간의 죽음과 부활'에 대해 바울은, '마지막 나팔이 울리면(예수 재림 때) 죽은 이들은 썩어 없어질 물질적인 몸으로 묻히지만 썩지 않는 영적인 몸으로 되살아난다'(1코린 15,42~44)고 말한다. 그리고 씨앗의 비유(1코린 15,35~39)를 통해 씨가 죽지 않고서는 살아나지 못하는 것처럼 야훼가 썩은 육신 안에서 전혀 새로운 영적인 몸을 준다고 설명한다. 바울의 사고는 인간은 각각 독립된 실체인 육체와 영혼으로 구성된 존재라는 헬레니즘적 사고에서 비롯된 것이며, 가톨릭도 인간은 영혼일 수만도 또는 육체일 수만도 없는 영혼과 육체가 완전히 결합된 전인(全人) 상태에 있을 때만 비로소 인간이라고 할 수 있다는 아우구스티누스(354~430)의 견해를 받아들여, 죽은 사람이 온전한 인간이기 위해서는 현실의 육체를 벗어난 영혼이 어떤 형태로든 육체를 입어야 하고, 그렇다 보니 '신령한 영적인 육체'라는 추상적이고 그 본질이나 속성이 불명확한 개념을 도입하여 영혼이 그것을 입어 '부활한 인간'이 된다는 비실재적이고 비현실적인 가설 논리를 전개한다. 그리고 영혼은 물질이 아니며 육체와는 별도로 존재하는 불멸의 존재이므로 부활은 인간의 부활이 아닌 '육체의 부활'을 의미한다고 말한다

(사도신경 참조). 일찍이 플라톤은 인간은 본질적으로 물질이 아니며 불변하는 존재라고 생각했기 때문에 육체의 부활은 설명할 필요가 없었다. 그의 경우 물질로 이루어지지 않은 영혼이 존재하며, 인간은 본질적으로 영혼이라는 점만 강조하면 그만이었다. 하지만 가톨릭은 영혼과 육체의 통합체로서의 인간론에 입각해서 육체의 부활을 주장했기 때문에 가톨릭은 어떤 형태로건 육체의 부활에 대해 설명해야 했다.

바울의 씨앗 비유와 가톨릭의 '신령한 영적인 육체 부여를 통한 인간 부활 이론'에는 다음의 문제가 따른다. 씨의 비유에서 새로 나온 식물은 원래 씨를 남기고 죽은 생물의 후손이지 원식물과 동일한 생물이 아니다. 그리고 영혼에게 부여되는 신령한 영적인 육체가 있다는 근거는 없으며, 설령 영적 육체가 있다고 해도 그것이 죽은 이의 육체와 본질적으로 동일한 것이라고 볼 수 있다는 근거도 없다. 따라서 이것이 부활의 진상이라면 죽은 사람과 부활한 사람이 동일한 인물인지 의심스러워진다. 이전에 죽은 육신과 새로 부여받은 영적인 몸은 같은 사람의 것인가? 영혼만 같고 육체가 다른 사람을 동일한 인물로 볼 수 있는가? 만일 죽은 사람의 몸과 머리를 분리하여 다른 사람의 몸에 머리를 이식한다면 그 사람은 이전 머리의 사람이라고 봐야 할지 몸의 사람이라고 봐야 할지 규정할 수 없게 된다. '인격동일성의 문제'가 제기되는 것이다. 지상의 육체와 부활한 육체의 성질이 같지 않다면 죽은 사람과 부활한 사람이 같은 인물이라는 것을 증명하기가 힘들어진다. 바울과 서기 3세기 이전까지의 초기 가톨릭은 '인격동일성 문제'에 대해 관심을 기울이지 않았다. 이것은 바울과 초기 가톨릭의 부활 사상이 계시에 의해 깨닫게 된 진리가 아니라는 반증이기도 하다. 가톨릭의 주장대로 신이 영감을 불러 일으켜 성서도 기록하게 만드는 존재라면, 그 신이 영감을 불러일으켜 부활 사상을 전개하도록 할 때 인격동일성에 대한 고려가 없도록 하지는 않았을 것이기 때문이다.

초기 가톨릭의 부활 사상에 제기된 최고의 난제는 부패한 육체가 어떻게 되살아날 수 있는가 하는 것과 죽은 이후에 새롭게 부활한 육체는 생존 어느 시점의 육신으로 부활하느냐 하는 것이었다.[74] 성서는 심판날에 죽은 육체가 부활할 것이라고 말한다(마르 12,25; 요한 11,24; 1고린 15,42 참조). 초기 가톨릭교회 신앙인들과 비(非)그리스도교인들은 생전의 육체가 그대로 부활한다는 주장에 대해 의아해 하면서, 그것이 사실이라고 해도 바람직한 일은 아닐 것이라고 생각했다. 가톨릭 교부(敎父. 변증가. 2세기 이후 그리스도교 주춧돌을 놓은 저술가들. 그리스도교를 보호하는 호교론적 저술을 남겼으며, 그리스-로마 문화를 비판했다)들의 생각에도 썩은 육체가 살아난다는 것은 불가능해 보였다. 그래서 육체의 부활을 설득력 있게 설명하는 것은 쉬운 일이 아니었다. 교부들은 부활한 육체는 영적 실체이거나 이전의 육체보다 나을 것이라고 믿었다. 하지만 첫째, 죽어 부패한 육체를 어떻게 새 육체로 짜맞출 수 있는가? 특히 시체가 동물에게 먹혔거나 불타서 재로 변해 버렸다면? 둘째, 새 육체와 죽은 육체는 어떻게 같을 수 있는가? 부패한 육신의 부활 문제와 함께 영혼과 부활한 육체가 어떻게 결합되어 인격동일성이 유지될 수 있는가 하는 인격동일성 문제가 추가로 제기되면서 이에 대한 논의는 추상적인 가설만 난무하는 결과를 가져오게 되었다.

육체의 부활과 인격동일성에 관한 신학적 입장을 최초로 제시한 인

74. 자세한 내용은 레이먼드 마틴의 저서 『영혼과 자아의 성장과 몰락』을 참고하면 도움이 될 것이다.

물은 유스티누스(100~165?)다. 그는 죽은 육체의 부분들은 분해되지만 사멸하지는 않으므로 추후 재구성할 수 있고, 그 부분들을 모아서 이전의 육체와 질적으로 같은 것을 만든다면 두 육체는 동일한 존재이며, 인격동일성은 유지될 것이라고 말했다. 아테나고라스(180년경 활동)는 부활은 이전의 육체가 회복되어 이전의 영혼과 결합되는 것이며, 동물에게 먹힌 육체에 대해서 그는 인간의 육체는 적합한 음식이 아니기 때문에 소화되지도, 새 살로 바뀌지도 않고 먹은 동물의 몸 밖으로 빠져 나간다고 말한다. 놀라운 상상력이다. 유물론자인 이레네우스(130~203)는 죽은 육체 전체가 분해되었다가 동일한 육체로 재구성되므로 죽은 몸과 다시 살아난 몸이 동일하다고 주장했다. 하지만 분해된 육체가 어떻게 동일한 육체로 재구성될 수 있는가에 대해서는 설명하지 않았다. 스토아학파는 우주가 화염으로 인해 완전히 흩어졌다가 다시 모이면서 새 우주가 만들어질 때 거기에 과거의 인간들과 비슷한 인간들이 살게 된다는 일종의 '영구순환설'을 주장했고, 테르툴리아누스는 죄를 지은 바로 그 육체가 벌을 받아야 하므로 부활은 죽어 흩어진 그 육체가 재결합하는 것이라고 주장했다. 또 지옥에 고통이 존재한다면 인간의 영혼이 고통을 느껴야 하므로 영혼은 물질적인 요소를 가지고 있어야 한다고 말했다.

알렉산드리아의 오리게네스(185~254)는 천국에서 가질 육체는 지상의 육체를 구성했던 물질과는 다른 물질로 이루어진 영적인 것이라고 말하면서도 그 육체는 죽은 자가 생전에 가졌던 육체라는 추상적인 주장을 제시했다. 그는 육체의 동일성을 유지시켜 주는 것은 '에이도스'(eidos, 형상 또는 이데아)라고 주장했는데, 그에 따르면 육체는 변하지만 에이도스는 변하지 않으며, 변하지 않는 에이도스로 인해 인격동일성은 유지된다. 오리게네스의 영적인 육체의 부활 주장을 반대한 에로니무스(345~419)는 영혼은 육체와 동시에 창조되는 것이며, 예수를 포함한 부활한 인간의 육체는 생전의 육체와 동일하다고 주장했다. 그리고 내세에도 성별이 존재하고 관습이 유지되고, 감각기능이 유지된다고 말했으며, 아기와 노인과 병자는 생전의 육체와 다른 육체 곧, 아기는 성년의 육체로, 노인과 병자는 절정기의 육체로 부활할 것이라고 주장했다.

플라톤의 영향을 받은 아우구스티누스는 이원론적인 관점에서 영혼과 육체를 바라보았지만 그 둘을 분리되고 독립된 존재로 보지는 않았다. "인간은 육체만도 영혼만도 아닌, 그 두 가지 모두라고 할 수 있다. 인간은 그 둘이 하나를 이룰 때 비로소 인간이 되는 것이다." 그는 영혼이 인간의 이성과 의지를 포함하고 있다고 보았고 신이 인간의 영혼을 창조했다고 보았지만 그 시기나 방법에 대해서는 뚜렷한 견해를 밝히지 않았다. 부활에 대해 그는 천국의 육체는 지상의 육체와 동일한 물질로 이루어지되, 그 구성방법에 있어서는 차이가 있을 수 있다고 말했다. 예를 들면 생전에 팔이었던 물질이 내세에서는 다리가 될 수도 있다는 것이다. 또 부활한 육체는 생전의 육체와는 달리 변하지 않기 때문에 발달하거나 부패하는 일도 없을 것이고, 신체적인 결함을 지녔던 사람들은 결함들이 모두 제거된 육체로 부활할 것이라고 생각했다. 하지만 순교자들은 예외인데 그들의 상처는 명예의 상징으로 영원히 남게 될 것으로 보았다. 태어나지 못한 아기나 성장은 했으나 기형인 상태로 살았던 사람들은 내세에서 성숙한 육체 또는 회복된 육체를 가지게 될 것이며, 천국에도 성별은 존재하리라고 말한다. 하지만 정욕은 존재하지 않을 것으로 보았다.

보나벤뚜라(1217~1274)에 의하면, 영혼은 육체가 사멸한 뒤에도 홀로 존재할 수 있지만 오직 육체와 하나인 상태에서만 완전한 존재가 된다. 육체와의 연합으로만 영혼은 참된 실체가 되는 것이다. 부활할 때 사멸해야 하는 육체는 불멸의 영혼과 초자연적으로 결합함으로써 그 또한 불멸의 존재가 된다. 그는 초자연적으로 부활한 육체는 생전의 육체와 동일할 것이라고 보았다. 토마스 아퀴나스(1225~1274)는 아리스토텔레스의 이론을 받아들여 인간의 영혼은 다양한 기능(식물적, 감각적, 이성적)을 지닌 통합체라는 결론을 내렸다. 그는 인간은 이성적 영혼을 통해 개별적인 지식을 습득하고 보존하는데, 그 능력은 영혼이 육체와 연합해 있을 때에만 가능하기 때문에 육체가 죽어 이성적 영혼이 떨어져 나오면 영혼은 습득했던 지식과 자신의 과거를 기억하지 못하게 된다. 하지만 사라진 지식과 기억들은 부활 때 영혼이 육체와 다시 연합하게 되면 또렷이 되살아나게 되고, 이로써 인격동일성은 유지된다고 말했다.

육신 부활과 인격동일성에 관한 각 사상가의 주장 역시 증명될 수 없는 각 개인의 주장일 따름이다. 영혼이라는 것도 인간 상상의 산물이므로 그 영혼의 속성 또한 어떤 한 사람의 주장으로 규정될 수 있는 성격의 것이 아니다. 마찬가지로 죽은 육체는 현세 육체 그대로 부활하는가 아니면 변화된 영적 육체로 부활하는가, 인격동일성은 유지되는가 하는 것은 신의 계시가 아니므로 각 개개인의 추측성 사유의 결과로 의견을 달리함을 볼 수 있다. 절대 진리가 아닌 것이다. 가톨릭은 근래까지도 육체의 부활과 부활한 육체에 대한 명확한 규정을 내리지 못하여 화장(火葬)을 금한 바 있다. 죽은 육체가 썩어 없어지면 인격동일성과 부활에 영향을 줄 수 있다고 생각한 것이다. 그래서 현세적 인간과 부활한 인간의 동일성이나 지속성을 보존하기 위한 차원에서 현세적 육신 안에서의 부활을 가르쳤고(11차 톨레도 공의회, 675년), 4차 라테란 공의회(1251년)에서도 모든 인간이 현세에서의 육신을 지니고 종말에 부활하게 될 것이라고 선언했다.

오늘날에는 그 누구도 종말에 유골이 소생하여 영혼과 재결합하게 된다고 생각하지 않는다. 원자와 분자의 결합체인 물질로서의 육체는 죽음과 함께 분해되고 해체되어 다른 원자로 대치된다는 것을 알기 때문이다. 그러자 가톨릭은 '육체의 부활'에 대한 새로운 교리를 제시했다. 부활 사상의 원천으로 고수해 왔던 '종말에 죽은 사람의 육신은 영적인 몸으로 되살아난다'(1코린 15,42~44)는 바울의 교리를 새롭게 해석하여 – 요약 정리하자면 – '영혼과 육체의 합일체인 인간은 생물학적인 죽음 속에서 신에게 구원되어 현실 육체의 옷을 벗고 현세적 육신과 동일성과 비동일성을 동시에 지니는 새로운 육신을 입어 현세의 삶과 질적으로 구별되는 새로운 생명으로, 그러면서도 현세의 성품과 삶의 흔적을 온전히 간직한 전인(全人, 영육의 완전한 합일체) 상태에서 현세 3차원의 존재방식과는 다른 차원의 존재방식으로 부활하게 된다'고 말한다. 종말까지 기다릴 필요도 없이 죽는 순간에 영혼은 현세 육체의 본질을 그대로 간직하는 영적 육체와 결합되어 온전한 인간으로 부활한다는 논리다. 충분히 상상 가능한 추론이다. 하지만 '육신의 부활'이 생물학적 죽음의 순간에 이루어진다는 논리에 대한 근거는 없으며, 영혼에 부여된다는 영적 육신이 3년 뒤에나, 혹은 종말에서야 주어질 가능성에 대한 설득력 있는 반박이론 제시도 없다.

영혼이 존재한다는 근거를 제시하지 못하면서도 영혼의 존재를 전제하고, 그 영혼에게 새로운 존재방식의 영적 육체가 주어진다는 주장은 신의 계시도 아니고 예수가 말한 것도 아니며 바울이 전개한 사상도 아니다. 가톨릭의 새로운 이론은 죽은 육신의 부활은 현실적으로 불가능한 일이므로 자신들의 신앙 교조의 정당성을 확보하기 위한 차원에서 최대한의 상상력을 발휘하여 새롭게 제시된 주장일 뿐이며, 죽은 사람과 부활한 사람과의 인격동일성에 대한 다양한 주장들 중에서 그럴 듯한 논거들을 수용하여 죽은 사람의 육체는 썩어 분해되지만 생물학적 죽음의 순간에 영혼은 인격동일성을 보유한 상태에서 영적인 육체를 덧입어 새로운 존재성을 부여받게 된다고 말하는 것도 결국 하나의 인간적 사유에 불과한 것이라고 할 수 있다.

가톨릭을 포함하여 어느 누구도 생물학적 죽음 이후에 육신은 썩어 없어지지만 인간이 새로운 차원의 육신을 얻어 영혼과 합치된 상태로 부활한다는 것을 알지 못하고 본 일도 없다. '우리는 죽음 이후에 어떤 일이 일어나는지 알지 못한다. 그래서 아마도 그럴 것이라고 생각한다'고 말하는 것이 정직한 태도일 것이다. 하지만 가톨릭은 그런 일이 발생하는 과정에 대해, 그리고 새로운 차원에서 얻게 되는 육신의 속성에 대한 그 어떤 부연 설명도 없이 자신들이 선언한 교의를 진리인 것처럼 주장한다. 가톨릭이 새로운 교리를 선포한다고 해서 그것이 진리가 되는 것은 아니며, 또한 선포된 내용 그대로가 현실로 이루어지게 된다는 보장도 없다.

영혼가설 부분에서도 언급했지만, 가톨릭의 설명이 설득력을 갖기 위해서는 다음의 물음에 대한 답이 제시되어야 한다. ⅰ) 실체가 없는 순수 영적 실재인 영혼이 존재한다는 객관적인 근거는 무엇이며, 비물질적인 존재인 영혼은 각기 인간의 성품과 의지, 삶의 기억을 어디에 어떤 방식으로 보유하고 간직하는가? ii) 생물학적 죽음 속에서 새롭게 부여받는 영적 육체가 있다는 근거는 무엇인가? 또한 영적 육신이 현세적 육신과 동일성과 비동일성을 동시에 지닌다는 것은 어떤 의미이며, 그것이 어떻게 가능한가? 나아가 현세 3차원의 존재방식과는 다른 차원의 존재방식이라는 것은 구체적으로 어떤 것을 의미하는가? iii) 새롭게 부여받은 영적 육신과 영혼은 둘 다 비물질적인 영적 실재인데 상호 어떻게 구분되며, 둘 다 실체가 없는데 어떻게 서로의 짝을 알아보고 어떤 방식으로 결합되는가? iv) 실체가 없는 부활한 인간은 객체로서의 자기 인격 동질성을 간직한다고는 하지만, 역시 현세적 객체로서의 동질성은 간직하면서도 실체가 없는 다른 부활한 인간의 개별성을 어떻게 분별하여 상호 관계성을 지속해 나갈 수 있으며, 그 과정은 어떻게 실현되는가? 다시 말해 그가 자신의 아버지나 어머니라는 것을 어떻게 알아보게 되며 어떻게 상호 통교하는가? v) 새로운 생명이라는 것은 무엇이며 어떤 의미인가? 영생이란 단순히 끝이 없이 영원히 길게 산다는 의미인가? vi) 영원의 차원에도 시간의 흐름이 있는가? 시간을 초월한 영역이라면 시간의 정지 상태를 뜻하는 것인가? 시간의 정지 상태에서는 그 어떤 것도 일어날 수 없다. 그런데 신의 생명과 합일하여 지복을 체험하게 된다는 것은 감정 변화의 연속과정이므로 시간 안에서 이루어지는 일이며, 부활한 상태에서 생전의 기억을 되살린다거나, 부활한 자들이 상호 상대방과 대화를 나눈다거나, 신을 찬미하는 의식을 거행하는 것들이 시간을 초월한 영역 또는 시간이 정지된 상태에서 체험된다는 논리는 그 자체로 모순이지 않은가? vii) 영혼이 순수 영적 존재라면 어떻게 감정을 가질 수 있는가? 이 외에도 다양한 물음이 가능하지만 그 어떤 질문을 던진다고 해도 모든 질문에 대한 가톨릭의 답변은 단 하나일 것이다. "인간 이해의 범주를 넘어서는 차원의 문제이므로 인간 이성으로 이해할 수 없고 또한 언어로 표현할 수 없다. 신앙으로 믿을 따름이다."

야훼는 신화가 창조되던 고대에 인간의 상상으로 도출해 낸 가상의 산물에 지나지 않으므로 신의 속성과 본질에 대한 계시를 인간에게 직접 제시할 수 없다. 따라서 가톨릭이 말하는 신의 속성과 본질 및 야훼의 계시 내용에 관한 논리는 가톨릭이 신 관념에 대한 지적 탐구를 통해 개발해 낸 것들이며, 그들은 그렇게 추론한 이론을 마치 신이 내려준 진리인 것처럼 호도하며 주장해 온 것이라 할 수 있다. 상기의 육체의 부활에 대한 설명도 기존의 교리를 변경하여야 할 어떤 근거가 있어서 입장을 달리한 것이 아니라 그동안 주장해 온 육체의 부활에 관한 논리가 타당성이 없다고 판단되어 현실 세계의 논리에 맞게 수정한 것으로 볼 수 있으며, 이것은 가톨릭이 주장하는 종교적 신조가 절대 진리가 아니라는 반증이라 할 것이다. 그리고 가톨릭이 인간 이성의 범주를 넘어서는 초월적 영역에 해당할 듯한 물음에 대해 납득 가능한 설명을 요구할 때는 상상력의 빈곤과 한계 때문에 명확한 답을 제시하지 못하는 것도 지극히 당연한 것으로 보인다. 신의 계시로 터득한 진리가 아니므로 본인들도 물음에 대해 진리라고 확신할 수 있는 답을 알지 못하고, 그래서 '그것은 신의 영역에 속하는 일이므로 인간의 이성으로는 알 수 없다'며 회피하는 태도를 지닐 수밖에 없을 것이다. 가톨릭은 신앙 교의의 변경을 '점진적 계시'라고 말한다. 비실재 가상의 신 야훼가 계시를 내린다는 것도 불합리한 논리의 전개인데, 신의 계시는 시대의 변천과 사조의 발달에 따라 달리 해석될 수 있다는 입장을 견지하는 그들의 사고는 변명의 합리화 관점에서 본다면 대단히 유효한 논리를 갖고 있다고 하겠다.

가톨릭이 수정하여 선언한 새로운 육체의 부활 교의에 따르면 이런 의문도 들 수 있다. 가톨릭의 부활 교리가 진실이라면, 예수 부활 이전에 세상에 떠난 이들과 새 교리 발표 이전에 세상을 떠난 이들에 대한 부활은 어떻게 되는가? 성서는 종말, 즉 예수 재림에 가서야 모든 죽은 이들의 부활이 이루어질 것이라고 말한다(요한 11,24; 1코린 15,24 참조). 그래서 가톨릭의 이전 교리는 죽은 이들의 영혼은 예수 재림에 가서야 불멸의 옷, 영적인 몸을 다시 얻어 영원한 생명에 들게 될 것이라고 말하고, 생물학적으로 죽은 육신은 부활 때까지 매장으로 보존되어야 한다고 가르쳤다. 그런 주장에 의하면 죽은 사람의 영혼은 예수 재림 때까지 어디에선가 대기하고 있었어야 한다는 의미가 된다. 가톨릭의 인간관에 의하면 인간은 영혼과 육체의 완전한 결합체이고 따라서 육체가 없는 영혼은 유령에 불과하므로 인간이라 할 수 없고, 인간이 아니므로 신이 부여한다는 영원한 생명을 얻을 수 없다. 따라서 예수 부활 이전에 죽은 이들과 새 교리 선포 이전에 죽은 이들의 영혼은 예수 재림 때에야 얻게 될 부활한 육체와 합해질 때까지 어딘가에서 대기 상태로 있어야 했던 것이다. 이제 새롭게 발표된 육체 부활에 대한 교의의 선언으로 이런 문제는 자동으로 해소된 것인가?

바울의 부활 사상은 신 존재와 인간 영혼의 존재를 가상하여 전개하는 것이므로 아무리 뛰어난 방식으로 논리를 펼치고 있다고 해도 그것은 가설에 불과하다. 바울 사상을 수용하여 부활과 영생을 강조하는 가톨릭의 설명 – 인간은 생물학적인 죽음 속에서 영적인 육신을 입은 전인(全人)으로서 새로운 생명 안에 탄생하게 되며, 현세의 삶과 질적으로 구별되는 다른 차원의 존재방식을 부여받는다 – 도 검증 불가능하고 증거가 없는 선언적인 주장에 불과하며, 영혼의 존재를 전제한 추측일 뿐이다. 그리고 철학사나 사상사의 역사 안에서 살펴보면 영혼 존재에 대한 가설이나 육체의 부활에 대한 현재의 가톨릭의 주장은 다양한 가설 이론 중의 하나에 불과한 것이라는 것을 확인할 수 있다. 고릴라도 지능이 발달하여 자신의 불멸과 영생을 희구하는 욕망을 갖게 된다면 그도 의당 신을 상정하고 육체의 부활을 추론하게 될 것이다. 신이나 영혼은 지능이 발달한 인간 상상의 산물이며 그 실체가 없다. 따라서 인간이 생물학적 죽음의 순간에 현세의 삶과 질적으로 구별되는 새로운 생명으로 탄생하게 된다는 생각 역시 인간적 공상에 불과하다.

결론적으로 바울과 가톨릭은 누군가가 상상으로 기록한 메시아 도래 염원에 관한 문헌을 사실로 믿었고, 예수를 신격화하는 과정 속에 '예수가 부활했다면'이라는 가정 하에 고양(高揚) 신학을 전개하면서 예수를 그리스도라고 주장하고 있다고 볼 수 있다(콜로 2,12; 1코린 6,14). 그리고 무엇보다도 야훼가 비실체이며 비존재인, 상상의 부산물일 뿐이므로 그가 인간의 모습으로 강림하였다는 논리는 그 자체로 성립 불가능하고 현실성을 가질 수 없는 공상이다. 따라서 예수가 인간의 모습으로 세상에 온 야훼라는 주장은 허구이며, 예수가 죽은 인간을 다시 살리고 그에게 영원한 생명을 부여하는 그리스도라는 주장도 허구라 할 수 있다. 예수 부활은 가설이며 종교적 상상이다.

가톨릭 종교전통의 존속 요인

인간의 발달된 지능은 우주에 탐사선을 보내고 인공지능 로봇을 만들어 냈다. 우리는 성서가 이런 인간의 놀라운 지능이 상상해 낸 초인적 존재이며 초월적 궁극의 실재로 상정한 신에 대한 신화에서 출발한 허구의 산물이라는 것을 살펴보았고, 메시아 예수에 관한 이야기도 그 연장선상에서 구약성서 야훼신화의 속편으로 등장한 가설이라는 것도 살펴보았다. 그 결과 신이라는 것도, 구원도, 내세도, 영생이라는 것도 모두 인간의 상상력이 도출해 낸 공상소설 같은 허구이며 허상이라는 결론에 다다랐다. 물론 가톨릭이 실재하는 신이라고 주장하는 야훼는 인류 역사에 단 한 번도 그 존재성을 드러낸 사실이 없으며, 부활했다고 주장하는 예수도 2천여 년의 기간 동안 단 한 차례도 자신의 존재를 드러낸 적이 없다. 그럼에도 불구하고 그러한 허구의 토대 위에 위태롭게 서 있는 가톨릭교회는 어떻게 이천 년이 넘는 긴 기간 동안 존속해 올 수 있었는가에 대해 살펴봐야 할 것 같다. 허구에 바탕한다면 이미 역사 안에서 소멸했을 것이 당연한데 존속 가능했던 이유가 궁금해지는 때문이다.

예수를 구약성서가 말하는 메시아로 믿는 사람들에 의해 결성된 그리스도교 공동체 – 예루살렘 모(母)교회 – 는 그 규모가 미약했지만 예수가 부활한 그리스도라고 기록한 필사본을 지중해 연안에 배포하고 선교사를 파견하는 등의 노력을 통해 각 지역에 거점 교회(에페소, 안티오키아, 필리델피아, 스미르나 등)를 설립했다. 특히 바울의 활약이 두드러졌다. 하지만 신흥 종교전통으로 등장한 그리스도교(가톨릭)는 기존의 유대 종교전통과 갈등을 빚었고, 그리스도교에 입적한 유대인 신앙인들도 본인들에게 익숙한 유대 사회의 전통들과 차이가 나는 부분에 대해 갈등을 겪으면서 새로운 종교에 편입되어 갔다. 가장 큰 갈등의 요소는 메시아 사상이었다.

유대 종교전통은 예수를 강림한 메시아로 인정하지 않았으며, 예수라는 존재가 있었다는 사실조차 수용하지 않았다. 일부 유대인들은 예수를 메시아가 아닌 예언자 중 하나로 받아들이기도 하지만, 유대 종교전통은 지금도 메시아 도래를 기다린다. 그리스도교 주장에 의하면 메시아는 이미 왔고, 메시아의 강림으로 야훼에 의한 통치, 곧 구원의 역사(구세사)는 이미 시작되었다. 하지만 아직 완성되지는 않았고, 완결을 결정짓는 종말은 예수의 재림과 최후의 심판으로 이루어질 것이라고 말한다. 그래서 '현재'는 야훼의 통치가 이미 존재하는 시간 안에 있는 것이며, 신의 의지와 인간의 의지가 서로 싸우는 중간 기간으로 이해한다. 반면 유대교는 세계의 종말 후에 메시아가 유대인의 번영을 위해 출현한다고 믿는다. 구세(救世)는 미래에 온다. 따라서 유대교에서는 신의 존재는 역사의 흐름을 통해 드러나므로 과거 역사 속에 내재하였던 신을 유월절 등 절기 제의를 통해 되새기고 현재화시키면서 메시아를 기다리는 것이 '현재'라고 이해한다.[75]

또 다른 갈등 요인은 예루살렘 성전에서 거행되는 희생제사에의 참여 여부였다. 유대인들, 특히 남성 유대인은 구약 율법 규정에 따라 유월절에 예루살렘 성전을 순례할 의무가 주어졌고, 성전세를 납부하고, 살아 있는 동물을 제물로 바치는 희생제사에 참석해야 했다. 그런

75. 『역사적인 민족 유대인』, 안진태 저, 새문사, 2011, pp. 126~129.

데 그리스도교는 성전 순례를 당연한 의무로 여기지 않았고, 동물 희생제를 반대하였으며(사도 15,20), 성전세 납부도 거부하였다. 뿐만 아니라 남성 할례는 첨예한 갈등을 야기했다. 할례는 유대인들에게는 중요한 의미를 갖는 민족적 · 종교적 의식으로, 유대 민족주의와 이방인 분리주의를 표방한 유대 종교전통은 유대혈통이 아닌 이방인의 할례를 금하였다. 반면 그리스도교는 포괄주의와 보편주의를 표방하면서 이방인의 할례를 허용하여 유대교와 갈등을 빚었다(사도 11,3.26; 15,1~10 참조). 유대교가 이방인 분리주의를 표방한 이유는 야훼가 사심과 편견을 지니며, 그의 주된 관심은 이스라엘에게만 한정된다고 생각하였기 때문이다(창세 18,18 참조). 따라서 유대교는 이방에게 자신들의 믿음을 권하지 않았고, 그 존속기간 대부분 동안 선교를 하지도 않았다. 반면에 그리스도교는 야훼가 사심과 편견을 지니고 있지 않으며, 만인의 구원을 위해 육화하여 십자가에서 죽었다면 그것은 유대인뿐만 아니라 만민에게 전파할 필요가 있다고 여겼다.

성찬례를 통해 빵과 포도주가 예수의 살아 있는 살과 피가 된다는 교의도 많은 이들의 거부감을 불러일으켰으며(요한 6,51~53 참조), 종교관 외에 결혼과 성교(性交)에 대한 입장에서도 차이가 있다. 유대교는 "자식을 낳고 번성하여라"(창세 1,28)라는 야훼의 명에 따라 출산을 중시한다. 그러나 예수는 출산에 큰 의미를 두지 않았고 독신생활을 장려했으며(마태 19,10~12), 천국을 위해 가족에 대한 의무를 버리라고 말하기도 했다(마태 10,35.37~38; 루카 14,26). 또 바울은 독신과 금욕생활을 강력히 주장했고(1코린 7,32.34), 이런 급진적 주장을 받아들인 가톨릭은 설화 속에 등장하는 아담과 하와의 죄(창세 2장)가 성교와 관련이 있다고 해석하며 금욕주의로 나아갔다. 부언하면, 후에 가톨릭의 금욕주의적 메시지가 그리스도교의 대중화에 장애 요소로 작용하자 마태오복음이나 티모테오서 저자들은 결혼을 옹호하면서 금욕주의를 비판하기에 이르렀다. 이처럼 신약성서에 모순되는 주장이 병존하자 초기 가톨릭 교부들은 결혼이 독신보다는 못하지만 순결한 결혼은 성스러운 것이라며 결혼을 옹호하고, 성교는 출산을 위한 행위로만 한정한다는 타협안을 발하였다. 중세부터 근대 초까지는 어처구니없게도 남녀 성교 체위까지 규정하여 회임(懷妊)에 가장 적합하다는 소위 정상체위만을 허용하고, 나머지 자세들은 쾌락만을 쫓는 사악한 방식이라고 비난하며 고해의 대상이라고 선포하기도 하였다.[76]

서기 66~70년, 그리스도교가 뿌리를 내리는 시점에 이스라엘에서 로마에 대항하는 독립항쟁이 발발했다. 하지만 항쟁을 주도한 젤롯당(열심당)과 자객당, 상급제사장 · 대지주 · 귀족 중심의 사두가이파, 쿰란공동체 중심의 에쎄네파는 로마의 진압에 모두 소멸되고 오직 바리사이파만 건재하게 되었다. 로마는 항쟁을 진압하는 과정에서 예루살렘 성전을 파괴하였으며, 유다 종교전통 일체의 종교행사를 금지하는 조치를 취했고, 유대 종교지도자들을 외국으로 추방하였다. 그래서 유대교와 그리스도교는 동시에 이스라엘 밖으로 쫓겨나 세계 전역으로 흩어지게 되었다. 이집트 알렉산드리아나 야브네로 같은 도시를 거점으로 본국으로의 귀환과 종교전통의 회복을 위해 노력한 유대교는 기존의 종교전통, 즉 성전은 야훼가 거처하는 거룩한 처소이며 야훼가 자신의 선민과 만나는 거룩한 공간이므로 성전이 파괴된 것은 야훼

---

76. 『역사적인 민족 유대인』, pp. 130~131.

가 떠난 것을 의미한다고 믿는 '성전중심 신앙' 정체성에 위기감을 느꼈고, 이에 야훼가 성전 파괴를 막지 않은 이유를 율법규정을 들어 설명하는 것으로 그 간극을 메우고자 하면서 '성전중심 유대교'를 '율법중심 유대교'로 재편성하여 재건하였다. 그리스도교는 소아시아 지역과 로마 등의 지역으로 뿔뿔이 흩어져 디아스포라(Diaspora. 유목민과 달리 본토를 떠나 항구적으로 자리잡은 집단)를 형성하며 생활하게 되었다. 그리스도교가 새로운 전기를 맞게 된 것은 바로 로마제국의 수도, 로마에서다.

유대항전 이전 로마에도 소단위 그리스도교 공동체가 형성되어 있었던 것으로 보인다(바울의 로마서 참조). 하지만 가톨릭이 로마에 터를 잡게 된 것은 유대항전에서 피난 온 가톨릭계 신앙인들의 유입에서 비롯된다. 가톨릭 교인들은 제자들의 수장으로 인정되던 베드로와 사도 바울이 로마에서 포교하다가 순교를 당하였다는 전승(口頭傳承. 사실을 입증할 증거나 문헌사료는 없음)에 따라 로마교회가 예수의 직제자의 계보로 이어지는 근본교회라는 인식을 갖게 되었고, 제도기구로서의 가톨릭은 로마제국 왕정체계를 모델삼아 교회체계와 교회의 지배구조인 교계제도를 확립시켜 나갔다. 곧 지금의 교황청이라는 기구와 교황제도, 주교와 사제제도를 정착시킨 것이다.

최상의 신으로 숭배되는 태양신 미트라 외에도 다양한 능력과 기능을 가진 여타 신들을 믿는 다신교 로마 사회에서 초기 가톨릭은 미트라 신전에 제물을 바치지 않고 제국의 황제를 신으로 섬기지 않는다는 이유로 박해를 받기도 하고, 로마 종교전통에 편승되지도 못했으며, 네로에 의해 로마 시내 방화의 주범이라는 음해를 받는 등 존재의 위기를 겪기도 하였다. 그럼에도 불구하고 가톨릭이 로마의 국교로 지정되고 유럽 전역에 산재한 기존의 토속 종교전통들을 폐기하거나 야훼신앙으로 대체하며 가톨릭만이 유일한 종교전통으로 신봉되도록 권력을 행사할 수 있었던 것은, 가톨릭이 종교로서의 정통성이나 진정성을 인정받았기 때문이 아니다. 그것은 요행히 정치권력에 편승하고 종교사상으로 정치권력을 조종할 수 있는 처세술 덕이었으며 또 하나는 가톨릭이 스스로는 오직 삼위일체의 신 야훼만을 섬기는 유일신(唯一神) 신봉 종교전통이라고 강조하지만, 가톨릭 종교전통에는 이신교(二神敎)와 다신교(多神敎)의 종교전통들이 변형된 형태로 통합되어 있어서 이신교론자나 범신론자 누구라도 쉽게 거부감 없이 받아들일 수 있었다는 측면이 있다. 가톨릭은 유일신 숭배 종교가 아닌 것이다. 가톨릭 존속의 가장 큰 요소로 작용한 정치적 종교권력의 확장 부분에 앞서 가톨릭의 다신교성에 대해 살펴보자.

이신교적이면서 다신교적인 신앙

삼위일체 교리는 아버지인 야훼(성부), 야훼의 아들인 예수(성자), 야훼의 영인 성령, 이 삼위가 각각 개별적이며 독립적으로 존재하지만 그렇다고 해서 신이 셋이라는 의미가 아니라, 예수는 사람의 모습으로 강림한 야훼이고, 성령은 야훼와 성자에게서 발해지는 야훼이므로, 성부 · 성자 · 성령 이 셋은 결국 유일신 야훼의 각기 다른 방식의 존재의 현현이라고 설명한다. 어떻게 야훼가 하나이며 셋으로 발할 수 있는 것인가는 이성으로는 파악되지 않는다. 그러니 그냥 그렇다고 믿을 교리라고 가톨릭은 말한다. 그런데 가톨릭은 이신교(二神敎)적인 위치에 서 있다. 세상의 선과 악의 문제에서 그것은 명확하게 드러난다.

대표적인 이신교는 페르시아의 조로아스터교다. 조로아스터교에 의하면 세계는 선신과 악신, 두 신의 투쟁 현장이며 최종적으로는 선신이 승리하면서 투쟁은 끝나게 되고, 그때가 바로 세상의 종말이다. 종말에는 심판이 이루어질 것인데, 그 기준은 선신이 승리하도록 일상에서 악을 거스르며 물리치는 삶을 살았느냐다. 바빌로니아는 대표적인 다신교 문화로 만신전의 수많은 신들을 섬겼지만, 그들의 신관을 넓게 보면 조로아스터교와 별반 다르지 않게 신들을 선신집단과 악신집단으로 구분하여 섬기는 형태를 보인다. 풍요와 생산의 신 바알을 예로 보면, 바알은 곡물의 성장과 풍요, 동물들의 출산과 생장을 위해 끊임없이 가뭄과 불임의 신 모트와 결투를 벌인다. 이 결투에서 바알이 승리하면 인간 사회에 풍년과 생성이 주어지고, 모트가 승리하면 기근과 가뭄이 닥친다. 그래서 바알 신전에서는 성전에 종사하는 여제사장과의 성교를 통해 바알에게 생장과 풍요를 기원하는 의식이 거행되었다.

세상에 왜 악이 존재하는가? 의인들이 왜 고통을 당하는가? 하는 물음에 가톨릭은 인간에게 자유의지를 허락한 신의 방식이라고 답한다(창세 2,16~17 참조). 자유의지는 신이 준 선물이며, 악이 없다면 인간은 선과 악 사이에서 선택할 필요가 없으므로 자유의지도 없다는 것이다. 그리고 신은 인간을 종(하인)이나 로봇처럼 다루지 않을 만큼 사랑하는 까닭에 인간이 자유의지로 악을 선택하는 것을 허락한다. 하지만 이런 선택은 결국 신의 벌을 부른다. 따라서 늘 선을 선택하는 노력이 요청된다고 말한다. 문제는 인간이 선택할 수 있는 악의 기원, 악은 어디에서 왔는가 하는 점과 어떤 사람이 자유의지로 악을 선택하여 그 결과로 신의 심판을 받아 지옥에서 영원한 고통을 받게 된다는 것을 전지전능하다는 신은 이미 알고 있을 것인데, 사랑의 신이라는 야훼는 그가 지옥에서 고통을 받는 것을 결코 원하지 않을 것이 분명한데도 왜 그를 창조하였는가 하는 점이다. 신은 인간이 자유의지로 어느 쪽을 선택할지 알지만 인간의 선택을 존중하여 관여하지 않으며, 그 사람이 회개하여 돌아서기를 자비로운 마음으로 기다린다는 가톨릭의 대답은 앞뒤가 불일치하는 모순이며 답이 되지 못한다. 신은 이미 인간이 회개를 할지 거부할지 그 결과를 알고 있을 것인데 뭘 기다린다는 것인가? 신이 기다리면 결과가 바뀌는가? 결과에 변화가 있다면 신은 전지하지 않다는 자기고백일 뿐이다. 그리고 결과적으로 지옥 벌에 처해진다면 창조의 정당성이 소멸되어 버린다. 스스로 선택하여 강조하는 자유의지라는 개념의 딜레마에서 가톨릭은 헤어나지 못한다.[77] 악의 문제도 마찬가지다.

가톨릭은 야훼만이 유일한 신이라고 강조하면서도 세상에는 사탄으로 대표되는 악의 세력이 있으며, 이 악의 세력에 종속된 이들에 의해 올곧은 이들과 의로운 이들이 고통을 받는다고 말한다. 가톨릭에서 주장하는 것처럼 선의 원천이고 선 자체라는 유일신 야훼가 세상을 창조했다면 세상은 질서가 잘 잡히고 모든 것이 선을 향한 법칙을 따르게 될 것이다. 하지만 우리는 가톨릭이 말하는 것처럼 우리 앞에 펼쳐진 현실에서 악을 체험한다. 이에 대해 가톨릭은 야훼는 세상을 선하게 창조하였지만 최초 인간인 아담의 오만으로 악이 세상에 들어왔다는 논리로 악의 기원을 설명한다(창세 3,1~24). 야훼가 세상을 창조하였다는 논리도 빈약하지만 신화 속에 등장하는 가상 인물 아담의 잘못으로 신이 창조한 완벽한 세상에 악이 개입하게 되었다는 논리도 궁색하고 그런 설명은 악의 기원에 대한 본질적인 답이 되지 못한다. 아담의

---

77. 『사피엔스』, p. 314.

오만은 '뱀'의 유혹(창세 3,4)에 의한 것이기 때문이다. 만일 뱀도 야훼의 창조물(창세 1,24)이라면 뱀이 가진 간악함도 창조의 산물이라는 뜻이 되며, 그렇게 되면 악 또한 야훼의 창조물이라는 것이 된다. 하지만 선신 야훼는 악을 창조할 수 없다. 따라서 악은 야훼와 무관하게 독립적으로 존재하는 무엇이다. 가톨릭은 '신'이라는 표현을 사용하지는 않지만 분명 영적인 실체로서의 악의 세력은 타 종교전통에서 말하는 악신과 동일한 개념이다. 전지전능하다는 신 야훼는 왜 악의 세력을 제거하지 못하는가? 악의 세력은 야훼가 제거할 수 없는 또 다른 '신'으로서 신적 권능을 행사하기 때문이다. 그가 야훼와 대척점에 서 있는 '신'이 아니라면 악은 세상에 개입할 수 없다. 하지만 가톨릭이 악의 존재를 인정함이 분명하니, 가톨릭의 논리에 따른다면 악의 세력을 지배하는 신이 있다는 것은 명확하다. 가톨릭은 악의 세력은 최후에 메시아의 재림으로 제압되고 야훼의 통치가 완성된다고 주장한다. 이러한 가톨릭의 설명과 그들이 인정하는 사탄이 존재하는 한, 가톨릭은 부르는 신의 이름만 다를 뿐 조로아스터교와 동일하게 세상은 선신과 악신의 대결장이며, 선신과 악신의 대결에서 선신 야훼가 승리하리라는 신앙을 가진 이신교다. 신이 둘(선신, 악신)이라면 여기서 또 하나의 문제가 제기된다. 둘 사이의 투쟁을 관장하는 법칙을 정한 존재는 누구인가라는 것이다. 『사피엔스』의 저자 유발 하라리가 지적하는 것처럼 '두 나라가 싸울 수 있는 것은 둘 다 동일한 물리법칙의 지배를 받기 때문이다. 파키스탄에서 발사된 미사일이 인도의 목표물에 명중할 수 있는 것은 양 국가에서 동일한 물리법칙이 적용되기 때문이다. 만일 선과 악이 싸운다면, 이들이 따르는 공통의 법칙은 무엇이며, 그 법칙은 누가 정했는가?'[78]

한편, 가톨릭은 성인공경 전통을 가지고 있다. 얼마 전에는 교황 요한 바오로 2세를 성인품에 올린다는 발표도 있었다. 성인공경은 신앙의 모범을 보인 사람에 대한 공경 사상처럼 보인다. 하지만 성인공경 전통은 고대 만신전에 등장하는 기능신들을 숭배하던 다신교 종교전통의 유산을 그대로 물려받은 흔적이다.

가톨릭은 야훼 외의 모든 신을 부정하며 잡신 숭배를 금한다. 만일 최고 권력을 지닌 전능한 최상의 신이 있다면 하위 신들이나 하위 협력자가 불필요할 것이다. 그런데 가톨릭은 성인들로 구성된 새로운 만신전을 구축하였다. 성인품에 오른 성인들은 '수호성인'이라는 칭호를 받으며, 그들에게는 각 국가를 수호하고, 각 직능과 기능을 수호하는 임무가 부여된다. 한국의 수호성인은 성모 마리아이고, 프랑스는 성 마르티노, 스코틀랜드는 성 안드레아다. 요셉은 목수들의 수호자이고 루카는 의사들의 수호자다. 성인들이 결국 고대 만신전의 신들이 담당했던 직무를 이양받아 대행하고 있는 것이다. 사람뿐만 아니라 타 종교전통의 신이 성인으로 추대되어 수호자의 임무를 담당하기도 한다. 프리아포스는 그리스 신화에 등장하는 바쿠스와 비너스 사이에서 태어난 신인데, 로마는 물론 켈트족, 게르만족, 색슨족 등 유럽 전역에서 생식과 관련된 성기숭배의 신으로 신봉되고 있었다. 프리아포스에 대한 신앙은 초대 가톨릭과 첨예하게 대립했고, 결국 교회는 그 신앙의 기세를 제압할 수 없어 타협하는 방법을 찾았는데, 그것은 프리아포스를 교회의 성인으로 추대하여 생식과 관련된 일을 담당하는 수호자로 삼는 것이었고 교회 안에 그를 상징하는 성상이나 상징물을 모시

---

78. 『사피엔스』, p. 315

는 것도 허락했다.[79] 태생적으로는 야훼도 최상의 신 엘의 아들로 이스라엘 남부 산악지대를 수호하는 하위 신이었으며 전사의 신이었다.[80] 성인공경과 수호성인 개념은 다신숭배의 변형이며, 가톨릭은 유일신교가 아닌 것이다. 참고로, 가톨릭이 말하는 수호성인들이 의미 있는 수호활동을 수행했다는 것을 보여주는 연구 결과는 한 번도 제시된 적이 없다.

표면상으로는 유일신 숭배라고 강조하지만, 가톨릭의 이런 이신론적이며 범신론적인 형태는 다른 다신교 종교전통 문화권의 사람들에게도 쉽게 수용되었다. 자신들이 믿던 종교전통과 별반 다를 것이 없다고 인식했기 때문이다. 산림의 풍성함과 삶의 안정을 지켜준다는 '숲의 어머니신(母神)'을 믿던 고트족은 가톨릭의 성모 마리아 공경 사상에 자신들의 신앙을 습합하여 가톨릭을 수용하였다. 자신들이 믿는 모신과 마리아가 별반 다를 것이 없다고 생각했던 것이다.[81] 그리고 그들의 생활풍습과 문화의식에 의해 고딕양식의 성전들이 건축되었다. 한국에서 야훼신앙이 거부감 없이 쉽게 수용된 것은 동양 문화권에 깊이 뿌리를 내리고 있던 도교의 천(天) 사상, 유교의 상제(上帝) 사상과의 유사성이 커다란 작용을 했다.[82] 지금의 페루나 멕시코 등 남미 지역에서도 토속신앙과 융합되어 변형된 형태의 가톨릭 모습을 볼 수 있다.[83]

---

79. 『역사를 바꾼 성 이야기』, 리수충 저, 주은주 역, 시그마북스, 2010. p. 62.

80. 『사피엔스』, pp. 312~317 참조.

81. 『고딕, 불멸의 아름다움』, 사카이 마케시 저, 이경덕 역, 다른세상, 2009. pp. 30~49 참조.

82. 『한국 종교사상사』, 이대근 저, 가톨릭출판사, 2014. pp. 270~290 참조.

정치적 종교권력의 구축

가톨릭이 존립할 수 있는 근간이 된 또 다른 커다란 요인은 정치권력과의 결탁이다. 로마에 어렵게 정착한 초기 가톨릭이 존속의 기반을 마련하게 된 것은 콘스탄티누스 황제의 모친 헬레나가 가톨릭을 신봉한 것에 연유한다.

다신교 사회인 로마제국에서 최상의 신은 '정복되지 않는 태양신(Sol invictus) 미트라'였다. 서기 274년에 로마황제 아우렐리우스는 태양신 숭배를 제국의 국교로 선포하면서 다른 여타의 신들도 자유로이 섬길 수 있다고 선언하였지만, 그리스도교는 태양신 제단에 제물을 바치는 것을 거부하고 인육(성찬례 의식에서의 聖體)을 먹는 악행을 자행한다는 이유로 금지하고 박해하였으며 교회의 재산을 몰수하였다. 그런 상황이었음에도 헬레나는 태양은 창조물에 불과하고 태양을 창조한 신은 태양보다 위대하다는 교리를 받아들여 가톨릭으로 개종하였고, 태양신 숭배자인 아들 콘스탄티누스에게 개종을 권유하였지만 그는 죽기 전까지 개종하지 않았다. 콘스탄티누스는 막센티우스와의 패권싸움에서 승리한 이후부터는 정작 자신은 태양신 숭배자이면서도 자신이 가톨릭의 수호자임을 자처하게 된다.

로마제국은 넓은 영토를 관리하기 위해 서로마의 수도 로마와 동로마의 수도 비잔티움에 각각의 황제를 두었고, 황제 밑에 부황제를 두는 4인 지배체제를 갖고 있었다. 그런데 305년에 서로마 황제 막시미아누스와 동로마 황제 디오클레티아누스가 동시에 사퇴하면서 서로마 부황제로 있던 콘스탄티누스의 부친 콘스탄티누스(플라비우스 발레비우

---

83. 『라틴아메리카 역사』, 이강혁 저, 가람기획, 2008, pp. 121~123 참조.

스 콘스탄티누스)가 황제 직위에 올랐고, 동로마에서는 부황제 갈레리우스가 직위를 승계하였다. 하지만 서로마의 세베루스(플라비우스 발레리우스 세베루스)가 콘스탄티누스를 무시하고 황제에 즉위하면서 패권다툼이 시작되었는데, 세베루스는 곧바로 리키니우스의 쿠데타에 의해 쫓겨났고 리키니우스는 전 황제 막시미아누스의 아들 막센티우스에 의해 권좌에서 끌려 내려왔다. 그러나 막센티우스는 310년 10월 27일, 콘스탄티누스(플라비우스 발레비우스 콘스탄티누스)의 아들 콘스탄티누스와의 결투에서 패하였고 승자 콘스탄티누스가 312년에 황제 직위에 올랐다. 한편 동로마에서는 막시미누스(갈레리우스 발레리우스 막시미누스)가 황제 갈레리우스를 밀어내고 황제에 즉위하였지만 리키니우스(발레리우스 리키리아누스 리키니우스)가 막시미누스를 제압하고 308년에 황제 직위에 오르면서 패권다툼이 종료되었다.

콘스탄티누스가 막센티우스(전 황제 막시미아누스의 아들)와의 결투에서 승리하게 된 것은, 꿈에 십자가 군기를 들고 전투에 임하면 승리하리라는 계시를 받고 그 지시에 따라 십자가 군기를 앞세웠기 때문이라는 전승이 있다. 하지만 그것은 꿈의 계시가 아니라 가톨릭 신자인 모친 헬레나가 야훼에게 의지하라는 권고를 하였고 이를 따른 것일 가능성이 높다. 콘스탄티누스는 비록 십자가 군기를 앞세워 승리를 하였지만 태양신 숭배 신앙을 버리지는 않았고, 로마 화폐에 자신의 얼굴과 함께 'Sol invictus'(정복되지 않는 태양)라는 문구를 새겨 넣기도 하였다. 그러면서도 그는 가톨릭의 신 야훼가 자신을 선택하여 교회의 수호자로 세웠으며, 그에 따라 그리스도교를 전파하는 것이 자기에게 주어진 의무이며 황제의 지위를 바르게 이용하는 것이라고 말하는가 하면, 스스로를 '교회 밖에 있는 주교'라고 자처하고 자신이 교회의 수장이라고 선언했다. 그는 황제 직위에 오른 312년도에 태양일인 일요일을 공휴일로 지정하여 그리스도교인들도 종교집회에 참여할 수 있도록 배려하였고, 313년에는 동로마 황제 리키니우스와 함께 공동으로 밀라노 칙령을 발령하여 가톨릭을 믿어도 되는 종교 목록에 포함시켰다. 뿐만 아니라 박해시절에 몰수한 교회와 신도들의 사유재산과 공유재산을 되돌려주는 조치를 취했으며, 로마 주교(교황)에게 라테라노 궁전을 하사하여 교황청 시설로 활용하게 하였고, 교회의 유산 상속을 허용하는 것과 교회 성직자의 재정적 · 법률적 특권, 즉 면세와 부역면제의 특권을 부여하는 법률을 공표하였다.

콘스탄티누스가 정작 본인은 죽기 전까지 세례도 받지 않았으면서도 이처럼 가톨릭에 대한 관용정책을 확대한 것은 부친의 정략결혼(콘스탄티누스의 부친은 서로마 부황제 재임시, 황제 막시미아누스의 의붓딸과의 정략결혼을 위해 헬레나와 이혼하였다)으로 이혼당한 후 홀로 자신을 키운 모친에 대한 효심의 표현이면서 동시에 황제좌를 차지하기 위한 패권투쟁으로 분열된 민심을 수습하고, 또 교회 지도자와 신도들의 호의를 얻어 그리스도교를 매개로 민심을 통합하고자 한 정치적 전략이었을 것이라고 학자들은 평가한다. 서로마 지역이 자신이 의도했던 바와는 달리 그리스도교 신앙으로 통합되지 못하자 후에 동로마 지역의 국교를 가톨릭으로 선포하고 제국의 수도를 비잔티움으로 옮긴 것이 그런 면모를 보여준다는 것이다. 가톨릭은 콘스탄티누스의 보호와 후원 아래 점차 교세를 확장하였고, 황제의 권력에 종교적 정당성을 부여해주는 역할에 충실하면서 정치적 권세를 얻어 누릴 수 있었다.[84]

콘스탄티누스는 324년, 밀라노 칙령의 협약을 위반하고 그리스도교를 박해하였다는 명분으로 동로마 황제 리키니우스를 제거하면서 동서로마제국의 통일을 이루었고, 325년에는 자신은 태양신 숭배자임에도 황제는 교회의 수장이라는 명분을 내세워 니케아공의회를 소집하였는데, 이 회의에서는 아리우스파와 논쟁이 되었던 그리스도의 본질에 관한 문제(아리우스파는 예수는 야훼와 유사하지만 신은 아니라고 주장하였고, 가톨릭은 예수는 야훼와 본질이 같다고 주장하였다)를 다수결로 의결시켜 종식시켰다. 이 회의에서 예수는 야훼와 본질이 같은 완전한 신이며 완전한 인간이라는 교의가 확립되었고, 아리우스파는 이단으로 단죄되었다. 이후 326년에는 자신이 정복한 동로마 지역에 가톨릭을 국교로 선포하고, 330년에는 가톨릭 국가를 건설하고자 하는 목적에서 제국의 수도를 동로마의 수도였던 비잔티움으로 옮기기도 하였다. 비잔티움은 이후 콘스탄티노플로 불린다.

392년, 로마 황제 테오도시우스는 가톨릭을 서로마 지역의 국교로 선포하였고, 이로써 가톨릭은 종교권력으로서의 세력을 더욱 강화할 수 있게 되었다. 교회의 재산 소유가 국가법으로 허용되면서 신자들이 기증한 토지와 건축물 및 재물은 점차 증가하였고, 민중의 지지를 받는 교회는 황제의 권한을 견제할 수 있는 종교권력을 보유하게 되었다. 로마교회가 행사하는 가장 큰 권한은 가톨릭 신자 신분을 박탈하고 교회에서 추방하는 '파면권'이었다. 황제를 포함해 누구라도 교회로부터 파면선고를 받으면 지역 공동체에서도 추방되었고, 황제는 폐위되거나 그리스도교 신자인 국민의 복종과 지지를 잃어 무능한 황제로 전락하는 결과를 가져왔다. 로마 주교인 교황은 세속의 통치권은 갖지

84. 『교회사』, 광주가톨릭대학편집부, 1985. '로마역사' 참조.

않았지만 황제를 파면할 수 있는 절대 권한을 가졌던 것이다. 그런데 서기 5세기에 들어서면서 상황은 급변하였다.

5세기 초, 서로마는 북방에서 밀려드는 이방민족의 대이동에 따라 격랑기를 맞게 되었고, 결국 476년 우크라이나 지역에서 내려온 동고트의 오도아케르에 의해 천여 년 동안(BC 753~AD 467) 유지해 오던 제국이 패망하였다. 고트족은 고대 스칸디나비아에서 발원한 민족으로 3세기경 로마제국의 소아시아 지방과 발칸반도를 침입하여 도나우 강(서고트족)과 우크라이나 지역(동고트족)에 정착하였는데, 4세기경부터는 로마와 긴밀한 관계를 유지하였고, 4세기 중엽에는 로마 가톨릭의 영향으로 모든 고트족이 그리스도교 신자가 되었다.

로마를 패망시킨 동고트의 오도아케르(이탈리아 왕 · 480~493 재임)는 행정, 관리, 통치 등의 통합적인 통치력을 발휘할 능력이 부족해 자기들이 정복한 로마의 피지배 민중을 장악하지 못하였는데, 이때 로마 주교인 교황은 민중이 새 정권에 복종하도록 돕겠다는 것을 제안하였고, 오도아케르가 교황에게 협력하고 신앙 안에서는 그의 지배에 복종할 것을 맹세하면서 교황은 영적 수위권과 더불어 세속적 주권을 주장하는 발판을 확보하게 되었다.

고트족은 488년에는 이탈리아 전역을 장악하였다. 이에 동로마 황제 제논은 이탈리아를 탈환하기 위해 489년 동고트족 출신 테오도리쿠스를 수장으로 군대를 파병하였으며, 테오도리쿠스는 493년에 오도아케르를 살해하고 이탈리아 대부분의 지역을 장악하면서 동고트왕국을 건설하였다. 하지만 그는 동로마 황제의 승인을 받지 못하였고, 동고트왕국은 552년 동로마에 패망하였다. 이탈리아를 장악한 동로마는 로마제국의 재건을 모색했지만, 스칸디나비아에서 내려온 롬바르드족의 침공으로 이탈리아를 다시 내주어야 했고(568년), 이후 이탈리아는 774년 롬바르드가 가톨릭의 수호자로 나선 프랑크왕국에 멸망할 때까지 롬바르드족의 지배를 받았다.

주목해서 봐야 할 부분은, 이러한 정치적 격변에도 불구하고 가톨릭 종교전통은 해체되거나 타 종교전통으로 대체되지 않고 존속하였다는 것이다. 만일 동고트족이나 롬바르드족이 가톨릭이 아닌, 자신들의 토속 종교전통을 간직한 민족이었다면 가톨릭은 소멸하고 그들의 종교전통이 숭배되도록 강요되었을 것이다. 오스만투르크가 동로마를 패망시켰을 때(1453년) 그들은 이슬람교를 앞세워 가톨릭 종교전통을 해체하였던 것에서도 볼 수 있듯이, 종교를 기반으로 하는 정치권력은 정복지의 고유문화와 종교전통을 보다 우월하다고 자부하는 자신들의 것으로 대체하고자 하는 행태를 보인다. 일제 강점기에 우리 민족도 일본의 신사참배를 강요받고 그들의 언어를 사용하도록 압박 받았었다. 이탈리아를 정복한 타 민족들은 지배자가 가톨릭 신자 신분이므로 로마 주교(교황)를 신앙의 지도자로 존중하는 자세를 견지하였고, 이러한 정치권력을 등에 업은 교회권력은 그리스도교의 전파와 유지를 위해 정치권력을 현명하고 효과적으로 활용하였다.

서로마 패망 이후 유럽 전역에 새롭게 등장하는 민족들, 즉 에스파냐를 정복한 서고트족, 프랑스의 기원이 되는 프랑크족, 독일과 오스트리아 지역에 정착한 게르만족, 섬나라 영국을 정복한 앵글로색슨족 등 과거 로마제국의 영토에 신흥왕국을 설립한 민족들은 자신들의 왕국을 통해 과거 로마의 영광을 재현하겠다는 포부를 가졌다. 그리고 이의 실현을 위해서는 로마 주교와 가톨릭교회를 수호한 로마제국의 전통을 이어받아야 한다는 인식에서 자신들이 가톨릭 왕국의 수호자임을 자처하며 국가의 종교를 가톨릭으로 선언하고 전 국민의 그리스도교 신자화를 꾀했다. 15세기에 이들 종교 국가들이 아메리카나 아프리카 정복에 나설 때 그들의 군함에는 언제나 성직자가 동승했다. 성직자들은 군대가 장악한 영토의 선주민들에게 야훼신앙을 강요하였고, 정복자들의 억압에 항거하거나 가톨릭교 수용을 거부하는 자들을 잔악하게 학살하는 폭력에 정당성을 부여하였다. 야훼를 거부하는 자체가 죄악이라는 이유에서였다.[85] 심한 경우 정복자들이 선주민의 갓난아이를 악의 씨앗이라는 명분으로 살해할 때, 죽어서라도 구원에 들게 은총을 베풀 수 있게 되었다는 자부심으로 그 아이가 죽기 전에 세례를 주는 것이 성직자들의 역할이기도 하였다. 가톨릭 종교권력은 이처럼 정치권력을 등에 업고 전 세계로 확산되어 나갔으며, 강요와 협박으로 신앙을 종용하여 교세를 확장하였다.

가톨릭 종교권력이 총포를 앞세워 정복한 나라는 가톨릭을 국교로 삼아 전 국민이 의무적으로 신앙을 갖도록 하는 정책을 유지함으로써 신앙인을 양성하였지만, 총포의 협박을 앞세우지 않고 순수 선교사만의 파견으로 가톨릭이 전파된 나라에서는 교세가 크게 확산되지 못했다. 우리나라의 경우 가톨릭이 들어온 지 240여 년이 되어 가지만 – 한국교회는 1784년을 공식 도입년으로 본다 – 가톨릭 신자 비율은 전체 인구의 10% 정도에 그치며, 일본의 경우 가톨릭 역사가 500여 년이 되었지만 전교율은 전체 인구의 1% 미만이다. 전교 기간 대비 신앙

---

85. 『라틴아메리카 역사』, pp. 119~122 참조.

인 비율로 본다면 한국이나 일본은 사실상 전교 실패국으로 분류될 수 있는 것이다. 가톨릭이 절대 진리를 갖고 있고 신이 모든 인간의 구원을 원한다면 성령의 감도로 성서도 기록하게 하는 능력을 발휘했다는 야훼는 왜 성령을 통해 인간 영혼에 깃든 이성과 감성을 자극하여 모든 인간이 가톨릭을 수용하도록 하지 않는가? 인간의 자유의지를 존중하기 때문이라는 설명은 상기에서 살펴본 바와 같이 신의 전지전능성과 배치되는 논리이므로 답이 되지 못한다. 그것은 성령을 보내서 영감을 일으킨다는 신 자체가 없다는 반증일 것이다.

종교사상적 인간 의식 및 가치관 고착화

가톨릭 종교전통이 신 존재가 허구임에도 건재할 수 있었던 또 다른 요인은 수백 년이 넘는 세월동안 전체 유럽의 사회 문화적 환경을 가톨릭적인 사고와 의식을 토대로 구축해 온 전략을 통해 사람들의 사고와 심성을 종교에 예속시켜 왔기 때문이다.

사람은 누구나 태어나는 순간, 본인은 전혀 의도하지 않았다고 하더라도 자기가 태어나 구성원으로 속하게 된 사회에서 요구하는 규범과 문화적 상황을 받아들이고 그것을 준수하고 따를 것을 요구받는다. 즉 사회라는 문화적 복합체 안에서 자신의 위치에 대한 의식을 제공하는 사회적 질서와 이념적 토대의 틀 안에서 자기를 인식한다. 민주주의 사회에서는 민주시민의 의무와 권리 안에서 자신을 규정하고, 종교가 지배하는 사회에서는 신에게 귀속된 신원으로서의 자신을 규정한다.

가톨릭 종교전통이 지배하는 로마제국의 모든 시민은 누구나 태어나면서부터 가톨릭 교리 – 니체는 이것을 '노예의 도덕'이라고 비난했다 – 를 신봉하도록 강요받았고 이를 거부하면 시민으로서의 권리가 박탈되었으며, 신이 내려주는 영생에서 배제된다는 위협을 받았다. 중세시대의 가톨릭 교리에 따르면, 인간은 아담의 죄로 유전되는 원죄를 안고 태어난 죄인이며, 죽어 지옥으로 가야 하는 운명을 짊어진 존재에 불과하다. 그리고 세상은 각자의 신분과 처지에 따라 봉사하며 살아가야 하는 속죄의 장소일 뿐이다. 따라서 인간은 신이 내려준 자신의 신분에 만족해야 하며, 자신의 처지에서 오직 신을 위해 헌신하고 야훼의 교회에 몸바쳐 희생하면 그나마 천국에 들어갈 수 있는 자격이라도 얻을 수 있을 것이니, 교회의 법과 가르침을 따르고 지키라고 가르쳤다. 그리고 신의 뜻을 대행하는 국가와 교회의 요구에 순응하는 것을 신자의 당연한 의무로 이해시키고, 왜 그렇게 살아야 하는가라고 묻는 것은 신에 대한 모욕이므로 선포되어 준수가 강요되는 종교적 교의와 계명에 대해서는 의문 없이 따르는 것이 구원에 이르는 길이며 종교적 미덕이라고 교육하였다. 따라서 조상 대대로 이어져 온 이런 문화권에서 태어난 사람들은 종교사상으로 고착된 사고방식 안에서, 자신이 영생을 얻지 못하고 구원에서 소외될 수 있다는 두려움에 노심초사하며 신앙인으로 사는 삶의 방식을 당연하고도 올바른 삶의 형태로 받아들였고, 자신의 후손에게도 그런 문화권에서의 삶을 준비시키고 가르쳤다. 종교의 자유 시대가 도래하기 전까지 이러한 풍토 속에 살던 사람들은 그것을 당연한 진리로 받아들였고, 이러한 사조를 바탕으로 가톨릭 종교권력은 인간을 통제하고, 유럽을 장악할 수 있었다.

제반 학문에 대한 이해가 부족했던 시대에 가톨릭은 세상의 물음에 대한 모든 답은 성서에 있으며 교회는 그것을 해석하는 절대권한을 갖고 있다고 주장했다. 그리고 교회의 가르침은 진리이며 순종으로 받아들여야 할 권위 있는 가르침으로 인식되었다. 지구를 중심으로 천체가 돌고 있으며, 로마가 지구의 중심이라는 주장도 의심 없이 받아들여졌고, 페스트 같은 감염 질병은 마녀들의 소행이므로 색출하여 화형에 처해야한다는 주장도 거부감 없이 받아들여졌다. 교회의 논리가 그대로 받아들여질 수 있었던 것은 당시 대부분의 사람들이 문맹이었고, 종교가 말하는 것은 신이 내려준 절대 진리이니 무조건 믿고 따라야 한다고 선대로부터 가르침을 받았으며, 또한 그렇게 순응하는 모습으로 살아가는 선조들의 모습을 보아왔기 때문이다. 교회의 논리는 정치 지배자의 통치 이데올로기를 정당화시켜주는 역할을 하였고, 통치자는 종교 신조를 기반으로 절대 권력을 행사할 수 있었다. 물론 그에 대한 대가로 교회는 부와 영예를 보존할 수 있었다.

가톨릭 종교사상적 인간 의식 및 가치관 구축은 현재도 진행형이다. 가톨릭은 지금도 부연 설명 없이 신은 존재하며 인간에게는 영혼이 있다고 주장하고, 자신들의 신인 야훼만이 그 영혼을 구원하여 영생을 주는 유일한 신이고, 신을 믿지 않으면 구원과 영생을 얻을 수 없다고 주장한다. 또한 제도 교회로서의 가톨릭은 자신들의 교회가 예수가 친히 세운 정통교회라는 자부심을 갖고 있으며, 세상의 모든 종교는 야훼신앙을 지향하고 있고 언젠가는 가톨릭으로 통합되어 한마음으로 야훼를 숭배할 것이라는 전망을 가지고 있다. 그리고 바라보는 시각의 차이일 수도 있겠지만, 모든 인간은 인간이라는 이유 하나만으로 존중되어야 한다는 원론을 강조하면서도 종교에 따라 인간을 구분 짓고 차등하는 듯한 행태를 보인다. 그들은 – 공식적으로 표명한 입장은 아니지만 – 가톨릭에 속한 사람들은 이성적이고 합리적인 사고를 가진 일등 인류라는 의식을 가지며, 회교도(이슬람)는 왜곡되고 변조된 야훼신앙의 유사(類似) 유일신 숭배로 바라보고, 여러 분파로 갈라져 나간 개신교계 신앙인들을 천시하거나 무시하는 경향이 있는 것처럼 보인다. 나아가 힌두교도나 불교도, 제3세계의 토속 신앙을 가진 사람들은 미신을 숭배하는 미개 상태를 벗어나지 못한 부류의 사람으로 인식하여 개종의 대상으로 파악하고, 비신앙인 또는 무신론자들은 가련하고 이해할 수 없는 무지의 사람으로 취급하는 성향이 강하다는 느낌을 받는다.

가톨릭이 자신의 종교전통과 타 종교와의 차별성을 강조하고 인간 의식과 사고의 기준을 자신들이 주장하는 종교 신조에 일치시키도록 강화하는 교육은 유아 신앙교육에서부터 시작된다. 가톨릭에 입교한 어린이들은 야훼에게 선택된 소중한 신원이므로 타 종교 신앙인들과 질적으로 다르다는 인식을 주입하며, 가톨릭 신앙인으로서의 자부심과 긍지를 함양함과 아울러 타 종교 신자들과 차별되는 고결한 생활 자세를 가져야 한다고 가르친다. 가톨릭이 말하는 고결한 삶이란 신과 교회의 가르침에 충실히 따르는 삶을 의미한다. 뿐만 아니라 신이 제시하는 기준에 따라 사는 삶이 올바른 인생이며 신은 언제 어디서나 모든 것을 지켜보고 있으므로 신의 계명을 충실히 따르는 정직한 모습으로 살아야 한다고 강조한다. 성인이 되어서는 신앙의 순수성을 보존하기 위해 원칙적으로 가톨릭 신자와만 결혼하여야 하고, 야훼가 인정하는 합법적인 혼인이 되기 위해서는 자녀를 가톨릭 신앙으로 교육시키겠다는 서약서에 서명하여야 한다고 요구한다. 가톨릭의 이러한 모종의 차별성 강조 및 인간 분류 의식이 지속된다면 인류 평화와 공존은 요원한 일이 될 것이다. 언제든지 과거 십자군 원정처럼 가톨릭 세력이 주도하는 민족 분쟁과 종교전쟁의 발발 가능성이 상존해 있는 까닭이다. 최근의 필리핀에서의 이슬람과 가톨릭의 분쟁, 수단의 민족 분쟁, 러시아의 세르비아 침공 사건도 가톨릭 종교전통과 무관하지 않다고 볼 수 없다.

자라나는 세대의 아이들에게 종교가 거짓을 말하지 않고 또 아이들이 종교의 거짓말에 속지 않도록 지도한다면, 나아가 신은 가상의 관념일 뿐이며 종교는 추측과 추론의 허위 위에 세워진 모래성임을 깨닫게 하고, 인간은 신에게 얽매인 노예적 객체라는 의식을 갖지 않도록 지도하여 스스로 종교의 노예로 살아가는 삶을 거부하도록 가르친다면, 그들은 맹목적으로 허상의 신을 숭배하는 종교적 환상을 갖지 않을 것이며, 종교를 이유로 사람을 구분짓거나 차별하지도 않을 것이고, 종교를 수호한다는 명분으로 폭탄 재킷을 입거나 신의 이름으로 비행기를 고층빌딩에 착륙시키는 무모한 일 같은 것도 하지 않을 것이다.

인류에게는 전체 인류의 생존과 번영을 위한 연대책임과 상호 존중감이 요구된다. 그리고 존중감 의식의 근본이 되는 것은 동료 인간에 대한 예의와 인간 존엄 의식이다. 인간이 존엄한 존재인 까닭은 가톨릭이 주장하는 것처럼 인간이 신의 모상을 닮아 창조되었기 때문이 아니다. 인간만이 다른 동물들과는 달리 동료 인간을 존중할 줄 아는 존중감을 갖고 있기 때문이다. 따라서 우리 인간은 스스로 위대하며 존귀한 존재라는 긍지와 자의식을 가지고 주체적으로 자유 안에서 살아가는 고결한 삶을 추구하도록 아이들을 지도하여야 한다. 인류가 종교라는 허상의 허울을 벗어 던지는 용기를 갖는다면 인류는 동시대를 살아가는 모든 인간을 보다 존중하고 그들과 공존하며 상호 유익함을 주는 삶의 길을 모색할 것이다.

제도적 기관으로서의 교회권력

하나의 사회적 제도 기관으로 구축된 조직력도 가톨릭 종교전통이 존속되어 온 커다란 요인이다. 학교를 하나 설립해도 여러 시행착오를 겪으면서 체제를 실효적이며 구체적인 방안으로 정비한다. 학생과 교사 및 직원들 관리·운영체계 확립은 물론 세부적인 교칙 제정, 교가, 교복의 선택, 교육에 필요한 부설 건물 신축 및 협력 기관과의 연계성 등도 세밀하게 구축해 나간다. 종교기관이 점차 사회적 제도기관으로서의 틀을 갖추어 가는 모습은 개신교계 모 교단(A라고 칭하자)의 사례가 좋은 예가 될 수 있다.

60여 년 전 처음 단칸방에서 출발한 A교단은 개신교계 내에서 이단으로 지목되어 비난의 대상이 되었지만 지금은 범접할 수 없는 굴지의 교단이 되었고, 교계 내에서도 대단한 영향력을 행사한다. 신도수가 증가하고 경제력이 바탕이 되자 A교단은 자체 목회자를 양성하는 교육기관(신학교)을 설립하였고, 이를 통해 배출되는 교단 내 목회자를 국내 각 지역은 물론 해외에도 파송하여 지점 체제의 교회를 건립하기 시작했다. 개별 교회의 목회자들은 A교단 창립자의 지도와 관리를 받으며, 교단의 사업에 일정 부분의 재정적 지원을 하고, 교단은 이 자금을 모아 자체 교단의 연수원, 사회복지시설, 의료기관, 학교법인을 통한 유치원 및 초중고와 일반 대학교 교육 사업을 시행하고, 기타 수익성이 있는 사업을 운영하기도 한다. 한국에서는 성공한 종교기관이자 종교기업이 된 것이다. 만일 A교단이 중세 시대처럼 우리나라에서 선교를 위해 무장한 군사력을 활용할 수 있는 권리를 인정받을 수 있는 여건이었다면, 그들은 막강한 재력으로 무장 조직인 템플기사단 또는 선교 선봉대를 창건하여 타 교파나 종교전통을 대상으로 종교전쟁을 감행했을 것이고, 혹여나 그들이 종교전쟁에서 승리했다면 대다수의 국민들은 목숨을 부지하는 조건으로 A종교를 신봉하는 신자가 되었을 것이다. 신 숭배는 교조의 정당성이 아니라 삶의 환경과 여건에 따라 변화되는 것임을 보여주는 좋은 예라 할 것이다. 가톨릭도 신앙 신조의 정당성보다는 정치권력에 편승한 군사력으로 일정 부분 선교에 성공을 거둔 측면이 있었다는 것을 부정할 수는 없을 것이다.

가톨릭은 기관의 조직적인 측면에서, 단일 교단으로 전 세계를 아우르는 가장 큰 규모를 갖고 있으며, 무려 2천여 년이 넘는 기간 동안 체제 구축 작업을 진행해 왔으니 그 조직력이나 세부 요소들이 상상하는 그 이상으로 세밀하고 치밀하게 구성된 것이 당연하다고 할 것이다. 가톨릭은 바티칸에 위치한 교황청을 중심으로 하는 중앙집권적 운영 체제를 구축하고 있다. 교황은 정치적 · 군사적 · 세속적 통치 권한을 갖지는 않지만, 전체 가톨릭 종교전통을 다스리고 관리하는 수장으로서의 권한과 역할을 행사한다. 전 세계 모든 국가의 모든 주교들은 교황에게 충성서약을 발하고, 신부들은 자신의 소속 교구의 주교에게 또한 충성서약을 발함으로써 단일 체제의 유지에 참여하고 기여한다. 가톨릭은 일반 대학은 물론 사제를 양성하는 교육기관을 보유하며, 정치를 제외하고(가톨릭은 성직자가 정치적 직위를 갖는 것을 법으로 금지한다) 우리가 상상할 수 있는 모든 분야에 진출하여 있다.

2015년도 말에 발표된 가톨릭 교황청 연감 통계에 따르면 전 세계 인구는 대략 72억 명 정도인데, 그중 12억 8천만 명쯤(전체인구의 17.7%)이 가톨릭 신자이고, 그 외 정교회 신자는 약 3억, 개신교 4억,

이슬람 11억, 힌두교 7억, 불교신자는 4억 정도라고 보고한다. 가톨릭은 교황이 집무하는 교황청을 중심으로 전 세계 각 지역 가톨릭교회와 실그물 같은 연결망을 조직하여 교회 행정 및 법률의 통일성을 이루고 있으며, 강력한 중앙집권체제 구조로 신앙 교의의 단일화를 구축하고 있다. 이러한 저력은 교회 설립 이후 2천 년 넘게 이어온 역사 안에서 다양한 시행착오를 겪으며 다듬어 온 지혜와 경험과 역사의 산물일 것이다.

중요한 것은, 행정기관으로서의 제도교회 시스템이 치밀하게 잘 구축되어 있다고 해서, 또는 종교 기원의 역사가 길게 이어져 왔다고 해서 가톨릭이 주장하는 신앙 교의나 신조들에 정당성이 자동적으로 부여되거나, 그것들이 정설로 인정되는 것이 아니며, 없는 것이 있게 되고, 거짓이 진실이 되는 것이 아니라는 것이다. 사이비 종교전통도 인력과 재정이 바탕이 되면 얼마든지 교세를 확장할 수 있고, 종교적 진리와 구원의 약속이 자신들에게만 위임되어 있는 것처럼 주장할 수 있으며, 정통성을 강조할 수 있다. 하지만 그것은 거짓과 허위에 바탕한 근거 없는 주장으로 사람들을 현혹하는 것이기에 인간에 대한 기망행위이며 유사 사기행위라고 할 것이다. 영혼은 그 실체가 있다는 근거가 없고 존재성을 규정할 수도 없다. 따라서 영혼의 존재를 믿는 것은 개인의 주관적 가치관의 판단에 따라 믿거나 믿지 않거나 할 수 있는 사안이지, 영혼의 존재에 대한 근거 제시 없이 그저 '영혼이 있다'는 것을 선언적으로 기정사실화하고 그것을 전제로 '영생과 구원을 보장한다'고 설파하는 것을 강령으로 정하여 결성된 조직이나 단체가 영혼을 믿으라고 권장하거나 호도하는 것은 비판과 제재의 대상이 되어야 하는 것이지 선망이나 추종의 대상이 될 수는 없다. 타당성 있는 근거 제시가 없는 가설 명제를 참으로 주장하는 것은 온당한 처사가 될 수 없는 까닭이다.

같은 차원에서 가톨릭 종교전통은 기품 있어 보이고 세련된 감각을 보유한 것처럼 보이지만, 가상의 실재 위에 세워진 종교전통이므로 허구일 수밖에 없다. 그래서 그들이 아무리 사회적으로 인권수호에 기여하고, 종교적 신념에 따라 신자들에게 올바르고 건전한 가치관을 심어주어 건실한 삶을 살아가도록 영향을 미치며, 국가 정치를 감시하고 견책하여 정의를 구현하는 정책을 펼쳐나가도록 하는 견인차 역할을 한다고 하더라도 이는 부차적인 것일 뿐, 신의 이름으로 구원과 영생을 약속한다고 말하지만 그 사실성을 입증하지도 담보하지도 못하는 허설로 경제적 이득을 취하거나 조직의 기득권을 유지한다면 그 또한 인간에 대한 기망행위이며 준 사기 조직과 유사한 모습이 아니라고 할 수 없을 것이다. 만일 가톨릭이 그런 조직이라면 가톨릭은 역사 최고의 사기 조직이 될 것이며, 주교를 포함한 신부들은 그 거대 사기 조직의 하수인과 별반 다르지 않을 것이다. 가톨릭이 이런 오해를 불식시키는 단 하나의 방법은 신 존재에 대한 타당성 있는 근거를 제시하거나 영생의 실재성을 입증하는 것이다.

각각의 종교전통이 주장하는 신 숭배 사상들 중에 하나를 선택하여 그 종교전통이 제시하는 신에게 자신을 스스로 예속시키고, 자신이 선택한 종교의 틀에 갇힌 가치관으로 살아가는 것은 각자의 선택이다. 마찬가지로 자신의 자발적인 선택으로 가톨릭이 말하는 신, 영혼, 부활, 구원, 영생을 진실로 믿고 그 가르침에 자신의 정신과 사고를 종속시키고, 삶 자체를 종교 신념에 구속시키는 것을 탓할 수는 없다.

다만 어떤 신 숭배 사상이든 제시된 신 자체가 허구이며 상상의 산물일 뿐이므로, 허상에 기대어 삶의 위안과 영생을 희구하는 인간의 모습에 연민과 동정의 마음을 갖지 않을 수 없고, 부질없고 헛된 종교적 환상과 망상에 갇혀 인생을 왜곡된 시선과 굴절된 가치관으로 바라보고 살아가는 모습에 안타까움을 가질 따름이다. 그럼에도 신은 있다고 말한다면 수많은 종교전통과 신앙형태 중에 어떤 종교전통에서 숭배하는 신이 참 신일까?

Ⅵ

가톨릭 사제, 신부(神父)

사제, 누구이고 무엇인가?

인류 역사 안에 생멸했거나 현재에도 존재하는 각기 다른 종교전통들은 저마다 자기들이 숭배하는 신만이 참으로 존재하는 유일한 신이며 그 신만이 인간의 영혼을 구원하고 영원한 생명을 부여한다고 주장한다. 또한 자기 종교전통만이 신이 내려준 절대 진리를 보유하고 있으며, 신은 자신들의 종교를 통해서만 신적 은총을 내려준다고 강조한다. 그리고 이러한 종교전통을 유지하고 지속시켜 나가기 위해 종교 계승자 또는 종교 지도자를 양성하는 체제를 갖추고 있다. 종교전통들 중의 하나인 가톨릭도 다르지 않다.

우리나라에 천주교가 도입된 1784년부터 2018년 현재까지 한국 가톨릭교회에서 사제서품을 받아 교회성직자(사제, 신부)로 등록된 사제의 총수는 6,188명이며(2018. 1. 17. 한국천주교주교회의 발표), 그중 현직에 종사하는 수는 3,500여 명 정도로 추산된다. 수도회에 소속된 수도자는 남녀 포함 2만 3천여 명이며, 교구는 국가 행정구역을 기준으로 16개로 나뉘어져 있다. 각 교구는 지역 교구장 주교에 의해 독립적이고 자치적으로 운영되며, 한국 천주교 전체에 관련된 사안은 주교들의 의결기구인 한국천주교주교회의(한국천주교중앙협의회. CBCK)의 결정에 의해 정해지거나 조율된다.

사제는 가톨릭교회가 자체 운영하는 7개 사제양성 교육기관(신학대학)을 통해 배출되며, 서품 후에는 본인이 소속된 교구의 교회 관련 제반 업무를 총괄하는 교구청(교구장은 주교이고, 사제는 처 · 국 · 부 등으로 나누어지는 실무단위의 책임자 직무를 수행하며 주교를 보좌한다), 지역 교구에서 운영하는 각종 시설(사회복지기관, 신문사, 방송국, 병원, 학교 등)에 근무하거나, 개별 본당에서 본당 소속으로 등록된 신자들을 대상으로 신앙을 지도하고 종교 업무(미사집전이나 세례식 집전 등)와 관련된 사목활동을 하게 된다. 사제 인사권은 각 교구별 교구장의 고유권한이며, 임지 부임 후 4~5년 단위로 임지를 옮긴다. 사목현장에서의 은퇴 연령은 교구마다 약간의 차이는 있지만 70세 전후로 현직에서 물러나게 된다. 은퇴 후에도 사제 신분은 유지된다. 본 장에서는 포괄적인 개념의 사제, 신부에 대해 살펴보겠다.

한국 천주교회사와 사제

가톨릭은 자신의 신앙을 지키기 위해 천금보다 무거운 목숨을 버린 순교자들을 모범적이고 용맹한 신앙인으로 미화하고 성인으로 추대하기도 하지만, 그들이 마루가 숭배한 태양신이 허구였듯이 야훼가 그리스-로마 신화에 등장하는 신들과 다를 바 없는 허구임을 알았더라면 초개처럼 무가치하게 목숨을 버리는 어리석은 선택을 하지는 않았을 것이며, 목숨이 다하는 날까지 행복하고 보람된 인생을 향유했을 것이다. 나는 순교자들에게 연민을 느끼며, 지금이라도 그들을 무의미한 죽음으로 몰아세운 교회가 역사와 순교자들 앞에 머리 숙여 사죄하는 것이 지극히 타당하다고 생각한다.

조선시대에 유입된 가톨릭 신앙은 조상을 공경하는 민족문화전통을 무시하고 혹세무민(惑世誣民)에 앞장서는 사교(邪教)로 지목되어 박해의 대상이 되었다. 18세기 중반에 중국을 통해 들어온 천주교 관련 서적들을 처음으로 접한 실학자들은 천주교가 말하는 천주(天主)가 동양철학사상에서 언급하는 천(天), 상제(上帝)와 동일한 개념의 존재라고 생각하였고, 그러한 이해에서 천주교(가톨릭)을 수용하였다. 민중은 강력한 신분제도의 틀에 갇혀 자신의 신분과 처지를 숙명으로 받아들이며 고된 삶에 몸부림치던 중, 하늘 아래 인간은 모두가 평등하며 누구나 소중하고 존귀한 존재라고 위로하는 천주교 가르침에서 위로를 얻었고, 무엇보다 이승에서의 고된 삶의 역경을 이겨내고 야훼를 섬기면 천국에 들어갈 수 있다는 달콤한 약속에 천주교를 받아들였다. 그들은 평소에도 가혹하고 비합리한 신분질서가 뒤엎어진 세상이 오기를 간절히 염원했을 테지만, 그런 것은 꿈으로 끝날 수밖에 없는 부질없는 생각이라고 낙담하며 하루하루를 견뎌내고 있었을 것이다. 그런 상황에서 때마침 찾아온 천주교가, 모두가 염원하는 꿈 같은 세상이 꿈이 아니라 실제로 들어갈 수 있고 얻을 수 있는 실재라고 주장하는 것을 굳이 거부할 이유가 없었을 것이다. 그 말이 사실이 아니라 하여도 더 이상 잃을 것이 없는 상태였을 것이기 때문이다.

신화가 갖는 힘은 우리가 생각하는 것보다 훨씬 강력하다. 신화는 신화를 실제 사실로 믿는 이들을 잔악한 테러범으로 만들기도 하고, 자기 자녀를 희생 제물로 바치는 것을 영광으로 여기게도 만들며, 자기와 다른 신화를 믿는 이들을 처참하게 학살하는 것을 신의 영광을 위한 위대한 행위로 추앙하게 하기도 한다. 신화를 실제 사실로 믿는 사람들은 자신의 믿음이 헛된 것이 아니기를 바라는 마음이 크면 클수록 더욱 강하게 집착하는 경향을 보인다. 자신의 판단이 어리석은 것으로 드러나는 것이 두렵고, 자신의 믿음에 쏟은 열정과 노력이 무위로 끝나는 것을 결코 받아들일 수 없는 까닭이다. 그래서 그들은 자신이 믿는 바가 믿는 바 그대로의 사실로 드러나길 눈물겹게 염원하며 더욱더 허구에 매달리게 된다. 하지만 그런 일은 결코 일어나지 않는다. 신화는 신화일 뿐이고, 신화 속의 초월적 존재는 허상이기 때문이다.

사교를 버리라는 조선 정부 당국의 권고를 받아들이지 않고 박해의 칼날을 온몸으로 받은 가련한 사람들은 꿈으로 끝나고 말 천국을 상상하며 목숨을 버렸고, 아이러니하게도 더 이상 고난의 인생길을 걸을 필요 없이 가톨릭이 약속하는 천국에 즉시 갈 수 있는 기회가 주어졌음에도 불구하고 이를 거부하고 살아 있는 목숨을 지탱하기 위해 피난길에 나선 사람들이 있었다. 더구나 그들은 가톨릭에서 말하는 영생의 약속을 믿는다고 입으로는 말하면서도 혹여나 누군가 자신들을 고발하여 체포되고 끌려가 죽게 될지도 모른다는 두려움에 전전긍긍하며 첩첩산중으로 몸을 피하였다. 이러한 태도에 대해 가톨릭은 성서에서 예수가 환난이 닥치면 슬기를 다해 피하라고 명한 말씀(마태 24,15~18;

마르 13,14; 루카 21,21)을 따른 것뿐이라고 말한다. 앞뒤가 맞지 않는 모순이다. 그런 설명이라면 박해의 칼날을 피하지 않고 목숨을 내놓은 순교자들은 말씀을 거역한 불순한 자들이라는 말이 되고, 목숨을 부지하며 사는 것이 천국에 갈 수 있는 기회를 놓치는 것보다 더 큰 가치라는 것을 인정하는 말이다. 사람들의 눈을 피해 깊은 산으로 피신한 천주교인들은 도자기를 굽거나 화전을 일구며 끊을 수 없는 목숨을 끝까지 부지하며 살았고, 그들에 의해 천주교는 명맥을 유지하며 전수될 수 있었다.

가톨릭 종교전통의 특징은 신에게 바치는 종교의식[典禮] 중심이므로 제사장인 사제 없이는 명맥을 유지하기가 불가능에 가깝다는 것이다. 이런 특성 때문에 교회에서 사제, 신부(神父)는 중요한 존재로 인식된다. 초기 한국교회는 사제가 없거나 부족할 때는 중국이나 프랑스를 통해 사제 파견을 요청하였고, 사정이 여의치 않은 경우에는 가톨릭 규정에 없는 가성직제(假聖職制)를 운영하며 종교전통을 고수하고자 하였다. 각고의 노력 끝에 초기 한국 천주교회는 외국에서 선교사로 파견되어 온 사제들의 도움으로 신학교를 개설하여 방인 사제를 양성하는 시스템을 갖추면서 교세를 확장하고 교회 조직을 갖추는 기반을 조성할 수 있었다. 일제 강점기가 지나고, 6.25전쟁 때에는 종교를 부정하는 공산군에게 사제들과 신자들이 고초를 겪기도 했고, 전쟁에서 공산주의가 승리하여 국가 체제가 공산화되었다면 가톨릭을 포함한 모든 종교전통이 소멸되었겠지만 자유 민주주의 국가를 수호한 정치 덕에 종교전통을 계속 유지할 수 있게 되어 오늘에 이르렀다.

가톨릭 사제 양성

가톨릭 사제(신부)가 되기 위해서는 까다로운 절차를 거쳐 사제 양성 기관인 신학대학(통칭 신학교라 칭한다)에 입학하여 7년 과정(학부 4년, 대학원 3년)의 학업을 마쳐야 한다. 그 기간 중에 군복무를 마쳐야 하므로 사제 양성은 10여 년의 기간을 요한다. 신학교는 가톨릭교회의 지도자를 양성하는 기관이므로 사제에게 필요한 학업성취에 중점을 두면서도, 개인의 인간관 · 대인관 · 사회관 · 역사관 등 본질적인 심성과 가치관을 중요한 덕목으로 여기고, 사제직에 대한 소명의식 고취 및 언행에 있어서의 기품과 예의, 타인에 대한 배려심과 희생심을 함양하도록 교육한다. 사제직 지원자들은 대부분 천주교를 신봉해 온 가정 출신이며, 집안은 천주교가 아니지만 스스로 천주교를 받아들이고 득심(得心)하여 사제직을 지망하는 사람들도 간혹 있다. 학교생활은 전원 기숙사에 입사하여 공동생활을 하며 엄격한 규율로 통제된다. 그리고 매 학기가 끝나면 교수신부들로 구성된 사정회(査定會)에서 각 학생들에 대한 성적과 품행, 인성에 대한 평가가 이루어지고, 이를 통과하지 못하면 퇴학 처분을 받게 된다.

그동안 봐왔던 신학생들의 유형을 보면, 진정으로 야훼를 살아 있는 최고의 신으로 숭배하고, 그와 교회를 위해 일생을 다해 헌신하겠다는 투철한 소명의식으로 사제직을 지망했던 사람들이 대다수였던 것은 분명하다. 하지만 표면상으로는 사제직에 남다른 동경과 소명의식이 있어 보이지만 막연히 신부가 되는 것도 괜찮겠다라는 생각으로 입학한 사람도 있었고, 사회에서 별 볼 일 없는 직업을 갖고 사는 것보다는 사제로 사는 것이 사회적 지위도 인정받으면서 생계에도 안정적이라는 지극히 현실적인 생각으로 입학하는 사람도 없지 않았다. 그리고 가정 형편이 어려워 자식 교육을 뒷받침할 수 없는 집안에서 궁여지책으로, 교회의 지원을 받아 신학교에서 공부도 하고, 신부가 되면 장래도 보장되니 신학교에 보내서 들어온 사람도 없지 않았던 것으로 보인다. 이런 현상은 지금도 큰 변화가 없을 것이라 생각된다.

일단 신학교에 입학한 학생들은 신부가 되는 것이 목표이므로 대부분 성실한 모습으로 학교생활에 임하고, 향후 사제로서의 자신의 모습을 갖추어 나가는 데 최선을 다한다. 그런데 내심이야 어떤 상태인지는 알 수 없지만 표면상 드러나는 행동이나 자세는 교육방침이 요구하는 틀에 맞추어 성실하게 생활하는 것 같은 모습을 보이는 학생들도 없지 않다. 일단 학교에서 요구하는 일정 수준의 학과성적을 유지하고, 생활태도와 대인관계에서 문제가 될 만한 면모가 드러나지 않도록 주의를 기울여야 무사히 학업을 마치고 신부가 될 수 있기 때문이다. 사람의 내적인 사고나 의식은 누구도 알 수 없으며 또한 언제든지 가식적으로 위장할 수 있고, 경우에 따라서는 상대방이 원하는 방식으로 꾸며낼 수도 있다. 그래서 어떻게든 일단 신부가 되어야 뭘 하든 할 수 있는 상황이므로 위장된 가식의 틀 속에 자신의 본 모습을 숨기고 숨죽이며 생활한 후 신부가 되면 한 개인의 본모습과 본색이 표면으로 돌출되어 서품 이후의 삶의 태도와 가치관의 인식이 신학교 학생 때와는 너무도 다른 모습을 보이는 경우도 간혹 있다.

신학교에서는 사제 신분의 세 가지 신원에 대해 교육한다. 그 첫째는, 사제는 사제 이전에 한 사람의 가톨릭 신앙인이므로 애덕(愛德)의 완성을 이룬 모습이어야 한다는 것이다. 가톨릭에 의하면 예수는 사랑의 원천이며 사랑의 표본을 보인 신이므로, 예수의 삶을 추종하는 신앙인은 애덕을 실천하는 사람이고 신앙인의 근본 삶의 자세는 애덕을 함양하는 데 있다. 따라서 사제는 그 애덕의 완성적인 모습을 모범적으로 실천하고 보여주는 신원이라는 것이다. 두 번째는, 사제는 신자들을 대표하고 신자들을 대신해서 기도하는 사람이라는 것이다. 그래서 사제는 성무일도(聖務日禱)라는 기도를 매일 정해진 시간에 바쳐야 할 의무가 있고, 자신에게 영신적 책임이 맡겨진 신자들을 위해서 그리고 그들을 대신해서 기도해야 할 책임과 의무를 갖게 된다. 세 번째 신원은 그리스도의 대리자로서의 직무를 수행하는 사람이라는 것이다. 교회가 사제를 필요로 하는 이유는 예수가 행했던 일들을 대행하는 것이다. 즉 전례를 거행하고 성무를 집행하며 신자들을 가르치는 것이다. 따라서 사제는 매일 미사를 봉헌하고, 세례나 고해의식 같은 성사(聖事)를 집전하고, 신자들에게 교리나 성서를 가르치는 등의 직무를 수행할 의무를 갖게 된다. 하지만 그 어떤 것도 제3자에 의한 평가의 대상이 되지 않으며 구속력도 갖지 않는다. 원칙적인 지침은 제시되지만 그 실행 여부는 사제 개개인의 판단에 의한 자율적인 시행에 맡겨진다.

가톨릭 사제들은 서품식(敍品式)이라는 의식을 통해 교회 내 성직자라는 특별한 지위에 오르고 신부(사제)라는 신분을 갖게 된다. 그런데 이러한 삶의 형태 변화는 사제들로 하여금 자신들이 평범한 세상 사람들과는 다른 차원에서 살아가는 존재라는 분리의식과 특권의식을 갖게 하는 동기가 되고, 자칫 왜곡된 경우에는 가톨릭 성직자를 사회적으로 존중해 주는 사회 환경에서 사제 자신이 특권층에 속한 귀족적 신분에 편입된 듯한 망상된 의식을 갖게 하는 원인으로 작용하기도 한다. 그래서 왜곡된 의식을 가진 신부들 중에는 사회 상류층 사람들의 삶을 모방하려는 습성을 보이는데, 예를 들면, 고급 승용차를 타는 것으로 자신의 존재성을 드러내려 하거나, 자신도 고가의 고급 식당에서 식사 정도는 할 수 있는 위치에 있다는 것을 보여 주고자 하는 세속적이고 유치한 면면을 보인다. 닦여지지 못한 인격적 · 성품적 결함일 것이다. 서품된 사제는 교회에서 신자들에게는 영혼의 아버지(Father)이고, 종교의식의 집전자이며, 각종 사안에 대한 최종결정권자의 지위를 가지므로 신자들은 신부를 존경하고 그를 최고의 윗사람으로 모시며 그에게 절대 순종해야 한다는 가르침을 받고, 신부를 비난하거나 비판해서도 안 된다는 교육을 받는다. 그런 환경이다 보니 간혹 권위의식에 도취되거나 안하무인격인 행태를 보이는 신부들이 등장하는 것은 어쩌면 당연한 것인지도 모른다. 양자의 성찰이 요청된다 하겠다.

제도교회 체제와 사제의 삶

일선 일반 사제의 삶은 어느 누구도 감시하거나 통제하지 않으며 교회기관의 평가를 받는 것도 아닌 모습이다. 자기 스스로의 사제적 양심에 따라 생활할 것이라고 막연히 기대하며 방치한다고 해도 결코 과언이 아니다. 그렇다보니 신부들이 사는 모습은 천차만별이다. 교구청이나 기타 기관에 소속되어 임기를 보내는 신부들은 일반 직장인들과 같은 패턴으로 정시에 출퇴근하면서 직무를 수행하지만(그래서 대부분의 신부들은 이런 직무를 기피한다), 본당 사목을 맡고 있는 신부들의 경우, 일반 회사나 직장처럼 매일 매일 처리하거나 담당해야 할 업무가 일정하게 주어지거나 정해져 있는 것이 아니니, 본당 상황 – 위치(시골, 도시), 신자 수, 재정 상태 등 – 에 따라 본인이 어떤 업무를 스스로 기획해서 실행하지 않는 한, 하루에 30분 정도 소요되는 미사 한 대(성무일도는 사적 의무이고, 매일 미사 한 대를 집전해야 하는 것이 유일한 공적 의무다)만 집전하고 그 외 시간에는 아무것도 하지 않아도 되는 경우도 있다. 상황 따라 자기 편의대로의 삶이 가능한 것이다.

본당 주임신부에게는 본당 내에서 이루어지는 전례집전(미사, 고해성사, 혼인식, 장례식, 세례식 등)과 각종 활동단체(성가대, 전례부, 성모회 등) 및 신심단체의 지도, 교육(성서교육, 예비자교리반 교육 외), 행사운영(성지순례, 신심행사, 경노행사 등), 본당 재정관리 등의 업무가 주어지지만 모든 본당에 동일하게 적용되는 것은 아니다. 본당마다 상황과 처지가 각기 다르기 때문이다. 그래서 업무 수행에 분주한 사제도 있지만 미사 한 대만 겨우 집전하는 것이 하루 일과의 전부인 경우도 있다.

사제들은 교회 안에서 생계와 재정적 안정성이 보장된 상태에서 생활하게 된다. 각기 교구에 소속된 신부들은 – 교구마다 편차가 있기는 하지만 – 모두 소속 교구에서 책정한 일정한 금액의 보수(성무활동비와 생활비)를 수령한다. 그렇다고 해서 사적 경비를 도시 대규모 본당의 사제는 많이 지출하고 시골 소규모 본당의 사제는 적게 지출하게 되는 것은 아니다. 사제가 공적으로 사용하는 제반 경비는 교회 재정에서 편성된 예산 규모에 따라 지출되므로 각 개인이 수령한 금액은 개인의 생활양태에 따라 자율적으로 활용되는 개인경비다.

개신교 목사들은 각자가 개별적으로 운영하는 교회가 생계의 수단이므로 교인 확보를 위한 여러 방안을 모색한다. 반면에 가톨릭 신부는 본당 신자수의 증감이나 재정상의 문제와 무관하게 생계가 보장되므로 – 본당 재정이 사제 활동비를 지급하기에 부족하면 교구청에서 지원된다 – 본인의 생계문제에 어떤 절박감을 가질 필요가 없고, 굳이 신자 수를 늘리기 위한 활동을 기획하거나 행할 필요성도 별반 느끼지 않으며, 신자들을 대상으로 교육 프로그램을 개설하여 지도하는 것을 성가시고 귀찮은 일로 여기는 경우도 있다. 이렇게 특별한 업무를 수행하지 않아도 매달 정해진 날짜에 꼬박꼬박 성무활동비와 생활비가 지원되고, 전기요금이나 건강보험료 등의 공과금을 교회에서 납부해 주는 것은 물론 사제관(신부가 생활하는 숙소)에서의 식사준비나 청소 · 세탁 등의 일을 담당하는 직원과 그 직원에 대한 인건비를 지원받고, 의료적 치료 경비는 질환 성격에 관계없이 전액 교회에서 결제하므로, 일반 직업으로 본다면 꽤 안정적이고 좋은 직종에 속한다고 할 것이다. 사제들에게는 은퇴 이후에도 거주할 숙소와 생활비가 임종 시까지 보장된다.

사제로 사는 것이 무슨 대단한 것을 요구하는 것은 아니다. 전문적이고 능숙한 기술력을 요구하는 것도 아니고, 끊임없이 어떤 연구 성과를 생산해 내야 하는 직종도 아니다. 단지 서품식을 통해 부여받는다는 신권(神權)으로 정해진 종교의례를 거행하고, 종교적 범주 안에서 일정한 틀 속에 구축된 신학적 지식을 전수하는 것이 그들의 주요 업무다. 어떤 신부가 쓴 글이 사제들이 갖고 있는 가치관, 그리고 그들이 신자들에게 호도하는 인생관을 그대로 보여준다. "나는 영혼불멸론을 믿는다. 내가 죽으면 내 육신은 소멸하고 폐품처리된다. 야훼는 나의 생애에서 나의 인품과 인격 · 사람됨을 거두어 갈 것이다. 나는 허무적인 무로 사라지는 것도 아니요, 보편적 원리로 환원되는 것도 아니다. 영원한 분을 뵈러 가는 것이다. 어디 그분만일소냐, 먼저 간 친족 · 친지 · 친우들, 그리고 아득하면서도 그리운 조상님들을 만나보러 가는 것이다."[86]

만일 야훼가 참으로 존재하는 궁극적 실재로서의 신이고 영혼이라는 것이 존재한다면 사제직은 충분히 의미를 부여할 만한 값진 직분임에는 분명하다. 한 인격체의 구원과 영생에 직결된 중요한 직무를 수행하는 것이기 때문이다.

안정된 직업으로 전락한 것으로 우려되는 사제직

가톨릭의 선량한 신자들은 교회의 사제들이 투철한 소명의식을 갖고 있으며, 신실하고 윤리 도덕적으로 정결하다고 여기고, 사제들이 세속적인 욕망을 버리고 자신의 일생을 교회와 신자들을 위해 헌신하는 삶의 태도에 존경의 마음을 갖는다. 하지만 신자들이 기대하는 사제상과 사제들이 생각하는 삶의 가치관이 현격한 차이를 보이는 경우도 있다.

이런 생각을 해 본다. '사회에서 어정쩡한 직장 생활을 하느니 차라리 신부로 사는 것이 낫겠다고 생각하여 사제가 된 A는 교회에서 신부라고 치켜세워 주는 것에 몹시 흡족해 하고, 결혼하지 않고 독신으로 지내는 것을 외로움보다는 자유로움으로 생각한다. 그는 가정을 꾸리고 유지해 나가기 위해 지탱해야 하는 부담을 지지 않아도 되고, 자녀를 양육하고 성인이 될 때까지 뒷바라지를 해야 할 필요도 없으니 오직 자신만을 위해서 시간과 재화를 활용하는 것 자체를 즐긴다. 하루 고작 30분 정도(일반 노동자의 1/16시간), 그것도 미사경본에 쓰여진 글자를 반복해서 읽는 것(미사집전) 외에 아무것도 하지 않아도 일당 10여

---

86. 『죽음이란 무엇인가』(한국종교학회, 2009), 중 「죽어도 임과 함께, 살아도 임과 함께」, 정양모, p. 200.

만 원 정도를 수령하는 삶이니 시간적 · 재정적 여유가 넉넉하고, 하는 일을 통해 무언가 성과를 내야 하는 직종에 종사하는 것이 아니니 스트레스를 받을 일이 없으며, 자기 취미 생활에 몰두하거나, 동료 신부들과 한 주일에 두 세 차례 골프를 즐기고, 돈에 구애받음 없이 원하는 물품을 구입하고, 하고 싶은 일이 있으면 어느 누구의 눈치도 보지 않고 행할 수 있는 자신의 삶을 대단히 만족스럽게 여긴다. 또한 기도하는 것을 누가 감시하거나 기도생활에 충실하지 않는다고 비난하는 사람도 없으니 기도를 하지 않아도 되고, 평일에도 정해진 시간에 일어나 출근해야 할 일이 없으니 아침 늦게까지 늦잠을 즐길 수 있고, 밤늦도록 술을 마시거나 여흥을 즐기는 삶을 흡족하게 여긴다. 세련된 탐욕의 변형된 형태이지만 그는 자신의 취미생활을 위한 목적에서 돈을 모아야겠다고 생각하고, 어떤 신자가 혹시 용돈으로 쓰라고 돈을 주지는 않을까라는 '거지근성'(남이 자기에게 무엇인가 주기를 은근히 바라는 천박한 심리)이 자기 안에 있다는 것도 알지만 대수롭지 않게 생각한다. 그는 몇몇 천민 출세자들처럼 자신이 성공한 인생을 살고 있다는 허세를 부리는 것을 즐기고, 자신이 귀족이라도 된 듯한 착각 속에 사회 특권계층의 삶을 모방하는 모습으로 생활해도 누구하나 싫은 소리를 하지 않으며, 서품받은 사제라는 이유로 권위를 내세울 수도 있고 교회와 사회로부터 대우받는 삶을 누리니 자신이 사제로 사는 삶을 선택한 것에 극도로 만족해 한다.' 생각일 뿐이지만 만일 그런 사고를 갖고 살아가는 사제가 있다면 참으로 서글픈 일일 것이다.

저자가 목격한 몇몇 사제는 사제라는 의식이 결여된, 일반 직업인과 유사한 사고를 지닌 모습을 보이는 경우도 있었다. 미사를 집전하기 위해 자신이 사제가 되었다는 인식이 아니라, 미사를 집전하는 것이 자신에게 주어진 업무이기 때문에 수행하는 자세를 보이는 경우가 좋은 예가 되겠다. 그런 의식을 가진 사제가 보여주는 삶의 모습은, 자신이 신부라는 신원을 드러내는 것을 즐기면서도 삶의 형태나 가치관은 사제답지 못하다는 것이다. 그런 행태는 신부가 신앙이 없어도 교회 안에서 신부 신원을 흉내 내고 신부가 해야 될 '일'만 수행하면 교회의 우산 밑에서 자동적으로 생계를 보장받을 수 있다는 현실 상황에 대한 인식과, 그것만 잘 활용한다면 자신의 삶을 보다 풍요롭고 윤택하게 누릴 수 있게 된다는 삶의 방편을 터득한 결과에서 자행된 것이라고 생각된다. 인생을 충분히 즐기기에는 교회 사제직만한 것이 없다는 왜곡된 인식일 것이다. 극히 일부 굴절된 가치관을 지닌 사제의 모습이지만 신부로 사는 것과 야훼를 믿는 것을 별개로 느끼는 현실에 안타까움을 느낀다. 만일 사제로서의 자신의 존재성을 상실한 상태로 자기 취미생활이나 탐하며 성무활동비를 꼬박꼬박 수령하는 신부들이 있다면 그들의 삶도 별반 다를 것이 없을 것이다. 존재하지 않는 신을 믿도록 호도하는 삶의 방식에 재고가 요청되는 상황에서, 아무런 죄의식이나 수치심 없이 신의 이름으로 무위도식하는 행태를 보이는 일부 사제들의 모습에서 사제직이 생계와 놀이를 위한 안정된 직업으로 전락한 것은 아닐까 우려되는 마음이고, 교회 또한 사제들의 놀이터로 전락한 것은 아닌지 염려되는 마음이다.

사회인과 종교인

사회 구성원의 일원이면서 동시에 사회 다방면의 전문 직종에 종사하는 것을 통해 사회 발전과 인류 복지의 향상을 위해 노력하는 일반 사회인들이 여가나 취미 생활의 일환으로 혹은 내세와 구원에 대한 희구로 신을 숭배하고 신앙생활을 하는 것과, 종교 사상에 심취해서 일체의 것을 포기하고 종교에 매진하는 삶에 뛰어든 종교인(종교 성직자나 교직자, 교무자를 편의상 '종교인'으로 통칭하자)에 대해서는 구분지어 바라볼 필요가 있다.

사회인들은 일차적으로 자신의 생계유지를 위해 직업전선에 뛰어들지만, 각자가 수행하는 업무를 통해 사회 발전과 인간 삶의 질 향상에 나름 기여하는 모습으로 살아간다. 건축에 종사하는 분들의 수고는 아름답고 생활하기에 편리한 건축물을 만들어 내고, 용접에 능한 사람들은 유조선과 무역선을 만들어 물동의 흐름이 원활히 이루어지도록 기여하며, 과학자들은 새로운 기술과 제품의 개발을 통해 사람들이 보다 편리하고 안락한 삶을 누릴 수 있도록 돕는다. 그 외에도 사회의 모든 직종에 종사하는 사람들은 인류에게 도움이 되고 국가의 질서유지와 경제활성화에 유익한 노동을 제공한다. 뿐만 아니라 인류 생존을 존속시키고 경제활동 및 사회 유지 업무에 종사하게 될 후손을 낳아 양육하고, 그들이 자신의 역량을 함양하도록 키워내는 신성한 역할을 수행한다.

반면에 종교인은 사회와 단절된 상태에서 각자가 믿는 종교 신념에 따라 어떤 깨우침을 추구하거나, 자신이 신봉하는 종교 사상을 전파하는 것에 오롯이 투신하는 삶의 몫을 선택한 사람들이다. 불교 승려나 가톨릭 사제와 수도자(수사, 수녀), 개신교 목사, 원불교 정녀 등이 그들이다. 종교문화에 관대한 우리 사회는 대체적으로 종교적 이상과 이념에 따라 그런 삶을 선택한 종교인에 대해 존경의 마음을 갖는다. 유사한 삶의 길을 선택한 종교인들도 각자가 신봉하는 종교와 무관하게 타 종교인의 삶을 상호 존중하는 모양새를 보인다. 그런데 신이 있다면 신은 속성상 단 하나만 존재할 것이므로 종교인들 중에 존재의 정당성을 갖는 종교인은 단 하나 특정종교의 종교인일 수밖에 없고, 나머지 모두는 허구나 거짓을 진리로 호도하는 삿된 삶을 사는 위선과 가식의 존재들이라고 볼 수밖에 없다. 따라서 범신론주의자가 아닌 이상 자기가 속한 종교전통의 종교인이 아닌 타 종교인들은 허구적 논리로 건실한 사람들을 미망에 빠뜨리고 영혼을 현혹시키는 사악한 무리이므로 타도의 대상이지 존중의 대상이 될 수는 없는 일이다. 그렇다면 다양한 종교의 종교인들 중에 누가 칭송받고 존중받아 마땅한 종교인이고 누가 삿된 위선자인가? 모든 종교는 진리를 추구하므로 최종적으로 신의 보편 진리성 안에 통합된다는 어설픈 논리로 상호 존중성을 수용한다면, 자신의 종교전통만이 진리를 담고 있다는 주장은 불가능하며 선교나 전교의 당위성도 소멸된다. 아무 신, 아무 종교나 믿으면 되는데 왜 구지 특정 신만이 유일신이라고 주장하며, 그 신만을 신봉해야 한다고 주장하거나 강요할 수 있다는 것인가?

우주 만물을 창조하고 세상의 질서를 관장하며, 인류의 역사를 종말론적 미래로 이끌어 가고, 죽은 이에게 영생을 부여한다는 신은 그가 어떤 이름으로 호칭되는 신이건 존재하지 않고 실체가 없는 허구의 존재다. 따라서 무신론자의 입장에서 냉철한 시각으로 바라보면 어떤 종교를 신봉하는 종교인이건 그들은 종교적 망상과 자신이 믿는 신만은 실재한다는 상상과 착각 속에 허상을 쫓는 낭비적인 인생이며, 허구로 사람들을 현혹하고 미망에 사로잡히게 하는 소모적인 삶을 사는 사람들이라고 할 수 있다. 이렇게 말할 수 있는 것은 각 종교전통이 그 존재성을 주장하는 신이 실재한다는 객관적인 증거가 없으며, 그 종교인들이 각기 설파하는 종교사상이 증명될 수 없는 추정과 가정과 상상일 따름이기 때문이다. 그리고 종교인 개개인이 아무리 뛰어난 지성과 출중한 능력을 가지고 있다고 하더라도 인류와 사회 발전에 기여하는 바는 전무하다고 해도 과언이 아닐 것이기 때문이다. 각 분야에서 인류 발전에 큰 업적을 남긴 이들이 종교인이 아니었다는 것도 주지의 사실이다. 그러므로 고결해 보이고 고상한 삶을 사는 것처럼 보이는 종교인들의 삶 자체는 실제로는 허상을 좇는 것으로 소일하는 낭비적 인생이며 무가치한 헛된 삶이기에 그들은 존경의 대상일 수는 없고, 소중한 인생을 그런 방식으로 허비하는 그들에게 안쓰러움과 안타까움의 마음을 갖지 않을 수 없게 되는 것이다.

후배 K사제에게 드리는 권고

"가톨릭 사제로 살고 있는 그대에게 몇 가지 권고를 드리고 싶네.

익히 알고 있듯이 사제직은 가톨릭에서 존재한다고 선언적으로 주장하는 신 야훼에게 제사를 드리기 위해 마련된 직분이고, 제도 교회를 유지하고 이어가기 위한 한 방편으로 만들어져 유지되는 직위라는 것을 자네도 잘 알고 있을 것이네. 사제는 제사장이며 동시에 교회 구성원을 지도하고 관리하며 신앙의 결실인 구원에 참여하도록 인도하는 직무를 수행하는 자리인 것이지.

사제로 살아온 그대는 분명 야훼를 신으로 믿고, 야훼가 바란다고 생각하는 인류의 구원을 위해 헌신한 삶에 보람과 행복을 느끼며, 미련 없이 충실을 기하며 살았노라고 자부하는 마음을 가질 것이네. 또한 부족함이 많고 인격적으로 모난 부분도 많지만, 야훼의 은총과 성령의 돌봄 - 그런 것이 있다고 막연히 상상하는 것일 테지만 - 과 교회의 보호 아래 부족함 없이 인생길을 무난히 걸어온 것을 감사히 여기겠지. 사제로 사는 삶이 신이 존재한다면 충분히 가치롭고 의미 있는 인생임에는 틀림없네.

하지만 존재한다고 믿는 야훼가 실체가 없는 관념일 뿐이라고 한다면 얘기는 크게 달라지지. 일평생 동쪽으로 가면 목적지 항구가 있다는 생각에 온갖 풍파를 헤치며 힘껏 노를 저어 왔는데, 막상 그 항구라는 곳에 다다르고 보니 그 목적지가 항해 지도에 잘못 표기된 허구였거나 예정된 목적지가 아니라면, 일평생 노력해 온 수고는 무위로 돌아가고 마는 것일 뿐만 아니라 무의미하고 어리석은 일이 되고 말 것이네. 뿐만 아니라 목적지는 분명하니 자기만 믿고 따라오라고 호도하며 선원들을 기망하며 살아온 자신의 오만과 어리석음에 수치심과 분노를 느낄 것이야. 물론 허망하기 그지없는 마음을 스스로 위로하고 스스로를 합리화하기 위해, 항해 도중에 선원들과 함께 공유한 경험과 시간들을 추억하며, 그나마 그런 추억과 행복한 기억이 있어서 다행이라고 여기고 그것으로 위안을 삼을 수도 있을 것이네. 하지만 그런 위안이 본질은 아니며 어리석은 항해를 정당화시켜 주지도 못하지. 항구가 없다는 것을 처음부터 알았다면 무위로 끝나는 무모한 항해에 뛰어들지도 않았을 것이며, 인생을 무의미한 항해로 허비하지 않고 더 나은 뭍으로의 인생길을 걸어왔을 것이기 때문일세.

사제로 살아온 인생, 야훼가 허상일 따름이므로 정작 그대의 인생은 무엇이었는가? 라고 묻지 않을 수 없네. 한 번 사는 인생, 야훼가 없다고 해도 가톨릭교회 사제라는 신원에 기대어 한 인간으로서 충분히 누리고 즐기고 향유한 삶에 만족한다고 생각한다면야 뭐라 할 말은 없지만 그것으로 끝일까? 평생을 살아온 그대의 삶에 참으로 남는 것은 무엇인가? 망상을 좇아 살아온 어리석음, 미망으로 사람들을 기망한 위선과 가식, 교회라는 허구 속에서 체험한 무의미한 추억의 잔재들, 통장에 남은 돈 몇 푼, 허상으로 끝나버린 인생!

분명 그대가 신이라는 것이 인간 상상의 산물이라는 것을 일찍 깨달았다면 그런 무의미한 삶에 자신의 인생을 내던져 허비하는 어리석음을 선택하지는 않았을 것이네. 보통 사람들이 그렇게 살듯이, 자신의 역량과 열정을 보다 좋은 몫에 쏟아부어 누군가에게 의미가 되는 삶을 살았을 것일세. 하지만 없는 것을 있다고 상상하면서 자기만족에 취해 한 평생 소모적으로 살아온 인생, 지금 그대의 삶에는 허풍과 허세와 허비, 무의미, 무가치만이 있을 뿐 '인생 자체'가 없다는 것에 연민과 동정을 느끼네. 허깨비를 좇아온 것 외에 그대의 인생에 뭐가 있는가? 무엇이 남을 것인가?

놓치는 것에 대한 두려움 때문에 신은 고대 원시 신화가 만들어낸 허상이라는 것을 인정하고 싶지 않을 것일세. 믿고 믿어서 여기까지 왔는데, 믿었던 열정과 감정이 무효가 될까 봐서 인정하지 못하는 심리를 이해하지 못하는 것은 아니야. 지금까지 살아온 인생이 포말처럼 부서져 사라지고 연기처럼 흩어지는 헛된 것이 되어 버려 손해 보는 것 같은 느낌을 인정하고 싶지 않아서 그냥 안주하려는 심정을 갖는 것을 헤아리지 못함도 아니네. 하지만 그렇다고 해서 없는 신이 갑자기 존재하게 되는 것은 아니니 정해진 결론을 뒤바꿀 수는 없네. 신은 없고, 신이 없으니 구원도 없고, 영생이라는 것도 없지. 종교적 환상 속에서나 가능한 것들이야. 그러니 사제로 살아온 삶도 아무런 의미가 없는 것이지. 끝내 자기변명의 그늘에 숨어서 그래도 사제로 살아 충분히 행복했고 즐겁고 보람된 인생이었다고 위안 삼는 것은 본인 마음이지만, 망상된 것 앞에서 진솔한 자신의 모습과 자신의 인생을 더 늦지 않게 찾을 수 있기를 바라네."

Ⅶ

가톨릭 교의에 대한 반성(反省)

본문에서 가톨릭이 주장하는 우주 창조와 인간 기원, 윤리와 도덕, 구원과 영생, 성서 내용의 사실성과 예수의 역사적 실존성, 영혼과 인격동일성 등에 관하여 살펴보았는데, 여기서는 미처 다루지 못한 가톨릭의 몇몇 교리에 대해 살펴보겠다.

기도

종교전통의 특징 중 하나인 기도에 대해 살펴보자. 모든 종교전통은 기도라는 형태로 신과 통교한다고 말한다. 가톨릭도 기도는 신과 나누는 대화라고 정의하고, 신자들에게 기도하기를 권장한다. 그리고 기도 중에 신의 성령이 기도하는 이의 영혼을 정화시키고, 영혼의 성화를 이루도록 작용하며, 어떤 영감을 일으키거나, 자기반성의 기회를 제공하기도 한다고 말한다. 기도는 기도하는 자와 신과의 대화이며, 상호간 실제적인 통교가 이루어지는가? 신은 기도 중에 어떤 작용을 일으키는가?

대화는 상대방과 이야기를 주고받는 것이고, 혼자서 문답하거나 중얼거리는 것은 독백이라고 표현한다. 기도를 한다는 사람들은 알겠지만, 기도는 신과의 대화가 아니다. 신은 기도하는 사람에게 대화의 상대로 결코 찾아오지 않는다. 신은 그 존재의 실제성이 없으므로 기도하는 사람에게 대화의 상대로 찾아올 수 없다. 따라서 기도하는 사람이 기도를 통해 자신이 신과 대화를 나누고 있다고 생각하는 것은, 자신의 내면에 신이 현존하여 함께하고 있다는 환상 속에 갖는 공상이며, 기도는 자기 임의로 상상 속에 떠올린 신의 이미지와 나누는 가상의 자기 독백이다. 그것은 마치 일곱 살짜리 꼬마 아이가 로봇 두 개를 양 손에 들고 서로 대화를 나누며 결투를 벌이는 장면을 연출하는 것과 같다. 로봇은 말을 하지 못하므로 그 아이는 자기 안에 들어 있는 또 다른 자기를 적으로 가정하여 자기와 얘기를 나누며 싸우는 시늉을 한다. 기도한다는 것은 이와 다르지 않다.

결국, 기도는 자기만의 방식으로 자신이 떠올린 신의 이미지에 자기 안에 들어있는 또 다른 자기를 투영하여 신의 역할을 맡기고, 마치 신이 존재하는 듯한 착각 속에 대화하는 것, 곧 혼자서 자기가 자기에게 말하는 독백이다. 그리고 기도하는 사람이 기도 중에 어떤 영감을 갖게 된다는 것은 신의 이미지로 객관화시킨 자기 자신에게 자신의 모습을 비춰보며 이런 저런 생각을 하는 과정 속에서 일어나는 일이므로,

어떤 영감을 떠올리는 것도 결국은 자기 생각이고, 신의 가르침에 견주어 자신의 양심을 살피며 반성하는 것도 자기 기준의 판단에 따른 것이며, 어떤 깨우침을 얻게 되는 것도 자기 생각에서 비롯되는 것이다. 따라서 신이 기도에 개입한다거나, 신이 자신의 기도를 들어준다고 여기거나, 자신이 기도를 통해 신과 통교와 교감을 나눈다고 생각하는 것은 자기 착각이며 공상이라고 할 수 있다.

관상기도나 묵상기도도 다르지 않다. 관상기도나 묵상은 자기가 읽은 성서내용이나 교회 서적의 내용을 떠올리며 객관적인 신의 의지나 속성이 아닌, 자신이 주관적으로 생각하는 신의 이미지나 의지에 자기의 생각과 판단을 맞추어 가는 과정 속에 자기 신앙관을 구축하는 과정이므로 이는 자기최면 또는 자기세뇌라고 표현할 수 있다. 신은 어떤 형태의 기도에도 개입하지 않으며, 한 시간씩 성당에 앉아 기도한다고 신과의 만남이 이루어지는 것은 아니다. 신과 만나고 대화를 나눈다는 것은 자기 생각 속에서 이루어지는 종교적 환상 속 가상의 담화다.

기도의 대화 상대로서의 신이 실재하지 않음에도, 가톨릭은 신이 인간의 기도에 개입하며 어떤 초월적인 작용을 일으킨다고 주장한다. 신은 기도에 개입하고 인류 역사에 개입하는가? '생명 기원설' 부분에서 살펴보았듯이, 신의 인류 역사 개입 여부에 대한 가톨릭의 입장은 모호하다. 신은 세상 창조 이후 세상의 운영과 관리의 책임을 인간에게 위임하였으므로(창세 1,26; 2,19) 인간 역사에 개입하지 않으며, 세상일은 인간의 자유로운 판단과 선택에 내어 맡긴다고 말하면서도, 경우에 따라서는 신은 자신의 필요에 따라 신만이 아는 방식으로 역사에 개입하기도 한다는 상호 모순된 입장을 취한다.

예를 들어, 가톨릭은 이스라엘의 탄식과 신음소리를 신이 듣고 그 처지를 알게 되어(탈출 2,23~25) 출애굽 해방의 대역사를 이룬 것은 역사적 사실이라고 주장하고, 『가톨릭 기도서』라는 기도 모음집에 수록된 기도를 바치거나, 미사 중에 '보편지향기도'를 바치기를 권장하면서, 정성 어린 기도에는 신이 현세적이고 물리적인 변화를 발생시키는 '응답'을 준다고 주장한다. 그리고 이러한 신념에 따라 민족의 복음화나 조국 통일, 올곧은 정치 지도자의 파견, 성소자의 증가, 가정의 성화 등 현실적인 변화를 이루어 달라고 신에게 기도한다. 그러면서도 가톨릭은 또 한편으로는 신은 자연재해나 인간사나 세상에 일어난 사건 사고들, 신종 바이러스의 출현, 잔악한 독재자의 등장 등의 현실적인 문제에 간여하지 않는다는 상반된 입장을 보인다. 하지만 가톨릭 입장이 어떠하든, 신이 기도를 들어준다는 생각은 공상이며 신이 존재한다고 믿는 이들의 집단 최면일 뿐이다.

기도는 신과의 대화가 아니며 기도하는 이의 소원이나 염원을 들어주는 신은 실재하지 않으므로, 신이 초월적인 능력을 발휘하여 무언가 이루어 주기를 요청하는 것은 무의미한 헛된 일이며, 기도를 통해 무언가가 구체적으로 현실화되는 일도 발생하지 않는다. 가톨릭 교황이 기도한다고 해서 그 내용이 현실로 구현되는 것이 아니고, 신자가 국회의원에 당선되는 것도 본당 신부의 기도로 이루어지는 것이 아니다. 기도로 그런 일은 결코 발생하지 않는다. 그리고 기도를 통해 무엇인가가 이루어지기를 바란다는 것은 자연의 질서를 거슬러 기도하는 이에게만 어떤 특별한 혜택이 주어지기를 바라는 이기적인 행위이므로, 만일 그런 희구를 현실화시키는 신이 있다면 그는 정의나 공명정대의 신이라고 할 수도 없을 것이다.

기도가 신과의 대화이며 신이 인간의 기도에 개입한다면 다음의 모순이 발생한다. 신이 기도에 개입한다면 자기 죄를 신에게 직접 고하고 신으로부터 직접 용서를 받을 수 있을 것이다. 그런데 왜 굳이 사제에게 자기 죄를 고백하여야 하는가라는 의문이 생긴다. 가톨릭은 성서의 '너희 가운데 두 사람이 이 땅에서 마음을 모아 무엇이든 청하면 … 이루어 주실 것이다'(마태 18,19)라는 구절과 예수가 베드로에게 교회를 세울 것임을 예고하면서 '나는 너에게 하늘나라의 열쇠를 주겠다. 그러니 네가 무엇이든지 땅에서 매면 하늘에서도 매일 것이고, 땅에서 풀면 하늘에서도 풀릴 것이다'(마태 16,19 및 병행구)라고 말한 구절을 근거로 고해성사를 세웠다고 말한다. 두 사람이 마음을 모아 청한다는 것이 꼭 죄의 용서를 청하는 기도라고 한정할 수도 없거니와, 두 사람이 마음을 모아 기도한 염원이 이루어진 일은 인류 역사에서 단 한 번의 사례도 없다. 지금 당장 시행해 보면 '무엇이든 이루어 준다'는 말의 허구성 확인이 가능하다. 또한 베드로가 땅에서 매고 푸는 것이 죄에 대한 용서를 말한다는 어떤 근거도 없다. 매고 푸는 것은 인간관계일 수도 있고 베드로가 설정하게 될 어떤 종교적 규율을 지칭하는 것일 수도 있다. 하지만 문맥상으로는 그 의미를 확인할 수 없기 때문에 어느 누구도 무엇이라고 단정 지어 말할 수 없다. 매고 푸는 것이 죄에 대한 용서를 말한다는 것은 추정일 뿐이다. 나아가 성서가 사실적인 보도라 하여도, 예수가 죄를 짓거든 사제를 찾아가 죄를 고하고 사함을 받으라고 말한 일은 없다. 더구나 가톨릭의 주장처럼 신이 기도에 개입한다면 전지전능한 신이 사제를 거치지 않고 인간의 죄를 사하지 못할 이유가 없다. 결론적으로 고해성사는 교회 존립의 정당성 확보를 위해 교회가 의도적으로 창안한 전략으로 볼 수 있다. 가톨릭은 신으로부터 죄사함을 받는 것은 교회를 통해서만 가능하다는 논리를 창안함으로써 교회의 권위를 강조하고자 하였고, 이에 대한 정당성을 확보하기 위해 위 성서구절을 활용하고 있는 것으로 보인다.

다음으로, 만일 신이 기도에 개입하여 어떤 작용을 일으킨다면 그 신은 인류의 역사와 인간사에 물리적으로 개입한다는 의미가 된다. 이런 논리에 따르면 사업의 성공이나 승진 등 복되고 다행스러운 일들은 물론, 열 살짜리 아이를 두고 암으로 세상을 떠나는 엄마의 고통도 자신이 지은 죄에 대한 벌이거나 회개의 기회를 삼도록 하기 위해 신이 인간사에 개입하여 일으킨 일이라는 결론이 된다. 즉 인간사에 주어지는 행복이나 기쁨은 물론, 모든 고통과 상처의 책임은 신에게 있다는 의미가 되어 버린다.

히틀러의 유대인 집단학살은 개인적인 판단에 의해 자행된 만행인가, 아니면 신이 기도에 개입해서 민족말살에 대한 영감을 불러일으켰고, 그 기도에 대한 응답의 결과로 실행된 일인가? 가톨릭의 논리라면, 9.11 테러도 기도에서 받은 신의 명령에 대한 응답으로 행한 것이라고 정당화될 수 있는 것이 아닐까? 하지만 가톨릭은 이런 설명에 동의하지 않으면서도 명확한 입장을 제시하지 못할 것이다. 만일 가톨릭이 신은 세상사 현실 문제에는 관여하지 않고 오직 영적인 차원에만 작용한다고 말한다면 스스로 세상사의 변화를 위해 기도하는 행위의 정당성을 가질 수 없고, 신이 세상 일에 관여한다고 주장한다면 세상사 모든 일의 책임은 신에게 있다는 것에 대한 설명이 불가능할 것이기 때문이다.

기도에 관하여 가톨릭은 논리의 모순과 자충수에 갇혀 있다고 보이지만, 가톨릭의 입장이 어떠하든 인류 역사는 인간 스스로의 생각과 판단과 결단으로 이끌어 온 것일 뿐, 역사 안에 신의 개입 같은 것은 없다. 역사에 개입하는 신 자체가 실재하지 않기 때문이다.

기도와 관련해서, 가톨릭 신앙인들은 무언가 신비롭다고 여겨지는 것을 대하거나, 찬탄을 불러일으키는 수려한 자연 경관을 보게 되면 습관처럼 신은 위대하다는 말을 한다. 그리스 메테오라의 기암괴석을 바라보던 한 사제가 침묵 중에 한참을 명상하더니 '신은 어떻게 저토록 위대한 작품을 빚을 수 있는가? 신을 찬미한다!'라고 말한다. 메테오라의 기암괴석은 자연적인 지질 융기와 풍화의 결과물일 뿐이다. 그 사제는 그 자연적인 현상을 주관하는 것이 신이라고 믿고 싶었을 것이다. 그런 사고는 태풍이나 쓰나미 같은 자연재해로 가옥이 침수되고 사람이 익사하는 것도 신의 주관이라는 사고와 맞닿아 있는 것이라고 볼 수 있다. 선한 결과만 신의 섭리이고 나쁜 결과는 단순히 자연현상일 뿐이라고 말할 수는 없을 것이다. 왜곡되고 굴절된 가치의식! 수려한 자연 경관에 신을 끌어들일 필요는 없다. 그저 자연현상의 경이로움을 만끽하면 된다.

기도를 들어주거나 인간의 의식에 간여하는 신은 없으며, 바위를 조각하거나 인간의 역사에 개입하고 조종하는 절대적 존재 같은 것도 없다. 만일 있다고 한다면 그 신은 어느 종교전통에서 말하는 신인가? 어느 누구도 가톨릭에서 주장하는 신만 기도를 들어주고 타 종교전통의 신들은 그런 능력이 없다고 말할 수 없으며 그와 관련된 타당한 근거를 제시하지도 못할 것이다. 각기의 신은 실재성이 없으며 믿는 이들의 믿음 속에만 존재한다. 그리고 세상의 질서와 변화는 인간의 선택과 노력, 사회현상과의 역학관계에서 발생하는 것이며, 자연은 자연이 우연히 지니게 된 순리적인 법칙에 따라 운용될 따름이다.

은총

은총은 신이 인간에게 내리는 사랑 또는 은혜를 뜻한다. 가톨릭은 자연의 범주에 속한 인간이 초자연계의 생명에 참여하도록 하기 위해 신이 은사를 베푼다는 의미에서 은총론을 전개한다.

가톨릭에 의하면 인간은 육과 영, 물질과 정신이 밀접히 결합하여 하나의 인격을 형성하는 복합적인 존재다. 인간은 자연의 범주 안에서 동물적 본성을 지니면서도 천사들처럼 영적 진리를 알고 영적인 선에로 이끌린다. 인간이 지닌 인간성에는 초자연 질서를 강요하는 것은 없다. 하지만 인간은 자연의 요구를 초월하는 초자연 질서로 높여질 수 있는데, 그것은 신의 무상적(無償的) 은총으로만 이루어질 수 있다. 은총은 인간의 자연적인 본성을 파괴하지 않으면서도 인간을 초자연적으로 완성하고 상승시킨다. 신은 초자연 생명의 형상원리인 성화은총(물질적이고 현세적인 인간을 영적이며 거룩한 존재로 변화시키는 은총), 초자연 생명을 이루는 기능/능력인 주입덕행(신이 신앙으로 조명된 이성의 명령을 따르도록 영혼의 기능에 주입시킨 작용 원리. 신학덕(믿음, 소망, 사랑)과 인간 도리를 행하는 윤리덕), 성령의 은사(이사 11,1~3; 로마 8,14~16) 등을 부여하여 자연의 인간을 초자연계의 신의 본성에 참여하게 하며,

인간을 신의 자녀의 지위로 들어 높여 하늘나라(천국)의 상속자가 되게 한다(로마 8,16~17; 사도 17,29).[87]

가톨릭은 영혼의 존재를 전제한 원칙 안에서 신이 인간을 초자연 생명에 참여하도록 하기 위해 눈에 보이지 않는 은총을 눈에 보이는 종교의식[典禮]을 통해 부여한다는 논리를 개발하였고, 그 은총이 주어지는 의식을 성사(聖事, sacramentum)라 칭한다.

가톨릭에 의하면 세례성사를 통해 자연적 인간이 신의 영적인 자녀로 새로 태어나게 하고, 견진성사를 통해 성령의 일곱 가지 은사(신적 진리를 깨닫고 신앙 안에 살게 한다는 이해, 지식, 지혜, 의견, 효경, 용기, 경외 은사)를 받게 하며, 성찬례(미사. 성체성사)를 통해 예수의 몸과 피로 변한 성체와 성혈을 먹고 마심으로써 영적 생명이 성장하고, 고해성사를 통해 죄씻김의 은총을 얻으며, 혼인성사를 통해 신이 묶어준 작은 교회로서의 가정을 이루고, 병자성사로 임종과정에서 죄씻김과 구원의 은총을 받게 된다고 말한다. 그리고 전례를 거행하는 권한은 신품성사를 통해 사제에게 주어진다고 말한다.

가톨릭의 은총론은 영혼이라는 것이 있다면 훌륭하게 전개될 수 있는 논리이며, 지극히 마땅하게 도출될 수 있는 결론이다. 가톨릭은 영혼이 존재하므로 모든 기억과 삶의 체험은 초자연계 생명 안에서 지속되며, 그 지속성과 연속성은 신이 부여하는 은총으로 가능하다고 말한다. 하지만 가톨릭이 말하는 은총론 역시 신 존재와 그리스도 예수의 역사성과 실재성을 전제하고 또한 영혼을 전제하여 전개되는 것이므

87. 『영성신학』, p. 76~77 참조.

로 그 작용과 작동은 담보될 수 없으며, 그리스 철학 사유에 의하면 영혼은 본질상 불멸의 존재이며 영생을 누리는 실체이므로 신의 은총을 필요로 하지 않으므로, 초자연적 생명을 얻기 위해 신의 은총이 필요하다는 주장의 근거와 논리의 타당성을 담보할 수 있는 설명이 있어야 한다.

거듭 말하지만, 영혼이 존재한다거나, 사람에게 영혼이 필요하다는 근거는 없다. 신 또한 그 존재적 사실성을 입증하는 증명이나 근거도 없다. 따라서 영혼이 초자연적 생명을 소유한다는 생각이나, 그 생명은 신이 부여하는 은총으로 구성된다는 논리, 영적 존재인 영혼에 죄의 흔적이 새겨져 있다가 씻겨나간다는 논리, 영혼이 성체를 영양분으로 식물이 자라듯 성장한다는 논리, 형체가 없고 감각기관이 없는 영혼이 삶의 흔적과 기억을 간직한다는 논리는 종교적 상상으로 도출한 선언적 사유이며 상상의 산물일 뿐이라고 할 수 있으며, 눈에 보이지 않는 공기나 소리가 스테이크를 구워내고 양자역학 공식을 풀어낸다는 말처럼 공허한 것으로 볼 수 있다.

신은 가상의 산물이므로 인간이나 인류 역사에 대한 어떤 작용이나 작동도 불가능할 뿐만 아니라 역사 안에서 작동한 적이 없고, 인간의 지성과 의지는 영혼의 작용과 무관하게 뇌 자체의 작용에 의해서 발생하는 것이며, 생물학적 죽음과 함께 인간의 모든 기억과 삶의 체험들은 사라지고 소멸된다. 따라서 가톨릭이 말하는 신의 은총 작용 같은 없으며 그런 논리의 전개는 추측이며 종교적 상상이라 할 것이다.

가톨릭은 현세적이고 물질적인 은총도 때로는 주어진다고 말한다. 기적이 대표적인 예다. 기적은 자연적으로 발생할 수 없는 초자연적인 어떤 현상이나 사건, 또는 과학적으로나 의학적으로 설명이 불가능하거나 입증 불가능한 어떤 현상이나 사건으로 정의한다. 가톨릭교회 역사는 성모 마리아가 발현했다거나(루르드, 파티마, 과테말라 등에서의 발현), 성체가 진짜 사람의 살로 변했다거나 성혈이 진짜 피로 변했다는 이야기 또는 성인의 시신이 부패되지 않았다거나, 불치병을 앓던 환자가 원인을 밝힐 수 없는 현상으로 치유가 되었다거나, 뇌수종을 앓던 아이가 교황이 손을 얹자 갑자기 치유되었다는 등의 기적 이야기를 전한다.

어떤 사건이나 현상을 기적으로 판별하는 것은 두 가지 기준으로 볼 수 있다. 그 하나는 기적을 체험했다는 개인의 주장이 객관적 사실성을 갖는지 판별이 가능한 경우이고 또 하나는 과학적 · 의학적인 규명이 불가능한 경우다. 하지만 객관적 검토를 통해 기적으로 선포된 경우에도 그 판정의 과정이나 결과가 합리성을 담보한다고 볼 수는 없다. 예를 들면, 파티마에 발현했다는 성모는 실체의 모습으로 발현하였는가? 아니면 영적 형태로 발현하였는가? 실체의 모습으로 발현했다면 연기처럼 나타나 사람 형상을 취하는 모습을 보인 후 아침의 물안개처럼 사라졌다는 것인가? 성모발현을 묘사한 그림에서는 성모가 곱게 옷을 차려입은 여인의 모습으로 그려지는데, 영적 실체에게도 몸을 가리는 옷이 필요한가? 천국이라는 영적 세계에서 그 옷을 만든 재료는 어디서 구했으며 어떻게 박음질을 했는가? 영적 형태로 나타났다면 그 모습을 목격했다는 사람들은 그것을 어떻게 알아볼 수 있었는가? 환시인 것은 아닌가? 발현 현상은 인간 이성으로 파악될 수 없는 신비라고 말한다고 그것이 사실임을 입증하는 논리가 될 수는 없다. 또 어떤 현상이 현대의 과학적 분석 능력이나 의학적인 학식으로 규명이 불가능하다고 해서 그것을 기적으로 볼 이유도 없다. 과학이나 의학이 더 발달하면 규명될 수도 있을 것이기 때문이다. 지금까지 기적으로 보도된 일들은 개인의 환상이나 착각, 착시로 빚어진 일일 가능성도 얼마든지 열려있다. 가톨릭이 말하는 기적은, 기적을 필요로 하고 기적으로 받아들이고 싶어 하는 사람들과 가톨릭에 의해 기적이라고 선언되고 믿어질 뿐이다. 복음서에 등장하는 기적 사화도 대부분 복음 저자들의 창작이라고 성서학자들과 역사학자들은 말한다.

가톨릭 신앙인들은 교통사고를 당했는데 목숨을 건졌거나, 물에 빠질 위기를 극적으로 모면했다거나, 길에서 넘어졌는데 크게 다치지 않는 등의 경험을 하게 되면, 신이 도왔고 신의 은총으로 큰일을 겪지 않게 되었다고 말하기도 한다. 어떤 상황이건 자신에게 유익한 일이 생기면 그것을 신의 보살핌이나 은총으로 여기는 신앙심이 대단하다는 느낌이 들기도 하지만, 우연한 사건을 꼭 신과 결부시켜 해석해야만 자신의 삶에 대한 이해가 가능하고 자신의 인생에 의미를 부여할 수 있다고 여기는 종속적 의타심에 안타까움을 느낀다.

삶에서 일어난 어떤 상황이나 사건에 대해 그 결과가 긍정적이라면 그것은 신의 도움이며 은총으로 여기고, 실패나 패배는 자기 잘못의 결과라고 생각하는 사고는 자신에 대한 모독이며 책임을 전가하는 행위다. 신은 인간 개개인의 삶에 관여하지 않는다. 따라서 자기가 어떤 성취를 이뤘다면 그것은 개인의 노력으로 이룬 결실이며, 성취를 이룬 개인이 칭송받아 마땅하다. 그 과정에서 실패할 수도 있고 일이 뜻대로 되지 못할 수도 있다. 자기 노력의 부족이 원인일 수도 있고, 예상하지 못한 어떤 사유나 사회 역학적인 관계에서 그렇게 된 것일 수도 있다. 일이 잘되건 잘되지 못했건 책임은 자기 본인에게 있는 것이다. 그럼에도 신을 개입시켜 신의 역사(役事)로 돌린다면 결과에 대한 책임을 신에게 전가시키는 이기주의적 행태이며, 신 앞에 자신을 비하하는 굴종적 태도일 따름이다. 인간은 왜 자신의 운명이 신에게 매여 있다고 생각하여 자발적으로 굴종하고, 자기 자신에게 당당하거나 스스로에게 자부심을 갖지 못하는가?

신이 은총으로 현세적인 인간의 삶 안에서 인간을 보호하고 지킨다는 것은 상상이다. 그런 것이 아니라면 신은 왜 독실한 가톨릭 암환자를 은총으로 치유시키지 않으며, 사제가 뇌졸중으로 쓰러지는 것을 예방하지도 않고, 갓난아이가 바이러스로 죽어가는 것을 지켜만 보고 있는가? 사제가 신혼부부에게 "결혼을 축하하며, 귀 가정에 신의 축복과 은총이 충만히 내려 사랑과 행복이 가득한 보금자리를 만들어가기를 기원합니다"라고 옥에 새긴 패를 선물로 보냈다면, 부부는 자신들의 새로운 삶을 축복해주고 행복을 기원해 주는 사제가 있다는 것에 감사하며 심리적인 위로와 위안을 얻을 수는 있겠지만, 사제의 기원대로 신의 축복과 은총이 실제적으로 자신들의 가정에 충만히 내리는 것을 체험하지는 못할 것이며, 그런 일은 일어나지 않을 것이다. 신은 같은 마음으로 신을 믿는 이들의 종교적 환상과 상상 속에만 존재할 뿐, 실체가 없으며 어떤 작용이나 작동도 일으킬 수도 없기 때문이다.

신은 없다. 그리고 인간은 자연이 선물로 준 축복된 생명을 누리는 존재인 만큼, 자신의 삶을 망상된 것에 저당 잡혀 끌려 다니는 어리석음에 빠지지 않고, 주체적으로 의연함과 당당함 속에 인생을 꾸려가는 슬기를 가질 필요가 있다. 자기 삶의 가치는 자기만이 성취하고 이루어갈 수 있는 것이기 때문이다.

성(性)과 생명

가톨릭의 성의식

가톨릭만큼 성(性)에 대해 극도의 보수적인 입장을 취하는 단체나 기관은 없다고 할 것이다. 가톨릭교회는 모든 진리는 성서에 담겨있다고 강조하고, 성서에 대한 해석과 가르침의 권위는 자신들만이 갖는다는 논리로 종교권력의 정당성을 강화해 왔다. 그리고 가톨릭을 신봉하는 신자들은 제도교회에 종속된 존재라는 인식 하에 자신들에게 신자들의 성생활까지도 규제할 권한이 있다고 주장했다.

가톨릭의 성의식은 성은 추하고 불결한 것이라는 인식에 바탕한다. 요시아 왕(BC 640~609 재위)의 위작이 분명한 율법서에 근거한 율법은, 몽정이나 월경을 불결한 것으로 간주하여 몽정을 했거나 월경 중인 사람의 몸에 닿거나 그들이 사용한 옷이나 물건에 닿은 이는 부정하다고 규정한다(레위 15,1~30). 사제는 거룩한 사람이므로 창녀나 몸을 더럽힌 여자(이혼녀나 사별녀)를 아내로 맞아서는 안되며(레위 21,7), 잠자리를 한 경우 제물을 드려서는 안 되고 거룩한 제물을 먹지 못한다(레위 22,4~6). 사제의 딸이 불륜을 저지르면 그 딸을 불에 태워 죽여야 하며(레위 21,8~9). 동성애자는 사형에 처해야 한다(레위 20,13). 이 외에도 성은 불결하므로 지탄받아 마땅하다는 규정이 길게 나열된다. 상기에서도 언급했듯이 예수는 독신생활을 장려했으며(마태 19,10~12), 천국을 위해 가족에 대한 의무를 버리라고 말하기도 했다(마태 10,35.37~38; 루카 14,26). 또 바울은 성은 곧 죄이고 정욕과 음란한 행위는 육체에서 오는 것이므로 육체 그 자체도 죄악이라고 여겨(1코린 5,1~6,20; 로마 1,24~28) 독신과 금욕생활을 강력히 주장했고(1

코린 7,32.34), 이런 급진적 주장을 받아들인 가톨릭은 아담과 하와의 죄(창세 2장)가 성교와 관련이 있다고 보아 금욕주의로 나아갔다. 특히 가톨릭 교부 중의 한 사람인 아우구스티누스의 이론은 19세기까지 가톨릭의 성의식과 성생활과 관련된 규범 제정에 지대한 영향을 미쳤다.

마니교 숭배자이던 아우구스티누스는 젊은 시절 노예 출신 여인에게서 아들을 얻고, 약혼녀를 둔 상태에서 다른 여인과 관계를 맺는 등 문란한 성생활을 하고 성에 집착하는 삶을 산 인물이었으면서도, 가톨릭으로 개종하여 주교가 된 이후에는 '정욕은 마귀와 사탄의 유혹이며 여자는 재앙의 근원이므로 천국에 들어가기 위해서는 성욕을 극복하여야 한다'는 주장을 폈다. 그는 창조설화에 등장하는 아담과 하와를 설화 속 가상의 인물이 아닌 역사적 실존인물로 이해하여 다음과 같은 논리를 전개했다. "아담과 하와는 금단의 열매를 먹기 전에 성관계를 가진 적이 있지만 그때는 순결했기 때문에 아무런 쾌감을 느끼지 못했다. 그때 행한 성관계의 목적은 아이를 갖기 위해서였고, 이는 의지에 따라 조절 가능한 행동이었다. 하지만 금단의 열매를 먹은 이후에는 원죄로 말미암아 성욕을 자신의 의지대로 조절할 수 없게 되었다. 그래서 성적 자극에 대한 본능적인 반응을 참기 어려웠고 더 이상 출산과 관계없는 타락한 형태의 성관계를 갖게 되었는데, 이런 상태에 몰입할수록 더 깊은 죄악의 늪에 빠져 천국과도 점점 멀어졌다. 인간은 태어나는 순간부터 되돌릴 수 없는 원죄를 안고 있는 죄인이므로 영원히 속죄하여야 하며, 성생활은 출산을 위해서만 행하되 성관계를 맺더라도 신중하고 조심하여 흥분과 쾌감이 생기지 않도록 해야 한다. 이렇게 오랜 기간 경건하게 속죄하면 신의 부르심을 받을 수 있다."[88]

이러한 아우구스티누스의 교리에 따라 가톨릭 교부들은, 성생활은 마귀와 사탄의 유혹에서 비롯되는 결과이며 죄를 지은 육체는 방탕하게 되어 결과적으로 천국에 들어가지 못하게 된다고 가르치면서 금욕생활을 강조하였다. 부부간에도 출산을 목적으로하는 성관계만을 허용하는 규정을 마련하였으며, 중세부터 근대 초까지는 성관계 체위도 '선교사 체위(Missionary position)'라고 부르는 남성 상위 체위를 표준체위(정상체위)로 규정하여, 정상체위로 임신한 태아만이 죄가 없다고 덧붙였다.

성은 그 자체가 죄악이고 성적 욕망은 더러운 것이므로 신을 섬기고 천국에 들어가기를 원하는 사람은 고결한 몸과 마음으로 성적 금욕 수행을 해야 한다고 강조하는 가톨릭의 가르침은 점차 널리 확장되었고, 신앙을 드러내는 최고의 표현은 '순교'이지만 종교 박해가 없을 때 순교에 버금가는 최고의 신앙은 모든 욕심을 절제하는 것, 특히 '본능적인 것을 참아 견디는 것'이라는 사조가 형성되면서 성적 금욕생활을 추구하는 풍토가 널리 확산되었다. 그리하여 속세를 떠나 광야나 사막에서 독신생활을 하는 은수자들이 등장하게 되었고, 독신생활을 선택하는 성직자들도 차츰 늘게 되었다. 그리고 이런 시대 조류에 따라 독신생활이 추앙받는 풍토가 조성되었으며, 성욕을 억누르고 견뎌내는 다양한 수행방법들이 나타나게 되었다. 욕정을 다스리기 위해 채찍으로 자기 몸을 스스로 편태(鞭笞)하거나, 가시나무를 쌓아놓고 그 위를 뒹구는 사람도 있었고, 오리게네스(185~254)처럼 자신의 성기를 잘라버리는 극단적인 행태를 보이는 경우도 있었다.

그러면서 동시에 여성은 성적 욕망을 부추기는 재앙의 근원이므로

88. 『역사를 바꾼 성 이야기』, pp. 291~293 참조.

여성을 불결하고 천하고 영혼을 더럽히는 악한 존재로 여기는 여성혐오 의식이 팽배해지기도 하였으며, 585년 프랑스 마콩(Macon)에서 개최된 종교회의에서는 '여성에게도 영혼이 있는가?'라는 의제가 논의되었고, 투표 결과 1표 차이로 여성에게도 영혼이 있다고 인정하는 어처구니없는 일이 펼쳐지기도 하였다. 그리고 세간에서는 밤에 남편과의 잠자리를 준비하는 조신한 아내가 입는 잠옷, 얼굴을 제외한 전신을 가리지만 바짓가랑이에 작은 구멍 하나만 있는 옷이 유행하였으며, 부부간에 황급히 일을 마친 후에는 죄책감에 사로잡혀 자신의 행위를 참회하는 일이 되풀이되었다.[89]

초대교회부터 최근까지 가톨릭은 – 자신의 친딸인 루크레치아 보르자를 아내로 삼다가 다른 사람에게 시집을 보낸 이후에도 자신과 내연관계를 지속하는 정부로 삼기도 하였던 교황이 있기도 했고(교황 알렉산더 6세, 1492~1503 재위), 15세기에 콘스탄츠(Konstanz)에서 개최된 유럽 종교회의에 참석한 주교들은 매춘부를 대동했고, 회의 후에는 연회를 열며 매춘부들과 집단 성관계를 갖는 퇴폐적인 모습을 보이기도 했지만[90] – 신앙인은 고상한 사람이 되어 고결한 삶을 살아야 한다고 가르쳤다. 가톨릭이 말하는 고상한 사람은 현실과의 생생한 접촉에서 격리되어 사는 사람이고, 고결한 삶의 출발은 추하고 불결한 성생활을 멀리하는 것이다. 고상한 사람은 육체적인 쾌락을 추구하지 않는 삶을 사는 사람이며, 식탐을 구하지 않고, 사치를 피하고, 육신의 안락과 편리함을 취하지 않는 것이다. 그래서 가톨릭은 결혼이 독신보다는 못

---

89. 『역사를 바꾼 성 이야기』, p. 295.
90. 위의 책, p. 333.

하다고 가르쳤고, 독신(continents)이나 동정(virgines)을 유지하며 사는 것은 깨끗하고 정결하며 신성한 삶이라고 호도하기도 했다. 또한 성에 대해서 말하는 것을 터부시하고, 특히 아이들에게 성에 관해 말하는 것은 도덕적인 비난의 대상이 되는 차원을 넘어서는 범죄행위에 가깝다고 가르쳤으며, 자위행위와 혼전 성행위는 지옥에서의 영원한 형벌을 가져오는 죄악이므로 절대 허용되거나 용인될 수 없으며, 범죄자는 신 앞에 죄를 고하고 보속을 통해 정화하는 기간을 보내야 한다고 강조했다.[91] 성에 대한 이러한 인식과 풍토 속에 가톨릭 안에서는 잘못 사용된 성은 영원한 지옥의 형벌을 가져온다는 미신이 만연했고, 현세의 행복보다 내세의 구원을 더 중시한 신앙인들은 교회의 가르침을 지키지 않으면 지옥불에 떨어진다는 두려움에 사로잡혀 성을 억압하는 것을 당연한 것으로 받아들이기도 하였다.[92]

육체적 금욕은 그 자체로 종교적 가치를 지니는가? 금욕생활이 자신이 건실한 신앙인이라는 것을 외적으로 드러내기 위한 수단이거나, 신으로부터 그에 상응하는 어떤 보상을 받기 위해 행하는 자기 극기인 것은 아닌가? 이런 것들은 가톨릭의 논리이므로 여기서 논할 문제는 아니다. 다만, 성은 건강하고 정상적인 생리 기능이고, 성적 충동과 욕망은 지극히 자연스러운 현상이며 그 자체는 선도 아니고 악도 아니므로, 사회가 허용하는 합법적인 테두리 안에서 성적 유희를 체험하거나 성적 교감을 나누는 것은 자연이 부여한 선물이자 인간의 권리

---

91. 『역사적인 민족 유대인』, pp. 130~131.

92. 『종교는 필요한가』, 버트란드 러셀 저, 이재황 역, 범우사, 1987. pp. 171~175 참조.

이며, 인간이 행하는 자연스러운 행위 중의 하나일 뿐이라는 것을 확인하고자 할 따름이다. 이런 관점에서 본다면 독신생활이나 금욕이나 절제는 개인이 선택하는 삶의 한 형태일 뿐 그 자체가 칭송받을 만한 것이라고 볼 수 없으며, 종교적인 금욕은 해당 종교가 정한 계율과 가르침에 따라 신에게 인정받고 보상받기 위한 수단으로 행하는 것일 뿐 금욕 자체가 특별한 의미를 지니는 것이라고 볼 수도 없다 할 것이다.

성은 소중하고 아름답고 개인의 인격과 생명의 영역에 포함되는 존귀한 것이기 때문에 보호되고 존중되어야 하며, 사회적인 약속인 일부일처제의 혼인제도도 존중되고 지켜져야 하고, 사회 질서 유지에 근간이 되는 성윤리는 어떤 명분으로도 훼손되어서는 안 된다. 또한 성인 남녀 쌍방간의 자발적인 동의와 합의가 전제되지 않은 상태에서 성이 폭력적으로 이용되어서는 안 되며, 무책임하고 무절제하게 성이 남용되어서도 안 된다.

가톨릭의 인식처럼 성 자체는 불결하거나 추한 것이 결코 아니다. 사랑하는 사람 사이의 성은 상호 신뢰이며 약속이고, 상대방에 대한 최대의 존중과 애정심에 대한 최고의 표현이다. 그래서 사회는 결혼을 신성시하고 축하하고 축복을 기원하는 잔치로 여긴다. 혼전이라고 해서 성 자체의 가치가 무시되거나 소외되는 것도 아니다. 따라서 미혼자들과 청소년을 대상으로 하는 성교육에서는 생물학적인 구조나 기능에 관한 교육뿐만 아니라, 성은 호기심의 대상이나 쾌락의 도구가 아니라 한 인간의 존엄성과 인격의 표지이며, 인격과 책임이 동반되는 것이므로 소중하게 보호하고 다루어져야 한다는 것이 교육되어야 한다.

독신이나 동정생활을 깨끗하고 정결한 것으로 인식하는 의식도 바뀌어야 한다. 인간은 행복을 추구할 권리가 있고 그에 따른 삶의 방식을 선택할 권리가 있으므로 본인의 신념이나 선택으로 독신이나 동정생활을 유지하는 것을 뭐라 할 수는 없다. 하지만 독신이나 동정생활은 인간의 자연스러운 삶의 방식인 것도 아니고, 칭송받거나 장려될만한 삶의 형태도 아니다. 그렇다고 성적인 욕구를 견뎌내는 절제력이 그리 대단한 것도 아니며 존경받을 만한 일도 아니다. 그저 삶의 방식의 선택일 뿐이다. 그럼에도 독신이나 동정을 정결한 것으로 인식한다는 것은 성을 추하고 불결한 것으로 인식하고 있다는 무의식의 표현이며, 성에 오염되지 않은 사람은 순결하고 정결하다는 선입견적 인식이다. 만일 그렇게 인식하는 자가 기혼자라면 본인은 추하고 불결한 상태에 놓여있다는 것인가? 결혼생활은 추하고 더럽고 저질스러운 삶의 형태인가? 절대 그렇지 않다. 결혼은 신성하고 아름다우며 생명을 잉태하고 보존하고 이어가는 거룩한 생활이다. 성을 바라보고 대하는 미신적 고정관념은 변화되어야 한다.

동성애

동성애를 대하는 가톨릭의 관점은 점차 변화하는 모습을 보인다. 퍽 다행스러운 일이지만, 절대 진리인 것처럼 고수해 왔던 원칙을 상황따라 슬며시 갈아 끼우는 가톨릭다운 모습을 반복해서 보이는 것 같아 씁쓸한 마음이다. 고대 그리스에서는 동성애가 허용되었을 뿐만 아니라 존경의 대상이기도 했다. 날씬한 소년의 육체는 아름다움의 이상이었고 그런 아름다움을 기념하여 많은 그림과 조각이 제작되었다. 저명한 늙은 남자가 젊은 소년에 대해서 품고 있는 연정을 노래한 시들도 많이 지어졌고, 남자 동성애는 고상하고 고결한 목적에 봉사한다고 생각했고 또 그것이 젊은이로 하여금 공동체의 가치 있는 구성원이 되게 한다고 믿었다.[93] 소크라테스도 동성애자였다고 한다. 가톨릭은 성서 율법을 근거로 동성애자를 단죄해 왔다.

심리학자들과 유전학자들은 동성애 경향은 호르몬 작용에 의한 것이라고 말한다. 인간 태아의 신체와 두뇌의 원판은 구조상 여성이다. 수태 후 6~8주가 지나면 남자 태아는 안드로겐이라는 다량의 남성 호르몬을 공급받는다. 안드로겐의 첫 번째 단위가 고환을 형성하는 데 투입되고 그 나머지 단위가 여성적 두뇌를 남성적 두뇌로 바꾸는 데 투입된다. 만일 남자 태아가 적절한 시점에 충분한 남성 호르몬을 공급받지 못하면, 두뇌구조가 여성적인 남자아이가 태어난다. 이 아이는 생물학적으로는 남자에 속하지만 마음속으로는 자신이 여성이라고 생각한다. 호르몬에 의해 반대의 경우도 발생한다. 여자 태아의 경우 에스트로겐과 테스토스테론 분비 비율의 이상으로, 신체는 여성이면서 남성적인 두뇌를 갖게 되어 자신이 남자라고 생각하게 된다.[94] 이런 사실을 학교에서부터 교육한다면 동성애자들은 훨씬 넓은 이해 속에 관대한 대접을 받을 수 있게 될 것이다.

임신중절과 피임

악은 자신의 행위로 타인에게 피해를 주는 일이다. 따라서 그 누구에게도 해를 끼치지 않는 사적인 행위를 죄로 판단하여 단죄하는 것은 불합리한 일이다. 신앙 신조를 토대로 가톨릭이 말하는 악은 가톨릭

93. 『말을 듣지 않는 남자 지도를 읽지 못하는 여자』, 앨런 피즈 · 바바라 피즈 저, 이종인 역, 가야넷, 2000. p. 249.
94. 위의 책, pp. 225~228, 248~251.

이 정한 규정을 지키지 않는 것이거나, 가톨릭이 좋아하지 않는 사적인 생각과 행동, 다시 말해서 누구에게 어떤 해악을 끼치지 않음에도 가톨릭이 불건전한 생각이라거나 도덕적으로 나쁘다고 정한 것을 생각하거나 행하는 것이다. 가톨릭은 그것들을 악으로 규정하여 고해성사의 대상으로 삼는다. 영혼과 정신과 육신이 오염되었다는 의미일 것이다. 그래서 가톨릭 신앙인들은 끊임없이 교회 규정에 비추어 자신의 언행을 살피고, 자신을 죄의식에 스스로 옭아매며 부자유스러운 삶을 이어간다. 상상과 공상은 자유이며 창의력의 원천이지만 가톨릭이 제시하는 선의 범주를 넘어서는 사고는 단죄된다.

자신의 행위로 타인에게 피해를 주는 일이 아님에도 가톨릭이 단죄하는 행위들도 있다. 임신중절(낙태)과 피임, 자살과 안락사가 그것이다. 가톨릭은 인간 생명에 대한 존엄성 차원에서 임신중절과 피임, 자살 그리고 안락사는 범죄이며 생명의 주인인 신에 대한 도전이라고 말한다. 생명의 존엄성을 수호하고자 하는 그들은 노력은 타당하다. 하지만 인간 생명의 존엄성이 존중되어야 하는 이유는 생명의 주인이 신이기 때문이 아니다. 각 생명의 주인은 인간 개개인 자신이고, 생명은 그 자체가 하늘보다 무거운 존재의 존엄성을 스스로 갖고 있는 까닭에 존중되어야 한다. 문제는 개인의 생명에 대한 권한을 어디까지 인정할 수 있느냐는 것이다.

가톨릭은 임신중절을 살인으로 규정한다. 그래서 인위적인 피임을 금하는 교회법 규정(가톨릭은 정관수술을 받거나 성관계 시 피임기구를 사용하는 것을 법으로 금하고, 해당자는 고해성사의 대상이 된다)을 따르다가 그로 인해 원하지 않은 임신이 되어도 무조건 출산해야 한다는 입장을 취하고, 강간 같은 극한 상황에서 수태된 경우에도 태아는 보호되어야 한다고 말하며, 피해자가 낙태시킨 경우 교회법은 그를 살인죄로 단죄한다. 십자군 전쟁으로 수없이 많은 사람들을 살상하고, 자신들과 신앙이 다르다는 이유로 수많은 이교도와 원주민들을 학살한 그들이, 그리고 지금도 가톨릭 신앙인 젊은이들이 군인 신분으로 크고 작은 전투에 참가하여 살생을 자행하는 현실을 방치하는 그들이 무슨 자격과 권리로, 그리고 어떤 이유에서 살아 있는 성숙한 인격체가 평생 안고 살아가게 될 고통과 상처는 도외시하면서, 아직 인간이라고 할 수 없는 배아의 생명권이 더 우선시되고 존중되어야 한다고 주장하는 것인지 이해하기 어렵지만, 그들 주장의 근거는 배아가 수정되는 순간부터 인간이라는 자기 원칙이다.

임신중절 죄악성의 관건은 배아를 어느 시점부터 인간으로 보는가이다. 가톨릭은 '수정되는 순간부터' 인간이라고 말한다. 그렇게 보는 이유는 그 순간에 새로운 인간 생명이 시작된 것이며, 신이 수태되는 순간에 그 개인에 해당하는 고유의 영혼을 부여하였기 때문이라는 것이다. 새 생명이 시작된 것은 분명하지만 영혼이 부여되었다는 것은 아무런 근거가 없는 상상의 주장이다. 그들 중에 어느 누구도 영혼이 부여된 모습을 본 적이 없고, 증명도 불가능하며, 종교적 상상력 안에서 아마도 그럴 것이라고 말하는 추측일 뿐이다. 반면 자연주의자들은 16~20주 이전의 수정란은 의식이나 감각이 없는 세포에 불과하므로 인간으로 볼 수 없다는 입장을 취하고, 이 기간 중의 낙태는 살인행위가 아니라고 주장한다. 만일 가톨릭의 주장처럼 수정되는 순간부터 인간이라고 한다면 잉태된 배아가 자연적으로 유산된 경우, 임산부는 미필적 고의에 의한 살인범으로 처벌받아야 하는가? 시험관아기의 경우에도 문제가 따른다. 인위적으로 10여 개의 수정란을 만들고 그중 2~3개를 착상시켜 태아를 키우는 시술에서 버려지는 수정란은 그 자체로 이미 인간이므로 시술자는 살인죄를 범한 것인가? 참고로 가톨릭은 인공피임은 단죄하면서도, 사회적으로 행해지는 시험관아기 시술에 대해서는 적극적인 반대 입장을 취하지 않는 이율배반적인 태도를 보인다. 인위적으로 수정된 수정란 중 생존 가능성이 없다고 판단되는 수정란이 수도 없이 쓰레기통에 버려지고 있는 현실인데도 말이다. 태아를 가졌지만 경제상황의 변화로 아이를 양육할 여건이 못 되어도 아이를 출산하여야 하는가? 강간으로 잉태된 아이는 사랑 속에 성장할 수 있을까? 가톨릭은 이런 문제를 해결할 수 있는 어떤 대책도 제시하지 않으면서 무작정 수정된 태아의 생명은 존중되고 보존되어야 한다고만 말한다.

임신중절 문제는 사회적인 합의가 아직 이루어지지 않은 논쟁의 대상이므로 신중한 접근이 요구된다. 하지만 성숙한 인격체인 인간은 자기 생명권을 수호할 권한이 있으며, 행복을 추구할 권리와 안정된 삶을 살아갈 권리가 있다. 그리고 아직 세상 밖으로 나오지 않은 배아에 대해 자기 결정권을 행사할 권한을 또한 갖고 있음을 인정하여야 한다. 성숙한 인간은 어느 누구도 무책임하게 아무렇지 않은 듯 양심의 거리낌 없이 임신중절 시술을 받는 것을 선택하지 않는다. 자신과 배우자와 태어날 아이의 미래를 신중히 고려하고 고심하여 어려운 결정을 내린다. 따라서 인간에 대한 신뢰가 있다면 당사자의 선택과 결정을 존중해 줄 필요가 있다. 여기서 청소년과 미혼자들의 임신중절 문제가 대두될 수 있다. 이것은 사회 구조적이고 제도적인 문제이며 또한 교육의 문제이므로, 자신들의 성을 인격적으로 대하고 스스로 책임지는 자세를 갖추도록 지도하는 것이 무엇보다 선행되어야 한다. 그리고 생명의 존엄성과 존중에 대해서도 끊임없이 사회적인 관심과 교육이 이루어져야 하며, 피임에 관한 지도와 교육도 철저하게 이루어져야 한다. 가톨릭처럼 인위적인 피임을 금하면서 임신중절 역시 단죄하는 입장을 고수한다면 악순환의 고리는 끝없이 이어질 것이다.

가톨릭은 인공적인 피임이 자연의 질서를 거스르는 행위라는 이유와 무절제한 성의 오남용 예방 및 절제 있는 성생활에 대한 촉구, 그리고 책임 있는 자녀 출산의 권장이라는 사유로 인위적인 피임법의 사용을 교회법으로 금한다. 인위적으로 난자의 배란일을 조절하고, 정자와 난자의 합치를 통한 수정을 인위적으로 막는 것은 자연법에 위배된다는 논리다. 그래서 가톨릭은 배란일의 자연적인 주기를 활용한 자연주기법(오기노 피임법)만을 합법적인 피임으로 권장하며, 인공피임은 고해성사의 대상으로 규정한다.

문제는 자연을 거스른다는 것은 무엇을 기준으로 규정하는가 하는 점이다. 자연의 순리대로 남녀가 짝을 이루어 사는 것과 독신이나 동정을 유지하며 사는 것 중 어느 것이 자연을 거스르는 삶인가? 또 두 발로 걷지 않고 차를 타고 다니는 것, 젓가락으로 음식을 먹는 것, 치아로 낚싯줄을 자르는 것, 비누로 몸을 씻는 것은 자연에 대한 거역 행위인가? 몸 안에서 자연스럽게 자란 암세포를 인위적인 수술을 통해 제거하는 것은 자연을 거스르는 행위인가? 배란일 날짜를 계산해 가면서 정자와 난자의 수정을 피하는 것 또한 인위적인 행위이지 않을까?

사람들은 삶의 즐거움이나 유희를 위해 놀이기구나 도구들을 활용한다. 술을 마시고, 비행기를 타고 여행을 떠나거나 놀이동산에서 시간을 보내고, 행글라이더나 열기구를 타는 것을 즐긴다. 같은 선상에서 상호 친교와 사랑의 감도를 증가시키고 나누기 위해 도구나 의학적인 도움을 받는 것을 나쁘다고 할 수 없고, 피임은 책임 없는 임신과 출산을 피하기 위한 현명한 예방 조치라고 보는 것이 타당하다. 그리고 누구나 제3자에게 피해를 주지 않는 범위 안에서 행복을 추구할 권리가 있다. 물론 상황에 따라 자기 절제가 요청되는 경우도 있겠지만, 교회가 정한 규정에 매여 자연스러운 감정을 인위적으로 억제해야 하는 것이 오히려 비자연적이라고 할 것이다.

한 가지 덧붙여, 가톨릭 신앙인들은 부부가 자녀를 출산하면 그 아이는 신이 주신 선물이라고 말한다. 신의 축복과 돌봄으로 새 생명을 얻게 되었다는 의미일 것이다. 하지만 이 말을 역으로 바라보면 불임 여성이나 무정자증이 있는 사람은 신의 저주를 받은 몸이라는 말이 되고, 신의 저주를 받은 몸이기에 신의 축복이 단절되어 새 생명을 얻지 못하게 된다는 뜻이 되어 버린다.

아이를 가질 수 없는 몸은 자연의 우연적인 유전자 변이로 그렇게 된 것이지 결코 신의 저주를 받았기 때문이 아니다. 가뜩이나 인간적으로 아쉬운 상태에서 살아갈 사람들에게 위로를 주지는 못할망정, 아무런 근거도 없이 무책임하게 그들이 그런 상태가 된 것은 신에게 버림받은 때문이라고 말하는 것은 온당한 일일 수 없고, 지극히 비인간적인 처사라 아니할 수 없을 것이다. 아이의 출산은 자연이 준 선물이지 신의 축복이 아니며, 출산에 신을 끌어들일 이유 또한 없다. 새 생명의 잉태와 출산은 부부 사이에서 일어나는 지극히 당연하고 자연스러운 자연 현상의 일부일 따름이다. 불임부부들에게 깊은 위로를 드린다.

자살과 안락사

자살은 예방되어야 마땅하다. 이미 태어난 생명체는 아직 태어나지 않은 생명체보다 소중하며, 인격을 갖춘 인간은 인격을 갖출 가능성만을 갖는 태아보다 존귀하기 때문이다. 또한 자살은 개인적인 손실일 뿐만 아니라 사회적인 손실로 이어지므로 국가와 사회가 나서서 제도적으로 예방할 필요가 있다. 인간은 누구나 소속된 사회의 구성원으로 살아가며, 각자에게 주어진 삶의 몫을 이행하는 것을 통해 사회에 기여하고 인간 상호 간 관계성을 형성하며, 자신의 행복을 추구한다. 따라서 한 개인의 손실은 개인적인 차원에서 끝나는 문제가 결코 아니며, 객체와 연관된 사회와도 직결된 문제일 수밖에 없다. 그런 의미에서 자살은 악이다. 자살이 악인 이유는 가톨릭이 말하는 근거 없는 이유, 즉 생명의 주인인 신의 권한을 침범하여 자신이 생명에 대해 월권을 행사했기 때문이 아니다. 자기 생명의 주인은 자신이므로 자기 생명에 대한 권한도 인간 개개인에게 있다. 하지만 자살이 악인 이유는 본인 자신은 물론 남은 사람들에게 영원히 잊혀질 수 없는 아픔과 고통과 피해를 주기 때문이다.

자살을 시도하는 사람들 대부분은 스스로의 힘으로는 해결할 수 없는 어떤 상황이나 문제에 대한 고민 중에 극단의 선택을 하게 된다. 그로 인해 사회와 단절되고, 인간 관계성이 소멸되며, 자신이 한 개인으로 또 사회의 일원으로 담당했던 삶의 몫이 소멸된다. 따라서 사회는 한 개인의 소멸을 개인적인 차원의 문제로 바라보지 않아야 하며, 한 개인이 생을 다하는 날까지 본인의 인간다운 삶을 향유하고 어떤 형태의 삶을 통해서든 사회 구성원의 일원으로서의 몫을 이행하며 살아갈 수 있도록 도와야 할 의무가 있다고 인식하여야 한다. 역사와 사회는 톱니바퀴처럼 서로 어울리고 돕는 얼개로 얽혀 유지되고 이어지는 까닭이다. 따라서 자살은 개인적인 노력으로 방지하는 관심과 노력도 필요하지만, 무엇보다 국가와 사회가 나서서 제도적인 예방책을 마련할 필요가 있다. 죽음의 낭떠러지까지 떠밀린 상황에서도 사람이 마지막까지 의지하고 기댈 수 있는 최후의 보루가 마련되어야 하고, 그가 스스로 다시 일어나 자신의 삶을 살아갈 수 있는 기회를 가질 수 있도록 보호하여야 한다. 그의 생명이 소중하고, 그가 무언가 사회를 위해 담당할 몫이 어딘가에 분명히 있을 것이기 때문이다. 뿐만 아니라 여러 가지 이유로 극단의 선택을 하게 될지도 모르는 불특정 다수의 사람들에게 삶에 새로운 희망이 있다는 것을 보여 줌으로써 보다 건강하고 건실한 사회를 만들어 갈 수 있을 것이기 때문이다. 어떤 상황에서도 그 누구도 자살을 생각하지 않는 사회는 분명 건강하고 아름다운 사회가 될 것이다.

안락사는 다른 차원의 문제다. 가톨릭은 극심한 고통에 신음하는 상황에 놓인 환자라도 안락사로 생을 마감하게 해서는 안 된다고 말하며, 안락사 제도 시행을 반대한다. 그렇다고 해서 가톨릭이 그런 환자들을 대상으로 하는 무료 의료 서비스를 제공하는 것도, 막대한 치료비에 대한 지원에 나서는 것도 아니며, 환자들 가정의 피폐해진 환경에 관심을 기울이는 것도 아니다. 생명의 존엄성이라는 원칙만 부르짖고 있을 뿐이다. 동물병원에 입원한 애완견이 중병의 고통으로 신음할 때 그 개를 안락사시키지 않는 수의사는 비정한 의사로 비난받는다. 그런데 극도의 고통 중에서 신음하며 죽음을 기다리는 사람에게 안락사 주사를 놓는 의사는 살인죄나 살인방조죄로 형벌을 받는 아이러니

한 상황이 우리나라의 현실이다. 최근 국가는 불필요한 연명치료를 본인의 의사로 거부할 수 있는 권한을 법적으로 부여하기 시작했다. 다행한 일이다. 하지만 한 발 더 나아가 노르웨이나 스웨덴 등 선진 국가에서 시행하는 안락사 제도를 도입할 필요가 있다.

안락사를 시행하는 나라들은 존중받아야 하는 인간 생명의 존엄함만큼, 또한 존엄한 죽음을 맞을 권리도 존중한다. 사람은 자신의 자발적인 의사로 자신의 최후를 존엄하게 맞이할 권리가 있다는 것이다. 그래서 그런 나라들은 관계 기관이 동원되어 한 개인이 자신의 최후를 인간다운 품위를 간직한 상태로 맞이할 수 있도록 돕는다. 안락사를 신청한 사람은 국가 차원에서 엄정한 심사를 받게 되고, 심사를 통과한 자에게만이 안락사 기회가 부여된다. 그 날짜와 시간은 당연히 신청한 당사자가 정하며, 그 신청은 본인의 의사로 언제든지 철회될 수도 있다. 신청자는 관계 기관에서 파견된 자들의 보호 아래 본인이 원하는 시간과 장소에서 그 자리에 함께 있기를 원하는 사람들을 초대하여 담소를 나누거나 과거를 추억하며 이별과 죽음을 준비하고, 본인의 준비가 완료되면 의사를 밝혀 준비된 약을 복용한다. 이후 편안한 수면 상태에서 세상과 작별하게 된다. 만일 이런 제도가 시행된다면 사회적 문제가 되는 독거노인 고독사 같은 쓸쓸하고 안타까운 죽음을 예방할 수 있음을 물론, 병상에서 힘겨운 나날을 보내야 하는 환우들에게도 존엄한 죽음을 준비하고 맞을 수 있는 기회를 제공할 수 있게 될 것이다. 그리고 이것은 특정 종교단체가 반대한다고 해서 시행하지 못하는 그런 차원의 문제가 결코 아니다. 인간 존엄성과 결부된 문제이기 때문이다.

헌금

교회는 스스로 땀흘려 교회 운영이나 종교인의 생계에 필요한 재원을 구하지 않는다. 교회 운영비는 대부분 신자들의 헌금으로 충당된다. 가톨릭은 교회법에 신자는 교회 운영에 필요한 경비를 부담할 의무가 있음을 명시하고 있으며, 이에 따라 신자들은 교무금과 주일헌금 및 기타 다양한 형태의 헌금을 교회에 납부한다. 구원을 약속받는다는 대가일 것이다. 가톨릭교회는 교회법은 헌금을 의무로 규정하지만 납부는 자발적인 의사로 이루어진다고 말한다. 하지만 헌금에 소극적이거나 헌금을 하지 않는 것이 마치 죄라도 짓는 것인 양 죄의식을 심어 주는 경우가 있다. 본당 주임신부가 개별면담을 통해 납부할 교무금 액수를 책정하고, 사무장은 납부현황을 파악하여 납부를 독려하기도 하는 것이다.

신앙인이 신을 믿는다는 이유로 종교 기관의 운영을 위한 경비를 부담하는 것은 타당하고 온당한 일인가? 재화는 쓰임새에 따라 그 가치가 달라진다. 신이 존재하며, 영생을 부여한다는 신의 의지가 널리 퍼져 모든 이가 구원의 은총을 누리도록 하는 일에 재정적인 지원을 한다면 헌금은 충분히 가치롭고 의미있는 쓰임일 것이다. 하지만 존재하지도 않는 허상의 신을 위한 신전 건축에 재화를 기부하는 것은 온당한 일이 되지 못하며, 자신의 재화로 실체성이 없는 상상과 가상의 존재인 신을 숭배한다는 이들의 생계를 지원하는 것도 올바른 처신이라고 할 수 없다. 신은 신이 있다고 믿는 이들의 상상 속 관념일 뿐이므로 신에 대한 헌금은 마루의 친구 자마가 기우제의 희생양으로 수장당한 것이 헛된 희생이었던 것처럼 어리석은 낭비일 따름이다. 여유가 있다면 실제적이고 현실적인 도움을 필요로 하는 이들, 예를 들어 제3세계의 아이들을 위한 식량이나 의료 지원을 위해 사용하는 것이 보다 가치로운 쓰임일 것이며, 허상의 신을 위한 신전 건축 대신 빈국이나 소외된 지역의 아이들을 위한 학교 건축에 지원금으로 활용되는 것이 보다 의미 있는 쓰임이 될 것이다.

효능이 전혀 없는 약을 팔아 소득을 취하는 행위는 명백한 사기다. 만일 어떤 종교가 신이 없음에도 신의 이름으로 구원과 영생을 약속하고, 그것을 빌미로 재화를 요구한다면 이는 유사 사기로 볼 수 있다. 신자들이야 종교기관이 신이 있다고 홍보하고, 신이 가정의 평화와 구원의 은총을 베푼다고 광고하니 그것이 좋은 것이며 자기에게 유익할 것이라는 생각에 신앙에 입문하겠지만, 신 존재의 근거를 제시하지도 못하면서 구원과 영생을 약속하는 종교라면 그것은 분명 신자들에 대한 기망행위에 해당하는 것으로 볼 수 있다.

오늘도 인생 허무감을 허구의 신앙으로나마 위안받기 위해 교회로 발걸음을 재촉하고, 구원 약속에 대한 대가로 헌금하러 종교기관을 찾아 가는 신자들의 발길이 애처로워 보인다. 혹자는 신이 없다는 것을 어떻게 증명할 수 있느냐고 묻는다. 없는 것을 없다고 증명할 필요는 없다. 없는 것은 그냥 없는 것이다. 집에 불이 나지도 않았는데 불이 나지 않았다는 증명을 요구하는 것은 상식적이지도 않고 정당하지도 않다. 신은 없다는 주장에 대한 반론은, 신이 존재한다는 객관적인 증거를 제시하거나, 존재한다는 신이 직접 나서서 자신의 존재성을 입증하는 것이다. 하지만 태양 항성이 저무는 그날까지 그런 일은 결코 일어나지 않을 것이라고 생각한다.

결론: 가톨릭교회 주장의 허구성

가톨릭교회는 자신들이 세상 모든 일에 대한 답을 가지고 있으며, 답의 명확성과 정당성은 언제나 성서에 근거한다고 말한다. 성서는 실재하는 신에 대한 증언이며 성서의 증언에 따라 궁극적인 실재로서의 신은 야훼임이 분명하다고 말하고, 나아가 야훼가 우주와 만물을 창조한 창조주이며, 인간에게 신적 본성과 인격을 부여하였고, 야훼의 뜻과 의지에 따라 인류의 역사는 종말론적 미래 성취를 향해 진행되며, 야훼는 자신을 신으로 믿는 인간에게 불멸의 생명[永生]이라는 선물을 주는 아빠(Abba, 마르 14,36)라고 주장한다. 하지만 가톨릭의 이런 주장은 합리성과 타당성을 갖지 못한다.

상기에서 살펴보았듯이, 야훼는 가나안 토속 신앙에서 상상으로 도출해 낸 가상의 존재이며 인간의 관념 속에만 머무는 허상에 불과하고, 성서는 고대 유대의 정치세력과 종교전통이 당시 메소포타미아 지역 대부분의 정치형태가 신정체제로 유지되던 정치적인 환경에서, 그리고 왕국이나 국가는 그 나라를 수호하는 신에 의해 건립되고 존속된다는 신화적 믿음이 뿌리를 내리고 있던 시대적 상황에서, 자신들이 가나안을 정복하여 건립한 새로운 나라의 기원과 역사도 타 문화권에서 말하는 것과 다를 바 없이 신에 의해 비롯되어 건립되고 존속된다는 것을 주장하기 위한 정치공학적 의도에서 기록된 것이다. 따라서 상상과 허구의 존재를 실재처럼 전제하며 전개시키는 가톨릭의 신론과 종교 교의와 주장들은 그 자체로 추측과 추론, 상상으로 구축된 비합리적인 논리에 불과하다고 할 수 있으며, 가톨릭이 구원자라고 강조하는 예수라는 인물도 신앙적 환상과 공상의 부산물에 불과하다고 할

수 있다. 이 책에서 살펴본 내용을 요약해 보면,

1. 신이 존재한다는 근거는 없다. 신은 지능이 향상된 인간의 철학적 사유에서 도출된 가상의 실재이며 신화의 산물이다. 그래서 그는 기도의 대상이 될 수 없고, 은총의 부여자일 수도 없다.
2. 가톨릭이 신이라고 주장하며 숭배하는 야훼도 각 문명권에 산재한 고대 신화 속 상상의 존재 중 하나에 불과하다. 그럼에도 불구하고 야훼만이 실재하는 신이라고 주장한다면 고대 다양한 문명권에서 제시된 숱한 신들은 어떤 근거에서 허구적 존재라는 것인가에 대한 타당한 설명이 있어야 한다.
3. 구약성서는 신정체제가 주류를 이루던 고대 정치문화권에서 종교신화를 체제 유지와 통치 이데올로기로 활용하기 위한 차원에서 정치 정략적으로 창작한 문학작품이다.
4. 야훼는 인간 이성적 사유에서 도출된 관념일 뿐이므로 실체가 없는 상상의 존재가 인간의 형상으로 강림한다는 것은 성립될 수 없는 이론이다. 따라서 예수는 역사적 실존 인물이 아니며, 신약 복음서는 메시아 사상에 심취한 누군가의 창작으로 추정할 수 있다.
5. 영혼에 대한 사유는 뇌 과학과 생물학에 대한 이해가 없었던 시대에 불멸의 욕망과 인간의 의식과 사고 작용 및 감정의 인식 등의 정신 작용을 가능하게 하는 원천을 탐구하는 과정에서 도출된 가설이다. 영혼이 존재한다는 납득 가능한 이론은 제시된 적이 없다.
6. 유대교와 가톨릭은 종교적 신조의 정당성이 아닌, 정치권력과의 결탁과 자신들이 제시하는 신앙신조를 절대 진리로 수용하도록 인간 의식을 고착화한 토대 위에서 유지되어 온 종교다.

7. 가톨릭이 말하는 교의는 근거가 없고 검토나 증명이 불가능한 신 존재를 전제로 인간의 상상과 추론에 의해 성립된 선언적 주장일 뿐이다. '야훼가 신이라면?'이라는 가정을 바탕으로 추론된 가설인 것이다. 따라서 야훼는 가상의 실재이므로 가톨릭이 제시하고 주장하는 모든 종교적 교의는 그 정당성을 가질 수 없다.

가톨릭교회는 자신들만이 야훼의 신성한 계시를 간직하고 있으며 예수가 친히 설립한 정통교회라고 주장한다. 그러면서도 시대의 변화 속에 끊임없이 자신들의 기존 주장에 대한 말바꿈을 해 왔고, 자기 합리화로 스스로를 방어해 왔다. 계시는 시대의 언어이므로 동시대 사람들에게 이해될 수 있는 범주로 해석되며, 시대의 변화에 따라 해석의 범주가 달라질 수 있다는 것이 새로운 논리를 제시할 때마다 가톨릭이 내세우는 해명이다. 하지만 계시가 시대의 언어라는 말은 듣는 이를 현혹시키기 위한 언어적 수사에 불과하다. 절대진리는 불변하는 것이어야 하기 때문이다.

예수가 죽은 이후 주(主)가 되었다고 말하는 바울의 주장(콜로 2,12; 1코린 6,14)을 받아들여 예수가 생전에는 본인이 그리스도라는 자의식을 갖지 않았다고 주장하다가, 요한복음 저자가 로고스(logos)론을 전개하며 선재(先在) 사상을 주장(요한 1,1~14)하자 예수는 강림하기 전부터 존재하는 신이었다고 말을 바꾸었으며, 사람은 생전에 지닌 육체로 부활한다고 주장하다가, 생전의 육체와 동일성을 지니면서 동시에 비동일성을 지니는 영적 육신으로 부활한다는 모호한 논리를 펼치기도 하고, 신이 물리적인 우주 만물의 창조주라고 주장하다가 빅뱅이론이 등장하면서 신은 모든 존재의 근원이라는 점만 부각시켜 강조한다. 인간은 신에 의해 '인간'의 모습으로 창조되었다고 주장하다가 진화론이 등장하면서 신이 인간의 형상으로 창조한 것은 아니지만 인간에게 신적 본성과 인격을 부여하였다는 취지의 논리로 주장을 변경하기도 하였다.

한때는 여성의 인권을 무시하는 것을 당연한 것으로 여기던 여성혐오의 신이 어느 날 갑자기 여권수호의 신으로 변모되어 등장하는 것은 신의 계시일 수 없으며, 종교의 이름으로 학살과 살인을 조장하던 신이 낙태를 단죄한다는 논리는 설득력이 없고, 철저한 신분제도를 옹호하던 교회가 인간 평등을 말하는 것은 진리의 수호자로서의 모습이라고 할 수 없다. 또 가톨릭은 지구를 중심으로 천체가 회전한다는 천동설을 주장하며 지동설을 주장하는 사람들을 학대하고 처형한 역사를 갖고 있지만 한마디 변명이나 반성의 말도 없이 지동설을 수용하면서 우주는 신이 마련한 정확한 물리적 법칙에 따라 운행된다고 말을 바꾸었고, 흑사병은 인간의 오만에 대한 신의 심판이라고 주장하였으며, 악의 화신을 제거한다는 명분으로 마녀사냥과 그들에 대한 학살을 주도했고, 히틀러에 협력하여 바티칸의 파괴를 모면하기도 했다(2003년, 교황 요한 바오로 2세가 비밀문서 공개). 소련이 패망하여 분열된 것은 파티마에 발현한 성모의 권고로 기도를 하였기 때문이라는 근거 없는 말을 하면서도, 북한의 미래와 국제사회의 핵 문제에 대해서는 아무런 입장도 취하지 않는다. 성모가 알려주지 않았기 때문일까? 그런가 하면 200여 년 가까이 십자군 원정이라는 종교전쟁을 자행하면서 수많은 이교도를 살해하고 약탈한 전력을 가지고 있으면서도, 타 종교가 행하는 성전(聖戰)에는 비합리적이며 비인도적인 행위라고 비난을 퍼붓고, 정실부인 외에 후처를 둔 교황은 옹호하면서도,[95] 정관수술을 받은 신자는 단죄한다.

만일 신앙의 가르침이 절대 원칙을 기준으로 한다면 시행 규칙이나 지침 또한 불변의 진리를 함유하고 있어야 함이 타당하고, 신의 계시라는 것이 있다면 그것은 모든 원칙과 규정과 상상 및 가치관의 절대 기준이 될 것이므로 어떤 상황과 처지에서도 변하지 않는 만고의 진리, 절대 진리로 남아 있어야 한다. 따라서 가톨릭에 의해 신의 계시라고 포장된 교리나 신앙적 교의가 시대 상황에 따라 번복되거나 형태를 달리한다는 것은 교회 자체가 절대 진리를 갖고 있지 않다는 반증이며, 가톨릭이 주장하는 신관이나 메시아 사상, 신앙의 신조는 인간의 종교적 사유에서 상상과 추론으로 도출해낸 상상의 산물임을 드러내는 것이고, 신 자체도 인간의 상상의 산물임을 드러내는 반증으로 볼 수 있다.

가톨릭은 신은 전지전능하므로 모든 것을 알고 있다고 말하기도 한다. 신은 모든 것을 알고 있다는 것을 교회는 어떻게 알았을까? 신이 알려 줬는가 아니면 상상인가? 몰랐던 어떤 것을 새롭게 알게 된다는 것은 본인이 체험한 직접적인 경험을 통해서이거나 구체적으로 경험한 사람을 통해 간접적으로 들어서 인지하게 되는 방식이다. 그러니 '신은 모든 것을 알고 있다'고 말하려면, 신은 속성상 전지(全知)한 존재이므로 모든 것을 알 것이라고 추정하는 것이 아니라, 그 신이 "나는 그 모든 것에 대한 이해를 갖고 있으며, 내가 그 모든 것에 대해 이러저러한 것을 알고 있다는 것을 너도 알고 있어라"라고 본인이나 제3자

95. 『하늘과 땅의 지배자 교황들』, 한스 크리스티안 후프 저, 김수은 역, 동화출판사, 2009. pp. 160~176.

에게 직접 선포했어야 한다. 그런 과정이 없다면 신이 어떤 것에 대해 알고 있다는 말을 확정적으로 말할 수 없다. 그럼에도 그런 방식으로 말하는 것은 개개인의 추정과 상상을 신의 이름으로 포장한 것에 불과하다. '그것은 신의 뜻이다'라거나, '아마 신의 뜻이 있을 것이다'라거나, '신은 인류 역사의 미래에 대한 인식을 가지고 있다'고 말하는 것도 같은 맥락이다. 신이 내용상 무엇을 알고 있을 것인가에 대해 말하는 본인도 알지 못하면서 그저 신은 알고 있다고 말하는 것은, '신은 전지전능하니 당연히 알고 있을 것'이라고 추측하고 그렇게 믿는 것일 뿐인 무책임한 언사에 불과하다. 신이 있다면, 신 자신이 무언가에 대해 알고 있다는 것을 먼저 알려 주지 않으면 신이 무엇을 알고 있는가에 대해 인간은 알지 못하고 알 수도 없다. 신이 무언가를 알고 있다는 사실 자체도 알지 못한다. 옆사람이 말을 안 하는데 그가 무엇을 생각하고 무엇을 알고 있는지 우리가 어떻게 알 수 있겠는가.

성서는 신의 계시에 대한 증언이 아니다. 인류 역사 안에서 신을 직접 만난 사람은 없으며, 성서의 내용은 신을 가정하고 상상한 인간의 추론과 추측이다. 실제로 인류 역사 안에서 신은 어떤 것이 신의 계시이며 어떤 것이 신의 영역에 속하는 것이라는 것을 단 한 번도 말한 적이 없다. 신은 인간 상상의 부산물이며, 존재하지 않기 때문이다. 따라서 신은 모든 것을 알고 있다고 말하거나 신의 계시라고 선포되는 것들은 결국 신 존재를 가정한 인간의 추정과 추측으로 도출된 것들을 반복하는 것에 지나지 않는다.

신은 상상 속 관념으로, 신을 믿는 이들의 믿음 속에만 존재한다. 또한 신은 추상적인 개념에 불과하므로 어떤 작동도 일으킬 수 없다. 따라서 그가 무언가에 개입하고 어떤 일을 일으킨다고 주장하는 것은 허구이며, 신의 역사(役事)가 현실로 이루어진다고 생각하는 것은 인간의 상상과 착각이며 종교적 환상이다. 신은 없다. 그럼에도 사람들이 신을 믿는 것은 그것이 자신에게 유익할 것이라는 망상 때문이다. 침팬지에게 인간 수준의 지능이 있다면, 그들도 신을 상상하고 신을 위한 제단을 쌓았을 것이다.

에필로그

삶의 가치

인간의 죽음에 대한 두려움과 불멸에 대한 갈망은 신이라는 가상의 존재를 상상하게 했고, 피라미드를 만들게 했으며, 미이라 장례 문화를 고안해 냈다. 고대 근동의 다양한 문명은 영혼이라는 가상 실체를 인간의 본질로 가정하여 인간의 불멸성을 주장했고, 유대민족은 산재한 신화들을 혼합하여 야훼신화를 창출해 냈으며, 가톨릭은 유대 종교 전통을 발전시켜 신의 육화와 강림이라는 새로운 신화를 창작해 냈다. 그들은 그 신화 속의 주인공을 메시아라고 주장하며, 그를 그리스도라고 고백하는 이들에게 불멸의 영생을 보장한다고 말한다.

영혼은 존재하는가? 영혼 개념은 인간의 사고와 정신작용은 두뇌활동에서 발한다는 과학적 이해를 갖지 못한 고대 그리스 철학자들이, 인간의 의지나 지성활동을 가능하게 하는 기능 또는 능력을 발휘하는 것은 눈에 보이지 않는 어떤 영적인 존재에서 비롯된다고 추론하면서 갖게 된 상상의 관념이다. 하지만 영혼의 실체와 본질에 대한 사상가들의 다양한 설명은 사유자 개개인의 상상의 가설이며 그 어느 것도 정설로 인정되지 않는다. 그리고 지금까지 인간에게 영혼이 필요한 이유나, 영혼의 존재를 받아들여야 할 그 어떤 타당한 이론도 제시되지 못했다.

지능이 발달한 인간 상상의 부산물인 영혼과 신을 실재하는 실체로 믿는 가톨릭은 온갖 상상력을 동원하여 신의 속성에 대한 이론은 개발해 왔고, 그 신이 인류의 역사를 자신의 의지대로 이끌어 가며, 인간 개개인의 생성과 소멸에 관여한다고 주장한다. 영혼과 신이 존재한다면 가톨릭의 설명은 일견 타당하고 합당할 수 있다. 하지만 가상의 존재를 전제한 가톨릭의 주장은 상상과 추측성 가설의 범주를 넘지 못한다. 그리고 비물질적인 영적 실체는 설령 존재한다고 해도 그 어떤 의지나 기억이나 감각, 감정, 생명을 만들어 내거나 간직할 수 없다. 그런 것들은 물질적인 기관들의 상호 유기적 · 화학적 작용에 의해서만 발현될 수 있는 특성을 갖기 때문이다. 구름은 슬픔을 느끼지 못한다.

진화의 관점에서 보면, 신이 존재하고 그 신이 인간을 중심이자 정점으로 우주와 세상을 창조한 것이라는 가톨릭의 주장이 비합리적인 논리라는 것을 쉽게 확인할 수 있다. 어느 날 우연히 자연이 빚어낸 최초의 한 생명체에서 분류되어 진화한 모든 생명체는 자신이 처한 여건과 환경에서 생존에 필요한 최상의 모습으로 진화해 왔고 또 진화해 나갈 것이다. 인간도 지구에 존재하는 모든 생명체와 다를 바 없는 방식으로 발현하여 생존에 필요한 최고의 조건을 갖추어가는 모습으로 진화해 왔다. 따라서 인간의 지능이 타 생명체에 비해 높다는 이유만으로 인간이 다른 모든 생명체에 비해 가장 탁월한 모습으로 창조되어 진화해 왔다고 말할 수 없다. 그렇게 생각하는 것은 인간의 오만에 불과하다. 비행능력을 지닌 파리는 두 다리로 걷는 인간을 보면서 자신들이 최상의 진화물이라고 여길지도 모른다. 그리고 인간은 자연의 산물이므로 자연의 순리에 따라 생물학적인 죽음을 맞게 된다. 과학과 의학이 인간 죽음을 기술적인 문제로 파악하여 인간 수명을 연장시키기 위해 다양한 노력을 기울이고 있기는 하지만 죽음 자체를 막을 수는 없을 것이다. 죽음은 존재하는 생명체의 피할 수 없는 필연적 귀결이며, 지극히 우연적이고 자연적인 현상이다. 존재의 생성과 소멸은 우주 외부의 어떤 제3자에 의해 조종되는 것이 아니다.

죽음의 속성은 무엇인가? 죽음은 한 개체의 완전한 소멸이며 무(無)로의 귀환이다. 그리고 인간은 누구도 죽음 이후, 존재에서 비존재 상태로 전환된 상황에서 어떤 일이 일어나는지 알지 못하고 알 수도 없다. 죽음으로 의식과 이성작용이 정지되고 죽은 이는 해체되어 없어져 비존재가 되기 때문이다. 인간은 죽음으로 자기 존재의 모든 것이 무효가 되고 소멸된다는 상실감 때문에 죽음을 무서운 것, 나쁜 것으로 인식하게 되고, 죽음이 안겨주는 단절에서 벗어나 영원히 살고자 하는 불멸의 욕망을 갖는다. 죽음에 대한 고대인들의 인식도 현대인들의 인식과 별반 다르지 않았다. 그래서 고대부터 영원히 살고 싶어 하는 인간의 욕망은 불멸에 대한 다양한 사유를 전개시켜 왔다.

신이 존재하고 신으로부터 부여받는다는 영원한 생명이 있다면 참으로 좋은 일일 것이다. 하지만 신 존재나 영원한 삶이라는 것은 기대와 상상 속에서만 가능한 일이다. 가톨릭이 예수가 그리스도라고 외치고 신이 영생의 은총을 내린다고 주장한다고 해서 상상이 현실이 되는 것은 아니며, 존재하지 않는 가상의 실재인 신이 존재하게 되는 것도 아니다. 영생이 있다고 해도 그것은 현재의 자신과는 무관하다. 실체가 없는 비물질적 영적 존재라는 영혼이 사람의 성품과 기억과 삶의 흔적을 고스란히 간직하고 불멸한다는 비실재적이고 비합리적인 논리는 상상력이 빈약한 이들이 만들어 낸 설득력 없는 공상일뿐더러, 죽음은 존재와 관련된 모든 것과의 단절이며 소멸이기 때문에 죽음 이후의 상황은 현재의 자신과는 무관하게 전개되는 또 다른 차원의 실재일 것이기 때문이다. 죽었다면 그것으로부터 상상할 만한 것은 아무것도 없다. 따라서 실체도 없는 영생을 담보한다는 종교전통의 주장에 현혹되어 쓸모없는 죄의식으로 자신을 억압하며 살아야 할 이유도, 종교가 신앙의 이름으로 준수를 강요하는 계율에 얽매인 종속적이며 부자유적인 삶을 살아야 할 까닭도 없다.

자연의 선물로 주어진 인생은 단 한 번뿐이고, 우리가 살아 있는 삶의 순간을 영원이라는 시간에 견준다면 찰나에 잠시 머무는 것에 지나지 않는다. 그리고 신은 공상의 산물이며 실재성이 없는 관념일 따름이므로 죽음 이후의 내세나 신이 부여한다는 영생 같은 것은 없으며, 신이 부여하는 사후 영생이 있다고 주장하는 모든 종교전통의 주장은 허위다. 그래서 우리네 삶은 자연의 순행 안에서 우연히 주어진 것이며, 때가 되어 스러지면 영원으로 사라지는 것이 지극히 자연스러운 일이라는 사실을 – 인정하고 받아들이기에는 너무도 아프고 허망해서 부정하고 싶은 마음이 앞서겠지만 – 초연한 마음으로 겸허하게 받아들이고, 살아 있는 자체를 소중히 여기고 감사히 여기는 삶의 자세가 요청된다. 허상의 신과 종교라는 헛된 미망에 사로잡혀 그나마 짧기만 한 시간과 인생을 어리석게 허비하고 종교에 예속된 정서심리적 노예로 끌려다니는 우를 범하지 않고, 주체적으로 살아가는 자기다움의 삶을 향유하는 것이 가치로운 삶이며 가장 인간다운 삶의 자세라는 인생관을 갖는 슬기가 필요한 것이다.

우리는 6백여 년 전에 한글을 창제하고 선정을 펼쳤다는 세종대왕, 이름이 '이 도'인 한 인간으로서의 그에 대해서 그 무엇도 알지 못한다. 한 인간으로서의 그의 아픔과 슬픔, 번뇌나 갈등, 그가 사랑에 대해 어떻게 생각했고, 죽음에 대해 어떤 인식을 가졌는지, 낙엽 지는 가을에는 어떤 감상을 갖게 되었는지 등에 대해 알지 못한다. 또한 우리는 우리 세대 이후의 시대를 살아갈 미래의 후손들에 대해 알지 못한다. 그들은 어떤 환경과 문화 속에서 살아가게 될지, 그들은 하늘의 별과 달을 보면서 어떤 느낌을 받고 어떤 생각을 하게 될지 상상할 수도 없다. 서로 비껴가는 인생인 까닭이다.

우리는 과거에 살지도 않았고, 미래에 살지도 않을 것이다. 그리고 우리의 삶은 번복되거나 되풀이될 수 없으므로, 우리 이전에 존재했던 모든 인생이 그러했듯이 한순간의 시간 속에 잠시 머물다가 역사의 뒤편으로 영원히 사라지게 될 것이다. 그리고 우리가 그들을 기억하지 못하듯이, 세월이 흐르면 그 누구도 우리가 지구에 태어나 살다가 사라졌다는 사실 자체도 알지 못할 것이다. 그래서 우리에게는 그 영원의 시간 속에 지금 여기에 주어진 단 한 번의 삶이 그 무엇보다 소중하고, 지금 여기서 우연히 만나 함께 시간과 삶을 공유하는 동료 인간들이 무한히 소중할 수밖에 없다.

우리의 삶은 하늘 저 멀리 허상의 모래성인 영생을 준비하도록 주어진 것이 결코 아니다. 자연의 이치와 순리에 따라 부모님과 자연에 의해, 참으로 우연히 선물처럼 주어진 삶, 살아 있음의 기쁨을 누리고 향유하는 기회를 얻어 살게 된 것이다. 따라서 우리가 삶을 대하는 진지한 자세는, 생명이라는 기쁨과 행복을 경험할 수 있는 기회를 주신

부모님과 자연에 감사하고, 우리의 부모들이 그러셨듯이 또 다른 누구인 자신의 후세에게 생명을 향유하는 기쁨을 누릴 수 있는 기회를 부여하고, 그가 인류의 존속과 번영을 위해 기여하도록 돕는 것, 그리고 자신에게 주어진 삶의 자리[場]에서 미약하나마 세상의 발전과 동료 인간 누군가에게 유익함을 주는 일에 기여하는 것이 우리에게 주어진 숙명이며 가장 거룩한 과업이라고 할 것이다. 따라서 한 번뿐이며 찰나에 불과한 인생이지만, 삶에 주어진 숙명과 과업을 수행하며 진지한 모습으로 살아 왔다면, 그는 그렇게 살아 온 자신에게 긍지와 자부심을 갖는 멋진 인생을 살아 낸 위인(偉人)이라고 할 것이다. 최소한 인생의 허무감을 달래기 위해 허상과 허구에 의지하는 어리석음에 빠지는 우를 범하지 않은 슬기를 갖춘 것만으로도 그는 훌륭한 인생을 살았다고 평할 수 있다.

속세의 삶이 내세에서 한 자리를 차지하기 위한 '시험의 기간'이며 '속죄의 현장'이라고 믿는 사람이 있다면, 그는 현실과 동떨어진 뜬구름 같은 몽상 속에 살아갈 것이므로 현세의 삶 그 어디서도 행복을 찾지 못하고, 순간순간의 삶의 가치를 소중히 여기는 마음도 갖지 못할 것이다. 뿐만 아니라 미래의 지복만을 기다리는 불멸주의자들은 절대 '지금의 가치'를 이해하지 못하고, 가장 행복한 삶은 후회 없는 죽음을 맞는 것임을 알지 못할 것이다.

인간은 삶의 모든 것의 영원한 끝인 '죽음'이 있다는 것을 아는 까닭에 오늘, 그리고 지금 여기서 최선을 다하며 살아간다. 죽음만이 우리의 모든 활동을 가치 있게 만들어 준다. 죽음이 있기에 우리의 선택은 다급하고 그래서 중요하다. 내일에는 새로운 경험을 할 수 없을지도 모른다는 생각에 오늘의 경험과 느낌과 감정을 소중히 여기고 보다 자기다운 모습을 갖추기 위해 노력한다. 그리고 동시대를 살아가며 각 분야에서 인류 모두의 삶의 풍요로움을 위해 노력하는 동료 인간에 대한 감사의 마음을 갖는다. 결국 죽음이 인간을 인간답게 만들며, 인간을 위대하고 존귀한 존재로 만든다.[96]

우리는 죽는다. 그래서 삶은 좋은 것이며 잘 살아야 한다. 셸리 케이건은 말한다. "우리는 죽는다. 우리가 죽음을 제대로 인식한다면 보다 절실한 마음으로 인생을 어떻게 살아야 하는지에 대한 행복한 고민을 할 수 있다. 그리고 삶은 좋은 것이며 얼마든지 더 좋은 것으로 만들 수 있기 때문에 인생을 보다 가치 있게 만들려는 노력 그 자체가 의미가 있다."[97] 에피쿠로스의 말을 되새겨 볼 필요도 있다. "우리가 존재하는 동안에 죽음은 존재하지 않는다. 죽음은 살아 있는 자와는 함께하지 않으며, 죽은 자는 이미 존재하지 않기 때문이다. 우리는 죽음을 바라보지도 경험하지도 않을 것이다. 죽음은 곧 모든 경험의 끝을 의미하기 때문이다. 따라서 죽음이 우리에게 아무런 의미가 없다는 사실을 깨달으면 인생이 즐거워진다."[98] 그래서 우리는 숨 쉬고 살아 있는 지금 여기에서 자유로워야 하고 행복해야 하고 선택해야 한다. 내일은 없다. 천상병 시인이 영생을 믿었는지는 알 수 없지만, 현실 삶 자체가 아름다움이라는 것을 일깨워주는 혜안을 지닌 시인이었다는 생각에 그의 시 「귀천(歸天)」으로 글을 마무리한다.

---

96. 『불멸에 관하여』, p. 352 참조.
97. 『죽음이란 무엇인가』, p. 507.
98. 『불멸에 관하여』, p. 368.

나 하늘로 돌아가리라
새벽 빛 와 닿으면 스러지는
이슬 더불어 손에 손을 잡고,

나 하늘로 돌아가리라
노을 빛 함께 단 둘이서
기슭에서 놀다가 구름 손짓하면은,

나 하늘로 돌아가리라
아름다운 이 세상 소풍 끝나는 날,
가서, 아름다웠다고 말하리라……

참고도서

- 『공동번역성서』, 대한성서공회.
- 『성경』, 한국천주교중앙협의회.
- 『1.4킬로그램의 우주, 뇌』, 정용 외, 사이언스북스, 2016.
- 『가톨릭 교회 교리서』, 한국천주교중앙협의회, 2008.
- 『고대 문명의 이해』, 브라이언 페이건 · 크리스토퍼 스카레 저, 이청규 역, 사회평론, 2015.
- 『고딕, 불멸의 아름다움』, 사카이 마케시 저, 이경덕 역, 다른세상, 2009.
- 『교회사』, 광주가톨릭대학, 광주가톨릭대학편집부, 1985.
- 『구약성서의 이해』, 버나드 W. 앤더슨 저, 제석봉 역, 바오로딸, 1983.
- 『그리스도와 구원』, 심상태 저, 성바오로출판사, 1981.
- 『라틴아메리카 역사』, 이강혁 저, 가람기획, 2008.
- 『마야문명의 신비－아즈테카』, 정지성 저, 도서출판 한백, 1999.
- 『만들어진 신』, 리처드 도킨스 저, 이한음 역, 김영사, 2007.
- 『말을 듣지 않는 남자 지도를 읽지 못하는 여자』, 앨런 피즈 · 바바라 피즈 저, 이종인 역, 가야넷, 2000.
- 『불멸에 관하여』, 스티븐 케이브 저, 박세연 역, 엘도라도, 2015.
- 『사피엔스』, 유발 하라리 저, 조현욱 역, 김영사, 2015.
- 『샤머니즘의 세계』, 우노 하르바 저, 박재양 역, 보고사, 2014.
- 『서양철학사』, 스털링 P. 램프레히트 저, 김태길 역, 을유문화사, 2008.
- 『성경의 탄생』, 존 드레인 저, 서희연 역, 옥당, 2011.
- 『성서입문』, 정태현 저, 일과놀이, 2000.
- 『세계의 신화 전설』, 요시다 아츠히코 저, 하선미 역, 혜원, 2010.
- 『쉽고 재미있는 인류 이야기』, 제임스 C. 데이비스 저, 이남규 역, 기파랑, 2009.

- 『시작』, 아이작 아시모프 저, 서광태 · 천희상 역, 세계인, 1995.
- 『신의 발명』, 나카자와 신이치 저, 김옥희 역, 동아시아, 2005.
- 『알기 쉬운 문화인류학』, 아야베 쓰네오 · 구와야마 다카미 저, 황달기 역, 계명대학교출판부, 2012.
- 『야뽁강을 넘어서』, 송봉모 저, 바오로딸, 2002.
- 『역사용어사전』, 서울대 역사연구소, 서울대출판문화원, 2015.
- 『역사를 바꾼 성 이야기』, 리수충 저, 주은주 역, 시그마북스, 2010.
- 『역사적인 민족 유대인』, 안진태 저, 새문사, 2011.
- 『영웅들의 세계사』, 폴 존슨 저, 왕수민 역, 웅진지식하우스, 2009.
- 『영혼과 자아의 성장과 몰락』, 레이먼드 마틴 저, 마리 오 역, 영림카디널, 2008.
- 『영성신학』, 조던 오먼 저, 이홍근 역, 분도출판사, 1987.
- 『예수와 역사』, 샤를르 뻬로 저, 박상래 역, 가톨릭출판사, 1985.
- 『이야기 세계사』, 김경묵 · 우종익 편저, 청아출판사, 1985.
- 『종교는 필요한가』, 버트란드 러셀 저, 이재황 역, 범우사, 1987.
- 『죽음이란 무엇인가』, 셸리 케이건 저, 박세연 역, 엘도라도, 2012.
- 『죽음이란 무엇인가』, 한국종교학회 편, 창, 2009.
- 『축의 시대』, 카렌 암스트롱 저, 정영목 역, 교양인, 2010.
- 『하늘과 땅의 지배자 교황들』, 한스 크리스티안 후프 저, 김수은 역, 동화출판사, 2009.
- 『한국 종교사상사』, 이대근 저, 가톨릭출판사, 2014.
- 『호모 데우스』, 유발 하라리 저, 김명주 역, 김영사, 2017.